BEIHEFTE ZUR
ZEITSCHRIFT FÜR ROMANISCHE PHILOLOGIE

BEGRÜNDET VON GUSTAV GRÖBER
FORTGEFÜHRT VON
WALTHER VON WARTBURG UND KURT BALDINGER
HERAUSGEGEBEN VON MAX PFISTER

Band 242

DOROTHEA KULLMANN

———

Verwandtschaft in epischer Dichtung

Untersuchungen zu den französischen
chansons de geste und Romanen
des 12. Jahrhunderts

MAX NIEMEYER VERLAG TÜBINGEN
1992

Gedruckt mit Unterstützung der Deutschen Forschungsgemeinschaft

Meinen Eltern

D 7

Die Deutsche Bibliothek – CIP-Einheitsaufnahme

Kullmann, Dorothea:
Verwandtschaft in epischer Dichtung : Untersuchungen zu den französischen chansons de
geste und Romanen des 12. Jahrhunderts / Dorothea Kullmann. – Tübingen : Niemeyer,
1992
  (Beihefte zur Zeitschrift für Romanische Philologie ; Bd. 242)
NE: Zeitschrift für Romanische Philologie / Beihefte

ISBN 3-484-52242-9   ISSN 0084-5396

Satz und Druck: Allgäuer Zeitungsverlag, Kempten
Einband: Heinr. Koch, Tübingen

Inhaltsverzeichnis

Vorwort

Bei der Abfassung dieser Arbeit habe ich von vielen Seiten Rat und Unterstützung erfahren, für die ich mich zu Dank verpflichtet weiß. Vor allem möchte ich meinem verehrten Lehrer, Herrn Professor Ulrich Mölk, für seine stete Ermutigung und das Wohlwollen danken, mit dem er die Arbeit in allen ihren Phasen begleitet hat. Seine vielfältigen, auch kritischen Anregungen haben wesentlich zum Zustandekommen dieser Untersuchung beigetragen. Für wichtige und nützliche Hinweise danke ich außerdem Herrn Professor Wolfgang Raible, Freiburg, sowie Frau Dr. Sabine Krüger vom Max-Planck-Institut für Geschichte in Göttingen, Herrn Professor Michel Parisse von der Mission historique française in Göttingen, jetzt Nancy, Herrn Professor Fidel Rädle, Göttingen, und Frau Professor Hildegard L. C. Tristram, Freiburg. Des weiteren gilt mein Dank Herrn Professor Max Pfister für die Aufnahme der Arbeit in die Reihe der Beihefte zur Zeitschrift für Romanische Philologie. Schließlich möchte ich der Deutschen Forschungsgemeinschaft für die großzügige Bewilligung einer Druckkostenbeihilfe danken. Das vorliegende Buch ist die überarbeitete Fassung einer Untersuchung, die im Wintersemester 1989/90 vom Fachbereich Historisch-Philologische Wissenschaften der Georg-August-Universität Göttingen als Dissertation angenommen wurde.

Göttingen, im Februar 1991   Dorothea Kullmann

Einleitung

Verwandtschaftsbeziehungen spielen in der französischen Erzählliteratur des 12. Jahrhunderts eine außerordentlich große Rolle. Dies gilt insbesondere für die Gattung der *chansons de geste*, der Epen, in denen fast alle wichtigen handelnden Figuren und sehr viele Nebenfiguren durch Verwandtschaftsbeziehungen zu anderen Personen charakterisiert sind, in etwas geringerem Maße aber auch für die meisten Romane, weniger für die Heiligenlegenden.

Bei Historikern und Literaturwissenschaftlern, die sich mit dem französischen Mittelalter beschäftigen, hat das Thema der Verwandtschaft in jüngerer Zeit ein zunehmendes Interesses gefunden. Es gibt jedoch bis jetzt keinen umfassenden Überblick über die Darstellung von Verwandtschaft in der mittelalterlichen französischen Literatur. Die vorhandenen Untersuchungen beschränken sich in der Regel auf einzelne Verwandtschaftsbeziehungen oder einzelne Werke. Dabei lassen sich zwei Tendenzen feststellen: Während einige Gelehrte eine bloße Beschreibung der Darstellung einer bestimmten Verwandtschaftsbeziehung in der Literatur geben, versuchen andere, aus der literarischen Darstellung Informationen über die zeitgenössische Realität zu gewinnen.

Die Besonderheiten der verschiedenen Gattungen bleiben in den bisherigen Arbeiten hingegen in der Regel unberücksichtigt, und auch literarhistorische Entwicklungen werden meist vernachlässigt. Ganz generell läßt sich feststellen, daß das spezifisch Literarische an der literarischen Darstellung von Verwandtschaft keine oder fast keine Beachtung gefunden hat. Dies dürfte daran liegen, daß das Verhältnis von Literatur und Realität in bezug auf das Mittelalter überhaupt noch unzureichend erforscht ist. Es fehlt an Untersuchungen über den Einfluß von innerliterarischen Traditionen, Gattungskonventionen und besonderen literarischen Techniken auf die Darstellung von realen Gegebenheiten. In dieser Arbeit soll versucht werden, einige Aspekte dieses Problemkreises aufzuzeigen.

In erster Linie wollen wir einen Überblick über die Darstellung von Verwandtschaft in den beiden großen narrativen Gattungen der französischen Literatur des 12. Jahrhunderts, der *chanson de geste* und dem Roman, geben. Dabei werden, wie wir hoffen, auch charakteristische Eigenschaften dieser Gattungen deutlich gemacht werden können.

Wir hoffen, durch eine angemessenere Bewertung der literarischen Darstellung von Verwandtschaftsbeziehungen auch einen kleinen Beitrag zur Er-

I

forschung der realen Verwandtschaftsstrukturen in der Gesellschaft des 12. Jahrhunderts leisten zu können[1].

Anmerkung zur Textgrundlage

Bei unserem Untersuchungsvorhaben stellte sich ein grundsätzliches Problem. Die meisten *chansons de geste* und Romane des 12. Jahrhunderts sind nur in Handschriften des 13. oder 14. Jahrhunderts überliefert, und es muß, insbesondere bei den *chansons de geste*, nicht nur mit Abschreibfehlern, sondern auch mit bewußten Veränderungen des Textes durch spätere Bearbeiter gerechnet werden.

Nun liegt ein großer Teil der *chansons* in mehreren Handschriften vor, so daß im Prinzip zumindest die jüngeren Eingriffe in die Textgestalt durch einen Vergleich der verschiedenen Versionen zu bestimmen wären. Bei vielen von ihnen ist jedoch bisher nur der Text einer Handschrift oder einer Handschriftengruppe ediert. Da wir auf die Benutzung der publizierten Ausgaben angewiesen waren, war es uns nicht immer möglich festzustellen, ob es für die von uns zitierten Textstellen auch abweichende Lesarten gibt.

In zwei Fällen konnten wir kurz vor Abschluß dieser Arbeit die von uns zitierte Version mit einer anderen vergleichen, im Falle des *Renaut de Montauban* durch das Erscheinen von Jacques Thomas' Edition der Oxforder Handschrift Douce 121, bei *Garin le Loherain* anläßlich eines kurzen Aufenthaltes in Paris durch eigene Kontrolle der dort befindlichen Handschriften. Wir haben uns bemüht, die Ergebnisse dieses Vergleichs in unserer Interpretation noch zu berücksichtigen. Eine entsprechende Überprüfung der nicht publizierten Versionen der späteren *chansons* des Wilhelmszyklus sowie von *Aspremont*, *Fierabras* und *Gui de Bourgogne*, die wünschenswert gewesen wäre, war uns leider nicht möglich.

Da der Vergleich der Lesarten, wo er durchgeführt werden konnte, jedoch zeigte, daß insgesamt nur ein geringer Teil der für den Untersuchungsgegenstand relevanten Begriffe, Verse oder Szenen in der Überlieferung wesentlichen Schwankungen unterworfen ist, haben wir uns entschlossen, diese Unsicherheit zu vernachlässigen. Die Ergebnisse rechtfertigen, wie wir meinen, dieses Vorgehen.

---

[1] Das Manuskript dieser Arbeit war im Herbst 1989 im wesentlichen fertiggestellt. Einige interessante Untersuchungen zum Thema, die nach diesem Zeitpunkt erschienen, konnten daher nur noch teilweise berücksichtigt werden.

Teil I

Allgemeine Grundvorstellungen

Vorbemerkung

Die Vorstellungen, die die Menschen von Verwandtschaft haben, können zu verschiedenen Zeiten, in verschiedenen Gebieten oder auch in verschiedenen gesellschaftlichen Gruppierungen ganz unterschiedlich sein. Es ist daher sinnvoll, in einer Untersuchung der Darstellungsweise von Verwandtschafts-strukturen in der französischen Epik des 12. Jahrhunderts auch einen kurzen Blick auf die Vorstellungen von Verwandtschaft zu werfen, die in dieser Zeit in Nordfrankreich tatsächlich vorhanden waren, die also die Dichter selbst aus dem realen Leben kannten und die sie bei ihrem Publikum voraussetzen konnten.

Doch kann es im Rahmen dieser literaturwissenschaftlichen Arbeit nicht darum gehen, die große Menge zeitgenössischer Quellen zu diesem Thema vollständig oder auch nur in einigermaßen repräsentativer Auswahl zu ana-lysieren. Wir werden uns mit einzelnen Verweisen auf lateinische Werke des 12. Jahrhunderts und auf Forschungsergebnisse der Historiker begnügen und uns im übrigen darauf beschränken aufzuzeigen, welche Vorstellungen von Verwandtschaft sich in den epischen Texten selbst widerspiegeln. Dies ist um so eher möglich, als nicht alle Erwähnungen von Verwandtschaft in der Literatur von literarischen Traditionen oder von einer bestimmten literari-schen Absicht des Autors geprägt sein müssen; gerade die *chansons de geste*, auf die wir uns bei dieser Voruntersuchung hauptsächlich beziehen werden, und − in geringerem Maße − die meisten Romane geben mit zahlreichen, für die zentralen Figuren und ihre Handlung nebensächlichen Details die Welt des Publikums wieder, an das sie sich richten, und damit auch dessen Vorstel-lungen von Verwandtschaft.

In diesem ersten Teil sollen also nicht die im Vordergrund der Werke ste-henden, von den Dichtern bewußt gestalteten Verwandtschaftsstrukturen be-sprochen werden, sondern gerade die beiläufigen Bemerkungen, von denen wir uns Aufschluß über im 12. Jahrhundert allgemein vorherrschende Grundvorstellungen erhoffen. Zugleich sollen einige Besonderheiten des für unseren Gegenstand relevanten altfranzösischen Vokabulars angesprochen werden.

1. Die einzelnen Verwandtschaftsrelationen

Verwandtschaftsrelationen können immer unterschiedlich präzise definiert werden, etwa einfach als Verwandtschaft, als Verwandtschaft eines bestimmten Grades (hierher gehören nicht nur so genaue Angaben wie 'Verwandte ersten, zweiten, dritten Grades', sondern auch etwa 'nahe, entfernte Verwandte') oder einer bestimmten Art ('Vorfahren', 'Nachkommen', 'Vettern verschiedenen Grades') oder als konkrete Relationen ('Väter', 'Söhne', 'Brüder', 'Enkel'). Bis zu welchem Verwandtschaftsgrad konkrete Verwandtschaftstermini oder zumindest genaue Gradangaben Verwendung finden, kann in verschiedenen Gesellschaften und zu verschiedenen Zeiten sehr unterschiedlich sein.

Angesichts der außerordentlich großen Bedeutung, die in fast allen *chansons de geste* Verwandtschaftsbeziehungen zukommt, könnte man zunächst erwarten, daß diese in ihnen in besonders präziser Weise beschrieben werden. Doch ist die Zahl der mit konkreten Termini bezeichneten Verwandten, im Vergleich etwa zu modernen Verhältnissen, keinesfalls außergewöhnlich groß. Neben Mann und Frau, Vater und Mutter, Sohn und Tochter, Bruder und Schwester kommen nur Onkel, Neffe, Nichte, Vetter und Kusine häufiger vor, seltener sind schon Tante (*antain*), Großvater (*aiol*), Enkel (*neveu*) und Schwager (*serorge*, Mann der Schwester). Für entferntere Verwandte fehlen eigene Bezeichnungen. Auch genaue Umschreibungen von Verwandtschaftsrelationen oder Angaben zum Grad der Verwandtschaft sind äußerst selten. Letztere finden sich überhaupt erst in der zweiten Hälfte des 12. Jahrhunderts, und auch da nur vereinzelt[1]. Nur wenn es sich um *cousins germains* handeln soll, wird dies etwas häufiger explizit angegeben. Umschreibungen begegnen ebenfalls erst nach der Jahrhundertmitte, mit einer wichtigen Ausnahme allerdings: von Anfang an werden viele Neffen als Söhne einer Schwester definiert[2].

Etwas allgemeinere Termini, die eine bestimmte Art der Verwandtschaft bezeichnen, sind ebenfalls nicht sehr zahlreich und weisen nur geringe Präzision auf. Häufig erwähnt werden Vorfahren (*ancessors*) und Nachkommen (*oirs*). Das Wort *oirs* wird jedoch auch konkret für Söhne bzw. Erben verwendet. Vereinzelt begegnet *ave*, bei dem sich meist nicht mit Sicherheit feststellen läßt, ob es einen beliebigen Vorfahren oder genauer den Großvater meint[3].

---

[1] Eine Gradangabe wird in *Garin le Loherain* 5882f im Zusammenhang mit der Verhinderung einer Heirat gegeben, sie ist jedoch nicht einheitlich überliefert. Ein weiteres Beispiel findet sich in der *Chevalerie Ogier* 4071.

[2] Wir werden in Teil II auf dieses Phänomen zurückkommen.

[3] S. z. B. u. S. 33. Tobler-Lommatzsch nennen nur die allgemeine Bedeutung, doch geht diese nicht aus allen von ihnen angeführten Belegstellen zwingend hervor. Vgl. auch Godefroy s.v. *aive*.

Eine besonders detaillierte Vorstellung von der Verwandtschaft wird von unseren Autoren somit nicht vorausgesetzt. Es ist in diesem Zusammenhang zu beachten, daß die handelnden Personen in der *chanson de geste* und im Roman selten mehr als ein oder zwei Generationen angehören[4], so daß weitergehende Spezifizierungen in vertikaler Richtung nicht notwendig sind. Bemerkenswert ist jedoch, daß sie auch und gerade in horizontaler Richtung, also innerhalb der handelnden Generationen, nicht erfolgen. Entferntere Verwandte scheinen nur insofern interessant zu sein, als sie überhaupt Verwandte sind.

So überrascht es kaum, daß für den Begriff des nicht näher bestimmten ʿVerwandtenʾ mehrere Vokabeln zur Verfügung stehen: *parent, cousin* und in einigen Fällen auch *neveu*. *Cousin* scheint neben seiner konkreten Bedeutung ʿcousin germainʾ eigentlich die lateralen Verwandten zu meinen, und zwar alle lateralen Verwandten, nicht nur die derselben Generation, also die Vettern unterschiedlichen Grades[5]. Doch erscheint es auch oft völlig gleichbe-

---

4 Vgl. hierzu Reto R. Bezzola, *Les neveux*, in: Mélanges de langue et de littérature du Moyen Age et de la Renaissance offerts à Jean Frappier, t. I, Genève 1970, 89–114, dort 91.

5 Hierfür spricht zum einen, daß zwar z. B. ein Großneffe (*Chanson de Guillaume* 3226), ein Onkel (*Narbonnais* 5617), ein Neffe (*Enfances Vivien* 3823) oder ein Neffe zweiten Grades (*Moniage Rainouart* 1017, hier allerdings nur als Anrede, was nicht sehr aussagekräftig ist) als *cousin* bezeichnet werden können, nicht aber, soweit wir sehen können, ein Vater, Sohn oder Enkel. Dafür spricht zum anderen die Verwendung der entsprechenden lateinischen Vokabel, *consobrinus*. Dieses Wort bezeichnet etwa bei Ordericus Vitalis, *Historia ecclesiastica* VIII, 12, ed. Chibnall Bd. IV, 202, als Adjektiv verwendet, die Nachkommen zweier Geschwister in jeweils agnatischer Linie («consobrinos heredes»). Dabei ist irrelevant, wieviele Generationen die jeweiligen Repräsentanten von diesem Geschwisterpaar trennen, es können unterschiedlich viele sein. Die Existenz einer solchen Bedeutung dürfte von der im Mittelalter üblichen Art und Weise herrühren, Verwandtschaftsgrade zu berechnen: Bei zwei verwandten Personen werden jeweils, getrennt voneinander, die Grade gezählt, die sie vom gemeinsamen Vorfahren trennen. Auf diese Weise kann es geschehen, daß zwei Menschen *cousins* sind, der eine im 4., der andere im 5. Grad. Vgl. hierzu E. Champeaux, *Jus sanguinis. Trois façons de calculer la parenté au Moyen Age*, Revue historique de droit français et étranger, 57, 1933, 241–290. Kürzer bei Constance Bouchard, *Consanguinity and Noble Marriages in the Tenth and Eleventh Centuries*, Speculum 56, 1981, 268–287, hier 270. Vgl. ferner Françoise Héritier, *L'exercice de la parenté*, Paris 1981, 180–182. Ein extremes Beispiel für diese Vorstellung von Verwandtschaft (Zugehörigkeit, egal an welcher Stelle, zu zwei verschiedenen Linien, die irgendwo einen gemeinsamen Vorfahren haben) findet sich vermutlich (der Text hat hier leider eine Lücke) in *Aiquin* 1897f, 1986ff, wo der heilige Servan als «cousin Dé» bezeichnet wird, weil er von einer Schwester der Anna abstammt, so daß die Eltern der Anna seine und Gottes gemeinsame Vorfahren sind. Vgl. auch *Partonopeu de Blois* 1507.

deutend mit *parent*[6]. *Neveu* kann gelegentlich – aber sehr viel seltener – dieselben Bedeutungen wie *cousin* annehmen[7].

2. Verwandtschaft und andere zwischenmenschliche Beziehungen

Sucht man nun in den *chansons de geste* nach besonderen Charakteristika, durch die sich Verwandtschaft von anderen Arten zwischenmenschlicher Beziehung unterscheidet, so ist das Ergebnis frappierend gering. Schon auf der Ebene des Vokabulars wird nicht genau differenziert. Die verschiedenen Vokabeln für 'Verwandter' werden zwar häufig verwendet, daneben begegnen aber vielfach unspezifische Ausdrücke, die ebensogut Verwandte wie andere nahestehende Personen, beispielsweise Vasallen, meinen können. In erster Linie ist hier *ami* zu nennen; seltener kommt das ebenfalls unspezifische *apartenant* vor.

Ami kann gelegentlich in eindeutiger Weise entweder auf Personen, zu denen eine Feudalrelation besteht, oder auf Verwandte bezogen sein. So werden *amis* an einer Stelle im *Rolandslied* offensichtlich von Verwandten unterschieden und dem Bereich der Feudalrelationen zugeordnet: «Plurent lur filz, lur freres, lur nevolz / E lur amis e lur lige seignurs» (2420f). Später wird eine solche Unterscheidung meist durch einen Zusatz kenntlich gemacht. In *Garin le Loherain* fordert etwa Fromont nach einer Schlacht einen Beuteanteil für

---

6 So z. B. in *Floovant* 1258: «Que ne baiserai home, ne parant, ne cosine», wo «cosine» einfach die weibliche Entsprechung zu «parant» zu sein scheint. Sehr häufig erscheint *cousin* allein oder zusammen mit *parent* in generalisierenden Wendungen, so z. B. *Prise d'Orange* 908: «Ne reverrons ne cosin ne parent» (vgl. auch etwa ebd. 1714, *Narbonnais* 7988, *Garin le Loherain* 5911, 6267, *Gerbert de Metz* 4621, *Siège de Barbastre* 4919, *Mort Aymeri* 604). Praktisch ist der Bedeutungsunterschied zwischen *parent* und *cousin* auch zu vernachlässigen, da es kaum Gelegenheiten gibt, bei denen diejenigen Verwandten, die keine *cousins* sind, wie Eltern, Geschwister oder Kinder, als *parent* bezeichnet werden. Einer der seltenen Fälle ist *Brut* 7580, wo *parens* zur Wiedergabe des lateinischen *posteri* verwendet wird; hier wäre die Verwendung von *cousins* nicht möglich.

7 Dabei ist eventuell die Einschränkung zu machen, daß es nicht speziell auf Angehörige einer älteren Generation angewendet werden kann. Im *Moniage Rainouart* ist Maillefer, ein Großneffe Guillaumes und Neffe von Guillaumes Gattin, dessen *niés*. Einige Autoren verwenden *neveu* durchgehend gleichbedeutend mit *cousin* (*Girart de Roussillon, Chevalerie Vivien*); vgl. auch *Aliscans* 158, *Renaut de Montauban* 5160. In diesen Fällen handelt es sich jedoch um Vettern, *cousins germains*. Wie *cousin* erscheint *neveu* in allgemeinen Wendungen (z. B. *Prise d'Orange* 1032, *Orson de Beauvais* 802). In *Renaut de Montauban* 13174 ist es Korrelativbegriff zu *cousin*. Das lateinische *nepos* hat sehr viel häufiger eine unspezifische Bedeutung; insbesondere der Plural *nepotes* kann gelegentlich gleichbedeutend mit *consobrini, consanguinei, cognati* oder *parentes* verwendet werden. Vgl. hierzu DuCange und *Novum Glossarium* s.v. sowie die Untersuchung lateinisch-deutscher Glossen bei William Jervis Jones, *German Kinship Terms (750–1500)*, Berlin 1990, 59f.

6

sich, für seine Verwandten und für seine «autres amis» (2014–2017). An anderen Stellen sind *amis* nur Verwandte. So kann der Dichter des *Couronnement Louis* über zwei Neffen Guillaumes, denen der Held zufällig begegnet, sagen: «neveu sont et ami» (1479). Eine Feudalrelation kommt hier nicht in Betracht. Im Gegensatz zu der rein ‹feudalen› Verwendungsmöglichkeit von *ami*, die in den späteren Texten zurücktritt, begegnen solche Fälle, in denen es eindeutig Verwandte bezeichnet, während des gesamten Untersuchungszeitraums[1]. Auch hier kann jedoch noch eine nähere Bestimmung durch ein hinzugefügtes Adjektiv erfolgen (häufig ist zum Beispiel der Ausdruck «amis charnels»)[2]. In der Mehrzahl der Fälle läßt sich nicht entscheiden, was für Personen mit *amis* gemeint sind[3].

Charakteristisch für dieses geringe Bedürfnis nach Präzision sind auch die formelhaften Wendungen, mit denen die Gruppe derjenigen bezeichnet wird, auf deren Hilfe oder Unterstützung im Krieg oder in anderen schwierigen Situationen man vertrauen kann. Besonders häufig werden «parent et ami» genannt. In der *Prise d'Orange* werden Macht und Einfluß von Guillaume d'Orange einmal folgendermaßen beschrieben:

> Mes tant est riches d'amis et de parenz
> (*Prise d'Orange* 488)[4].

---

[1] Vgl. auch z. B. *Charroi de Nîmes* 599 und für die zweite Jahrhunderthälfte *Aliscans* 2629, *Enfances Vivien* 3941–3943, *Saisnes* réd. LT 5457, 6857–6861. In *Gerbert de Metz* 655 ist *ami* offensichtlich nur eine durch die Assonanz bedingte Variante von *parent* oder *cousin*; vgl. ebd. 630f.

[2] Ob im Laufe des 12. Jahrhunderts eine Bedeutungsentwicklung von *ami* stattgefunden hat, läßt sich bei der geringen Zahl an Belegen aus der ersten Hälfte des Jahrhunderts nicht entscheiden. Vgl. hierzu Huguette Legros, *Le vocabulaire de l'amitié, son évolution sémantique au cours du XIIᵉ siècle*, Cahiers de civilisation médiévale 23, 1980, 131–139, die S. 134 eine gewisse Entwicklung anzunehmen scheint, wenn auch unter anderem Gesichtspunkt. Vgl. ferner William A. Stowell, *Old-French Titles of Respect in Direct Address*, Diss. Baltimore 1908, 21–29, der jedoch nur die Anreden untersucht. Es wäre auch denkbar, daß das Vorhandensein nicht-verwandter *amis* in der zweiten Jahrhunderthälfte einfach weniger selbstverständlich ist; hierzu s. u. S. 302–304. Wenig überzeugend ist der Ansatz von Roland Carron, *Enfant et parenté dans la France médiévale. Xᵉ-XIIIᵉ siècles*, Genève 1989, 5f, der die Begriffe «amis» und «amis charnels» grundsätzlich als gleichbedeutend ansieht und die *amis* von vornherein als eine bestimmte Gruppe innerhalb des Verwandtschaftskollektivs auffaßt, deren Umfang sich im Laufe der Zeit verringere. Carron verkennt hier (wie auch an anderen Stellen) das geringe Präzisionsbedürfnis der altfranzösischen Sprache auf diesem Gebiet.

[3] Die Verwendung einer solchen Vokabel ist keineswegs eine Besonderheit der auf diesem Gebiet im Vergleich zum Lateinischen relativ vokabelarmen volkssprachlichen Epik; das lateinische *amicus* hat eine ganz entsprechende Bedeutung.

[4] Weitere Beispiele: *Chanson d'Antioche* 2244, *Raoul de Cambrai* 25, 3847, *Aliscans* 219, 1911, *Enfances Vivien* 3534, *Chevalerie Ogier* 1595, *Garin le Loherain* 1434f, 1816, 8437, 10180, *Gerbert de Metz* 1560, 1679, 1751, 1771, *Orson de Beauvais* 2369, 3214, *Prise d'Orange* 1201, in den Romanen z. B. *Protesilaus* 5705, *Partonopeu*

Umgekehrt gibt es auch die Zusammenstellung von «ses homes et ses amis», in der nur «amis» die – meist auch vorhandenen – Verwandten bezeichnen kann. So heißt es etwa, als Guillaume d'Orange wieder einmal ein Heer versammelt, um gegen aufständische Fürsten zu ziehen:

> Il fet ses homes et ses amis mander
> (*Couronnement Louis* 2650)[5].

Alle drei Begriffe, *homes*, Verwandte und *amis* können ebenfalls miteinander verknüpft werden[6]. In allen diesen Fällen geht es nur darum, das gesamte Spektrum von Personen abzudecken, die einem nahestehen und Unterstützung gewähren könnten, nicht darum, verschiedene Kategorien von Helfern voneinander abzugrenzen. Zwar kann in analogen Fällen gelegentlich auch nur von Verwandten die Rede sein[7]; ein Bedürfnis, grundsätzlich zwischen Verwandtschaft und Feudalbeziehung zu unterscheiden besteht jedoch offensichtlich nicht.

Die Bindung an Verwandte wird durch Verben wie *amer* oder *tenir chier* ausgedrückt. Beispielsweise werden in der *Prise d'Orange* zwei Neffen Guillaumes als «ses .II. neveus que il pot amer tant» bezeichnet (84). Doch auch diese Vokabeln sind keinesfalls spezifisch für verwandtschaftliche Bindung, sie werden ebenso für die Bindung an einen Lehnsherrn oder einen Vasallen verwendet. So wirft Guillaume im *Couronnement Louis* dem Verräter Hernaut d'Orléans seine mangelnde Loyalität mit folgenden Worten vor:

> Por quoi voloies ton droit segnor boisier?
> Tu le deüsses amer et tenir chier
> (*Couronnement Louis* 136f)[8].

Dieselben Vokabeln können ebenso jede andere persönliche Beziehung kennzeichnen; ihre Negationen können ganz allgemein politische Feind-

---

1896. Auch das Lateinische kennt diese Formel (vgl. z. B. Ordericus Vitalis, *Hist. eccl.*, ed. Chibnall, II 44, 94, 106, IV 204, 210), was zeigt, daß die Vorstellung einer Gruppe von verbündeten Personen, die Verwandte und Nichtverwandte umfaßt, keine Besonderheit der epischen Literatur, sondern eine allgemeiner verbreitete Vorstellung ist. Auch außerhalb dieser formelhaften Wendung werden oft Verwandte mit *amis* verbunden, so etwa *Chanson d'Antioche* 749 und *Narbonnais* 7988f, vgl. Ordericus Vitalis, *Hist. eccl.*, ed. Chibnall, II 150, 220, III 38.

5 Anders als Huguette Legros, a.a.O., 133, die die beiden Begriffe an dieser Stelle als «quasiment synonymes» ansieht, tendieren wir dazu, unter «amis» hier tatsächlich Verwandte zu verstehen, die ja im Heer Guillaumes, um das es geht, meistens anzutreffen sind. – Vgl. auch etwa *Garin le Loherain* 3466, 11894, *Gerbert de Metz* 1816, *Aliscans* 3058. Zur letztgenannten Stelle (bei ihr Vers 3296) sehr aufschlußreich Huguette Legros, ebd.

6 Vgl. z. B. *Garin le Loherain* 12540f, *Narbonnais* 4166.

7 Vgl. z. B. *Gormont et Isembart* 439–441, *Prise d'Orange* 1713f.

8 Vgl. auch *Couronnement Louis* 157–159, *Raoul de Cambrai* 1703f.

schaft ausdrücken. Guillaume ist beispielsweise jemand, «ke Sarrasin ne peurent onc chirir» (*Aliscans* 188)[9].

Doch liegt es nicht einfach an einer Unzulänglichkeit des Vokabulars, wenn eine klare Trennung zwischen Verwandtschafts- und Feudalrelationen in unseren Texten nicht erfolgt. Vielmehr beruht die Unschärfe der Terminologie offensichtlich auf der Vorstellung, daß die beiden Relationen, trotz ihrer unterschiedlichen Natur, weitgehend identische Funktionen haben.

Es sind nur wenige Handlungselemente, die mit Verwandtschaft generell assoziiert werden, die also allen Verwandtschaftstypen und auch Verwandten unspezifizierten Typs zugeordnet werden. Bei weitem am häufigsten sind – zumindest in den *chansons de geste* – die militärische Unterstützung (*secours*) und die Rache (*vengeance*). Die Verpflichtung, Verwandten zu helfen oder sie gegebenenfalls zu rächen, ist in allen Texten eine selbstverständliche Vorstellung und kann auf allen Ebenen der Handlung eine große Rolle spielen. *Secours* und *vengeance* können sich auf konkrete Situationen im Kampfgeschehen beziehen; sie können, wenn wichtige Helden beteiligt sind, Gegenstand sorgfältig komponierter Szenen mit detaillierten Schilderungen sein; sie können aber auch zur Motivation der Handlung umfangreicher Episoden oder ganzer Werke dienen.

Nun sind aber keineswegs nur Verwandte zu gegenseitiger Hilfe oder Rache verpflichtet, sondern in ganz entsprechender Weise auch Lehnsherr und Vasall[10]. So bekommt, um nur ein Beispiel zu nennen, Guillaume nach seiner Niederlage gegen die Sarazenen im zweiten Teil des *Wilhelmsliedes* Hilfstruppen sowohl von König Louis, seinem Lehnsherrn, als auch von seinen Verwandten (2636–2641). Doch auch der Herr kann seine *homes* auf dieselbe Ebene mit Verwandten stellen. Dies tut etwa König Pepin, der angesichts einer handgreiflichen Auseinandersetzung vor seinen Augen verzweifelt um Hilfe ruft:

> Ou sunt mi home qui me laissent honnir?
> N'ai ge çaienz ne parent ne ami
> Qui cest outraje m'aidassent a matir?
> (*Garin le Loherain* 12540–12542).

Mit der Rache in Zusammenhang steht das Motiv des Schmerzes und der Klage um einen Toten (*duel, regret*)[11]. Auch hier zeigt sich die prinzipielle

---

9 Vgl. z. B. *Chanson de Roland* 1481, *Couronnement Louis* 170, *Aliscans* 638, *Chevalerie Ogier* 6324, *Protesilaus* 1044.
10 Vgl. z. B. *Charroi de Nîmes* 350–360, *Aspremont* 10244–10247.
11 Zur Form des *regret* vgl. Paul Zumthor, *Etude typologique des planctus contenus dans la Chanson de Roland*, in: La technique littéraire des chansons de geste, Paris 1959, 219–234, sowie: ders., *Les planctus épiques*, Romania 84, 1963, 61–69. Wie die beiden bisher besprochenen Elemente kann auch der *regret* ganz verschieden ausgestaltet werden; oft umfaßt er nur einen Vers, manchmal besteht er aus mehreren Laissen.

Gleichwertigkeit von Verwandtschaft und Feudalrelation, sowohl Verwandte als auch Lehnsherr und Vasallen werden beklagt[12].

Verwandte wie Vasallen können als Begleitung eines Feudalherrn dienen. In der *Chanson de Guillaume* meint beispielsweise der kleine Gui, sein Onkel müsse eigentlich in Begleitung von Verwandten in den Kampf ziehen:

> Vilment chevalche a bataille champel,
> Od lui n'ameine nul sun ami charnel
> *(Chanson de Guillaume* 1522f).

Als Aymeri de Narbonne nach Pavia zieht, um seine zukünftige Frau von dort zu holen, sorgt er dagegen dafür, daß eine große Zahl seiner Ritter ihn begleitet:

> Richement fet son oirre apareillier;
> Par la contrée fet ses mès envoier,
> Asenbler fet son grant barnaje fier
> *(Aymeri de Narbonne* 3065–3067).

Beide Kategorien von Begleitpersonen steigern gleichermaßen das Prestige («vilment», «richement»)[13].

Sowohl die Scham vor den Vasallen als auch die Scham vor den Verwandten kann einen Helden zu tapferen Handlungen antreiben[14].

Ein weiteres typisches Element in den *chansons de geste*, das mit Verwandtschaftsbeziehungen verknüpft wird, bilden Wiedersehensfreude und Abschiedsschmerz. Man freut sich stets über die Ankunft eines Verwandten, und man begrüßt sich herzlich, wenn man sich trifft[15]. Ganz genauso begrüßen aber zum Beispiel auch die Bürger der Stadt Beauvais ihren *seignor* Orson, als dieser am Ende von *Orson de Beauvais* nach Hause zurückkehrt (3739–3741). Entsprechend ist die Übereinstimmung bei Abschiedsschilderungen[16].

Auch Funktionen, die auf bestimmte Verwandtschaftsrelationen beschränkt sind, zeigen zum Teil deutlich die Gleichwertigkeit mit der Feudal-

---

[12] Vgl. z. B. *Gormont et Isembart* 464–469, 480f, wo der Tod eines Königs beklagt wird, und z. B. *Raoul de Cambrai* 3165–3201, *Chétifs* 2862–2884, *Narbonnais* 7359–7361, wo die Klage verschiedenen Verwandten gilt. In der *Chanson de Guillaume* 2410–2413 wird die Berechtigung zu Klage und Trauer explizit vom Verlust von Verwandten abhängig gemacht. An beide Kategorien von Personen ist offensichtlich in *Aspremont* 5433–5435 zu denken, wo Aumont seinem Schmerz über seine in der Schlacht fallenden «amis» und «omes» Ausdruck verleiht.

[13] Zur Verwendung von Neffen in dieser Funktion s. u. Teil II, S. 75–94.

[14] Vasallen: *Gormont et Isembart* 406f; Verwandte: *Moniage Guillaume II* 3100f, *Girart de Vienne* 3525–3528, *Chétifs* 1162–1166. Der in diesem Zusammenhang am häufigsten genannte Beweggrund ist allerdings die Furcht, man könne selbst der Verwandtschaft Schande bereiten; Näheres hierzu im folgenden Kapitel.

[15] Vgl. z. B. *Moniage Guillaume II* 2264, 2267f, *Narbonnais* 8009–8025.

[16] Vgl. z. B. *Moniage Guillaume II* 2450–2459 oder *Gerbert de Metz* 19–25.

relation. Die Einführung eines jungen Mannes in den Ritterstand erfolgt teils durch den Lehnsherrn, teils durch einen Onkel oder Vater[17]. Sowohl Väter, Brüder, Söhne oder Onkel als auch Lehnsherren können bei der Verheiratung von Mädchen und Frauen als Brautgeber in Erscheinung treten[18]. Verwandte können auch manchmal – so mehrmals in *Girart de Roussillon* – die Vasallen bei dem typischen Element des *conseil des barons* ersetzen.

Obwohl Verwandtschaft sicher der Beziehungstyp ist, der in den *chansons de geste* quantitativ die größte Rolle spielt, erfährt sie in ihnen als solche also keine besondere Charakterisierung. Oft steht sie in einer gewissen Konkurrenz zur Feudalbeziehung, von der sie weder funktional noch auf der Ebene des Vokabulars streng unterschieden ist.

Neben Verwandtschaft und Feudalrelation treten andere mögliche Beziehungen in unseren Texten sehr zurück. Patenbeziehungen werden zwar gelegentlich erwähnt, doch bleibt es bei Einzelfällen, die meist keine große Bedeutung für die Zentralhandlung haben[19]. Die Mönchsgemeinschaft spielt nur in den *Moniage*-Epen eine Rolle, in denen die Helden am Ende ihres Lebens in ein Kloster eintreten und dort mit den übrigen Mönchen in Konflikt geraten. Der *compagnonnage* kommt zwar nicht nur bei Roland und Olivier im *Rolandslied*, sondern auch in späteren Texten vor, hat aber meist nur noch untergeordnete Bedeutung[20].

Es ist bezeichnend, daß alle diese Beziehungen eine gewisse Analogie zur Verwandtschaft aufweisen. Mönche können als Brüder bezeichnet werden[21].

---

[17] Roland hat sein Schwert von Karl bekommen, der sowohl sein Onkel als auch sein Herr ist (*Chanson de Roland* 2318–2321), und ganz entsprechend verhält es sich mit Vivien (*Chanson de Guillaume* 2003). Aymeri wird in *Girart de Vienne* zwar zu Karl geschickt, um das *adoubement* zu empfangen, verläßt jedoch den Hof vorzeitig und wird von seinem Onkel Girart unter Mitwirkung seiner anderen Onkel und seines Vaters zum Ritter geschlagen (*Girart de Vienne* 1814f, 2361–2373). In *Aspremont* übernimmt Girart d'Eufrate das *adoubement* seiner Neffen und zweier seiner Söhne (1528–1573), während die anderen beiden Söhne den Ritterschlag von Kaiser Karl erhalten (7518–7585). Aiol erhält die Waffen von seinem Vater (*Aiol* 486–539); die Söhne Aymeris werden von Kaiser Karl zu Rittern gemacht (*Narbonnais* 3106ff).
[18] Vgl. z.B. *Chanson de Roland* 1720f (Bruder), *Garin le Loherain* 801, 2108 (Vater), 2827f (Bruder – als alternativer Brautgeber wird aber auch der Lehnsherr genannt, 2751), *Aye d'Avignon* 77 (Onkel und Lehnsherr), ebd. 3466 (Sohn), *Gui de Nanteuil* 3313f (Lehnsherr).
[19] Beispiele: *Moniage Guillaume I* 64, *Raoul de Cambrai* 2514–2519, *Garin le Loherain* 663f, *Macaire* 1433ff. In *Guibert d'Andrenas*, einer *chanson*, die wohl schon ins 13. Jahrhundert gehört, wird die gesamte Handlung, die Eroberung der Stadt Andrenas, dadurch ausgelöst, daß Aymeri nicht seinen Sohn Guibert, sondern sein Patenkind als Erben einsetzt.
[20] So z.B. der *compagnonnage* von Garin und Fromont in *Garin le Loherain*, der durch die Fehde zwischen ihren Sippen sehr bald zunichte gemacht wird, ohne daß dies besonders thematisiert würde.
[21] Vgl. z.B. *Moniage Guillaume II* 1131. Auch im Lateinischen werden *fratres* und *pater* als normale Appellativa für 'Mönche' und 'Abt' verwendet. Nur ein typisches

Auch der *compagnonnage* läßt sich als ein fiktives Bruderverhältnis begreifen; Roland redet Olivier besonders gern als «frere» an[22]. Die Patenschaft fungiert oft als Ersatz für eine Vater-Sohn-Beziehung; beispielsweise kann der *filleul* an Stelle eines Sohnes als Erbe eingesetzt werden[23].

Sogar die Gemeinschaft der Christen kann als Verwandtschaft interpretiert werden. So wird in der *Chanson d'Antioche* der gesamte Kreuzzug als Rachefeldzug der Söhne für ihren Vater − Christus, der so viele Leiden von den Juden erdulden mußte − interpretiert[24]. Nun ist zwar die Bezeichnung Gottes als Vater eine alte christliche Tradition[25], die auch im 12. Jahrhundert selbstverständlich allgemein verbreitet ist, doch ist die Gleichsetzung Christi mit Gottvater vom theologischen Standpunkt her überraschend[26]. Daß das Motiv der Verwandtenrache um den Preis einer solchen Vereinfachung auf den christlichen Kontext des Kreuzzuges übertragen wird, zeigt, daß es als besonders plausibles Kampfmotiv erscheinen mußte − auch eine Auffassung der Beziehung Gott-Christen als Feudalrelation wäre denkbar gewesen[27].

Beispiel: «Rodbertus vero abbas ... quaeque fratribus ad victum seu vestitum necessaria erant viriliter procurabat. Redditus nimirum Uticensis aecclesiae ... ad tantam dapsilitatem praefati patris non sufficiebat ...» (Ordericus Vitalis, *Historia ecclesiastica*, ed. Chibnall II, 86).

[22] Vgl. Jacques Flach, *Le compagnonnage dans les chansons de geste*, in: Etudes romanes dédiées à Gaston Paris, Paris 1891, Reprint Genève 1976, 141−180, bes. 165ff. Dagegen gehen William A. Stowell, *Personal Relationships in Medieval France*, Publications of the Modern Language Association 28, 1913, 388−416, und Salvatore Battaglia, *Il «compagnonaggio» di Orlando e Olivieri*, Filologia Romanza 5, 1958, 113−142, nicht auf diesen Aspekt des *compagnonnage* ein.

[23] Dies ist außer in *Guibert d'Andrenas* z. B. auch in der ersten Redaktion des *Moniage Guillaume* der Fall.

[24] *Chanson d'Antioche* 171−180, 207, 7305; vgl. auch etwa *Aspremont* 843.

[25] Vgl. etwa Mt. 5,9 und passim sowie Paulus, Rm. 1,7, 1.Cor.1,3 etc. und besonders Rm. 8, 14−17 sowie Gal. 4, 5−6. Vgl. z. B. auch Augustinus, *Confessiones* IX, 12 und passim.

[26] Sie kommt in den *chansons de geste* häufiger vor (vgl. etwa *Aspremont* 6007, *Ami et Amile* 654, 1376, 3162, *Gerbert de Metz* 3020, *Siège de Barbastre* 866, *Aiquin* 1556, *Saisnes* réd. LT 3702, *Chevalier Ogier* 3521) und stellt wohl eine volkstümliche Vereinfachung dar. Möglich wäre aber auch, daß die altfranzösischen Dichter an die Gepflogenheiten lateinischer Hymnendichter anknüpften, bei denen Jesus ebenfalls gelegentlich als Vater apostrophiert wird. Vgl. hierzu L. E. Wels, *Theologische Streifzüge durch die Altfranzösische Literatur. Für Philologen und Theologen*. Erste Reihe, Vechta 1937, 33−51.

[27] Vgl. z. B. die in der *Historia Peregrinorum* wiedergegebene Predigt des Bischofs Heinrich von Straßburg vor dem dritten Kreuzzug (Monumenta Germaniae Historica. Scriptores rerum Germanicarum N. S. V, 123). − Sowohl die Übertragbarkeit der Verwandtschaftsvorstellung auf die Glaubensgemeinschaft als auch die prinzipielle Gleichwertigkeit von Verwandtschafts- und Feudalrelation zeigen die typischen Bezeichnungen für die Gesamtheit der Heiden: Sie können ebensogut als «geste Mahon» (z. B. *Aliscans* 5594) bzw. «lignage Mahon» (z. B. *Aiquin* 80) bezeichnet werden wie als «gent Apolin» (z. B. *Siège de Barbastre* 472).

Zusammenfassend läßt sich sagen, daß die Situation, die die *chansons de geste* widerspiegeln, genau derjenigen entspricht, die schon Marc Bloch als charakteristisch für die feudale Gesellschaft geschildert hat: Es sind in der Hauptsache zwei Arten von Beziehungen, die Feudalrelation und die Verwandtschaft, die das Leben der Menschen bestimmen, und diese beiden Arten werden weithin als gleichwertig angesehen[28]. Außerdem scheint insbesondere die Verwandtschaft in hohem Maße auch das Bild zu bestimmen, das man sich von anderen Beziehungen macht, die mit ihr eigentlich nichts zu tun haben[29].

3. Formen des Verwandtschaftskollektivs

Eine der wichtigsten Erscheinungsformen von Verwandtschaft in den *chansons de geste* ist mit Sicherheit die der Gesamtheit der Verwandten, des Verwandtschaftskollektivs. «Il et son parenté», so oder ähnlich lautet eine während des gesamten Untersuchungszeitraums häufig wiederkehrende Wendung, die auch dann benutzt wird, wenn im Zusammenhang nur von Einzelpersonen die Rede ist. Im *Wilhelmslied* stellt beispielsweise Guillaume seine Gattin auf die Probe, weil er wissen will, «cum ele aime lui e sun parenté» (1013). Wenn in *Garin le Loherain* Fromont zu seinem Vater sagt, er sei jung und könne gut für König Pepin Krieg führen, so spricht er dabei von «moi et mon parenté» (1407). In *Aspremont* droht Karl jedem Ritter, der sich weigert, an dem Feldzug gegen Agolant teilzunehmen, mit folgenden Worten die Ächtung an: «Culvers sera et il et sa lignie» (862)[1].

Auch das Handeln des einzelnen wird im Kontext des Verwandtschaftskollektivs gesehen. Wie bereits erwähnt wurde, ist die Furcht, dem *lignage* Schande zu bereiten, der am häufigsten angeführte Beweggrund für tapfere Taten. Schon Roland begründet im *Rolandslied* seine Weigerung, vor der Schlacht der Nachhut gegen die Sarazenen Hilfe herbeizurufen, unter anderem damit, daß dies für seine Verwandtschaft Schande bedeuten würde: «Ne placet Damnedeu / Que mi parent pur mei seient blasmét» (1062f). Und noch Agolant in *Aspremont* weigert sich mit folgenden Worten, sich den Christen zu unterwerfen und selbst Christ zu werden: «Ne mes lignages n'en avra re-

---

[28] Marc Bloch, *La société féodale. La formation des liens de dépendance*, Paris 1939, 192f.

[29] Dies scheint durchaus keine Eigentümlichkeit nur der epischen Texte zu sein; vgl. z. B. den Diskussionsbeitrag Georges Dubys in: Georges Duby, Jacques Le Goff (Hrsg.), *Famille et parenté dans l'occident médiéval*. Actes du Colloque de Paris, Rome 1977 (Collection de l'Ecole française de Rome 30), 58, sowie die folgenden Beiträge in diesem Band.

[1] Vgl. z. B. *Aliscans* 4117, *Garin le Loherain* 1647, 2276, 6320, *Renaut de Montauban* 753, 873, *Aspremont* 871, *Aye d'Avignon* 208, 401, 504f, 578, *Fierabras* 306f, 312f, 323f, *Saisnes* 1177, 1406.

provier / Que par paor me face baptissier» (10463f)[2]. Umgekehrt freut sich zum Beispiel Aymeri in den *Narbonnais*, wenn seine Söhne sich durch ihr Verhalten als des *lignage* würdig erweisen: «bien trairont au linage» (925).

Dies sind nur einige Beispiele für die selbstverständliche Präsenz des Verwandtschaftskollektivs im Denken der Personen in den *chansons de geste*. Seine Bedeutung für die eigentliche Handlung kann dabei in den einzelnen Werken sehr unterschiedlich sein. Es spielt naturgemäß in denjenigen Epen eine besonders große Rolle, die sich mit Sippenfehden befassen, wie *Raoul de Cambrai* oder die Lothringer-*Geste*, während es in anderen Werken etwas zurücktritt, in denen reine Feudalbeziehungen[3] oder ganz individuelle Beziehungen[4] im Vordergrund stehen. Es gibt auch Epenhelden, die keine Verwandtschaft haben und völlig auf sich selbst gestellt sind. Ein solcher Held ist Ogier de Danemarche in der *Chevalerie Ogier*. Doch ist dies kein selbstverständlicher Zustand, sondern nur ein Gegenbild zu der sonst üblichen Situation; die Bindung an die Verwandtschaft wird somit problematisiert, nicht jedoch prinzipiell ignoriert[5].

Es stellt sich nun die Frage, was dieses Kollektiv, das für die Dichter der *chansons de geste* eine so selbstverständliche Größe zu sein scheint, eigentlich ausmacht.

Hierbei handelt es sich um einen Problemkreis, der von Historikern, vor allem in jüngerer Zeit, intensiv untersucht worden ist, auch und gerade am Beispiel der nordfranzösischen Aristokratie des Hochmittelalters. Der Aristokratie gehören auch die handelnden Personen aller *chansons de geste* und Romane an. Ein Vergleich mit den Ergebnissen der Historiker dürfte somit nicht uninteressant sein, zumal diese ihrerseits literarische Texte meist nur sehr am Rande berücksichtigen. Wir wollen daher kurz auf einige Aspekte der historischen Forschung eingehen, die für unsere Untersuchung von Bedeutung sind. Es sind dies vor allem die folgenden Fragen: In welchem Verhältnis steht das Individuum zum Kollektiv der Verwandtschaft? Wie ist dieses Kollektiv strukturiert? Werden Verwandte der weiblichen oder der männlichen Linie bevorzugt? Welchen Umfang hat die Familie?

---

[2] Vgl. z. B. *Chanson de Roland* 1076, *Chanson de Guillaume* 1432, *Couronnement Louis* 793, *Chevalerie Vivien* 809, 1941, *Gerbert de Metz* 1025. Vgl. auch u. S. 26.

[3] So in dem auf den Anfang des 13. Jahrhunderts datierten *Simon de Pouille* oder in Teilen von *Aymeri de Narbonne*.

[4] So in *Ami et Amile* die Freundschaft zwischen den beiden Titelhelden.

[5] Zur Bedeutung des *lignage* in der Handlung s. u. Teil IV, S. 300–312. Im Gegensatz zu den *chansons de geste* konzentrieren sich die Romane fast immer auf das einzelne Individuum. Vgl. hierzu Robert W. Hanning, *The Individual in Twelfth-Century Romance*, New Haven-London 1977. Doch kennen auch die Romanautoren die Vorstellung vom Verwandtschaftskollektiv; vgl. z. B. Thomas d'Angleterre, *Tristan* 366, 420, 500, oder den Anfang von Gautier d'Arras, *Ille et Galeron*. Eine gewisse Ausnahmestellung nimmt Chrétiens *Perceval* ein. Auf die Darstellung größerer Verwandtschaftsverbände in diesem Roman werden wir in Teil III, S. 186–201, genauer eingehen.

Die außerordentlich große Bedeutung des Verwandtschaftskollektivs ist unter anderem schon von Marc Bloch hervorgehoben worden[6]. Georges Duby arbeitet dann in seiner Studie über die Region des Mâconnais heraus, daß im Laufe des 11. Jahrhunderts der Einfluß der Verwandtschaft auf das Handeln des einzelnen immer größer wird, bedingt durch die Abschwächung der gräflichen Macht[7]. Besonders deutlich wird dieser zunehmende Einfluß an der Kontrolle des individuellen Besitzes durch das Kollektiv und an der Häufigkeit des gemeinschaftlichen Besitzes, der Erbengemeinschaft, die den ererbten Besitz nicht unter ihren einzelnen Mitgliedern aufteilt (*indivisio*).

Der zweite Aspekt, die Struktur des Verwandtschaftskollektivs, ist Gegenstand etwa der Untersuchungen Karl Schmids[8], die auch Duby aufgegriffen hat[9]. Diese Arbeiten kommen zu dem Ergebnis, daß im hohen Mittelalter eine Entwicklung stattgefunden hat, die von einer alle gleichzeitig lebenden Verwandten umfassenden, sozusagen ‹horizontal› ausgerichteten Familie zu einer ‹vertikal› orientierten Familie führt, die sich als lineare Abfolge von Vater, Sohn, Enkel usw. versteht. Es ist üblich, die erste dieser beiden Formen als «Sippe», die zweite als «Geschlecht» zu bezeichnen[10]. Die horizontale Sippe setzt sich aus den Verwandten zusammen, deren Verwandtschaft sich der einzelne bewußt ist; dieses Bewußtsein kann ein bis zwei Generationen in den Bereich der verstorbenen Vorfahren hineinreichen, umfaßt aber vor al-

---

[6] a.a.O., 191–221. Vgl. auch Louis Falletti, *Le Retrait lignager en droit coutumier français*, Paris 1923, 12–53.

[7] Georges Duby, *La société aux XIᵉ et XIIᵉ siècles dans la région mâconnaise*, Paris 1953, 263ff.

[8] Karl Schmid, *Zur Problematik von Familie, Sippe und Geschlecht, Haus und Dynastie beim mittelalterlichen Adel*, Zeitschrift für die Geschichte des Oberrheins 105, 1957, 1–62; ders., *Heirat, Familienfolge, Geschlechterbewußtsein*, in: Il matrimonio nella società altomedievale, Spoleto 1977 (Settimane di studio del Centro Italiano di Studi sull'alto medioevo 24), I, 103–137, bes. 129–133; ders., *The structure of the nobility in the earlier middle ages*, in: T. Reuter (Hrsg.), The medieval nobility, Amsterdam-New York-Oxford 1978, 37–59; ders., *«De regia stirpe Waiblingensium». Remarques sur la conscience de soi des Staufen*, in: Georges Duby, Jacques Le Goff (Hrsg.), Famille et parenté dans l'occident médiéval. Actes du Colloque de Paris, Rome 1977, 49–56.

[9] Georges Duby, *La noblesse dans la France médiévale. Une enquête à poursuivre*, in: Hommes et structures du moyen âge, Paris-La Haye 1973, 145–166, bes. 151–155; ders., *Structures de parenté et noblesse. France du nord. XIᵉ-XIIᵉ siècles*, in: Miscellanea in memoriam J. F. Niermeyer, Groningen 1967, 149–165. Vgl. auch: ders., *Lignage, noblesse et chevalerie au XIIᵉ siècle dans la région mâconnaise. Une révision*, in: ders., Hommes et structures du moyen âge, 395–422.

[10] Vgl. Karl Schmid, *Zur Problematik*, 4. Der französische Sprachgebrauch ist uneinheitlich; während z. B. Duby «lignage» bevorzugt im Sinne von «Geschlecht» gebraucht, verwenden andere das Wort «lignage» gerade für die Sippe. Wir werden im folgenden zur Bezeichnung der beiden genannten Formen des Verwandtschaftskollektivs ausschließlich die deutschen Bezeichnungen verwenden. Mit «lignage» meinen wir dagegen wie die Dichter des 12. Jahrhunderts ganz generell das Kollektiv der Verwandtschaft, ohne dessen Form oder Struktur angeben zu wollen.

lem meist zwei lebende Generationen, zu denen neben Eltern, Geschwistern, Onkeln, Tanten oder Neffen auch entferntere Verwandte gehören können[11]. Dagegen entsteht eine vertikale, also dynastische Familienstruktur, wenn sich die Familie um einen festen, über die Generationen hin immer vom Vater an den Sohn weitergegebenen Erbbesitz, etwa eine Burg, kristallisiert und sich mit diesem identifiziert[12]. Duby unternimmt es, diese Entwicklung für Frankreich genauer zu datieren; er unterscheidet zwischen «familles comtales», für die er die vertikale, dynastische Familienstruktur zu Beginn des 10. Jahrhunderts nachweist, «familles de châtelains», die ungefähr seit 1000 diese Struktur aufweisen, und der «petite chevalerie», bei der dies erst ab der Mitte des 11. Jahrhunderts der Fall ist[13]. Vorher ist selbstverständlich schon die Königsfamilie eine solche agnatisch strukturierte Dynastie[14].

Demnach wäre die vertikale, agnatische Struktur des Verwandtschaftskollektivs für das 12. Jahrhundert auf jeden Fall vorauszusetzen. Andere Forscher, wie Karl Ferdinand Werner oder Michel Parisse, sehen jedoch gerade dieses Jahrhundert als den Übergangszeitraum an[15].

Kommen wir zum dritten Punkt, der Frage, ob Verwandtschaft in weiblicher oder in männlicher Linie privilegiert ist, ob man sich beispielsweise mehr auf die mütterlichen oder auf die väterlichen Vorfahren beruft. Es scheint Übereinstimmung darüber zu herrschen, daß zu Zeiten der horizontalen Sippe, also etwa bis ins 9. oder 10. Jahrhundert, weder das eine noch das andere durchgehend der Fall war[16]. Karl Schmid zeigt besonders anschaulich, daß immer diejenige Linie bevorzugt wurde, die vornehmer war und einem größeres Ansehen verschaffte[17]. Dagegen ergibt sich aus einer dy-

---

[11] Schmid untersucht diese Auffassung von Verwandtschaft anhand von Verbrüderungsbüchern, *libri memoriales*. Zum Umfang der Familieneinheiten s. bes.: *Zur Problematik*, 20f, sowie die verschiedenen Aufsätze über die *libri memoriales*, die in dem Sammelband: *Gebetsgedenken und adliges Selbstverständnis im Mittelalter. Ausgewählte Beiträge*, Sigmaringen 1983, 469ff, abgedruckt sind.

[12] Dies kann sich z. B. darin äußern, daß sie den Namen der Burg als *cognomen* annimmt; s. Karl Schmid, *Zur Problematik*, bes. 32–36, sowie: *Heirat, Familienfolge*, 132f.

[13] *Structures de parenté et noblesse*, 156, 161, 163. Darauf, daß sich diese Entwicklung nicht auf einen Schlag vollzog, sondern einzelne ‹vertikale› Dynastien schon zu Zeiten eines im allgemeinen horizontalen Verwandtschaftsverständnisses existieren konnten, weist auch Karl Ferdinand Werner hin: *Liens de parenté et noms de personne* [Seconde partie], in: Georges Duby, Jacques Le Goff (Hrsg.), Famille et parenté dans l'occident médiéval, Rome 1977, 25–34, bes. 28f.

[14] Vgl. Georges Duby, *Remarques sur la littérature généaloqique en France aux XIe et XIIe siècles*, in: ders., Hommes et structures du moyen âge, Paris-La Haye 1973, 287–298, bes. 292f. Vgl. auch Karl Schmid, *Zur Problematik*, 14.

[15] Vgl. z. B. K. F. Werner, *Liens de parenté et noms de personne*, 26f, oder M. Parisse, *La noblesse lorraine. XIe – XIIIe s.*, Lille 1976, dort etwa 2e partie, 223–447.

[16] Vgl. z. B. David Herlihy, *Medieval Households*, Cambridge/Mass.-London 1985, 51, um nur eine relativ neue Arbeit zu nennen.

[17] Vgl. bes. *Zur Problematik*, 22–25.

nastischen Verwandtschaftsstruktur im allgemeinen eine patrilineare Auffassung von der Familie: Ein Sohn übernimmt das Erbe, durch das sich die Familie ja definiert, von seinem Vater und gibt es an einen seiner Söhne weiter. Somit liegt nun eine Privilegierung der männlichen Linie vor[18].

Untersuchungen zu lateinischen Genealogien, die gerade im 12. Jahrhundert in größerer Zahl verfaßt werden, haben jedoch deutlich gemacht, daß auch jetzt noch die Familie der Mutter eines Individuums gegenüber der väterlichen Familie eine gewisse Bevorzugung erfahren kann. Insbesondere Hinweise auf die Vornehmheit gerade der mütterlichen Vorfahren sind in solchen Werken keine Seltenheit. Doch bleibt die agnatische Grundauffassung vom eigenen Geschlecht hiervon unberührt[19]. Wie Duby herausgearbeitet hat[20], ist die mütterliche Verwandtschaft im 12. Jahrhundert tatsächlich oft von höherem Rang als die väterliche; und wenn sie besonders oft hervorgehoben wird, dient dies nur zur Steigerung des eigenen Prestiges. Außerdem werden die ranghohen mütterlichen Verwandten natürlich gern zur Förderung der eigenen Karriere herangezogen, was ebenfalls zu einer bevorzugten Nennung in genealogischen Werken führen kann[21].

Der letzte der angeführten vier Aspekte der historischen Verwandtschaftsforschung, die Frage nach dem Umfang des Kollektivs, dem der einzelne sich zugehörig fühlt, steht etwa in den Arbeiten Robert Fossiers[22] im Vordergrund, der zu dem Ergebnis kommt, daß es eine lineare Entwicklung

---

[18] Vgl. Georges Duby, *Structures de parenté et noblesse*, 154–156, 160. Eine Privilegierung des ältesten Sohnes scheint allerdings erst im Laufe des 12. Jahrhunderts selbstverständlich zu werden. Vgl. L. Falletti, a.a.O, 28f.

[19] Fernand Vercauteren, *A kindred in northern France in the eleventh and twelfth centuries*, in: T. Reuter (Hrsg.), The medieval nobility, Amsterdam-New York-Oxford 1978, 87–103, bes. 96; Georges Duby, *Structures de parenté et noblesse*, bes. 158f, 162. Die Texte, auf die sich diese Gelehrten stützen, sind zum einen die in die *Annales Cameracenses* des Lambert von Watterlos eingeschobene Genealogie seiner eigenen Familie (Monumenta Germaniae Historica, Scriptorum t.XVI, 511f), entstanden etwa in der Mitte des 12. Jahrhunderts, zum andern die *Historia comitum Ghisnensium* des Lambertus Ardensis (Monumenta Germaniae Historica, Scriptorum t.XXIV, 557–642) vom Ende des 12. Jahrhunderts. In letzterem Text finden sich besonders häufig Hinweise auf die Vornehmheit der Gattinnen, die in das Geschlecht der Grafen von Guines einheiraten, etwa in dieser Form: «Duxit autem in uxorem Flandrie camerarii nobilissimi Sigeri de Gherminiis filiam nomine Susannam» (Kap.23, S. 573, 19f). Wie man sieht, leitet sich die Vornehmheit der Frau ihrerseits wieder von ihrem Vater her.
Weitere Beispiele werden z. B. von Michel Bur, *L'image de la parenté chez les comtes de Champagne*, Annales E. S. C., 38, 1983, 1016–1039, diskutiert, s. bes. 1026–1037.

[20] Z. B. in: *Structures de parenté et noblesse*, 157f.

[21] Vgl. vor allem Fernand Vercauteren, a.a.O., und Michel Bur, a.a.O., 1032–1034.

[22] Robert Fossier, *La terre et les hommes en Picardie jusqu'à la fin du XIIIe siècle*, Paris-Louvain 1968, bes. 262–273, 542–546; ders., *Histoire sociale de l'occident médiéval*, Paris 1970, bes. 93f, 123–134.

von der Großfamilie zur Kleinfamilie gegeben hat. Diese Entwicklung sei im 12. Jahrhundert noch nicht abgeschlossen gewesen[23]. Andere Gelehrte vertreten ähnliche Meinungen[24]. Doch ist dieser Punkt nicht unumstritten, und einige Forscher schließen die Existenz kleinerer Familieneinheiten für das 12. Jahrhundert und selbst für die vorangehenden Jahrhunderte nicht aus[25]. Wir werden in dem Kapitel über das Zuhause und die Kleinfamilie versuchen, aus der Sicht der altfranzösischen epischen Texte einen Beitrag zur Klärung dieser Frage zu leisten[26].

Allen referierten Ansätzen ist gemeinsam, daß sie eine Entwicklung in der Verwandtschaftsstruktur annehmen, die von einer bestimmten Form ausgeht und in eine andere bestimmte Form einmündet. Nur ganz vereinzelt ist auf die Möglichkeit hingewiesen worden, daß verschiedene Strukturen gleichzeitig existieren können[27].

Kommen wir zurück zu den *chansons de geste* des 12. Jahrhunderts. Von der selbstverständlichen Einordnung des Individuums in ein Verwandtschaftskollektiv war bereits die Rede. Wir wollen nun etwas genauer betrachten, in welcher Weise dieses Kollektiv in Erscheinung tritt bzw. wie es strukturiert ist.

Die Gesamtheit der Verwandten kann durch die Wörter *lin, lignie, lignage, parenté, parage* und *geste* bezeichnet werden; hinzu kommen noch die bereits besprochenen Begriffe *parent, cousin, apartenant* und *ami*, die ebenfalls in einem generalisierenden, umfassenden Sinn verwendet werden können. Diese große Zahl der Vokabeln bestätigt die große Bedeutung, die das Kollektiv der Verwandtschaft in diesen Texten hat.

Für eine Definition der Struktur, die die Dichter mit dem Verwandtschaftskollektiv verbinden, bietet das Vokabular jedoch nur wenige und ungenaue

---

[23] Nach seiner Darstellung tritt vom 10. bis 13. Jahrhundert die «famille conjugale» immer stärker hervor, eine Entwicklung, die durch relative Friedenszeiten und die Zerstückelung der Besitztümer gefördert wurde. Er macht jedoch die Einschränkung, daß die Aristokratie – die in den von uns untersuchten Texten ja im Vordergrund steht – die «cohésion» der großen Familienkollektive länger beibehält und daß überhaupt während der ersten drei Viertel des 12. Jahrhunderts die «cellule conjugale» wieder etwas zurücktritt, s. *La terre et les hommes*, 270–272.

[24] So etwa Edward Shorter, *The Making of the Modern Family*, New York 1975.

[25] Z. B. Peter Laslett, in: ders. (Hrsg.), *Household and Family in Past Time*, Cambridge 1972, bes. 6–8. Vgl. auch Pierre Guichard, *De l'Antiquité au Moyen Age: Famille large et famille étroite*, Cahiers d'histoire (Lyon) 24, 1970, 45–60, der auch einen guten Überblick über die verschiedenen Forschungsmeinungen gibt. Vgl. ferner David Herlihy, *Medieval Households*, 48, und ders., *The Making of the Medieval Family: Symmetry, Structure, and Sentiment*, Journal of Family History 8, 1983, 116–130.

[26] S. u. S. 35–46.

[27] So von Karl Ferdinand Werner, *Liens de parenté et noms de personne*, 28f, und von David Herlihy in den Anm. 16 und Anm. 25 genannten Arbeiten. Vgl. außerdem Alexander Callander Murray, *Germanic Kinship Structure. Studies in Law and Society in Antiquity and the Early Middle Ages*, Toronto 1983, 223.

Anhaltspunkte. Zwar leiten sich *lignage*, *lin* und *lignie* von dem lateinischen Wort *linea* ab[28], so daß man denken könnte, daß diese Vokabeln eher die lineare, vertikale Form des Verwandtschaftskollektivs bezeichnen als die horizontale Sippe und vielleicht in einem gewissen Gegensatz etwa zu *parenté* stehen, doch entspricht dies nicht ihrer Verwendung in der Mehrzahl unserer Texte.

Allenfalls könnte in den frühesten Werken eine Differenzierung von *parenté* und *lin* vorliegen. Der Dichter des ersten Teils des *Wilhelmsliedes*, den Jeanne Wathelet-Willem auf das Ende des ersten Viertels des 12. Jahrhunderts datiert[29], verwendet *parenté* zum Beispiel dann, wenn er Guillaumes Neffen meint (673, 1013), während *lin* bei ihm an Stellen steht, die von der Abstammung handeln (295, 1054)[30]. Interessant ist der Vers 259, wo Tiebaut seinen Neffen Esturmi als «pres de mun lin» bezeichnet. Wäre die gesamte horizontale Verwandtschaft gemeint, ergäbe die Formulierung «pres de» keinen Sinn. Sie setzt vielmehr die Vorstellung von einer linear ausgerichteten Verwandtschaftseinheit voraus, zu der in jeder Generation nur wenige Personen gehören, während andere ihr nur lose zugeordnet sind und sich gleichsam um sie herum gruppieren[31].

Eindeutig auf die Abstammung beziehen sich auch die übrigen Belege für *lin*, die sich in den frühen *chansons de geste* finden:

> ... gentilz reis de riche lign
> (*Gormont et Isembart* 203)[32],

> ... li abes de franc lin
> (*Couronnement de Louis* 1480).

---

[28] Vgl. FEW s.v. *linea*.

[29] Jeanne Wathelet-Willem, *Recherches sur la Chanson de Guillaume*, t.I, Paris 1975, 696.

[30] Wenigstens stehen an diesen Stellen die Eltern im Vordergrund; es wird allerdings auch der Onkel — Guillaume — erwähnt. Die genaue Bedeutung von *lignage* ist nicht klar; den *lignage* würde die Schande feigen Verhaltens treffen, doch ob von potentiellen Nachfolgern oder von Sippenangehörigen die Rede ist, läßt sich a priori nicht entscheiden.

[31] Hierzu paßt allerdings nicht 1768. Ließe sich eine Differenzierung nachweisen, wäre es wichtig für die Interpretation von *Chanson de Roland* 2379, wo Roland im Angesicht des Todes u.a. an die «humes de sun lign» denkt. Sollten damit seine väterlichen Vorfahren gemeint sein, von denen man sonst im *Rolandslied* nichts erfährt?

[32] Das Attribut «riche», das meistens mit «einflußreich, mächtig» wiederzugeben ist, könnte zunächst an eine weitverzweigte, mächtige Sippe denken lassen. Doch handelt es sich hier um eine Anrede an den französischen König, der in der Tradition nirgends mit einer weitverzweigten Sippe in Verbindung gebracht wird. Vor allem aber ist bei Anreden nur eine Betonung der vornehmen Abkunft üblich.

Anders verhält es sich mit *lignage*. Im *Couronnement Louis* setzt der Heiden-champion Corsolt, wenn er vor dem Zweikampf mit Guillaume seinen Haß auf diesen begründet, *lignage* und *parenté* gleich:

> Car tes lignages a mort mon parenté
> (*Couronnement Louis* 835).

Die Wahl der Worte ist hier nur durch die jeweilige Stelle im Vers und durch die Assonanz bestimmt[33]. Mit Sicherheit nur um eine weitverzweigte, ein-flußreiche Sippe kann es es sich auch an den Stellen im *Charroi de Nîmes* handeln, an denen von «riche lignage» die Rede ist (170, 175, 1109)[34].

Parenté dürfte ebenfalls immer einen horizontal orientierten Sippenver-band bezeichnen[35]. An einzelnen Stellen scheinen die Dichter allerdings doch zwischen *lignage* und *parenté* zu unterscheiden. So verwendet Guibourc, wenn sie im *Wilhelmslied* ihrem Gatten zuredet, seiner Verwandtschaft keine Schande zu machen und dem hart bedrängten Vivien zu Hilfe zu kommen, drei verschiedene Termini:

> Il fu custume a tun riche parenté,
> Quant altres terres alerent purchacer,
> E tuz tens morurent en bataille chanpel.
> Mielz voil que moergez en l'Archanp sur mer
> Que tun lignage seit per tei avilé,
> Ne aprés ta mort a tes heirs reprové
> (*Chanson de Guillaume* 1322–1327).

Die Vergangenheitstempora legen nahe, «parenté» hier auf ältere Sippenmit-glieder (die nicht unbedingt direkte Vorfahren sein müssen) zu beziehen, während «lignage» die lebenden Verwandten bezeichnen könnte und mit

---

33 Allerdings findet sich diese Formulierung, die *lignage* und *parenté* völlig gleichbe-deutend erscheinen läßt, nur in den Redaktionen B und C in dieser Fassung. so daß unklar bleiben muß, ob sie nicht doch etwas jünger ist.

34 Nicht einheitlich überliefert ist die Beschreibung des Heidenchampions Corsolt als «de mout riche lignage» (*Couronnement Louis* 482). Andere frühe Belege beziehen sich entweder auf die Schande, die Feigheit für den *lignage* bedeuten würde (*Chan-son de Guillaume* 1326, 1432, *Couronnement Louis* 793, 1104, 1124), oder auf die Charaktereigenschaften eines ganzen *lignage* (*Couronnement Louis* 1456, 1526). Ihre genaue Bedeutung ist also nicht von vornherein klar; im ersten Fall könnte es sich auch um die Gesamtheit der Nachkommen handeln (hierzu s. u. S. 26); im zweiten auch um ein vertikal strukturiertes Geschlecht.

35 Hierfür spricht auch die Verwendung dieses Wortes in der Formel «de mout grant parenté». Diese scheint zwar, wie die zu *lin* angeführten Stellen, etwas über den Rang oder den Stand einer Person auszusagen (vgl. etwa *Chanson de Roland* 356, *Aiol* 9883, *Fierabras* 2045), dürfte sich jedoch auf die Zugehörigkeit zu einer mäch-tigen, bekannten Sippe beziehen. Wenigstens finden sich für das Adjektiv *grant*, für sich genommen, keine Belege für eine ‹vertikale› Bedeutung, die sich auf die Ab-stammung bezöge.

«heirs» eindeutig die Nachkommen gemeint sind[36]. Doch läßt sich diese Sonderbedeutung von *parenté* nicht verallgemeinern. Die zitierte Stelle aus dem *Couronnement* zeigt außerdem, daß auch *lignage*, wie hier *parenté*, im Zusammenhang mit früher vollbrachten Taten Verwendung finden kann[37].

Lignie und *parage* kommen in den frühen *chansons de geste* noch nicht vor. *Geste* hat sich in den ältesten Texten noch nicht völlig von seiner ursprünglichen Bedeutung gelöst und weist stets einen Bezug auf Heldentaten auf. Meist steht es dabei in Zusammenhang mit der Vorstellung von Vorfahren, so zum Beispiel an der folgenden Stelle aus *Gormont et Isembart*, an der Hugon zu König Louis, der ihn von einem Zweikampf zurückhalten möchte, spricht:

> ... Ne puet pas estre!
> Prus fut mes pere e mes ancestre,
> e jeo sui mult de bone geste
> e, par meïsmes, dei prus estre
> (*Gormont et Isembart* 217–220)[38].

Im zweiten Teil des *Wilhelmsliedes* kann dann aber auch *geste* einfach mehrere gleichzeitig in einer Schlacht kämpfende Verwandte bezeichnen (3167).

Während die Dichter der frühen Texte also noch eine gewisse Differenzierung (zumindest zwischen der Abstammungslinie und der Sippe) auf Vokabelebene vorzunehmen scheinen, ist dies seit der Mitte des 12. Jahrhunderts eindeutig nicht mehr der Fall. Jedenfalls können nun alle angeführten Ausdrücke das Kollektiv der gleichzeitig lebenden Verwandten bezeichnen, also die horizontal ausgerichtete Sippe. Nur um diese kann es sich etwa an folgender Stelle aus den *Enfances Vivien* handeln, wo Viviens Mutter sich wegen der Auslieferung ihres Kindes an die Heiden von den Verwandten Rat holen will:

> et vet en France a ses amis parler
> au grant lignage et au fier parenté
> (*Enfances Vivien* 252f).

Nur um die lebenden Verwandten kann es sich auch handeln, wenn in der *Prise d'Orange* bei einer Aufzählung der Personen, von denen Guillaume und sein Neffe *secours* erwarten können, auch der «lignage» genannt wird (1364–1366). In *Aiol* 4430 ruft Macaire, von seinen Feinden bedrängt, seinen «parenté» zu Hilfe. Vorfahren kommen hier nicht in Frage. Nur laterale lebende Verwandte können gemeint sein, wenn Vivien in *Aliscans* voraussieht, daß Guillaume seinen gesamten «lin» in der Schlacht verlieren werde (326),

---

[36] In diesem Sinn könnte *parenté* auch in der Formel zu verstehen sein, mit der oft die Identität einer Person erfragt wird: «Dont estes nez et de quel parenté?».

[37] Vgl. auch *Couronnement Louis* 1557.

[38] Vgl. auch *Chanson de Roland* 788.

denn Guillaume hat keine Nachkommen. Auch mit seiner Klage in der *Chevalerie Vivien*, daß er seinen «lignage», seine «amis» und seine «geste» nicht mehr wiedersehen werde (606f), meint Vivien sicher nur die zu dieser Zeit lebenden Verwandten, also neben seinem Onkel Guillaume vor allem seine Vettern. Die Sarazenen, die im *Moniage Guillaume* Guillaumes Verwandten Landri gefangennehmen und ihrem König Synagon erklären, welcher «lignie» er angehört, machen dadurch, daß sie diese durch einen vagen Bezug auf Guillaume definieren, deutlich, daß ihnen ein weitverzweigter, horizontaler Sippenverband vorschwebt:

> Jou quid qu'il est de la pute lignie
> Des gens Guillaume, qui Mahon malëie
> *(Moniage Guillaume II* 3380 f).

Ein von Guillaume abstammendes lineares Geschlecht gibt es in der epischen Tradition nicht[39].

Einzelne Stellen scheinen nun nahezulegen, daß auch in der zweiten Hälfte des Jahrhunderts noch begrifflich zwischen dem patrilinearen Geschlecht und der Sippe unterschieden wird. Eine solche Stelle ist etwa die folgende aus *Renaut de Montauban*, wo Renaut im Kampf in seinem Gegner Kaiser Karl erkennt, der der Feudalherr seiner ganzen Verwandtschaft war und ist und gegen den er eigentlich nicht persönlich kämpfen wollte. Für seine Verwandtschaft verwendet Renaut zwei Begriffe, «lignage» und «parenté», wobei letzterer durch den Zusatz von «tot» als umfassender erscheint:

> Ja est çou Charlemaignes à cui je ai josté,
> Ki norri mon linage et tot mon parenté
> *(Renaut de Montauban* 10899f).

Doch falls hier eine Unterscheidung zwischen dem väterlichen Geschlecht und allen anderen Verwandten vorliegen sollte, bleibt sie ohne jede Bedeutung, da nirgends getrennt auf eine der beiden Verwandtschaftsformen eingegangen wird. Stellen, an denen einer der verschiedenen Kollektivtermini in eindeutiger Weise das patrilineare Geschlecht bezeichnete und in einen Gegensatz zur horizontalen Sippe stellte, gibt es nicht. Dies gilt auch für die spätesten der untersuchten Werke, die zu einem Zeitpunkt entstanden, als sich nach Meinung aller Historiker die Vorstellung vom patrilinearen Geschlecht allgemein durchgesetzt hatte.

Dennoch spiegeln sich auch in den späteren Texten Vorstellungen ‹vertikalen› Charakters: Es finden sich nach wie vor Wendungen, die die vornehme Abstammung einer Person zum Ausdruck bringen sollen. Hierfür kann nun aber nicht mehr nur *lin*, sondern auch *parenté* oder *lignage* verwendet

---

[39] Vgl. auch z. B. *Moniage Guillaume II* 3067, *Aliscans* 432, 805e, 1916, 2941, 3097, 4978, 6656, 6977, 7766, *Chevalerie Vivien* 73, 508, 812, 1156, *Enfances Vivien* 2724, 2836, *Garin le Loherain* 5783f.

werden. So sind zum Beispiel die folgenden Stellen eindeutig Aussagen über
Stand und Herkunft:

> ... somes conte estrait de molt haut lin
> *(Gerbert de Metz* 1577),

> ... vos estes de haut linage
> *(Narbonnais* 2674),

> Ne joustai a nul homme de si bas parenté
> *(Fierabras* 459).

Außerdem kommen um die Mitte des 12. Jahrhunderts zusätzliche Vokabeln
auf, die speziell die vornehme Abstammung eines Menschen bezeichnen.
Diese Bedeutung hat vor allem *estraciön*, das jedoch gelehrter Herkunft ist
und relativ selten vorkommt. In *Garin le Loherain* sagt zum Beispiel die Königin über den *lignage* der Lothringer:

> Ainz sunt preudome de bone estraciön
> *(Garin le Loherain* 16320)[40].

Ferner ist *parage* zu nennen, das ebenfalls ʿHerkunftʾ, ʿvornehme Abstam-
mungʾ heißen kann[41]. Es fällt auf, daß sich diese Bedeutung vor allem in der
neu entstehenden Gattung des Romans findet. So preist etwa schon im *Thebenroman* der König Adrastus vier «contes de Venece», die ihm eine Kriegs-
list vorgeschlagen haben, mit den Worten: «Noble houme estes de parage»
(3433). Zu Beginn des *Eneas* wird berichtet, wie die Griechen Troja einnehmen und dabei niemanden verschonen, nicht einmal auf Vornehmheit oder
Tapferkeit Rücksicht nehmen:

> n'esparnoient prince ne conte;
> ne lor avoit mestier parage
> ne hardemant ne vasalage
> *(Eneas* 14−16).

Häufig wird diese Bedeutung durch den Zusatz eines Adjektivs wie *haut* noch
besonders hervorgehoben. So wird zum Beispiel in Chrétiens *Perceval* die
Herrin des Wunderschlosses wie folgt beschrieben:

> ... il i a une roïne,
> Molt haute dame et riche et sage,
> Et si est de molt haut parage
> *(Perceval* 7528−7530)[42].

---

40 *Estre estrait* findet sich jedoch bereits in der *Chanson de Roland* 356.
41 Ebenfalls nicht vor der Jahrhundertmitte belegt. Es findet sich in einem Teil der
    Handschriften des *Alexiusliedes*, die jedoch nicht früher entstanden sein dürften,
    vgl. Godefroy, Tobler-Lommatzsch s.v.
42 Vgl. auch *Roman de Thèbes* 3965f, *Eneas* 1285−1287, *Ipomedon* 336, 998, *Perceval*
    8804.

Dieser Befund paßt zu der Erkenntnis Erich Köhlers, daß in der Gattung Roman ein neues exklusives Standesbewußtsein des Adels seinen Niederschlag findet[43]. Hier liegt also ein Indiz für eine von der traditionellen *chanson de geste* etwas abweichende Gewichtung von Verwandtschaft durch die Romandichter vor. Doch findet sich dieses Wort dann auch sehr bald in den *chansons de geste*, anscheinend vom Roman übernommen. In *Girart de Vienne* rühmt sich beispielsweise Graf Lambert, Gefangener bei Girart, angesichts von dessen schöner Nichte Aude folgendermaßen:

> ne par paraje n'en doi estre tornez,
> ne por avoir ne por grant richetez
> ne doi ge perdre a estre marïez
> (*Girart de Vienne* 3725–3727)[44].

Aber selbst das Wort *parage* ist keineswegs eindeutig; es kann auch wie *parenté* und *lignage* die gesamte lebende Sippe bezeichnen. So sagt im *Moniage Guillaume II* der Heide Ysoré, als er die Tapferkeit seines Gegners im Zweikampf erkennen muß, zu diesem:

> As caus douner sambles tu del lignage
> Des Nerbonois, qui tante honte ont faite;
> Jou quit tu es del parage Guillaume,
> Qui seus venis contre moi en bataille
> (*Moniage Guillaume II* 6139–6142).

Er vermutet also in dem gegnerischen Ritter einen Angehörigen der Sippe Guillaumes und verwendet für diese einmal die Bezeichnung «lignage» und einmal die Bezeichnung «parage»[45].

Wir halten fest, daß im gesamten Untersuchungszeitraum die Vorstellung der vornehmen Abstammung eine Rolle spielt, daß sich jedoch in der zweiten Jahrhunderthälfte, insbesondere in der neuen Gattung des Romans, aber nicht nur dort, das Interesse hierfür noch verstärkt. Dieses verstärkte Interesse äußert sich in der Verwendung ‹modernerer› Vokabeln. In den *chansons de geste* wird dabei begrifflich meist nicht mehr zwischen dem Kollektiv der lebenden Verwandten und der Abstammung unterschieden[46]. Nur das seltene *estracïon* ist ein eindeutiges Wort.

---

43 Erich Köhler, *Quelques observations d'ordre historico-sociologique sur les rapports entre la chanson de geste et le roman courtois*, in: Chanson de geste und höfischer Roman, Heidelberg 1963, 21–30, dort 22f; ders., *Zur Selbstauffassung des höfischen Dichters*, in: ders., Trobadorlyrik und höfischer Roman, Berlin 1962, 9–20, dort 9f; ders., *Mittelalter I*, Stuttgart 1985, 100, 107.

44 Vgl. auch z. B. *Moniage Guillaume II* 2224, *Narbonnais* 182, *Saisnes* 1404.

45 Vgl. auch z. B. *Garin le Loherain* 1830, *Aiol* 953, *Renaut de Montauban* 14929, *Aye d'Avignon* 366.

46 Im Roman, in dem das Sippenkollektiv kaum eine Rolle spielt, stellt sich dieses Problem nicht.

24

Daß sowohl in der ersten als auch in der zweiten Hälfte des Jahrhunderts beide Vorstellungen nebeneinander präsent sind, zeigen deutlich einige der Wendungen, die das hohe Ansehen, das eine Person genießt oder beansprucht, zum Ausdruck bringen sollen:

> Quar ton lignage est mout de haute gent
> (*Couronnement Louis* 860),

> Bien sai de boin parage est tous tes parentés
> (*Fierabras* 711),

> Trop sont halt ome et de grant parenté
> (*Aspremont* 6231)[47].

Hier ist klar das Bedürfnis erkennbar, die Vorstellung von Vornehmheit und hoher Abstammung mit der Vorstellung einer weitverzweigten, horizontalen Sippe zu verknüpfen.

Daß die Vorfahren nun mit denselben Vokabeln bezeichnet werden wie das horizontale Sippenkollektiv, läßt sie ebenfalls als ein diffuses Kollektiv erscheinen. Die Vorstellung einer patrilinearen Vorfahrenreihe ist mit den erwähnten Termini sicher nicht verbunden. Offensichtlich kommt es in der zweiten Jahrhunderthälfte weniger auf eine bestimmte Linie von Vorfahren an als darauf, überhaupt über irgendwelche vornehmen Vorfahren zu verfügen, wobei weder die männliche noch die weibliche Linie bevorzugt wird. Die Vorstellung vom patrilinearen Geschlecht verliert also zumindest in diesem Zusammenhang an Bedeutung[48].

Dagegen behält die horizontale Sippe während des gesamten 12. Jahrhunderts ihre Bedeutung. Auch ihre Funktion bleibt während dieses Zeitraums im wesentlichen unverändert: Eine große Sippe verleiht immer Einfluß und Macht[49]. Diese Funktion des *lignage* wird in der häufigen Verknüpfung des Sippenbegriffs mit Adjektiven wie *riche* oder *poestis* besonders deutlich[50].

Neben der horizontalen Sippe, der Abstammungslinie und der Gesamtheit der vornehmen Vorfahren kennen die *chansons de geste* noch eine weitere Form des Verwandtschaftskollektivs: die Gesamtheit der Nachkommen.

---

47 Vgl. auch z. B. *Aliscans* 4116f, *Aspremont* 6677, 9185.
48 Im Roman wird gegen Ende des Jahrhunderts oft sogar die weibliche Linie stärker hervorgehoben als die männliche; s. u. Teil III, S. 146.
49 Stellen, die deutlich zeigen, wie das Vorhandensein von Verwandten Macht und Einfluß gewährt, sind etwa *Chanson de Roland* 2562, 3781ff, 3907, *Chanson de Guillaume* 3541, *Couronnement Louis* 112, *Aliscans* 2593, 3092–3097, *Chevalerie Ogier* 440, 9520ff, *Aiol* 5174, *Chanson d'Antioche* 7448, *Garin le Loherain* 2685f, *Enfances Vivien* 2835f, *Renaut de Montauban* 10236ff.
50 Vgl. z. B. *Gormont et Isembart* 203, *Chanson de Guillaume* 1322, *Charroi de Nîmes* 170, 175, 1109, *Aliscans* 1916, 4978, *Narbonnais* 4437, 4464. Vgl. außerdem *Prise d'Orange* 488, 578ff, 703ff.

So kann man bei der Befürchtung, eine Handlung könne Schande für die eigene Familie bedeuten, ebensogut an die *hoirs* wie an den *lignage* denken:

> ... ce sera grans vités;
> A vos et à vos oirs esteroit reprové
> (*Renaut de Montauban* 8686f);
>
> A ton linaje sera molt reprové
> (*Gerbert de Metz* 1025)[51].

Es ist denkbar, daß *lignage* an solchen Stellen dieselbe Bedeutung wie *hoirs* hat, also die Nachkommenschaft bezeichnet, zumal für beide Wörter dieselben Formulierungen verwendet werden können. Doch könnte selbstverständlich auch daran gedacht sein, daß die Handlung eines Sippenmitglieds Schande für die übrigen lebenden Sippenmitglieder bedeutet[52].

Sowohl die Vorstellung von der Gesamtheit der lebenden Verwandten als auch die Vorstellung von der Gesamtheit der Nachkommen spielen bei der Definition bestimmter *lignages* eine Rolle. So kann die Sippe Guillaumes sowohl durch den Bezug auf ihn selbst (z. B. *Moniage Guillaume II* 3381) als auch durch den Bezug auf seinen Vater Aymeri (z. B. *Aymeri de Narbonne* 24, 60) gekennzeichnet werden. Letzteres ist auch dann möglich, wenn Aymeri in der Handlung keine Rolle spielt (z. B. *Couronnement Louis* 1456, 1526, *Enfances Vivien* 464) oder sogar mit Sicherheit schon als tot zu denken ist (*Moniage Guillaume II* 3705).

Wir fassen zusammen: Die Form des Verwandtschaftskollektivs, die in den *chansons de geste* insgesamt am wichtigsten ist und am häufigsten erwähnt wird, ist sicher die horizontal ausgerichtete Sippe, die Gesamtheit der lebenden Verwandten. Dies gilt für den gesamten Untersuchungszeitraum.

Außer als ‹horizontale› Sippe kann das Verwandtschaftskollektiv als Gesamtheit der Vorfahren oder der Nachkommen in Erscheinung treten. Keine dieser beiden Vorstellungen ist immer klar von derjenigen der horizontalen Sippe unterschieden. Nur in den frühesten Texten ist daneben auch die Vorstellung einer patrilinearen Vorfahrenkette erkennbar. Das Interesse für vornehme Vorfahren verstärkt sich in der zweiten Hälfte des 12. Jahrhunderts; gleichzeitig scheint die Vorstellung von den Vorfahren jedoch diffuser zu werden. Sie werden nun auch häufig mit Vokabeln bezeichnet, die bis dahin, zumindest in den erhaltenen Texten, nur für das Sippenkollektiv (oder die Gesamtheit der Nachkommen) verwendet wurden.

Daß patrilineare Formen des Verwandtschaftskollektivs kaum Erwähnung finden, verwundert nicht, wenn man bedenkt, daß an der Handlung ei-

---

[51] Vgl. auch z. B. *Chanson de Roland* 1705f, *Chanson de Guillaume* 1327, *Couronnement Louis* 1104, 1124, *Raoul de Cambrai* 630f, 1000, 4747, *Aliscans* 1093, *Girart de Vienne* 5691, *Aspremont* 2484, *Aiquin* 2466, *Roman de Troie* 5737, 6338.

[52] Es ist auch nicht auszuschließen, daß statt der Gesamtheit der Nachkommen eine lineare Nachkommenkette gemeint ist; zu dieser Vorstellung s. u. S. 34.

nes Epos oder Romans in der Regel nur ein bis zwei Generationen beteiligt sein können. Während gleichzeitig lebende Verwandte ohne Probleme auch in größerer Zahl in der Handlung vorkommen können, ist dies mit einer sich über mehrere Generationen erstreckenden Linie von Vater, Sohn, Enkel usw. nicht möglich. Daß trotzdem auch patrilineare Vorstellungen in den *chansons de geste* vorausgesetzt werden, wollen wir im nächsten Kapitel zeigen.

4. Patrilineare Elemente

Während sich aus der Verwendung der Kollektivbezeichnungen kein eindeutiger Hinweis darauf gewinnen ließ, ob die Dichter der *chansons de geste* und ihr Publikum die Vorstellung eines patrilinearen Geschlechts kannten oder nicht, zeigen andere Elemente, daß eine solche Vorstellung doch eine gewisse Rolle in ihrem Denken gespielt haben muß.

Interessant scheint uns in diesem Zusammenhang die Verwendung des Wortes *cousins* für 'Verwandte' zu sein. *Cousin* kann alle lateralen Verwandten, gleich welchen Grades, bezeichnen, nicht aber Vor- oder Nachfahren in direkter Linie[1], so daß die lateralen Verwandten zwar untereinander gleichgestellt sind, aber – was mit dem allgemeinen Wort *parent* nicht möglich ist – streng von der agnatischen Vater-Sohn-Linie geschieden werden. Dies hat nur einen Sinn, wenn die Vater-Sohn-Linie eine eigene Bedeutung besitzt, die sie von der übrigen Verwandtschaft unterscheidet. Doch findet sich die erste Stelle, an der das Wort *cousin* mit Sicherheit diese allgemeine Bedeutung hat, im zweiten Teil des *Wilhelmsliedes*, also wohl kurz vor der Jahrhundertmitte, so daß sich hieraus kein Argument für das Vorhandensein patrilinearer Vorstellungen schon in der ersten Jahrhunderthälfte gewinnen läßt[2].

Ein solches Argument liefern jedoch die Wendungen und Formeln, die Angaben über die Identität oder über Rang und Stand eines Menschen enthalten. Von Anfang an werden Helden in den *chansons de geste* (ebenso wie später in den Romanen) nicht nur mit einem Namen, sondern auch mit einer zusätzlichen Angabe zu ihrer Identität versehen, und selbst Nebenfiguren erhalten, sofern sie überhaupt namentlich eingeführt werden – und manchmal auch sonst – eine Herkunftsangabe. Diese Angaben können verschiedener Art sein. Folgende Fälle sind zu unterscheiden:

1. Ein Epenheld wird als Sohn[3] eines anderen bekannten Helden bezeichnet. Dieser Fall findet sich ebenso in der ersten wie in der zweiten Hälfte des

---

[1] Zu der Bedeutung von *cousin* s. o. S. 5, Anm. 5.

[2] Daß es sie in der zweiten Hälfte des 12. Jahrhunderts gegeben hat, ist wohl unumstritten; s. o. S. 15f. Vgl. aber auch u. S. 69, Anm. 64, zu der Gestalt des Girart im ersten Teil des *Wilhelmsliedes*.

[3] Für Töchter und Nichten gilt im wesentlichen dasselbe wie für Söhne und Neffen, doch spielen sie in der ersten Hälfte des Jahrhundert noch keine große Rolle.

12. Jahrhunderts[4]. Guillaume ist schon im *Couronnement Louis* und im *Charroi de Nîmes* regelmäßig «filz Aymeri»[5]. Aiol wird häufig «fil Elie» genannt (*Aiol* passim), Gerbert ist «fiz au duc Garin» (*Gerbert de Metz* passim), Renaut und seine Brüder heißen «fils Aymon» (*Renaut de Montauban* passim). Es handelt sich hier jedoch um Verwandtschaftsverhältnisse, die entweder schon traditionell sind oder vom Autor ein für allemal festgelegt wurden und häufig vorkommen. Sie ermöglichen dem Zuhörer oder Leser die Einordnung des Helden in eine bekannte epische Familie. Diese Bezeichnungen sagen daher nicht sehr viel über allgemeine Vorstellungen im 12. Jahrhundert aus. Auch ist eine Beeinflussung beispielsweise durch die antike Literatur, in der Vaterangaben ebenfalls eine Selbstverständlichkeit sind, nicht von vornherein auszuschließen.

2. Eine Epengestalt wird als Sohn eines Mannes bezeichnet, dessen Name sonst völlig unbekannt ist und offensichtlich vom Dichter oder einem Vorgänger ad hoc erfunden wurde, oder der sonst nur in anderen Liedern und in anderem Zusammenhang begegnet. Dieser Fall findet sich schon im *Rolandslied*:

> D'Affrike i ad un Affrican venut,
> Ço est Malquiant, le filz al rei Malcud
> (*Chanson de Roland* 1593f)[6].

In *Aliscans* begegnen zum Beispiel ein Baudus, der als «fix Aquin» (1410) bezeichnet wird, und ein Gui, der als «fil Fouchier» (4714) identifiziert wird. In der *Chevalerie Vivien* tötet Guillaume einen Heiden namens «Pinel, lo fil Cador» (1765). Ein Sarazenenfürst im *Siège de Barbastre* wird als «Yvoires de Sorence, li fiz au viel Gaïs» (6141) eingeführt. Keine dieser oder der zahlreichen ähnlichen Angaben ist irgendwie für die Handlung des jeweiligen Werks von Bedeutung. Keine beruht auf feststehenden, traditionellen Verwandtschaftsbeziehungen, und wenn Namen wie Aquin oder Cador auch bei den Heiden in den *chansons de geste* traditionell sind, so ist es für den Zuhörer oder Leser doch nicht möglich, mit ihrer Hilfe eine Gestalt etwa in einen bestimmten Stammbaum einzuordnen. Ein Zweck solcher Angaben könnte allenfalls in der Verstärkung des ‹sarazenischen› Kolorits bestehen. Daß hierfür gerade die Identifikation durch den Vater verwendet wird, zeigt, daß diese als normal empfunden wurde. Einen zwingenden Beweis für eine patrilineare, agnatische Verwandtschaftsauffassung stellen auch diese Angaben nicht

---

4 Er findet sich allerdings nicht im *Rolandslied*. Hierzu s. u. Teil II, S. 63.
5 Vgl. z. B. *Couronnement Louis* 211, 821, 2492, 2505, *Charroi de Nîmes* 1211, 1221, 1339.
6 Alle Vaterangaben im *Rolandslied* beziehen sich auf Heiden; vgl. auch 1388, 1614. Die christlichen Helden sind offenbar bekannte Gestalten, die einer solchen ‹Identifikation› nicht bedürfen. Nur Olivier wird ebenfalls mit einem Vater versehen, jedoch nur in Rolands Totenklage, in der eine reine Identifikationsfunktion ausgeschlossen scheint (2208).

dar, zumal ein Einfluß literarischer, insbesondere antiker, Vorbilder hier ebenfalls nicht ausgeschlossen werden kann. Hinzu kommt, daß selbst dann, wenn im Denken der Menschen eine horizontal ausgerichtete Verwandt- schaftsvorstellung vorherrscht, eine Identifikation durch die Nennung des Vaters erfolgen kann[7].

3. Eine Epengestalt wird einem bekannten Helden als Neffe zugeordnet. Auch dieser Fall findet sich von Anfang an in der französischen Epik. Ro- land wird als «niés Carles» (*Chanson de Roland* 2281) bezeichnet, Vivien als «nefs Willame» (*Chanson de Guillaume* 299). Entsprechende Identifikations- angaben gibt es für alle späteren Neffengestalten. Sie sind aus ähnlichen Gründen wie die unseres ersten Falls nicht sehr aussagekräftig, da sie auf lite- rarischen Traditionen beruhen. Bemerkenswert ist jedoch, daß sie sich nie auf Personen beziehen, die nicht in demselbem Werk vorkommen, was bei entsprechenden Vaterangaben durchaus möglich ist[8]. Dies ist als Indiz dafür zu werten, daß es sich nicht um reine Identifikationsangaben handelt, son- dern um Zuordnungen, die in irgendeinem Bezug zur Handlung der jeweili- gen *chanson* stehen[9].

4. Personen werden als Neffen beliebigen Onkeln zugeordnet. Onkel-Nef- fe-Beziehungen, bei denen der Onkel eine ausgesprochene Nebenfigur ist, finden sich in der zweiten, nicht jedoch in der ersten Hälfte des 12. Jahrhun- derts[10]. Die Nennung eines Onkels, der sonst in der betreffenden *chanson* überhaupt nicht mehr vorkommt, sondern nur, wie die unter Nr. 2 bespro- chenen Vaterangaben, der Ergänzung des Eigennamens dient, ist aber auch dann noch nicht üblich; sie gibt es erst in den spätesten der untersuchten Tex- te und selbst da nur vereinzelt: In einem Teil der Manuskripte der – auf das Ende des 12. Jahrhunderts datierten – erhaltenen Fassung der *Prise d'Orange*

---

7   Es gilt als Kennzeichen einer horizontal ausgerichteten Verwandtschaftsvorstel- lung, daß die bloße Namensnennung zur Identifikation ausreicht. Vgl. Karl Schmid, *Über das Verhältnis von Person und Gemeinschaft*, in: ders., Gebetsgeden- ken und adliges Selbstverständnis im Mittelalter, 363–387, bes. 366, mit weiterer Literatur. Erleichtert wird dies durch die größere Zahl der zur Verfügung stehen- den Namen. Vgl. K. F. Werner, *Liens de parenté et noms de personne*, und ders, *Im- portant noble families in the kingdom of Charlemagne – a prosopographical study of the relationship between king and nobility in the early middle ages*, in: T. Reuter (Hrsg.), The medieval nobility, 137–202. So finden sich in den von Schmid unter- suchten Gedenkbüchern vielfach oft nur Namenslisten ohne weitere Angaben. Vgl. die oben S. 16, Anm. 11, angegebene Literatur. Ein weiteres Beispiel ist das *Ma- nuale*, das Dhuoda, Gattin Bernarts von Septimanien, für ihren Sohn verfaßte und dem sie eine Liste der Personen beifügt, derer er im Gebet gedenken solle. Auch hier finden sich nur bloße Namen (Dhuoda, *Manuel pour mon fils*, X, 5, 1–5, ed. Pierre Riché, Sources Chrétiennes 225, Paris 1975, S. 354). Ein Gegenbeispiel bringt aber z. B. K. F. Werner, *Important noble families*, 165.

8   Beispielsweise ist Guillaume auch im *Couronnement Louis*, in dem Aymeri nicht vorkommt, «filz Aymeri»; s. o. S.28, Anm. 5.

9   Näheres hierzu in Teil II, S. 49–94.

10 Zu einer Ausnahme im zweiten Teil des *Wilhelmsliedes* (3427) s. u. S. 85.

befindet sich in der Gesellschaft Orables eine Dame, die als «Rosiane, la nièce Rubiant» eingeführt wird (664). Diese Angabe erfüllt keinen anderen erkennbaren Zweck als den, durch einen im Epos schon traditionellen Sarazenennamen die sarazenische Atmosphäre anzudeuten. Ebenso irrelevant für die Handlung ist die Bezeichnung des *amirant*-Sohnes Libanor als «neveu Moadas» in dem etwa um dieselbe Zeit entstandenen *Siège de Barbastre* (465). Dasselbe gilt für die Identifikation eines Opfers Guillaumes in den vermutlich schon ins 13. Jahrhundert gehörenden *Enfances Guillaume* als «Alistant, nevout Butor» (2915f).

5. In einzelnen Fällen gibt es in den frühen Texten Angaben über eine Bruderbeziehung zu einer bekannten Epengestalt; so nennt sich Guillaume im *Couronnement Louis* Corsolt gegenüber:

> Freres Bernart de Breban la cité,
> Frere Garin, qui tant fet a loer,
> De Commarchis Buevon le redouté,
> Frere Guibert d'Andernas le mainzné,
> Si est mes freres li chetis Aÿmer
> (*Couronnement Louis* 823–827).

Hierfür gilt dasselbe, was zu Fall 1 gesagt wurde: Die Angaben dienen der Einordnung in eine aus der literarischen Tradition bekannte Sippe.

6. Etwas anders zu beurteilen sind – ebenfalls nur vereinzelt auftretende – reine Identitätsangaben, in denen ein Bruder erwähnt wird, der nicht primär als literarische Gestalt bekannt ist. Ein Beispiel findet sich bereits im *Rolandslied*: Tierri, der Ritter, der sich beim Prozeß in Aachen anbietet, die Sache Rolands gegen Ganelons Verwandten Pinabel zu verteidigen, wird als «Frere Gefrei, a un duc angevin» vorgestellt (3819). Hier soll, wie aus dem Titel hervorgeht, die Beziehung zu dem aktuellen Oberhaupt einer bestimmten Dynastie hergestellt werden. Solche Angaben sind nicht in einer prinzipiellen Bevorzugung der Bruder-Relation als solcher gegenüber der Vater-Sohn-Relation begründet. Sie setzen vielmehr gerade ein patrilineares *lignage*-Verständnis voraus: Wenn immer nur ein Sohn das Erbe des Vaters antritt, gibt es zwangsläufig besitzlose Brüder. Solange der Vater lebt, erscheinen sie als Söhne des *chef de lignage* wie der Erbe auch, ist er aber gestorben, werden sie zu Brüdern des Nachfolgers (und können, stirbt auch dieser, sogar zu Onkeln des *lignage*-Oberhauptes werden). Nur dann, wenn stets ein einziger Sohn erbt, wenn also der *lignage* streng agnatisch strukturiert ist, ist eine solche Zuordnung der übrigen Söhne zu diesem einen Sohn sinnvoll; wenn alle Söhne gleichberechtigt sind, ergibt sich aus der Zuordnung keine zusätzliche Identifikationsmöglichkeit[11].

7. Nicht eigentlich um Angaben zur Identifikation handelt es sich bei einer weiteren Kategorie von Zuordnungen zu Verwandten. Ein typisches Ele-

---

[11] Ein weiteres Beispiel findet sich in den *Saisnes* 804.

ment der epischen Darstellung bilden die Aufzählungen von Rittern, die etwa an einer Schlacht oder einer Ratssitzung teilnehmen. In diesen werden oft je zwei Personen miteinander verknüpft, und dabei finden sich Onkel-Neffe- ebenso wie Vater-Sohn-Relationen, Vetter- ebenso wie Bruderbeziehungen. Zwei Beispiele seien angeführt:

> Li emper⟨er⟩es s'en vait desuz un pin;
> Ses baruns mandet pur sun cunseill fenir:
> Le duc Oger, l'arcevesque Turpin,
> Richard li velz e sun neüld Henri,
> E de Gascuigne li proz quens Acelin,
> Tedbald de Reins e Milun sun cusin;
> E si i furent e Gerers e Gerin;
> Ensembl'od els li quens Rollant i vint,
> E Oliver, ...
>
> *(Chanson de Roland* 168−176),

> ... la tienent Sarrazin et Escler,
> Carreaus d'Orenge et son frere Aceré,
> Et Golias et li rois Desramé,
> Et Arroganz et Murant et Barré,
> Et Quinzepaumes et son frere Goudré,
> Otrans de Nymes et li rois Murgalez
>
> *(Charroi de Nîmes* 515−520)[12].

Ganz offensichtlich geht es hier nur darum, überhaupt einige der aufgezählten Personen zueinander in Beziehung zu setzen, um die Aufzählung etwas aufzulockern. Daß die jeweils gewählten Verwandtschaftsbeziehungen nicht als besonders wichtig empfunden wurden, zeigt die teilweise uneinheitliche Überlieferung solcher Stellen[13].

Insgesamt bietet die Identifikation von Epengestalten durch bestimmte Personen also keinen Anhaltspunkt, der gegen die Existenz einer patrilinearen Verwandtschaftsauffassung spräche, wohl aber Indizien für die Existenz einer solchen Auffassung. Für reine Identifikationsangaben werden von Anfang an Väter verwendet. Vereinzelte Identifikationen durch den Bruder beruhen noch eindeutiger auf patrilinearen Vorstellungen. Andere Identifikationsmöglichkeiten kommen zunächst gar nicht vor; erst in den Texten vom Ende des Jahrhunderts finden sich auch gelegentlich Onkelangaben.

---

[12] Söhne werden zum Beispiel in der Aufzählung *Chevalerie Vivien* 290−297 genannt.

[13] Vgl. hierzu Kerstin Schlyter, *Les énumérations des personnages dans la Chanson de Roland. Etude comparative*, Lund 1974. Im *Siège de Barbastre* variiert eine solche Relation sogar einmal innerhalb desselben Manuskripts (452, 4932). Daß in den *chansons de geste* − im Gegensatz etwa zu antiken Epen − für diese Auflockerung von Aufzählungen mit Vorliebe Verwandtschaft verwendet wird, ist ein weiterer Beleg für die große Bedeutung dieses Typs zwischenmenschlicher Beziehung im 12. Jahrhundert.

Noch aufschlußreicher als die Verknüpfungen mit einer konkreten Person sind für uns die abstrakten Angaben über Rang und Stand. Hier gibt es zwei Fälle:

Zum einen sind die Angaben über den vornehmen *lignage, parenté* oder *parage* oder die hohe *estracïon* zu nennen. Wie wir im letzten Kapitel gesehen haben, erlauben sie keine eindeutige Aussage darüber, von wem die Vornehmheit jeweils hergeleitet wird.

Sonst werden für abstrakte Angaben nur Väter verwendet[14]. So ist bereits im *Rolandslied* zum Beispiel von «les amirafles e les filz as cunturs» die Rede (850). Im *Wilhelmslied* verspricht Guiborc den in die Schlacht ziehenden Rittern, daß sie ihnen vornehme Mädchen zur Frau geben werde. Dabei preist sie diese als «filles de reis» (1392). Einige weitere typische Beispiele:

> filz sont a contes et a princes chasez
> > *(Charroi de Nîmes* 24),

> fil de conte o d'amirant
> > *(Narbonnais* 2319),

> fix a contes, a dux et a marchis
> > *(Chevalerie Ogier* 7277, vgl. 7372)[15].

Extrem häufig und völlig formelhaft ist die Anrede «gentilz filz a baron»[16], die ebenfalls die Vornehmheit auf den Vater zurückführt. Der Formelcharakter dieses Ausdrucks könnte für ein hohes Alter dieser Vorstellung sprechen. Festzuhalten ist auf jeden Fall, daß Ausdrücke, die diesen allgemeinen Vaterangaben entsprechen, für andere Verwandtschaftsrelationen nicht vorkommen; eine Formulierung wie etwa «niés a baron» oder «niés de rei» findet sich unseres Wissens nirgends.

Ein weiteres Indiz für die patrilineare Verwandtschaftsauffassung bilden die Stellen, an denen Tapferkeit oder Leistung einer Person oder die Aufgabe, die sie zu erfüllen hat, mit der ihres Vaters oder ihrer Vorfahren verglichen wird. So fordert im *Rolandslied* Baligant zwei seiner Ritter zu einem

---

[14] Ausdrücke wie «home de mere nez», die nur zur Definition des normalen menschlichen Lebens dienen und nicht auf sozialen, sondern auf ganz generellen biologischen Gegebenheiten beruhen, können hier außer acht gelassen werden. Die Herleitung vom weiblichen Elternteil ist auf diese ‹allgemeinmenschlichen› Aspekte beschränkt; der soziale Status wird nie von der Mutter abgeleitet (auch «fiz a putain» dient nur noch als Schimpfwort, nicht als objektive Herkunftsbezeichnung). Ausnahmen finden sich nur spät und vereinzelt und dürften meist auf Reimzwang beruhen; s. z. B. *Mort Aymeri* 227.

[15] Vgl. auch z. B. *Couronnement Louis* 208, *Chanson d'Antioche* 8844, *Aiol* 5388, 9365, *Aymeri de Narbonne* 333, *Aspremont* 4021, *Aye d'Avignon* 367, 1048, *Siège de Barbastre* 6446, *Roman de Troie* 23888.

[16] Vgl. z. B. *Raoul de Cambrai* 1312, *Ami et Amile* 1211, *Chanson d'Antioche* 2132, 2438, *Fierabras* 4602, *Aye d'Avignon* 673, 911, 2246, 3596.

Botengang auf, indem er sie daran erinnert, daß auch ihr Vater schon oft seine Botschaften überbracht habe (2669ff)[17]. Daß sich Hugon in *Gormont et Isembart* dem König gegenüber, der ihn nur ungern in den Zweikampf gegen Gormont ziehen läßt, auf die Tapferkeit seines Vaters und seines *ancestre* beruft, haben wir bereits erwähnt (218–220). Im *Wilhelmslied* wird Guis Befähigung zum Ritter mit seinem Vater und seinen Vorfahren in Verbindung gebracht:

> ... Ben deis chevaler estre,
> Si fut tis pere e tis altres ancestre
> (*Chanson de Guillaume* 1670f)[18].

Fast schon Formelcharakter hat der Aufruf, mit dem z. B. in *Raoul de Cambrai* Bernier seine Leute zum Kampf anfeuert:

> Chascuns remenbre de son bon ancesor
> (*Raoul de Cambrai* 4142)[19].

Noch eindeutiger auf eine patrilineare Verwandtschaftsauffassung scheinen uns die Fälle zu deuten, in denen der Bezug auf den Vater und die Vorfahren der Rechtfertigung von Besitzansprüchen gilt. So begründet schon im *Couronnement Louis* der heidnische König Galafre dem Papst gegenüber seinen Anspruch auf Rom:

> ... Tu n'es mie bien sages;
> Ci sui venuz en mon droit heritage
> Que estora mes ancestres, mes aves
> Et Romulus et Julïus Cesaire
> Qui fist ces murs et ces tors et cez barres
> (*Couronnement Louis* 465–469).

In *Raoul de Cambrai* kritisiert die Mutter des Helden dessen Vorhaben, gegen die Söhne Herberts zu Felde zu ziehen, um deren Lehen zu erobern:

---

[17] Vgl. auch Rolands Planctus auf Olivier, in dem, zumindest in zwei späteren Handschriften, nicht nur der Tote, sondern auch dessen Vater als tapfer charakterisiert wird (*Chanson de Roland* 2208).

[18] Vgl. auch z. B. *Aiol* 6454. Wenn in der *Chanson de Guillaume* die Truppen des geflohenen Tedbald Vivien auffordern, das Kommando zu übernehmen und dabei auf seine Abstammung hinweisen, die ihn zu dieser Aufgabe prädestiniere, so erwähnen sie neben seinem Vater auch noch Onkel und Großvater, doch handelt es sich hierbei wieder um eine Verknüpfung mit bekannten literarischen Gestalten (*Chanson de Guillaume* 295–300). Gelegentlich, so z. B. in der *Chanson de Guillaume* 2101, im *Moniage Guillaume II* 6139 oder in *Aymeri de Narbonne* 378, wird der Leistungsanspruch auch aus der Zugehörigkeit zu einem *lignage* abgeleitet, doch nur in Fällen, in denen es sich um eine literarisch bekannte Sippe handelt.

[19] Vgl. z. B. auch *Chanson d'Antioche* 6155.

> Or viex aler tel terre chalengier
> Ou tes ancestres ne prist ainz .j. denier
> *(Raoul de Cambrai* 1129 f)[20].

Hier ist ganz klar die agnatische Abstammunglinie mit dem Erbbesitz verknüpft, zumal oft nicht der Vater, sondern der *ancestre* zur Rechtfertigung
der Besitzansprüche herangezogen wird. Es geht also nicht einfach um unmittelbare Erbansprüche, sondern um über die Generationen hin vererbten
Familienbesitz. Gerade hierdurch definiert sich aber, wie oben dargelegt[21],
das patrilineare, agnatische Geschlecht.

Daß schon in den frühen Texten immer die Söhne die normalen Erben
sind, stellt vielleicht das wichtigste Argument für die Selbstverständlichkeit
der patrilinearen Auffassung der Verwandtschaft dar. Schon im *Rolandslied*
werden nicht nur die Königssöhne Louis (3715f) und Jurfaleu (504) als Erben ihrer Väter bezeichnet, was wegen des immer agnatisch-dynastischen
Charakters der Königsfamilie nicht sonderlich bemerkenswert ist, sondern
auch Baldewin, der Sohn Ganelons (313−316, 363f). Auch Guillaume im
Wilhelmslied scheint davon auszugehen, daß nur ein Sohn sein Land erben
könnte, wenn er sagt:

> Si jo murreie, qui tendreit mun païs?
> Jo n'a tel eir qui la peusse tenir
> *(Chanson de Guillaume* 1434 f).

Andere Verwandte − etwa Brüder oder Neffen − stünden ihm ja durchaus
zur Verfügung.

Demzufolge ist es nur konsequent, wenn die Begriffe des Sohnes und des
Erben miteinander gleichgesetzt werden können, wie es im *Couronnement
Louis* 2574 geschieht, wo Guillaume in einem Kontext, der mit Sukzession
nichts zu tun hat, als «eritier» Aymeris bezeichnet wird[22].

Mit der Vorstellung einer Nachkommenkette in Zusammenhang zu bringen ist die Vorstellung, daß Kriege nach dem Tod der Väter von den Söhnen
weitergeführt werden. Schon im *Wilhelmslied* warnt Gui davor, daß der
Krieg wiederaufflammen würde, wenn der feindliche König Desramé noch
Gelegenheit hätte, Söhne zu zeugen (1972−1974). Über die in den Lothringer-
epen geschilderte Sippenfehde heißt es dann zum Beispiel: «Granz fu la
guerre, onques puis ne prist fin … Aprés les peres la reprisent li fil» (14887−
14889)[23].

---

[20] Vgl. auch etwa *Narbonnais* 2821, 2830, *Garin le Loherain* 2546−2557, 5482−5487,
7163f, *Gerbert de Metz* 9691, *Chevalerie Ogier* 313f, 2377, *Aspremont* 8849, *Mort
Aymeri* 584ff, *Enfances Guillaume* 252.

[21] S. o. S. 15f.

[22] Vgl. z. B. auch *Chétifs* 649.

[23] Vgl. auch etwa *Girart de Roussillon* 3367, *Gerbert de Metz* 2471−2475 und *Saisnes*
67, 73. Es ist bemerkenswert, daß selbst in Epen wie *Garin le Loherain* und *Gerbert*

Wir müssen somit feststellen, daß sich in den epischen Texten des 12. Jahrhunderts von Anfang an auch Elemente finden, die auf patrilineare Vorstellungen deuten, ohne daß hierdurch die große Bedeutung des Sippenkollektivs geschmälert würde.

Die These, daß es eine lineare Entwicklung von einer bestimmten Auffassung von Verwandtschaft zu einer anderen gegeben hat, wird somit von den *chansons de geste* nicht gestützt. Es gibt vielmehr grundsätzlich immer verschiedene Formen und Vorstellungen, die nebeneinander bestehen. Allenfalls kann zu bestimmten Zeiten eine Vorstellung größeres Gewicht bekommen als eine andere. Diese prinzipielle Gleichzeitigkeit der Verwandtschaftsvorstellungen wird auch bei der Untersuchung der spezifisch literarischen Gestaltung von Verwandtschaftsbeziehungen, der wir uns in den Teilen II bis IV dieser Arbeit zuwenden werden, zu berücksichtigen sein.

5. Das Zuhause und die Kleinfamilie

Daß der *lignage* in seinen verschiedenen Formen eine feste Größe im Denken der epischen Dichter des gesamten 12. Jahrhunderts gewesen sein muß, haben die letzten Kapitel gezeigt. Es stellt sich nun die Frage, ob es auch eine kleinere Bezugsgruppe für das Individuum gab, und wenn ja, wie diese aussah. Mit anderen Worten, kennen unsere Texte die Familie im engeren Sinne[1]? Und aus welchen Mitgliedern besteht diese?

Die historische Forschung hat zum Teil die Existenz einer nur aus Eltern und Kindern bestehenden Einheit im 12. Jahrhundert geleugnet und diese ‹Kleinfamilie› als eine modernere Entwicklung angesehen[2]. Ein Grund hierfür könnte sein, daß weder die französische noch die lateinische Sprache eine Vokabel für diese soziale Gruppe kennen[3].

---

de Metz, in denen die horizontale Sippe von besonderer Bedeutung ist, die Verwandten sich stets um einzelne zentrale Helden gruppieren, die wiederum in Vater-Sohn-Linie aufeinander folgen (Hervis-Garin-Gerbert bzw. Hardré-Fromont-Fromondin).

[1] Wir verstehen hierunter eine soziale Einheit, die sich zumindest teilweise durch Verwandtschaftsrelationen definiert, die normalerweise in einem Haushalt zusammenlebt und die sich selbst als zusammengehörige Einheit empfindet. Wir folgen mit dieser Definition im wesentlichen derjenigen David Herlihys: «a coresidential unit, with a kin group at its core», Herlihy, *The Making of the Medieval Family*, 117.

[2] S. o. S. 17f.

[3] *Famille* bzw. *famelie* ist erst ab dem 14. Jahrhundert in dieser Bedeutung belegt, vgl. FEW und Tobler-Lommatzsch s.v. Im Lateinischen findet sich zwar gelegentlich schon im 12. Jahrhundert *familia* in der Bedeutung ʼGeschlecht, Dynastieʻ (vgl. z.B. Otto von Freising, *Gesta Friderici* II,2), doch meint *familia* sonst ebenso wie das französische *famelie* die Dienerschaft eines Herrn. Es kann auch die Entsprechung zum französischen *maisnie* darstellen. Vgl. FEW, Tobler-Lommatzsch, Godefroy, DuCange s.v.

Dennoch tritt diese kleine Familieneinheit in unseren Texten deutlich zutage. Besonders aufschlußreich ist in diesem Zusammenhang ein Motiv, das sich das gesamte Jahrhundert hindurch findet und das darin besteht, daß eine Person oder eine Personengruppe sich nach Hause sehnt oder befürchtet und beklagt, daß sie das Zuhause nie mehr wiedersehen werde. Wir werden dieses Motiv im folgenden das Sehnsuchtsmotiv nennen. Uns interessiert nun, worin das Zuhause für die jeweiligen Personen besteht.

Im *Rolandslied* begegnet das Sehnsuchtsmotiv an zwei Stellen. Als Ganelon zu dem gefährlichen Botengang zu König Marsilie aufbricht, von dem zurückzukehren er kaum hoffen kann, denkt er an seine Frau und seinen Sohn:

> En Sarraguce sai ben qu'aler m'estoet;
> Hom ki la vait, repairer ne s'en poet.
> Ensurquetut si ai jo vostre soer,
> Si·n ai un filz, ja plus bels n'en estoet:
> Ço est Baldewin, – ço dit – ki ert prozdoem,
> Á lui lais jo mes honurs e mes fieus.
> Gua⟨r⟩dez le ben, ja ne·l verrai des oilz
> > (*Chanson de Roland* 310–316,
> > vgl. auch 360–364).

Das Motiv ist hier funktional eng mit der zentralen Handlung verknüpft: Es geht Ganelon darum, Karl vor Augen zu führen, daß er ihm als sein Schwager eigentlich sehr nahe stehen müßte, und darum, die Existenz und den Besitz seines Sohnes sicherzustellen. Karl reagiert unwillig auf die Worte Ganelons: «Trop avez tendre coer» (317); er weist also die Erwähnung von Frau und Sohn als der Situation unangemessen zurück, betont jedoch gerade den emotionalen Charakter der Bindung an diese Personen.

Anderer Art ist die zweite Stelle, an der der Dichter des *Rolandsliedes* das Sehnsuchtsmotiv verwendet. Dort sagt der Erzähler über die kämpfenden *Franceis* der Nachhut:

> Ne reverrunt lor meres ne lor femmes,
> Ne cels de France ki as porz les atendent.
>
> Ne reverrunt lor peres ne parenz,
> Ne Carlemagne ki as porz les atent
> > (*Chanson de Roland* 1402f, 1421f).

Diese Form des Motivs, bei der neben den Frauen noch Mütter, Väter und Verwandte allgemein genannt werden, bleibt ein Einzelfall. Eine weitere Stelle in einer *chanson de geste*, an der die Sehnsucht generell Eltern gilt, ohne daß deren Erwähnung sich aus der Konstellation der handelnden Personen ergäbe, ist uns nicht bekannt. Auch unbestimmte Verwandte werden nur selten erwähnt. Diese auffällige Personenkonstellation muß jedoch nicht unbedingt die allgemeine Auffassung davon widerspiegeln, was das Zuhause des einzelnen konstituiert. Vielmehr ist gerade an dieser Stelle eine ganz bewußte, einer künstlerischen Absicht folgende Gestaltung durch den Dichter er-

36

kennbar. Die beiden Stellen sind als Teile zweier *laisses similaires* formal völlig parallel gestaltet und ergänzen sich inhaltlich[4]. Das trifft auch auf den jeweils folgenden Vers zu, in dem einmal die übrigen Ritter, einmal Karl, der Lehnsherr, genannt werden. Zugleich wird durch den wiederholten Hinweis darauf, daß die Nachhut «as porz» erwartet wird, ein − besonders eindringlicher − Bezug zur Handlung hergestellt. Die bewußte künstlerische Gestaltung, die hieraus deutlich wird, schließt aus, daß in unreflektierter Weise eine allgemeine Familienauffassung wiedergegeben wird. Auch die Erwähnung von Müttern und Vätern könnte in einer literarischen Intention begründet sein. Roland und die *pairs* sind offensichtlich junge Ritter ohne eigene Familie. Zwar wird nicht gesagt, daß auch alle zwanzigtausend Kämpfer der Nachhut junge Leute sind, doch liegt dem Dichter augenscheinlich daran, die Schlacht von Roncevaux als tragisches Ereignis zu schildern, bei dem diejenigen ums Leben kamen, auf denen die Hoffnung des Reiches ruhte. Es ist somit nur konsequent, wenn der Dichter es vorzieht, auch in einer Aussage über die gesamte Nachhut die Vorstellung von jungen Leuten zu erwecken, auf die zu Hause Eltern warten, anstatt die von Familienvätern, die Kinder hinterlassen werden[5]. Eine größere Bezugsgruppe, als es die Kleinfamilie ist, wird auch hierdurch nicht vorausgesetzt; eine solche bilden nur die unbestimmt bleibenden «parenz», die ihre Erwähnung der Alliteration verdanken dürften.

Einen sicheren Anhaltspunkt für die Untersuchung der sozialen Einheit, die das Zuhause konstituiert, bietet das Sehnsuchtsmotiv im *Rolandslied* nicht: In beiden Fällen ist es in hohem Maße durch den Handlungszusammenhang bestimmt, und an der zweiten Stelle ist es nach künstlerischen Gesichtspunkten ausgestaltet. Es wäre denkbar, daß die Vorstellung von einer aus Mann, Frau und Kind bestehenden Einheit in der Vorstellung des Dichters vom Ende des 11. Jahrhunderts und seines Publikums tatsächlich noch nicht fest etabliert ist. Die Ganelon-Szene beweist jedoch, daß sie zumindest möglich ist.

Kommen wir zu den Texten des 12. Jahrhunderts. Im *Wilhelmslied* sagt Vivien in der Schlacht zu den letzten noch verbliebenen zwanzig Rittern, die nicht begreifen, daß er nicht aufgibt:

> … Cest plaid soi jo assez.
> Ore vus remenbre des vignes e des prez,
> E des chastels e des larges citez,
> E des moillers que a voz maisuns avez
> (*Chanson de Guillaume* 580−583).

---

[4] Auch die Opposition von weiblichen und männlichen Verwandten (bzw. undifferenzierten *parents*) ist sicher gewollt. Vgl. den Kommentar Cesare Segres in seiner Ausgabe (*La Chanson de Roland*, Milano-Napoli 1971), S. 251 zu V.1421.

[5] Die späteren Fassungen des *Rolandsliedes* verstehen dies nicht mehr. Sie haben in Vers 1402 alle «moilliers (bzw. fame) et enfant» und gleichen die Stelle so an die zu ihrer Zeit übliche Form des Motivs an.

Hier soll ganz offensichtlich einfach das Zuhause evoziert werden, ohne daß sich die Einzelheiten der Beschreibung irgendwie aus dem Zusammenhang erklären ließen. Das Zuhause definiert sich durch die Burg, die ein Ritter bewohnt, durch seinen Landbesitz und durch die Ehefrau. Die Bezugsgruppe ist nicht die Kleinfamilie, aber doch das Ehepaar, das mit dem Wohnsitz assoziiert wird. Andere Verwandte kommen überhaupt nicht in den Blick.

Die Gattin ist es auch, die an der einzigen Stelle im *Couronnement Louis*, die sich mit dem Sehnsuchtsmotiv vergleichen läßt[6], das Zuhause repräsentiert. Dort fordert Guillaume nach einer erfolgreichen Kampagne gegen aufständische Vasallen seine Ritter auf, nach Hause zurückzukehren:

> Tel chose dist qui a plusours agree:
> «Or au hernois, france gent hennoree,
> Si s'en ira chascuns en sa contree,
> A sa moillier qu'il avra espousee.»
> *(Couronnement Louis* 2018–2021).

In den Texten der zweiten Hälfte des 12. Jahrhunderts ist das Zuhause, das man nicht mehr wiedersehen wird, dann im Normalfall die Kleinfamilie. Es hat sich nun eine feste, fast formelhafte Wendung herausgebildet – auch dies spricht dafür, daß die zugrundeliegende Vorstellung nicht mehr neu war:

> E Dex! tant jentius hom perdi le jor son tans
> Ki jamais ne verront ne feme ne enfans
> *(Chanson d'Antioche* 8595f),

> Maint gentil home perdi iluec son tans,
> Ki puis ne vit ne fame ne enfans
> *(Aliscans* 216f),

> La compengne Amalgré n'ot pont de recouvrier –
> .ii.c et .iiii.x en i ont fet lessier
> Qui jaméz ne verront ne enfant ne moillier
> *(Gui de Nanteuil* 1983–1985).

Etwas abgewandelt, kann das Motiv zum Beispiel auch in einer Totenklage verwendet werden; so sagt in den *Chétifs* Baudouin de Beauvais zu seinem toten Bruder:

> Ahi! frere, ...con male atendison
> Font vo fil et vo feme en nostre region;
> Ja mais nes reverrés ...
> *(Chétifs* 2867–69).

---

[6] Eine weitere Stelle, 1343, an der nur Land und Lehen genannt werden, kommt deshalb für die Interpretation nicht in Betracht, weil derjenige, der sich dort nach Hause sehnt, König Gaifier, seine Familie bei sich hat. Es ist jedoch hervorzuheben, daß andere Verwandte nicht erwähnt werden.

38

Sehr oft werden neben Frau und Kindern auch Burg, Land oder Stadt erwähnt:

> Por Deu avons guerpi castels et fremetés
> Et femes et enfans et nos grans iretés
> *(Chanson d'Antioche* 8455f),

> Ja s'en ralassent arriere en lor païs
> Molt volentiers veoir femes et fix
> Et lor honors que il ont a tenir
> *(Garin le Loherain* 6646–6648)[7].

Der Gedanke an das Zuhause kann auch im Zusammenhang eines Aufrufs zum Kampf verwendet werden:

> Seignurs, ore de bien faire seit chescone purpensee!
> Pensés de vo terres et de vos heritee,
> De vos femmes, de vos enfanz qe sont de jofne aee
> *(Destruction de Rome* 1027–1029)[8].

Gelegentlich, aber nicht sehr oft, wird anstelle von Land oder Burg oder auch zusätzlich die *maisnie* genannt. An der folgenden Stelle meinen die Kreuzfahrer im Angesicht der Stadt Jerusalem, daß es sich gelohnt habe, das Zuhause zu verlassen:

> Bon avomes laissié nos fiés et nos païs,
> Et nobles manandises et nos biax edefis,
> Et nos jentiex moilliers, dont faisions nos delis,
> Et nos beles maisnies et nos enfans petis,
> Quant or véons la vile où Jhesu fu traïs
> *(Conquête de Jérusalem* 890–894)

Umgekehrt wird das Sehnsuchtsmotiv einmal in der *Chevalerie Ogier* verwendet, wo eine Belagerung so lange dauert, daß man sogar das Zuhause vergißt:

> Que li baron ont oblié lor femes
> Et lor enfans et lor maisnies gentes
> *(Chevalerie Ogier* 8445f).

In einzelnen Fällen erscheinen auch nur die Kinder oder Kinder und Land als Objekt der Sehnsucht[9].

---

7 Vgl. auch *Chevalerie Ogier* 9040f, *Chanson d'Antioche* 6053–6055, *Conquête de Jérusalem* 4632–4643 sowie *Chanson d'Antioche* 6077f. In letzterem Fall handelt es sich nicht um Sehnsucht, sondern um eine Erinnerung an das Zuhause, die bewirken soll, daß eine besonders gefährliche Aufgabe einem Ritter ohne Familie überlassen wird.

8 In ganz ähnlicher Weise verwendet auch Walter von Châtillon in seiner *Alexandreis* das Sehnsuchtsmotiv einmal in einem Kampfaufruf (II 361f).

9 Vgl. z. B. *Raoul de Cambrai* 4708f und *Garin le Loherain* 1313f.

Besonders interessant sind Stellen, an denen diese ‹normalen› Sehnsuchtsobjekte mit solchen verknüpft werden, die sich aus dem Handlungszusammenhang ergeben. Der sterbende Ernoul in den *Chétifs* beklagt sein Schicksal zum Beispiel folgendermaßen:

> E! las ... caitis, dolens, maleürés!
> Ja ne verrai Belvais, caitis, u jo fui nés,
> Mes enfans et ma feme dont jo sui desirés.
> Biaus frere Bauduins, ja mais ne me verrés,
> Ne vos moi, ne jo vos, tant sui jo plus irés
> (*Chétifs* 1883–87, vgl. 1991–94).

Die Erwähnung des Bruders ist für den Handlungsablauf wichtig, weil eben dieser Bruder die Worte Ernouls hört und dadurch zur Rache angestachelt wird. Doch begnügt sich der Dichter nicht mit dem Bruder, sondern hält eine Erwähnung von Stadt, Frau und Kindern für notwendig. Dasselbe gilt für die Klagen Solimans in der *Chanson d'Antioche*, den die Christen seiner Ritter, seines Landes, seiner Stadt und seines Palastes beraubt haben. Nur diese Elemente spielen in der Handlung eine Rolle. Trotzdem gehört zum Verlust des Zuhauses der Verlust von Frau und Kindern:

> Helas! ... mes Dex me contralie,
> Quar li crestïentés a ma terre saisie,
> Me feme et mes enfans et ma cité garnie,
> Et moi ont desconfi, ne le puis celer mie,
> Me maisnie voi morte es vals de Gurhenie,
> A force et a poeste ont pris me manandie
> (*Chanson d'Antioche* 2168–2173,
> vgl. 5036–5038, 5136f).

Auch in konkreten Fällen, in denen eine wichtige Figur sich nach Personen sehnt, die ebenfalls handelnd in der jeweiligen *chanson* auftreten, kann das normale Schema natürlich Anwendung finden[10]. Doch bei den zentralen handelnden Personen kommen auch andere Verwandtschaftstypen als Objekte der Sehnsucht in Frage. Oft ist der Dichter aufgrund der Personenkonstellation einer *chanson* oder aufgrund von traditionell festgelegten Verwandtschaftsverhältnissen sogar gezwungen, andere Beziehungen einzusetzen. So ist es leicht erklärlich, daß im *Moniage Rainouart* einmal über Rainouart gesagt wird, er werde Guibourc, Guillaume und Maillefer, also Schwester, Schwager und Sohn, nicht wiedersehen; andere Verwandte, zumindest andere christliche Verwandte sind nicht vorhanden, und seine Frau ist bereits tot (4162–4164). Im *Moniage Guillaume II* 3167f klagt Guillaume, von den Sarazenen gefangen, daß er König Louis (der auch sein Schwager ist) und den «lignage Aymeri» nicht mehr wiedersehen werde, doch hat er

---

[10] Vgl. z. B. *Orson de Beauvais* 290, 766f, 1209, 1551f, 1624–1626, 1755–1757, 1760, 1767, *Renaut de Montauban* 1323f, *Ami et Amile* 541–551, 3270–3276.

keine Kinder, und seine Gattin Guibourc ist ebenfalls gestorben. In *Girart de Vienne* 5756–5758 möchte Olivier, im Zweikampf gegen Roland begriffen, seinen «lingnaje», seinen Onkel Girart, seine Schwester Aude und seinen Vater Renier wiedersehen. Daß hier neben Girart und Aude, Hauptpersonen der *chanson*, gerade der Vater und keiner der beiden anderen, ebenfalls vorkommenden Onkel erwähnt wird, erscheint uns bezeichnend[11].

Solche von der ‹Normalform› des Sehnsuchtsmotivs abweichenden Fälle begegnen vor allem in dem die Solidarität des *lignage* glorifizierenden Wilhelmszyklus (und in dem an den Wilhelmszyklus anknüpfenden *Girart de Vienne*). Wenn die zentralen Figuren des *lignage Aymeri* nicht im Spiel sind, kennt aber auch der Wilhelmszyklus das normale Schema. Die Sehnsucht des Sarazenen Clargis in den *Narbonnais* nach Frau, Sohn, *maisnie*, dem Onkel und dessen «compangnie» (5386–5389) nähert sich der normalen Form des Motivs schon an. Bei dem Onkel handelt es sich um den *amirant*, das Oberhaupt der Sarazenen, die Aymeri belagern, also um eine zentrale Gestalt der Handlung. Seine Erwähnung dient dazu, Clargis' große Loyalität hervorzuheben, die auch dann noch besteht, wenn er gezwungen ist, dem Gegner Aymeri zu helfen. Die Erwähnung von Frau und Kindern ergibt sich hingegen nicht aus dem Handlungszusammenhang. Ein ganz normaler Fall von Sehnsucht findet sich in *Aymeri de Narbonne*, wo Gondebuef das Angebot Karls, ihm das noch zu erobernde Narbonne als Lehen zu geben, ablehnt, weil er lieber nach Hause möchte:

> Plus a d'un an, par le mien escient,
> Que ge ne vi ne fame ne anfant;
> Del retorner sui forment desirant
> (*Aymeri de Narbonne* 479–481).

Selbst bei zentralen handelnden Personen werden nicht ohne weiteres beliebige Verwandtschaftstypen als Sehnsuchtsobjekte eingesetzt. In der *Prise d'Orange* sehnt sich Guillaume mit folgenden Worten nach Hause:

> Jamés en France ne serons reperant;
> Se Dex n'en pense par son commandement,
> Ne reverrons ne cosin ne parent
> (*Prise d'Orange* 906–908, vgl. 1031f.).

Frau und Kinder hat Guillaume zu diesem Zeitpunkt noch nicht. Doch statt Eltern oder Brüder zu erwähnen, die in diesem Text keine Rolle spielen, greift der Dichter auf nicht näher bestimmte Verwandte zurück.

Außerhalb des Wilhelmszyklus werden unbestimmte Verwandte oder das Verwandtschaftskollektiv nur in Einzelfällen erwähnt. In einigen dieser Fälle läßt sich ebenfalls feststellen, daß eine eigentliche Familie nicht vorhanden ist. Dies gilt zum Beispiel für Floovant, der sich, im Exil von den Heiden ge-

---

[11] Vgl. auch *Chétifs* 2461–2464, 3035f, *Aliscans* 553–558, *Chevalerie Vivien* 606f.

fangen, nach seinem «riche paranté» in Frankreich sehnt (*Floovant* 1574). Er wird erst danach eine Frau gewinnen[12]. Sonst erscheint das Verwandtschaftskollektiv nur zusätzlich zu den traditionellen Elementen:

> ... qui tant ont desiré
> Qu'ilz veïssent la gent dont ilz estoient né,
> Leurs enfans et leurs femmes, leur autre parenté
> (*Simon de Pouille* réd.C 4986–4988)[13].

Andere Elemente als die bisher genannten kommen so gut wie nie vor. Zwei der seltenen Ausnahmen finden sich in *Girart de Roussillon*. Als Girarts Gattin in Gefahr ist, vom Feuer eingeschlossen zu werden, ruft sie nach Girart und klagt gleichzeitig: «Ja mais ne vos verai espade cendre!» (6325). Hier liegt einfach eine Umkehrung des Motivs der Sehnsucht nach der Ehefrau vor; die Szene ergibt sich zudem direkt aus dem Handlungsverlauf. Bemerkenswert ist die zweite Stelle, an der ein Ritter seiner Gewißheit, sterben zu müssen, Ausdruck verleiht: «Ja mais ne verai ome de mon terren» (7356). Diese Erwähnung des Heimatlandes und seiner Bewohner bleibt ein Einzelfall[14].

In den Fällen, in denen einfach die Sehnsucht eines Menschen nach seinem Zuhause ausgedrückt werden soll, ohne daß besondere Personenkonstellationen zu berücksichtigen sind, wird dieses Zuhause also bevorzugt durch Wohnsitz, Frau und Kinder repräsentiert. Man gewinnt den Eindruck einer ganz ‹modernen› Kleinfamilie. Der Ausdruck «Frau und Kinder» scheint geradezu das fehlende Wort für «Familie» zu ersetzen[15]. Die Vorstellung einer etwas größeren Einheit, die die Gefolgsleute, die *maisnie* (bzw. *homes* oder *barons*) mit umfaßt, ist zwar nachweisbar, spielt aber offensichtlich eine weit geringere Rolle[16].

Als Element der Haupthandlung begegnet die Kleinfamilie erst in der zweiten Hälfte des Jahrhunderts[17]. Einige wenige in der Handlung der Epen

---

12 Außerdem wünscht sich auch Corbaran in der *Chanson d'Antioche* 8125, seinen «rice parenté» wiederzusehen. Sein Zuhause wird in den *Chétifs* vorgeführt, wo er statt Frau und Kindern nur eine Mutter zu haben scheint.

13 Vgl. auch *Chétifs* 2587f, *Renaut de Montauban* 1262.

14 Wie sich in Teil IV zeigen wird, nimmt *Girart de Roussillon* auch in anderen Punkten eine Sonderstellung unter den *chansons de geste* ein.

15 Die Vorstellung einer Kleinfamilie würde auch durch die Sehnsucht eines jungen Mannes nach seinen Eltern vorausgesetzt. Diese findet sich in den *chansons de geste* jedoch, abgesehen von der besprochenen Stelle im *Rolandslied*, nur in konkreten Fällen: *Aliscans* 556f, *Girart de Vienne* 5758. Die Familie wird also in der Regel aus der Perspektive des erwachsenen Mannes gesehen.

16 Auch die Romane kennen die hier beschriebene Form des Sehnsuchtsmotivs; vgl. z. B. *Continuation du Partonopeu de Blois* 3385. Bei den zentralen Personen ist jedoch die Sehnsucht nach dem Elternhaus die Regel; hierzu s. u. Teil III, S. 153f.

17 Auf die Entdeckung der Kleinfamilie für die Haupthandlung werden wir in Teil III und Teil IV zurückkommen.

auftauchende Details scheinen jedoch weitere Anhaltspunkte für die Kenntnis der Kleinfamilie schon in der ersten Jahrhunderthälfte zu bieten. So ist zum Beispiel im *Couronnement Louis* von dem König Gaifier die Rede, der von den Heiden gefangen genommen und von Guillaume befreit worden ist. Mit ihm zusammen erscheinen stets seine Frau und seine Tochter. Nun ist die Tochter zwar insofern wichtig, als Guillaume sie zum Dank zur Frau bekommen soll, die Mutter ist jedoch im Handlungsablauf völlig ohne Bedeutung (*Couronnement Louis* 306f, 353f, 1249f)[18].

Wenn dagegen der *vilain*, dem Guillaume und sein Heer im *Charroi de Nîmes* begegnen, nur von seinen Kindern begleitet ist, so läßt sich das mit seiner Armut erklären, die den Unterhalt von Dienern oder gar von einer *maisnie* sowieso ausschließt[19]. Ebenso könnte man begründen, daß auch Guillaume in seiner Verkleidung als Kaufmann aus seinen Neffen Söhne macht und von einer Ehefrau und vielen Kindern erzählt. Daß in den unteren Bevölkerungsschichten die Kleinfamilie eine größere, weil ausschließlichere Bedeutung als Bezugsgruppe hatte, ist einleuchtend. Daß sie aber auch für die Aristokratie diese Funktion gehabt haben muß, zeigen die zum Sehnsuchtsmotiv angeführten Stellen deutlich.

Daß eine besonders enge Beziehung zwischen Eltern und Kindern selbstverständlich war, scheinen schließlich auch einige sehr häufige Formeln anzudeuten, die vor allem bei der Schilderung von Schlachten oder von anderen gefährlichen Situationen Anwendung finden[20]. Gerade der Formelcharakter dieser Ausdrücke ist nur erklärlich, wenn das, was sie beinhalten, Teil einer allgemein verbreiteten Auffassung ist.

Schon im ersten Teil des *Wilhelmsliedes* wird die beginnende Schlacht auf dem Archamp mit folgenden Worten beschrieben:

> Ne n'i pot garir le pere sun enfant
> (*Chanson de Guillaume* 248)[21].

Es ist klar, daß dieser Vers die Gefährlichkeit des Kampfes schildern soll. Die zugrundeliegende Vorstellung ist die, daß ein Vater auch in der größten Gefahr noch versuchen wird, sein Kind zu retten, wenn er sich für andere viel-

---

[18] Ein weiteres auf die Kenntnis der Kleinfamilie deutendes Detail findet sich etwas später in den *Chétifs*. Dort wird ein Neffe Corbarans von Räubern, ehemaligen Vasallen, geraubt. Diese hausen in einer *cave*, von der es heißt, daß in ihr auch ihre Frauen und Kinder untergebracht seien (3760–3762). Vgl. ferner *Moniage Guillaume II* 1210–1216, wo von einem Überfall auf das Haus eines *gentil home* berichtet wird. Als Opfer werden dabei außer dem Herrn und seiner *maisnie* noch die Frau, die Söhne und die Töchter erwähnt.

[19] Vgl. auch *Moniage Guillaume II* 5764.

[20] Wendungen wie «par la foi que doi l'ame mon pere», die als Formeln schon sehr alt sein dürften, lassen wir hier beiseite.

[21] Die an dieser Stelle völlig unpassende Vergangenheitsform «pot» läßt es allerdings zweifelhaft erscheinen, ob der Vers wirklich ursprünglich ist.

leicht nicht mehr einsetzen würde. Diese Formel findet sich in verschiedenen Varianten während des gesamten untersuchten Zeitraums. Einige Beispiele sollen genügen. Im *Couronnement Louis* heißt es über das Jüngste Gericht:

> La ne vaudra pere au fil un bouton
> (*Couronnement Louis* 1009)[22].

Über eine bevorstehende Schlacht wird in der *Conquête de Jérusalem* gesagt:

> Ja n'i porra aidier li peres son enfant
> (*Conquête de Jérusalem* 1502).

Gelegentlich wird die Formel durch andere enge Beziehungen erweitert:

> La ne pora li pere a son enfant aidier,
> Ne li amis s'amie, ne li hom sa moillier
> (*Chétifs* 1918f).

Auch solche Zusätze setzen jedoch eine kleine Bezugsgruppe voraus[23]. Eine etwas andere Formel dient in *Gerbert de Metz* zur Beschreibung einer panik-artigen Flucht:

> N'i atendi li peres son enfant
> (*Gerbert de Metz* 8068)[24].

Als besonders selbstverständlich erscheint die Hilfe eines Vaters für sein Kind, wenn sie zum Vergleich herangezogen wird:

> Jo vos aidroi con pere son enfant
> (*Aspremont* 2444).

Dies sagt der Sarazene Balant zu Naime, als er ihm verspricht, ihn im heidni-schen Heerlager zu beschützen. Aber auch die Beziehung einer Mutter zu ih-rem Kind kann Verwendung finden. Eine Kampfbeschreibung lautet zum Beispiel folgendermaßen:

> Dont puis plora de dol li mere son enfant
> (*Chanson d'Antioche* 488)[25].

Ein Vergleich mit der Mutter-Kind-Beziehung findet sich an der folgenden Stelle:

> Et tot li autre vont de paor tranllant;
> Entor Ogier s'en vienent a trainant,

---

[22] Die umgekehrte Formulierung findet sich *Saisnes* réd. LT 4888.
[23] Vgl. auch etwa *Chanson d'Antioche* 6388f, 6433f.
[24] Vgl. auch ebd. 10227, *Aspremont* 10243, 10407. Vgl. ferner *Garin le Loherain* 14385 mit einer anderen Formel.
[25] Vgl. auch ebd. 3400 (Handschrift B).

Con a lor mere li enfes por garant
(*Chevalerie Ogier* 7892–7894, vgl. 7951f)[26].

Es dürfte klar geworden sein, daß alle *chansons de geste* die Vorstellung einer kleinen Bezugsgruppe unterhalb des *lignage* voraussetzen, die für den einzelnen Ritter das Zuhause darstellt. Diese Bezugsgruppe ist zumindest in der zweiten Hälfte des 12. Jahrhunderts in der Regel identisch mit der Kleinfamilie, bestehend aus Frau, Kindern und Wohnsitz. Für die erste Hälfte des Jahrhunderts läßt sich dies nicht sicher nachweisen. Eine entsprechende feste Formel existiert noch nicht. Doch tritt auch hier schon das Ehepaar in Verbindung mit dem Wohnsitz als kleine Bezugseinheit unterhalb der gesamten Sippe deutlich in Erscheinung. Einzelne Handlungselemente legen nahe, daß die Vorstellung von der Familie mit Kind als einer Einheit bei den Dichtern ebenfalls vorhanden gewesen sein muß.

Gegen die Annahme, daß diese Vorstellung auch einer im Publikum allgemein verbreiteten Auffassung entspricht, sind zwei Einwände denkbar. Zum einen könnte man vermuten, daß die Autoren kirchliche Vorstellungen von der Bedeutung der Ehe und der Familie bewußt propagierten, zumal es sich bei ihnen um Kleriker gehandelt haben muß. Hiergegen spricht jedoch schon die Beiläufigkeit, mit der das Ehepaar oder die Familie erwähnt werden. Außerdem erweisen sich die *chansons de geste* auch sonst als ausgesprochen publikumsorientiert[27].

Zum anderen könnte man meinen, daß die Dichter die Kleinfamilie aus der literarischen Tradition übernommen haben. Sowohl in der antiken Literatur als auch in der *Bibel*, vor allem im *Alten Testament*, spielen familiäre Relationen eine große Rolle. Dennoch meinen wir, daß auch dieser Einwand unberechtigt ist.

Im *Alten Testament* besitzt eine Familieneinheit häufig größeren Umfang als die Kleinfamilie. Ein charakteristisches Beispiel stellen die Angehörigen Noahs dar, die mit ihm zusammen die Arche besteigen: die Frau, die Söhne und die Frauen der Söhne[28]. Vor allem werden die zur Familie gehörigen Personen nicht mit dem Wohnsitz in Verbindung gebracht, sondern nur mit den Herden und anderer beweglicher Habe, wie man es bei einer nomadischen oder halbnomadischen Gesellschaftsform erwartet[29].

In der Antike hingegen ist die aus Frau und Kindern bestehende Bezugsgruppe wie in unseren Texten eine Selbstverständlichkeit. Häufig wird diese Einheit zum Beispiel in Statius' *Thebais* erwähnt[30], wo sie genau wie in den

---

[26] Vgl. auch *Garin le Loherain* 10847.

[27] Einen Fall, den der Rechtfertigung des Kreuzzugs, haben wir bereits angesprochen; s. o. S. 12. Auch die Neigung, Mönche zu kritisieren oder lächerlich zu machen, ist hier zu erwähnen.

[28] Gn. 6,18 etc. Vgl. auch z. B. Gn. 11,31; 19,12.

[29] Vgl. z. B. Gn. 12,5; 31,17f; 34,28f; 45,10.

[30] Vgl. *Thebais* II 459, III 375, 578f, 652f, IV 354f, V 77, VII 719, VIII 385, IX 188, X 572f, 768, XI 187.

chansons de geste auch mit dem Wohnsitz, meist dem Haus (*domus, limina*), assoziiert werden kann[31]. Doch finden sich bei den antiken Autoren, die im 12. Jahrhundert gelesen wurden, weder eine genaue Entsprechung zum Sehnsuchtsmotiv noch eine Formel, die als Vorbild für eine der von uns angeführten Vater-Kind- oder Mutter-Kind-Formeln gedient haben könnte. Auch die antike Tradition kann daher die in unseren Texten erkennbare Vorstellung von der Kleinfamilie als Bezugsgruppe nicht erklären[32].

Schlußbemerkung

Die *chansons de geste* des 12. Jahrhunderts spiegeln eine Gesellschaft, in der Verwandtschaftsbeziehungen eine außerordentlich große Bedeutung haben. Dennoch werden keineswegs komplizierte, verzweigte Verwandtschaftssysteme vorgeführt; die Zahl der Beziehungen, auf deren exakte Bestimmung Wert gelegt wird, ist relativ gering. Entferntere Verwandte erscheinen in der Regel einfach als Verwandte.

Besonders häufig tritt die Verwandtschaft als Gesamtheit, als Kollektiv, in Erscheinung. Dieses Kollektiv kann prinzipiell verschiedene Formen annehmen; je nach Kontext wird der horizontale oder der vertikale, der lineare oder der diffuse Aspekt der Verwandtschaft mehr betont. Zu bestimmten Zeiten kann der eine oder andere Aspekt wichtiger werden, und in den *chansons de geste* spielt, durch die Thematik der Gattung bedingt, der horizontale Aspekt immer eine besonders große Rolle; grundsätzlich sind sie jedoch stets nebeneinander präsent.

---

[31] *Domus* ist allerdings nicht an allen Stellen in diesem konkreten Sinn zu interpretieren,

[32] Wichtiger könnte ein anderer Faktor gewesen sein: die Kreuzzüge. Es fällt auf, daß sich das Sehnsuchtsmotiv besonders häufig in den *chansons de croisade* findet. Außerdem verwenden lateinisch schreibende Historiker des 12. Jahrhunderts bei der Schilderung der Kreuzzüge gelegentlich Formulierungen, die ganz den altfranzösischen entsprechen. Vgl. z. B. folgende Formulierung in der *Historia Anglorum* des Henry of Huntingdon: «Hoc est miraculum Domini magnum temporibus nostris factum, saeculis omnibus inauditum, ut tam diversae gentes, tam formosi proceres, relictis possessionibus splendidis, uxoribus et filiis, omnes una mente loca innotissima morte spreta petierint» (VII, 5). Vgl. auch Ordericus Vitalis, *Historia Ecclesiastica* IX, 2, ed. Chibnall V, 16. Es scheint uns denkbar, daß die Kreuzzüge, die einen Ritter besonders weit von seinem Land und seiner Burg wegführten und ihn in der Regel für besonders lange Zeit von Frau und Kindern trennten, nicht jedoch unbedingt von seiner *maisnie* oder von anderen Verwandten, tatsächlich das Bewußtsein der Menschen in bezug auf die Bedeutung der Kleinfamilie verändert haben. Zumindest könnten die Kreuzzugsschilderungen dazu beigetragen haben, daß sich zur Bezeichnung des Zuhause eine entsprechende Formel herausbildete. Um diese Vermutungen bestätigen zu können, wäre jedoch eine eigene Untersuchung erforderlich.

Neben der Verwandtschaft insgesamt konnten wir die Kleinfamilie, bestehend aus Mann, Frau und Kindern, als Bezugsgruppe für den einzelnen nachweisen.

Zwischen der Kleinfamilie und der Verwandtschaft generell gibt es in den untersuchten Texten nur relativ wenige Verwandtschaftstypen: Onkel und Neffen, Vettern, erwachsene Brüder, die – zumindest potentiell – eigene Familien haben, sowie – in der zweiten Hälfte des 12. Jahrhunderts[1] – die jeweiligen femininen Entsprechungen.

Gerade diesem Bereich entstammt aber, zumindest zunächst, ein großer Teil der Verwandtschaftsbeziehungen, durch die die zentralen handelnden Figuren der *chansons de geste* bestimmt sind. Diese sind also Personen, die nicht zu derselben Familieneinheit gehören, aber noch durch konkrete Termini zueinander in Beziehung gesetzt werden können. Vor allem kommen Onkel und Neffen vor, doch können auch Vettern im Mittelpunkt einer Epenhandlung stehen, wie es beispielsweise in *Girart de Roussillon* der Fall ist. Diese zentralen Relationen wollen wir in den folgenden Teilen nun genauer untersuchen.

---

[1] Vorher spielen Frauen, außer in zwei Fällen als Ehefrauen, in der Handlung kaum eine Rolle. Tanten begegnen auch in der zweiten Jahrhunderthälfte nur selten.

Teil II

Die frühen *chansons de geste*

Vorbemerkung

Im ersten Teil haben wir zu zeigen versucht, welche Vorstellungen von Verwandtschaft wir bei den Dichtern und beim Publikum unserer Texte als Hintergrund voraussetzen können. Wir konnten verschiedene Vorstellungen nachweisen, die nebeneinander in denselben Texten zu erkennen waren, wenn sie auch, durch literarische Gegebenheiten bedingt, nicht in allen Fällen gleich deutlich in Erscheinung traten.

Nach diesen vorbereitenden Überlegungen können wir uns nun, in diesem und den folgenden Teilen, dem eigentlichen Gegenstand unserer Untersuchung zuwenden und versuchen, die Umstände und Einflüsse zu klären, denen wir die zentralen Verwandtschaftskonstellationen in unseren Texten verdanken. Besondere Bedeutung wird dabei der Frage nach literarischen Traditionen und Gattungskonventionen zukommen, doch sollen auch etwaige Beziehungen zu realen, historischen Entwicklungen nicht außer acht gelassen werden.

In diesem zweiten Teil beschränken wir uns zunächst auf die frühen *chansons de geste*, d. h. diejenigen, die vor der Mitte des 12. Jahrhunderts entstanden sind. Hierdurch wird es möglich, diese Gattung in einem Stadium zu erfassen, in dem sich der Einfluß der höfischen Literatur noch nicht bemerkbar macht[1]. Insbesondere ist ein Einfluß des Romans zu diesem Zeitpunkt noch ausgeschlossen. Wenn die Darstellung von Verwandtschaftsbeziehungen in den *chansons de geste* gattungsspezifische Merkmale aufweisen sollte, so können wir diese nur hier eindeutig nachweisen.

1. Onkel und Neffen

Jedem, der sich mit den Verwandtschaftsverhältnissen bei den zentralen Personen in den *chansons de geste* beschäftigt, fällt auf den ersten Blick die große Zahl von Onkeln und Neffen auf.

---

[1] Die Einwirkung anderer Gattungen, wie z. B. der Heiligenlegende, kann im Bereich der Verwandtschaftsbeziehungen in dieser Zeit ebenfalls vernachlässigt werden.

Vor allem in den frühen Texten, die vor der Mitte des 12. Jahrhunderts verfaßt wurden, scheint die Onkel-Neffe-Relation bei den handelnden Personen alle anderen möglichen Relationen an Bedeutung zu übertreffen. Im *Rolandslied* sind die beiden wohl wichtigsten Figuren, Karl und Roland, durch eine Onkel-Neffe-Beziehung verbunden, und auch der gegnerische König Marsilie hat einen Neffen. Im *Wilhelmslied* steht die Beziehung Guillaumes zu seinen Neffen Vivien und Gui im Vordergrund, außerdem wird auch Guibourc ein Neffe, Guichart, zugeordnet. Auch im *Couronnement Louis* und im *Charroi de Nîmes* ist Guillaume von Neffen umgeben; daneben hat im *Couronnement* auch sein Gegenspieler Galafre mindestens zwei Neffen. In *Gormont et Isembart* ist, soweit sich das aus dem erhaltenen Fragment erkennen läßt, wenigstens ein wichtiges Figurenpaar, Hugon und Gontier, durch eine Onkel-Neffe-Beziehung gekennzeichnet. In der zweiten Hälfte des 12. Jahrhunderts gewinnen zwar auch andere Verwandtschaftstypen an Bedeutung, doch bleiben Neffen stets eine typische Erscheinung in den *chansons de geste*.

Wenn dieses Phänomen auch nicht völlig ohne Parallele in den Epen anderer abendländischer Literaturen ist, so ist es doch nirgends so ausgeprägt. In den homerischen Epen sind nur Väter und Söhne (z. B. Odysseus und Telemachos, Agamemnon und Orestes) oder Brüder (z. B. Agamemnon und Menelaos) als solche wichtig, während eine Onkel-Neffe-Beziehung wie die von Menelaos und Orestes so gut wie nie als solche angesprochen wird. Etwas anders verhält es sich im altenglischen *Beowulf* oder im irischen *Táin Bó Cuailnge*, in denen Onkel-Neffe-Beziehungen (z. B. die zwischen Hygelac und Beowulf oder die zwischen Conchobor und Cúchulainn) durchaus eine Rolle spielen[1]. Sie sind jedoch auch hier nicht so zahlreich und insgesamt nicht von so herausragender Bedeutung wie in der altfranzösischen Epik.

a. Forschungsüberblick

Um eine Erklärung dieser Vorliebe für Neffengestalten hat man sich nicht erst im Zuge der neueren Verwandtschaftsforschung bemüht. Zum ersten Mal ist das Phänomen 1913 von William Oliver Farnsworth umfassend beschrieben worden, der es in den Kontext der damals modernen sogenannten Matriarchatstheorie gestellt hat[2].

Die Matriarchatstheorie geht auf Johann Jakob Bachofens Werk *Das Mutterrecht* zurück[3], das 1861 erschien, aber erst etwa ein Jahrzehnt später in stärkerem Maße rezipiert wurde.

---

[1] Zum *Beowulf* vgl. Francis B. Gummere, *The Sister's Son*, in: An English Miscellany presented to Dr. Furnivall, Oxford 1901, 133–149, 137f, sowie Rolf H. Bremmer jr., *The Importance of Kinship: Uncle and Nephew in ‹Beowulf›*, Amsterdamer Beiträge zur älteren Germanistik 15, 1980, 21–38.

[2] William Oliver Farnsworth, *Uncle and Nephew in the Old French Chansons de geste. A Study in the Survival of Matriarchy*, New York 1913.

[3] Wir zitieren nach folgender Ausgabe: Johann Jakob Bachofen, *Das Mutterrecht*, hrsg. von Karl Meuli, Basel 1948 (Gesammelte Werke 2–3).

Bachofen schließt aufgrund zahlreicher, unterschiedlicher Einzelzeugnisse aus verschiedenen Kulturen, die der Mutter oder der Frau überhaupt eine besondere Bedeutung in der Gesellschaft zumessen, auf einen früheren Gesellschaftszustand, in dem es zwar, wie in den modernen Gesellschaften, Ehe und Familie gab, in dem jedoch die Frau, nicht der Mann, die beherrschende Stellung innehatte. Diesen Gesellschaftszustand nennt er Gynaikokratie[4]. Es ist jedoch nicht so sehr diese Vorstellung von der Vorherrschaft der Frau in einem bestimmten Stadium der Menschheitsgeschichte, die für die Ethnologie wichtig geworden ist, als vielmehr die von Bachofen postulierte Vorstufe dieser Gesellschaftsform. In diesem Urzustand existierte seiner Meinung nach keine Form von Ehe oder Partnerbindung, sondern nur freie Paarung mit ständig wechselnden Partnern. Die Vaterschaft ist unbekannt, die Kinder gehören ausschließlich zur Mutter (daher die Bezeichnung «Mutterrecht») und nur die mütterliche Abstammung spielt eine Rolle. Ob es in dieser Phase bereits feste Formen menschlicher Gemeinschaft gibt, wird von Bachofen im *Mutterrecht* nicht präzisiert. Offensichtlich denkt er jedoch noch nicht an eine bestimmte feste Form der Familie[5].

In den *Antiquarischen Briefen*, die in den achtziger Jahren des 19. Jahrhunderts erscheinen, geht Bachofen auf diese Urphase der Gesellschaft näher ein. Hier bringt er unter anderem die in vielen Kulturen bezeugte Privilegierung der Beziehung von Mutterbruder und Schwestersohn mit dem Mut-

---

[4] Charakteristisch für die Gynaikokratie sind nach Bachofen z. B. folgende Phänomene: Identität (ebd., z. B. S. 420, 426, 537, 607) und Rang (S. 85, 253, 963) leiten sich von der Mutter her; die Sukzession erfolgt über die Töchter (z. B. S. 10f, 85, 255f, 405, 698, 930). Bei einigen Völkern läßt sich noch feststellen, daß die Brüder eine Mitgift von den Schwestern erhielten (S. 11). Die Schwester ist gegenüber dem Bruder privilegiert (S. 107, 151, 551f, 883), das jüngste Kind gegenüber den älteren (S. 18f, 433, 545f, 611, 670, 700f, 703, 724, 728, 767, 863, 945).

[5] Das *Mutterrecht*, S. 37, 103. – Einen Gesamtüberblick über die Entwicklung der menschlichen Gesellschaft, wie er sie sich vorstellt, gibt Bachofen nur in seiner Vorrede: *Das Mutterrecht*, S. 35–64 (vgl. auch Karl Meuli in seinem Nachwort S. 1107–1110). Danach hat man sich die Entwicklung etwa folgendermaßen vorzustellen – wir fassen hier nur zusammen, was die Verwandtschaftsstrukturen betrifft, und lassen insbesondere den religiösen Aspekt, dem Bachofen größte Bedeutung beimißt, beiseite: Der Zustand ohne feste Partnerbindung, der «Hetärismus», wird als *ius naturale* dargestellt. Die Auflehnung der Frauen gegen die als erniedrigend empfundene Promiskuität, ihr Widerstand gegen den Mißbrauch durch den Mann, beendet diese Phase. Dieser Aufstand kann zu bewaffnetem Kampf, also zu einer Form von Amazonentum, entarten. Hierdurch wird der Zustand der Gynaikokratie erreicht, in dem es bereits die monogame Ehe und die Familie gibt (ebd., S. 36f, 50, 120–123, 128f, 319, 354f). Auch die Gynaikokratie kann jedoch schließlich zu einer Amazonenherrschaft entarten, in der die Frauen die Männer ablehnen und bekämpfen. Diese wird wiederum von den Männern unterdrückt, die schließlich die patriarchalische Struktur der modernen Kulturen herbeiführen (ebd., S. 50, 129, 287f, 768). Neben diesen Phasen gibt es noch zahlreiche Zwischenformen.

terrecht in Verbindung[6]. Als Relikte dieser Phase hebt er insbesondere Fälle hervor, in denen der Schwestersohn bei der Sukzession bevorzugt wird[7] oder der Onkel als Beschützer und Helfer[8] oder als Lehrer und Erzieher[9] fungiert. Diese Bevorzugung der Relation Mutterbruder–Schwestersohn ergibt sich für ihn daraus, daß im Urzustand der Gesellschaft, in dem der Vater unbekannt war, die Familie aus Bruder und Schwester und den Kindern der Schwester bestand und der Bruder der Mutter Familienoberhaupt war[10].

1865, also kurz nach dem Erscheinen des *Mutterrechts*, aber noch unabhängig von diesem, postuliert auch John Ferguson McLennan eine Urphase der Promiskuität[11]. In den siebziger Jahren machen sich dann mehrere führende Ethnologen, nun unter ausdrücklicher Bezugnahme auf Bachofen, diese Vorstellung zu eigen[12].

Im Anschluß an die Matriarchatstheorie versucht nun Farnsworth, auch die Vorliebe der *chansons de geste* für Neffengestalten durch einen ehelosen Urzustand der menschlichen Gesellschaft zu erklären, in dem die Kinder nicht unter der Autorität ihres – unbekannten – Vaters stehen, sondern unter derjenigen des Bruders der Mutter[13]. Er beginnt seine Arbeit mit einer lexikalischen Untersuchung zu den Wörtern *niés/neveu* und *oncle*, die, wie er darlegt, mehrere Bedeutungen haben können[14], und stellt fest, daß sich gera-

---

[6] *Antiquarische Briefe*, hrsg. von Johannes Dörmann und Walter Strasser, Basel-Stuttgart 1966 (Gesammelte Werke 8), passim. Einzelne Hinweise finden sich auch schon im *Mutterrecht*, S. 107, 120, 311, 434, 729.

[7] *Antiquarische Briefe*, S. 141f, 209; wie sich die anderswo postulierte Sukzession durch die Töchter dazu verhält, wird nicht erklärt.

[8] ebd., S. 323, 516f.

[9] ebd., z. B. S. 121, 132.

[10] ebd., S. 323, 340. Nicht immer unterscheidet Bachofen begrifflich genau zwischen dem Urzustand der Promiskuität und der eigentlichen Gynaikokratie. In einem Fall stellt er fest, daß sich eine Bevorzugung der Mutterbruder-Schwestersohn-Relation auch dort, wo strengste Monogamie herrscht und der Vater mit Sicherheit bekannt ist, beobachten läßt (ebd., S. 209f).

[11] John Ferguson McLennan, *Primitive Marriage*, zum ersten Mal 1865 erschienen, wieder abgedruckt in: ders., *Studies in Ancient History*, London 1876. Vgl. auch ebd., 411–421.

[12] Hier sind etwa folgende Arbeiten zu nennen: Sir John Lubbock, *The Origin of Civilisation and the Primitive Condition of Man*, London 1870; Lewis H. Morgan, *Systems of Consanguinity and Affinity of the Human Family*, Washington 1871 (Smithsonian Contributions to Knowledge 17), bes. 479–481; ders., *Ancient Society or Researches in the Lines of Human Progress from Savagery through Barbarism to Civilization*, New York 1878; Alexis Giraud-Teulon, *Les Origines de la famille. Questions sur les antécédents des sociétés patriarcales*, Genève–Paris 1874, bes. 46–55, 282f.

[13] a.a.O., 1f.

[14] *Neveu* bedeutet nicht nur 'Neffe', sondern auch 'Enkel'. Vgl. auch o. S. 4 und S. 6, Anm. 7. Für *oncle* trifft Farnsworth' Behauptung in den *chansons de geste* nicht zu; *oncle* bezeichnet nur den Onkel. Die einzige uns bekannte Ausnahme (*Narbonnais* 4554, 4568) dürfte sich daraus erklären, daß ein Schreiber an einer Stelle die Bezeichnung «neveu» fälschlich als 'Neffe' interpretiert hat.

de in dieser Unklarheit «a discussion of relationship in an earlier state of society» widerspiegele[15]. Danach vergleicht er zunächst einzelne in den *chansons de geste* geschilderte Relationen von Vätern und Söhnen einerseits und Onkeln und Neffen andererseits und gibt anschließend eine umfangreiche, sehr detaillierte Analyse der Onkel-Neffen-Beziehung, in der die verschiedenen Funktionen, die von Onkeln und Neffen übernommen werden, sowie die Darstellung ihres persönlichen Verhältnisses in den *chansons* im einzelnen untersucht werden. Dabei konstatiert Farnsworth eine generelle Bevorzugung dieser Beziehung gegenüber der Vater-Sohn-Beziehung. Erst nach dieser Untersuchung des Neffenverhältnisses im allgemeinen geht er auf den Schwestersohn im besonderen ein. Er kommt zu dem Ergebnis, daß die Dichter der *chansons de geste* in der Mehrzahl der Fälle besonders die Beziehung von Mutterbruder und Schwestersohn hervorheben oder überhaupt verwenden, daß sie sich jedoch der besonderen Bedeutung dieser Beziehung nicht mehr bewußt sind[16], und er verweist auf die Parallelen in der arthurischen Literatur und in den Romanen überhaupt. Diese Bevorzugung des Schwestersohnes erklärt er als einen − gefühlsmäßigen − Überrest der ehelosen Promiskuitätsphase des Mutterrechts, in der der Bruder der Mutter für deren Kinder verantwortlich war. Diese Erklärung, die für ihn «the line of least resistance»[17] darstellt, erläutert er durch Parallelen von anderen Völkern.

Farnsworth' Annahme, daß in den *chansons de geste* die Schwestersöhne gegenüber den Brudersöhnen dominieren, ist problematisch, doch stimmt es, daß nur Schwestersöhne als solche bezeichnet werden und das erstaunlich oft, während die Brudersohnbeziehung nie als solche hervorgehoben wird. Wir werden auf die Problematik zurückkommen.

Vor allem aber ist ein urtümlicher Gesellschaftszustand ohne irgendeine Form der Partnerbindung und ohne Vater-Kind-Beziehung, wie er von der Matriarchatstheorie vorausgesetzt wird, unseres Wissens bis jetzt noch für keine Epoche und kein Volk nachgewiesen worden[18]. Wir wollen in diesem Kapitel eine andere Erklärung versuchen, die ohne Rückgriff auf einen gesellschaftlichen Urzustand, wie ihn das Mutterrecht darstellt, auskommt.

---

[15] a.a.O., 20.
[16] a.a.O., 198, 212.
[17] a.a.O., 217.
[18] Vgl. Claude Lévi-Strauss, *Les structures élémentaires de la parenté*, Paris-Den Haag ²1967, Reprint 1981, 121−123, 135−137. Vgl. ferner Rolf H. Bremmer jr., a.a.O., 21f, sowie die dort in den Anm. 6−9 genannte Literatur. − Schon 1891 war übrigens ein solcher Urzustand der Promiskuität mit überzeugenden Argumenten bestritten worden von Edward Westermarck, *The History of Human Marriage*, London (¹1891) ⁵1921, Reprint 1925, bes. I, 1−336, den Farnsworth zwar zitiert, jedoch nicht weiter berücksichtigt. Überhaupt scheint die Literaturwissenschaft die ethnologische Diskussion nicht weiter verfolgt zu haben, nachdem sie die Theorie vom Mutterrecht einmal aufgenommen hatte.

Farnsworth ist nicht der einzige, der damals die Mutterrechtstheorie zur Erklärung literarischer Phänomene herangezogen hat. So veröffentlichte beispielsweise Francis B. Gummere 1901 einen Aufsatz in diesem Sinne, der sich auf englische und schottische Balladen bezog[19], 1912 erschien ein Aufsatz von William A. Nitze über den Schwestersohn in Chrétiens *Perceval*[20], etwas später wendet Clair Hayden Bell die Matriarchatstheorie auf die deutsche Epik an[21]. Trotz der durch die Strömungen seiner Zeit bedingten und mit Sicherheit verfehlten These handelt es sich bei Farnsworth' Werk jedoch um eine äußerst nützliche Analyse des Phänomens der Neffen in den *chansons de geste*, auf die auch wir in unseren Ausführungen zurückgreifen werden.

Farnsworth' Arbeit ist bis heute die einzige umfangreichere Untersuchung zur Entstehung des Neffenphänomens in den *chansons de geste* geblieben. Dieses bleibt jedoch in der Forschung weiterhin präsent, wenn auch die Fragestellung nicht immer dieselbe ist. So geht zum Beispiel 1944 Ernst Robert Curtius auf das Problem der Neffen ein[22]. Er tut dies innerhalb einer Erläuterung der verschiedenen Theorien zur Entstehung der *chansons de geste* überhaupt. Die Häufigkeit der Neffenbeziehungen ist für ihn ein Beispiel für das Weiterleben von «germanischem Recht und Brauchtum» im altfranzösischen Epos[23]. Als Beweis führt er außer einer Onkel-Neffe-Beziehung im altenglischen *Beowulf* vor allem eine Stelle in Tacitus' *Germania* an, die schon Farnsworth zitierte:

> sororum filiis idem apud avunculum qui apud patrem honor. quidam sanctiorem artioremque hunc nexum sanguinis arbitrantur et in accipiendis obsidibus magis exigunt, tamquam et animum firmius et domum latius teneant. heredes tamen successoresque sui cuique liberi, et nullum testamentum. si liberi non sunt, proximus gradus in possessione fratres, patrui, avunculi. quanto plus propinquorum, quanto maior adfinium numerus, tanto gratiosior senectus; nec ulla orbitatis pretia
>
> (*Germania* XX, 3).

Während Farnsworth diese Stelle jedoch als einen Beleg unter vielen dafür sah, daß die Neffen sich aus einer älteren, ursprünglich allgemein verbreiteten Gesellschaftsform erklären, geht es Curtius nur um die Zuordnung zu einem bestimmten Volksstamm. Das Gegenargument gegen einen rein ger-

---

[19] Francis B. Gummere, *The Sister's Son*, in: An English Miscellany, presented to Dr. Furnivall, Oxford 1901, 133–149.

[20] William A. Nitze, *The Sister's Son and the Conte del Graal*, Modern Philology 9, 1912, 291–322. Hierzu s. u. Teil III, 140f.

[21] Clair Hayden Bell, *The Sister's Son in the Medieval German Epic. A Study in the Survival of Matriliny*, University of California Publications in Modern Philology 10, 1922, 67–182.

[22] Ernst Robert Curtius, *Über die altfranzösische Epik I*, Zeitschrift für Romanische Philologie 64, 1944, 233–320, wieder abgedruckt in: ders., Gesammelte Aufsätze zur romanischen Philologie, Bern-München 1960, 106–183, dort 175f.

[23] ebd. 175.

manischen Ursprung des Neffenmotivs, das sich aus den von Farnsworth ebenfalls angeführten nicht-germanischen, insbesondere keltischen Belegen ergibt, schiebt Curtius mit der Bemerkung beiseite, daß niemand «altgallische Überlebsel» im altfranzösischen Epos annehmen würde[24]. Nach Curtius haben auch andere Gelehrte die Auffassung vertreten, daß das häufige Vorkommen von Neffen in den *chansons de geste* aus germanischen Bräuchen zu erklären sei[25].

Mit der Matriarchatstheorie Farnsworth' hat dieser Ansatz gemeinsam, daß er die Häufigkeit von Onkel-Neffe-Beziehungen auf eine angenommene alte, aber schon für die Zeit unserer *chansons de geste* nicht mehr nachweisbare Gesellschaftsform zurückführt.

Bereits vor Curtius' Artikel findet sich bei dem Historiker Marc Bloch auch eine andere Deutungsweise. Bloch beruft sich zwar auf die Matriarchatstheorie; seiner Meinung nach spiegelt jedoch die Bedeutung, die der Beziehung eines Neffen zu seinem mütterlichen Onkel in der Epik beigemessen wird, die Strukturen der mittelalterlichen Feudalgesellschaft, in der Verwandtschaftsbeziehungen über die Frauen ungefähr genauso wichtig sind wie die väterlichen Vorfahren[26]. Im Gegensatz zu den bisher genannten Gelehrten führt Bloch also das Neffenphänomen auf zeitgenössische gesellschaftliche Strukturen zurück. Ähnlich argumentieren in der Folge auch andere Historiker, die die Bedeutung der Neffen in den Epen zu gleichzeitigen oder nur wenig älteren Gesellschaftsformen in Beziehung setzen. Vor allem ist hier Georges Duby zu nennen[27].

Von literaturwissenschaftlicher Seite wird das Phänomen der Neffen insgesamt erst wieder 1970 behandelt, als Reto R. Bezzola es in seinem Artikel *Les neveux* als literarisches Motiv zu beschreiben versucht[28]. Bezzola untersucht nicht den Ursprung der Neffen, sondern beschränkt sich auf ihre Funktion *in* den Texten. Er stellt dabei einige typische Rollen heraus, die die Neffen des Wilhelmszyklus aufweisen, und geht besonders auf einzelne, her-

---

[24] ebd. 176.
[25] So z. B. George Fenwick Jones, *The Ethos of the Song of Roland*, Baltimore 1963, 110–114.
[26] *La société féodale. La formation des liens de dépendance*, Paris 1939, 213: «...une des expressions d'un régime où les liens d'alliance par les femmes comptaient à peu près autant que ceux de la consanguinité paternelle». Wo er hier die Beziehung zu Farnsworth' Theorie sieht, der zufolge die Bevorzugung der Onkel-Neffe-Relation keinesfalls eine Folge der realen historischen Gesellschaftsstrukturen der Zeit ist und die auch nicht von einer Gleichwertigkeit der väterlichen und der mütterlichen Verwandtschaft ausgeht, sondern von einem Zustand, in dem der väterlichen Verwandtschaft überhaupt keine Bedeutung zukommt, bleibt unklar.
[27] Vgl. insbesondere Georges Duby, *Structures de parenté et noblesse. France du nord. XIᵉ-XIIᵉ siècles*, in: Miscellanea Medievalia in memoriam Jan Frederik Niermeyer, Groningen 1967, 149–165, 157.
[28] Reto R. Bezzola, *Les neveux*, in: Mélanges de langue et de littérature du Moyen Age et de la Renaissance offerts à Jean Frappier, Genève 1970, t. I, 89–114.

ausragende Neffengestalten wie Roland, Tristan, Gauvain, Mordred und Perceval ein. Diese bringt er, im Anschluß an Arbeiten etwa von Rita Lejeune, mit dem Inzestmotiv in Zusammenhang[29]. Wichtig ist, daß die Neffen hier zum ersten Mal als literarisches Motiv, das für die altfranzösischen Epen und Romane charakteristisch ist, behandelt werden. Leider ist der Ansatz Bezzolas nie weiterverfolgt worden – die folgenden Überlegungen sollen helfen, das Versäumte nachzuholen.

Auf einen Einzelfall ist John R. Allen in einem Aufsatz von 1977 eingegangen[30]. Allen untersucht, an Farnsworth anknüpfend, das Verhältnis von Vater-Sohn-Beziehung und Onkel-Neffe-Beziehung im *Rolandslied* unter Berücksichtigung moderner anthropologischer und historischer Forschungen neu. Er kommt zu dem Ergebnis, daß dieses Verhältnis eine historische Entwicklung der realen gesellschaftlichen Strukturen widerspiegele. Wie er richtig erkennt, spielen Onkel-Neffe-Beziehungen fast nur bei den Hauptpersonen eine Rolle, während bei den Nebenfiguren Väter und Söhne weit wichtiger sind. Er interpretiert dieses Faktum dahingehend, daß die Hauptpersonen und mit ihnen die Bevorzugung der Onkel-Neffe-Beziehung einen älteren Zustand der Gesellschaft repräsentieren, den er etwa auf das 9. Jahrhundert datiert, während die Verwandtschaftsverhältnisse der Nebenfiguren die aktuellen Verhältnisse widerspiegeln. Dazu paßt, daß in der vermutlich jüngeren Baligant-Episode überhaupt nur noch die Vater-Sohn-Relation eine Rolle spielt[31]. Seine historische Erklärung bleibt jedoch unbefriedigend, weil aus historischen Quellen nicht nachzuweisen ist, daß die Beziehung zum Onkel mütterlicherseits im 9. Jahrhundert tatsächlich eine größere Rolle spielte als im 11. oder 12. Jahrhundert[32].

Meist ist man in neuerer Zeit dazu übergegangen, die Neffen nicht mehr als ein besonderes, eigenständiges Phänomen zu betrachten. Alfred Adler, der in seinem 1975 erschienenen Buch *Epische Spekulanten*[33] den Versuch einer «synchronen Geschichte des altfranzösischen Epos» unternimmt und da-

---

[29] Hierzu s. u. S. 57, 59–64.

[30] John R. Allen, *Kinship in the Chanson de Roland*, in: Henri Niedzielski, Hans Runte (Hrsg.), Jean Misrahi Memorial Volume, Columbia 1977, 34–45.

[31] John R. Allen scheint der einzige Forscher zu sein, der bisher den prinzipiellen Unterschied zwischen Haupt- und Nebenfiguren gesehen hat. Doch nutzt auch er ihn noch nicht völlig aus, wenn er in den Hauptfiguren einfach nur ältere Stadien der gesellschaftlichen Entwicklung repräsentiert sieht und nicht beachtet, daß sie in weitaus höherem Maße als Nebenfiguren Objekte künstlerischer Gestaltung sind und damit auch stärker z. B. von literarischen Konventionen betroffen sein können.

[32] Wir werden bei der Darstellung des historischen Hintergrunds des Neffenphänomens verschiedene Beispiele für die Bedeutung des mütterlichen Onkels im 12. Jahrhundert anführen; s. u. S. 90–93.

[33] Alfred Adler, *Epische Spekulanten. Versuch einer synchronen Geschichte des altfranzösischen Epos*, München 1975 (Theorie und Geschichte der Literatur und der schönen Künste 33).

bei insbesondere Phänomene behandelt, die mit Verwandtschaft zu tun haben (Heiratsverhalten, Sippenstruktur etc.), sieht die Neffen nur als Element einer bestimmten Verwandtschaftsstruktur und setzt sie zum Beispiel zu dem Phänomen der Kinderlosigkeit mancher epischen Helden in Beziehung. Es geht ihm darum, die verschiedenen Formen von Verwandtschaft mit Hilfe der aus der Ethnologie stammenden Unterscheidung von exogamem und endogamem Verhalten zu erklären[34]. Gar nicht in den Blick kommt bei ihm die Historizität der untersuchten literarischen Motive, die, wie wir an späterer Stelle zeigen wollen, von großer Bedeutung ist[35].

In seiner Dissertation von 1987 möchte Michael Heintze unter anderem diesem Mangel abhelfen[36]. Thematisch bedingt behandelt allerdings auch er die Neffen nur im Zusammenhang mit der Sippenstruktur; Neffen sind für ihn im wesentlichen Repräsentanten der lateralen Verwandtschaft.

Neben diesen Arbeiten, die entweder das Neffenphänomen als Ganzes (oder zumindest alle Neffengestalten in einem Text) behandeln oder generell Verwandtschaftsstrukturen untersuchen, ist noch ein anderer Forschungsansatz zu berücksichtigen, der sich nicht auf die Neffen als solche bezieht, sondern im wesentlichen auf eine einzige Neffengestalt, Karls Neffen Roland im *Rolandslied*. Dieser wird von einigen Gelehrten als ein aus einem Geschwisterinzest hervorgegangener Sohn interpretiert[37]. Spätere Neffengestalten könnten dann, unter Verzicht auf die Inzestvorstellung[38], nach dem Vorbild Rolands gestaltet sein. Da sich viele von ihnen, wie noch zu zeigen sein wird, grundsätzlich von der Rolandgestalt unterscheiden, bleibt diese Erklärung etwas unbefriedigend. Vor allem ist die Inzestthese jedoch in ihrer Deutung des *Rolandsliedes* problematisch, und wir wollen sie daher bei der Behandlung dieses Textes besprechen.

Soweit dieser kurze Forschungsüberblick. Es zeigt sich, daß bisher eine Erklärung für das Neffenphänomen stets nur in historischen (bzw. ethnologischen) Fakten gesucht wird (Farnsworth, Allen, Bloch, Duby etc.), während rein literaturwissenschaftliche Arbeiten wie die von Bezzola oder Heintze sich mit einer Beschreibung des Phänomens, wie es sich in den Texten darstellt, begnügen. Adler versucht zwar, von einem strukturalistischen Ansatz ausgehend, die Phänomene, die er untersucht, auf innerliterarischer Ebene

---

[34] S. insbesondere a.a.O., 27–49.
[35] S. u. Teil IV.
[36] Michael Heintze, *König, Held und Sippe. Untersuchungen zur Chanson de geste des 13. und 14. Jahrhunderts und ihrer Zyklenbildung*, Heidelberg 1991 (Studia Romanica 76).
[37] S. u. S. 59–64.
[38] Schon in den frühesten Texten gibt es auch Neffen, die neben ihren Onkeln bekannte Väter haben. So sind Guillaumes Neffen im ersten Teil des *Wilhelmsliedes*, Vivien und Gui, Söhne eines gewissen Boeve Cornebut; Bertrand und Guielin, die etwa im *Couronnement Louis* und im *Charroi de Nîmes* als seine Neffen auftreten, sind Söhne seines Bruders Bernart.

miteinander zu verknüpfen; seine eigentliche Erklärung verwendet jedoch ebenfalls außerliterarische Kategorien.

Die Möglichkeiten literarischer Interpretation werden von keinem der genannten Autoren ausgeschöpft. Keiner von ihnen macht zum Beispiel einen Unterschied zwischen den verschiedenen literarischen Gattungen. Farnsworth untersucht zwar nur die Neffen in den *chansons de geste*, führt jedoch die Neffen in den Romanen als Parallelfälle an[39]. Bezzola behandelt beide Fälle völlig gleich. Adler und Heintze beschränken sich auf die Gattung der *chanson de geste*, ohne diese jedoch vom Roman oder von anderen Gattungen abzugrenzen.

Im Gegensatz dazu wollen wir uns zunächst ganz auf die innerliterarische Ebene konzentrieren und versuchen, hier durch neue Interpretationsansätze zu weiteren Erklärungsmöglichkeiten zu kommen. Erst in einer zweiten Phase soll auch versucht werden, das literarische Phänomen zur historischen Realität in Beziehung zu setzen.

b. Das *Rolandslied*

Wenden wir uns zunächst dem *Rolandslied* zu. Neben dem zentralen Onkel-Neffe-Paar Karl-Roland, das die ganze Handlung beherrscht, ist hier noch die Gestalt Aelroths, des Neffen des Heidenkönigs Marsilie, zu berücksichtigen.

Der Held, Roland, erscheint durchgehend als Neffe Karls des Großen – eine etwaige andere Verwandtschaftsbeziehung zwischen ihnen wird nicht erwähnt. Roland ist außerdem der Stiefsohn Ganelons (277, 287, 743, 753, 762, 1027), von dem wir erfahren, daß er Karls Schwester zur Frau hat (312). Wir können also schließen, daß Roland der Sohn von Karls Schwester ist. Über seinen Vater erfahren wir nichts. Andere Personen erscheinen durchaus als Söhne mit Vätern – beispielsweise spielen die Söhne Marsilies, Baligants und Ganelons eine gewisse Rolle –, doch keine dieser Vater-Sohn-Relationen erreicht dieselbe Bedeutung innerhalb der *Chanson* wie die Onkel-Neffe-Relation der beiden Hauptfiguren.

Die Beziehung von Karl und Roland ist durch eine außerordentliche Zuneigung des Onkels zu seinem Neffen gekennzeichnet. Diese Zuneigung äußert sich zum Beispiel in seiner barschen Zurückweisung von Rolands Anerbieten, den lebensgefährlichen Botengang zu Marsilie zu übernehmen (259–262), und in seiner heftigen Reaktion auf Ganelons Vorschlag, Roland beim Rückzug aus Spanien die Nachhut zu übertragen:

> Guenes respunt: – Rollant, cist miens fillastre:
> N'avez baron de si grant vasselage. –
> Quant l'ot li reis, fierement le reguardet;

---

[39] a.a.O., 217–219.

Si li ad dit: − Vos estes vifs diables.
El cors vos est entree mortel rage
(*Chanson de Roland* 743−747).

Als er Roland seinen Bogen als Zeichen des Kommandos über die Nachhut übergeben soll, weint er sogar (771−773). Er bietet ihm dann die Hälfte des gesamten Heeres an (784−786). Noch nach dem Aufbruch des Heeres gesteht Karl Naime seine Angst um den Neffen ein (830−840). Auch in Karls ersten prophetischen Träumen (719−735) steht die Gestalt Rolands im Mittelpunkt. Besonders eindrucksvoll kommt Karls Zuneigung in seinen verzweifelten Klagen über Rolands Tod zum Ausdruck (2886−2943).

Zur Erklärung dieser auffälligen Beziehung gibt es in der Forschung bisher zwei grundsätzlich verschiedene Ansätze.

Der erste Ansatz betrachtet die Beziehung von Karl und Roland nur als ein Beispiel, wenn auch vielleicht das früheste und wichtigste, für die generelle Vorliebe der *chansons de geste* für Neffengestalten. Er geht davon aus, daß sich in dieser Beziehung eine besondere Gesellschaftsform spiegelt, die ganz allgemein Neffen im Verhältnis zu Söhnen privilegiert. Diesem Ansatz sind die verschiedenen Theorien zuzurechnen, die wir im vorangegangenen Abschnitt besprochen haben und deren problematischen Charakter wir zum Teil bereits angedeutet haben. In unserer Untersuchung werden wir versuchen zu zeigen, daß das *Rolandslied* keinen Hinweis auf eine solche generelle Bevorzugung von Neffen bietet.

Der zweite Ansatz ist dem ersten insofern entgegengesetzt, als er nicht eine ältere Gesellschaftsform postuliert, um die uns im Vergleich zu unserer heutigen Gesellschaft fremdartig erscheinende Privilegierung des Neffen zu erklären, sondern vielmehr hinter der Neffenbeziehung eine andere Verwandtschaftsrelation vermutet, um auf diese Weise die Privilegierung der Rolandgestalt modernem Empfinden verstehbar zu machen. Roland ist demnach Karls aus einem Inzest mit seiner Schwester hervorgegangener Sohn. Bekanntlich gibt es diese Vorstellung spätestens seit dem Beginn des 13. Jahrhunderts. Zahlreiche moderne Gelehrte sind der Auffassung, daß sie bereits dem *Rolandslied* zugrundeliegt[40].

---

[40] Vgl. insbesondere Baudouin de Gaiffier, *La légende de Charlemagne. Le péché de l'empereur et son pardon*, in: Recueil de travaux offert à M. Clovis Brunel, Paris 1955, I, 490−503, 502; Rita Lejeune, *Le péché de Charlemagne et la Chanson de Roland*, in: Studia Philologica. Homenaje ofrecido a Dámaso Alonso, II, Madrid 1961, 339−371; Aurelio Roncaglia, *Roland e il peccato di Carlomagno*, in: Symposium in honorem prof. M. de Riquer, Barcelona 1984, 315−347, jeweils mit weiterer Literatur. − Der Inzest Karls erscheint in der *Karlamagnússaga* und in den Fresken von Loureaux-Bottereau, die beide auf die erste Hälfte des 13. Jahrhunderts datiert werden; vgl. de Gaiffier, a.a.O., 502, Anm. 1; Lejeune, a.a.O., 343; Roncaglia, a.a.O., 315. Daß diese Vorstellung möglicherweise schon etwas älter ist, hat Ulrich Mölk, *Rolands Schuld*, in: S. Knaller, E. Mara (Hrsg.), Das Epos in der Romania. Festschrift für Dieter Kremers, Tübingen 1986, 299−308, dargelegt.

Zunächst ein paar Bemerkungen zur Inzestthese, die wir in unserer weiteren Argumentation nicht mehr berücksichtigen werden. Die Vorstellung von einer schweren Sünde Karls ist mit der Aegidius-Legende verbunden; schon die *Vita sancti Egidii* des 10. Jahrhunderts kennt sie, und Vorläufer gibt es bereits im 9. Jahrhundert[41]. Demnach hat Karl eine so schwere Sünde begangen, daß er sich nicht traut, sie zu beichten. Der heilige Aegidius erfährt sie schließlich durch einen vom Himmel gesandten Brief, so daß er dem Kaiser die Absolution erteilen kann. Doch wird die Sünde in den meisten Versionen nicht näher spezifiziert[42]. Die Version, nach der es sich um einen Inzest mit der Schwester handelt, ist für die Entstehungszeit des *Rolandslieds* zumindest nicht nachweisbar.

Daß der Dichter des *Rolandsliedes* diese Geschichte in der weniger expliziten Version gekannt hat, ist wahrscheinlich. Daß er jedoch auch schon die genauere Version kannte, läßt sich weder aus äußeren Tatsachen noch aus expliziten Aussagen des Dichters im Text selbst ablesen. Man hat es daher durch Interpretation aufzeigen wollen und dabei vor allem die folgenden vier Argumente angeführt.

Es gibt im *Rolandslied* einen Hinweis auf den heiligen Aegidius:

> Ço dit la Geste e cil ki el camp fut;
> Li ber ⟨sainz⟩ Gilie, por qui Deus fait vertuz,
> E⟨n⟩ fist la chartre el muster de Loüm.
> Ki tant ne set, ne l'ad prod entendut
> (*Chanson de Roland* 2095–2098).

Vers 2097 wird als Anspielung auf den dem Heiligen in der Legende vom Himmel gesandten Brief verstanden, der ihn über Karls Sünde informierte. Der geheimnisvoll anmutende Vers 2098 wäre dann ebenfalls ein Hinweis auf diese Sünde und Rolands inzestuöse Herkunft, die direkt zu nennen der Dichter vermieden hätte.

Dagegen ist zum einen zu sagen, daß, wie Segre in seinem Kommentar zur Stelle glaubhaft darlegt[43], wahrscheinlich gar nicht «Deus» das Subjekt in Vers 2097 ist, das die «chartre» verfaßt hat, sondern «sainz Gilie»[44]. Auch der Zusammenhang legt dies nahe. Es geht um die von Erzbischof Turpin noch kurz vor seinem Tod getöteten oder verwundeten Feinde. Wenn man nicht wesentliche Veränderungen durch die Überlieferung annehmen will, nennen die zitierten Verse einfach drei Zeugnisse für die große Zahl dieser

---

[41] Vgl. hierzu insbesondere de Gaiffier, a.a.O., sowie Robert Folz, *Le Souvenir et la Légende de Charlemagne dans l'Empire germanique médiéval*, Paris 1950 (Publications de l'Université de Dijon 7).

[42] Vgl. z. B. in der französischen Verslegende (*La Vie de Saint Gilles par Guillaume de Berneville*, ed. Gaston Paris, Alphonse Bos, Paris 1881) 2789–3180.

[43] Segre, a.a.O., 399.

[44] Der Relativsatz «por qui Deus fait vertuz» ist nur ein Einschub, der zur Charakterisierung des Aegidius als eines Heiligen dient.

Feinde: die «Geste», Augenzeugen sowie Aegidius. Wenn es sich bei der «chartre» tatsächlich um die in der Legende vorkommende handelt und nicht um die hier zitierte Autorität, stellt sich die Frage, was dann diese Autorität ist. Was hat man sich unter einem Zeugnis des Aegidius vorzustellen? Soll man an einen mündlichen Bericht denken? Oder gibt es eine Schrift, die man wie selbstverständlich mit dem Namen des Aegidius verbindet? Näherliegend erscheint es, für die Taten Turpins eine *chartre* zu zitieren. Ferner scheint sich auch das Wort «tant» in Vers 2098 eher auf die große Zahl der Gefallenen zu beziehen als auf die Schwere der Sünde Karls. Auf jeden Fall hat es der Dichter, falls er hier an den Inzest Karls gedacht haben sollte, vermieden, deutlich auf ihn hinzuweisen.

Ein anderes Argument, das für die Inzestthese angeführt wird, ist der eindringlich geschilderte Haß des Stiefvaters Ganelon auf den Stiefsohn Roland. Dieser Haß läßt sich als Neid Ganelons auf die Stellung eines Mannes interpretieren, dessen illegitime und sündige Herkunft er als Ehemann der Mutter verdecken soll[45].

Gegen diese Deutung spricht jedoch, daß einerseits Ganelon selbst dann, als er den Sarazenen gegenüber Roland aufs heftigste kritisiert, eine inzestuöse Herkunft seines Stiefsohns mit keinem Worte andeutet und daß andererseits überhaupt nicht versucht wird zu verbergen, daß Roland nicht der Sohn Ganelons ist. Die Stiefvater-Stiefsohn-Beziehung zwischen beiden ist allgemein bekannt[46] und wird deutlich hervorgehoben.

Die Motivierung von Ganelons Haß ist allerdings tatsächlich nicht ganz klar. Einerseits beruht der Haß offensichtlich darauf, daß Roland den Stiefvater für eine gefährliche Mission vorgeschlagen hat und dieser hierin einen Akt der Feindschaft erblickt (277–291, vgl. auch 3771–3773), andererseits nennt Ganelon auch materielle Gründe (3758)[47]. Die einfachste Erklärung dieser Unklarheit in der Begründung des Hasses ist nach unserer Auffassung jedoch nicht, daß die genannten Gründe nur vorgeschoben sind und den eigentlichen Grund verdecken, sondern daß hier zwei Versionen der Rolandgeschichte zusammenkommen, die vom Dichter nicht vollständig zum Ausgleich gebracht wurden. Dieser hat entweder ein von ihm neu erfundenes

---

[45] Vgl. R. Lejeune, a.a.O., 361–364.
[46] Vgl. Vers 287.
[47] Verschiedene Gelehrte haben sich bemüht, diese Motivierungen miteinander zu vereinbaren. Vgl. etwa: T. Atkinson Jenkins, *Why did Ganelon hate Roland?*, Publications of the Modern Language Association 36, 1921, 119–133; Matthias Waltz, *Rolandslied - Wilhelmslied – Alexiuslied. Zur Struktur und geschichtlichen Bedeutung*, Heidelberg 1965 (Studia Romanica 9), 30–32; Gerard J. Brault, *The Song of Roland*, I, University Park-London 1978, 100–103; Joseph Bédier, *Les légendes épiques*, III, Paris ³1929, 413ff. Vgl. auch Donald Maddox, *«E Baldewin mun filz»: La parenté dans la Chanson de Roland*, in: VIII Congreso de la Société Rencesvals, Pamplona 1981, 299–304, der zeigt, welche Bedrohung Roland für Ganelon darstellen mußte.

Handlungselement (Ganelons Ärger über seine Wahl zum Boten) mit einer älteren Tradition verknüpft oder aber zwei verschiedene Traditionen verwendet.

Daß das Haßmotiv gerade mit einer Stiefvater-Stiefsohn-Beziehung verbunden wird, ist auch dann naheliegend, wenn der Stiefsohn nicht aus einem Inzest hervorgegangen ist: Es handelt sich um eine Beziehung, in der eine enge Vater-Sohn-Bindung nicht selbstverständlich gegeben ist, zumal wenn, wie bei Ganelon, auch ein eigener Sohn vorhanden ist. Die Entwicklung einer starken Abneigung, aus welchem Anlaß auch immer, ist daher in einer solchen Beziehung besonders glaubhaft. Andererseits ist es eine Beziehung, die eigentlich der Vater-Sohn-Beziehung gleichgestellt sein sollte, so daß Ganelons Haß verwerflich erscheinen muß und die Sympathie des Publikums auf Roland gelenkt wird[48].

Auch bei der Motivierung von Ganelons Haß bringt der Dichter, falls er an die inzestuöse Geburt Rolands gedacht haben sollte, dies also in keiner Weise zum Ausdruck.

Ein drittes Argument für die These, daß der Dichter des *Rolandsliedes* Roland als Inzestsohn Karls verstand, ergibt sich aus einem dem Lied immanenten Widerspruch: Karl, Oberhaupt der Christenheit, erleidet einen empfindlichen Verlust in der Person Rolands; Roland ist hochmütig und reizbar («Vostre curages est mult pesmes e fiers», wie Olivier es ausdrückt, 256) und verschuldet durch seine Fehlentscheidungen den Tod der gesamten Nachhut («Franceis sunt morz par vostre legerie» sagt Olivier 1726), stirbt aber als Heiliger. Wie Ulrich Mölk überzeugend dargelegt hat[49], wird dieser Tod als Heiliger durch Turpins Generalabsolution (1124–1141) ermöglicht, die Rolands Schuld aufhebt. Es bleibt die Frage, warum er überhaupt als hochmütig und schuldig dargestellt wird und wofür Karl durch den Verlust Rolands bestraft wird. Ein Inzest würde beides erklären: Karl hätte eine schwere Schuld auf sich geladen, und Roland wäre mit einem Makel, einer objektiven Schuld behaftet, die seinen Charakter determinierte[50]. Diese Argumentation ist in sich stimmig und nicht zu widerlegen.

Aber auch hier ist eine Erklärung durch den Inzest Karls nicht notwendig. Die geschilderten Widersprüche brauchen nicht innerhalb unseres *Rolandsliedes* aufgelöst zu werden; es ist auch möglich, daß hier eine ältere Roland-Tradition und eine neue Intention des Dichters aufeinanderstoßen. Wir halten es für wahrscheinlich, daß der Hochmut traditionell zu der Gestalt Rolands gehörte und traditionellerweise die Ursache für den Untergang von Karls Nachhut darstellte. Erst durch die Eingliederung dieses Geschehens in

---

[48] Zumal Roland seinerseits gelegentlich eine gewisse Scheu zeigt, das feindliche Verhältnis zu seinem Stiefvater offen zur Sprache zu bringen (1027).

[49] U. Mölk, a.a.O.

[50] Eine entsprechende Argumentation findet sich etwa ein halbes Jahrhundert später im *Roman de Thèbes*; s. u. Teil III, S. 121f.

den Zusammenhang der Kreuzzugspropaganda wurde es notwendig, Roland schuldlos als Heiligen sterben zu lassen. Der Dichter konnte die traditionelle Rolandgestalt nicht grundsätzlich verändern – wodurch der gesamte Ablauf des Geschehens zerstört worden wäre –, er behalf sich durch die Einführung einer Generalabsolution durch Turpin. Auch ein großer Verlust Karls mußte erst im Rahmen der Kreuzzugspropaganda unpassend erscheinen. Dieses Problem löste der Dichter durch die Hinzufügung des großen endgültigen Sieges über Baligant. Da sich im Text kein Hinweis darauf findet, daß Rolands Charakter und Karls Verlust als Folgen eines Inzests angesehen werden sollen, scheint uns diese entstehungsgeschichtliche Erklärung näherliegend zu sein.

Das wichtigste Argument für die Inzestthese ist vielleicht Rolands Vaterlosigkeit. Wie wir in Teil I dargelegt haben, ist die Vaterangabe auch im *Rolandslied* eine übliche Form, Herkunft und Rang einer Person zu verdeutlichen; ihr Fehlen im Fall Rolands kann daher zunächst verwundern[51].

Wir haben aber auch gesehen, daß es fast nur sarazenische Helden sind, die mit einer Vaterangabe versehen werden. Eine Vaterangabe dient in erster Linie der genaueren Bestimmung der Identität einer Person, auch wenn der angegebene Vater genauso unbekannt ist wie diese selbst und die Identifizierung somit fiktiv bleibt. Daß gerade die christlichen Helden nicht mit einer solchen Angabe versehen werden, zeigt, daß sie ihrer nicht bedürfen; es handelt sich offenbar um Gestalten, deren Identität dem Publikum der *chansons de geste* bekannt und selbstverständlich war.

Außerdem wird an keiner Stelle darauf hingewiesen, daß Rolands Vater unbekannt sei. Er interessiert den Dichter einfach nicht. Ganz allgemein läßt sich feststellen, daß der Rolanddichter zwar bestrebt ist, jeder Figur durch eine zusätzliche Angabe zu ihrem Eigennamen Relief zu verleihen, hierbei jedoch ein gewisses Ökonomieprinzip walten läßt. So werden die zahlreichen Sarazenen in der Regel entweder durch das Land oder die Stadt, über die sie herrschen, oder durch eine Verwandtschaftsbeziehung genauer vorgestellt[52], jedoch nur selten durch beides. Auch die Nennung mehrerer Verwandtschaftsbeziehungen kommt nur in Ausnahmefällen vor. Offensichtlich geht es dem Rolanddichter noch nicht wie späteren Autoren um einen möglichst vollständigen Stammbaum seiner Helden[53].

---

[51] S. o. S. 28.

[52] Vgl. z. B. 23, 63, 812, 916f, 931f, 955f, 975, 1282, 1291, 1370, 1388, 1593f, 1613f, 3204, 3297, 3312f, 3354.

[53] Um eine Systematisierung der epischen Verwandtschaftsverhältnisse wird sich vor allem Bertrand de Bar-sur-Aube um 1185 bemühen, und nach ihm lassen auch andere Autoren eine verstärkte Tendenz zur Vollständigkeit bei genealogischen Angaben erkennen; s. u. S. 212f. Daß gerade Olivier einen Vater bekommt, mag daran liegen, daß er sonst nur als *compaignon* Rolands erscheint, also weder ein eigenes Lehen noch eine Verwandtschaftsbeziehung aufzuweisen hat; die *compaignon*-Be-

Es ergibt sich hieraus, daß man bei der Gestalt Rolands gar nicht mit zusätzlichen Angaben zur Person rechnen kann; er ist durch seine Neffenbeziehung zu Karl ausreichend definiert.

Einen sicheren Hinweis auf einen Inzest gibt es also nicht. Das muß nicht heißen, daß der Dichter des *Rolandsliedes* die Geschichte von der Sünde Karls, selbst in der expliziten Version, nicht gekannt haben kann; falls er sie jedoch gekannt hat, hat er sie in seiner *chanson* nicht literarisch genutzt, sondern hat die Vorstellung einer Vater-Sohn-Beziehung bewußt zugunsten der Onkel-Neffe-Relation zurücktreten lassen[54].

Kommen wir zur Darstellung dieser Onkel-Neffe-Relation von Karl und Roland.

Zunächst ist bemerkenswert, daß die Erklärung des Verwandtschaftsverhältnisses durchaus nicht gleich bei der ersten Erwähnung Rolands erfolgt (104); seine Identität wird vielmehr ebenso wie die der anderen christlichen Helden augenscheinlich beim Publikum als bekannt vorausgesetzt:

> Li empereres est en un grant verger,
> Ensembl'od lui Rollant e Oliver,
> Sansun li dux e Anseïs li fiers,
> Gefreid d'Anjou, le rei gunfanuner;
> E si i furent e Gerin e Gerers
> (*Chanson de Roland* 103–107).

Auch die Selbstverständlichkeit, mit der die Neffenbeziehung zum erstenmal erwähnt wird, spricht dafür, daß sie schon vor dem Oxforder *Rolandslied* fixiert war. Der Dichter schildert Karls Reaktion auf Rolands leidenschaftliche Warnung, das Friedensangebot Marsilies anzunehmen:

> Li emper⟨er⟩e en tint sun chef enbrunc,
> Si duist sa barbe, afaitad sun gernun,
> Ne ben ne mal ne respunt sun nevuld
> (ebd. 214–216).

An keiner einzigen Stelle im Werk wird der Zuhörer durch eine kommentierende Bemerkung des Erzählers, etwa in der Form «niés ert l'empereor», über die Identität Rolands informiert. Man vergleiche die Einführung von Marsilies Bruder bei der Aufstellung der zwölf heidnischen ‹Pairs›:

---

ziehung wurde vielleicht nicht als ausreichend angesehen. Es könnte jedoch auch ein Hinweis darauf sein, daß Olivier eine etwas jüngere Gestalt ist, die noch nicht in demselben Maße in der epischen Tradition verankert ist wie Roland oder andere Barone Karls.

54 Die an sich interessante Frage, ob der Inzest Karls mit seiner Schwester historisch ist oder nicht, eine Frage, die die Forschung ebenfalls sehr beschäftigt hat (vgl. Aurelio Roncaglia, a.a.O.), lassen wir hier beiseite, da sie für die Interpretation der *Chanson de Roland* selbst irrelevant ist.

Tut premerein l'en respunt Falsaron
(Icil ert frere al rei Marsiliun)
(ebd. 879f, vgl. 1213f)[55].

Nur einmal bezeichnet Ganelon Roland in einer Weise, die keine Vorkenntnisse erfordert, und zwar Marsilie gegenüber, als er als offizieller Gesandter Karls dessen Botschaft ausrichtet:

Demi Espaigne vus durat il en fiét,
L'altre meitét avrat Rollant sis niés
(ebd. 472f).

Die Wortwahl ist hier sicher durch die Assonanz bestimmt, wird aber auch durch die Situation bemerkenswert gut motiviert[56].

Wir halten fest, daß die Identität Rolands als Neffe Karls vom Dichter als selbstverständlich vorausgesetzt wird.

Wie ist nun Rolands Verhältnis zu seinem Onkel Karl im einzelnen charakterisiert? Roland gehört zu Karls *maisnie*, den Rittern seiner unmittelbaren Umgebung, seines ‹Haushalts› (lat. *familia*)[57]. Er steht also in einer Feudalbeziehung zu seinem Onkel. Diese ist keineswegs ein beliebiges Element der Beziehung; mit ihr ist eines der zentralen Themen des *Rolandsliedes* verknüpft, der Konflikt zwischen dem Interesse des Reichs und des Kaisers, in dessen Diensten Roland steht, und dem privaten Rachebedürfnis Ganelons[58]. Sie ist somit strukturell für das gesamte Werk von Bedeutung. Dieser Punkt wird wichtig sein für die Beurteilung der Relation Karl-Roland im Vergleich zu anderen Onkel-Neffe-Paaren.

Doch erschöpft sich die Beziehung von Karl und Roland nicht in einem normalen Abhängigkeitsverhältnis. Während Roland sich Karl gegenüber immer nur wie jeder andere wichtige Baron verhält, als Heerführer oder als Teilnehmer am *conseil des barons*, legt der Kaiser, wie wir gesehen haben, eine besondere Zuneigung zu diesem Neffen an den Tag, die einer näheren Erklärung bedarf.

An den Stellen, an denen diese Zuneigung näher erläutert wird, wird sie ausschließlich dadurch erklärt, daß Roland eine notwendige Stütze Karls

---

[55] Daß die Heiden überhaupt öfter einer Identifikation bedürfen und daher vermutlich oft vom Dichter ad hoc erfundene Figuren sind, haben wir bereits gesehen; s. o. S. 28.

[56] Wenn Ganelon sich vorher dem Heiden Blancandrin gegenüber nicht in dieser Weise ausdrückt, so mag das daran liegen, daß dieser als Gesandter im Lager der Christen deren Verhältnisse bereits kennengelernt hat.

[57] Vgl. 2937. Roland wird zwar «quens» genannt (175, 194 etc.), doch besitzt er offensichtlich noch keine eigene Grafschaft. Bezeichnungen wie «quens» oder «marchis» werden jedem bedeutenden epischen Helden gegeben.

[58] Zu diesem Konflikt als einem zentralen Thema des *Rolandsliedes* vgl. z.B. A. Gerard, *L'axe Roland-Ganelon: valeurs en conflit dans la Chanson de Roland*, Le Moyen Age 75, 1969, 445-465.

und des Reiches ist. So erklärt Karl die Angst, die er empfindet, als er Roland mit der Nachhut zurücklassen muß, auf folgende Weise:

> Si grant doel ai, ne puis müer ne·l pleigne:
> Par Guenelun serat destruite France.
> ...
> Chi ad jugét mis nes a rereguarde.
> Jo l'ai lessét en une estrange marche.
> Deus! se jo·l pert, ja n'en avrai escange
> (ebd. 834f, 838–840).

Ein Verlust Rolands würde den Untergang des Reiches zur Folge haben; kein anderer kann Roland ersetzen. Auch in seiner von äußerstem Schmerz geprägten Totenklage begründet Karl seine große Zuneigung zu Roland und seine extreme Trauer um diesen nur mit dem Nutzen für sein Reich und seine Herrschaft:

> Unques nuls hom tel chevaler ne vit
> Por granz batailles juster e defenir.
> La meie honor est turne[e] en declin
> (2888–2890);

> Cum decarrat ma force e ma baldur!
> Nen avrai ja ki sustienget m'onur
> (2902f);

> Cum jo serai a Loün, en ma chambre,
> De plusurs regnes vendrunt li hume estrange;
> Demanderunt: «U est li quens cataignes?»
> Jo lur dirrai qu'il est morz en Espaigne.
> A grant dulur tendrai puis mun reialme
> (2910–2914);

> Cum jo serai a Eis, em ma chapele,
> Vendrunt li hume, demanderunt noveles.
> Je·s lur dirrai, merveilluses e pesmes:
> «Morz est mis niés, ki tant me fist cunquere».
> Encuntre mei revelerunt li Seisne,
> ...
> Ki güierat mes oz a tel poëste,
> Quant cil est ⟨morz⟩ ki tuz jurz nos cadelet?
> E! France ⟨dulce⟩, cum remeines ⟨oi⟩ deserte!
> (2917–2921, 2926–2928).

Immer wieder betont Karl, daß seine Herrschaft ohne Roland nicht mehr bestehen könne. Selbst an der einzigen Stelle, an der er von Verwandtschaft spricht, sieht er diese nur unter dem Gesichtspunkt der Tapferkeit und damit der Nützlichkeit im Krieg:

> Suz ciel ne quid aveir ami un sul;
> Se jo ai parenz, n'en i ad nul si proz
> (2904f).

Dieser Befund muß nicht bedeuten, daß der Dichter oder die Zuhörer sich keine von militärischen und politischen Überlegungen unabhängige Zuneigung zu einem Neffen haben vorstellen können. Doch bietet der Text keinen Anhaltspunkt dafür, daß in ihrem Denken dem Neffen gerade deshalb eine besondere Bedeutung beigemessen würde, weil er ein Neffe und kein anderer Verwandter ist.

Außerdem sind die Funktionen, die dem Neffen hier zugeordnet werden, keine Funktionen, die auf Neffen beschränkt wären. Er erscheint primär als ein besonders wichtiger Heerführer und als Mitglied der *maisnie* des Kaisers. Diese Funktionen könnte auch ein dem Herrscher nicht verwandter Baron ausüben. Und in der Tat überträgt Karl, als er nach Rolands Tod wieder einen Heerführer braucht, diese Funktion nicht einem anderen Neffen oder einem sonstigen Verwandten, sondern zwei nicht genauer definierten Rittern, Rabel und Guineman (3014–3018).

Wenn gerade Roland für Karl unersetzlich ist, so liegt dies also offensichtlich nicht an seiner Eigenschaft als Neffe, sondern an seiner individuellen Tapferkeit und Fähigkeit zum Kriegführen[59].

Auch die Tatsache, daß Roland extrem häufig als der Neffe Karls bezeichnet wird («niés Carles» 2281, sonst meistens «mis niés» bzw. «sis niés»), darf nicht zu falschen Schlüssen verleiten. Es ist keinesfalls so, daß dadurch diese Verwandtschaftsrelation als etwas Besonderes hervorgehoben würde. Da die Sprache des *Rolandsliedes* wie die der späteren Epen von Formelhaftigkeit geprägt ist, kann man aus der Häufigkeit eines wiederholten Ausdrucks nicht unbedingt etwas für seine inhaltliche Wichtigkeit schließen. *Mis/sis niés* ist einfach eine formelhafte Bezeichnung für Roland, die andere Assonanzen als der Name selbst ermöglicht und mit deren Hilfe man auch längere Ausdrücke bilden kann, die beispielsweise einen Halbvers ausfüllen. So steht diese Bezeichnung viermal am Schluß des Verses (473, 544, 2402, 2775), einmal wird sie, zu «li niés Carles» erweitert, ebenfalls in der Assonanz verwendet (2281), von den übrigen Fällen sind vier längere Formeln (575, 585, 2107, 3771), die die Verwandtschaftsbezeichnung mit dem Eigennamen verknüpfen und in denen das Wort *niés* aus metrischen Gründen unabdingbar ist; nur in zwei Fällen (384, 2920) könnte auch der Eigenname stehen.

Die Anrede «Bel sire niés» in Vers 784 könnte rein metrisch ohne weiteres durch «ami Rollant» ersetzt werden. Interessanterweise ist jedoch ein eindeutiger Situationsunterschied bei der Verwendung dieser beiden Anreden festzustellen: «Ami Rollant» wird Roland von Karl in seiner Totenklage genannt, in der der Kaiser seinen Gefühlen freien Lauf läßt (2887, 2898, 2909, 2916, 2933). «Bel sire niés» ist dagegen eine Anredeform, die Karl in der Öf-

---

[59] Auch Roland selbst erklärt seine Bedeutung für Karl auf diese Weise: «Pur ben ferir l'emperere nos aimet» (1092, vgl. 1377 sowie 1727 und 1732, wo Olivier auf den Schaden hinweist, den Karl durch ihren Untergang erleiden wird).

fentlichkeit verwendet. In Vers 784 befinden wir uns in der Situation des *conseil des barons*, wo Karl seinem Neffen in Anwesenheit einer großen Zahl anderer Barone ein offizielles Unterstützungsangebot macht:

> Bel sire niés, or savez veirement:
> Demi mun host vos lerrai en present
>
> (784f).

Wenn die Bezeichnung *niés* für offizielle Situationen geeignet ist, impliziert sie offensichtlich keine besondere Gefühlsbindung; wo diese zum Ausdruck gebracht wird, wird das völlig unspezifische *ami* dem konkreten Verwandtschaftsterminus vorgezogen[60].

Der Obliquus *mon/son nevold*, der sich ohnehin durch seine Silbenzahl von dem Eigennamen unterscheidet und daher nicht eigentlich eine Alternative zu diesem bietet, ist ebenfalls in den meisten Fällen durch die Assonanz bestimmt[61].

Den zahlreichen Stellen, an denen Roland Neffe Karls genannt wird, steht eine einzige (387) gegenüber, an der Karl als Onkel bezeichnet wird, und diese steht nicht im eigentlichen Handlungszusammenhang, sondern in einer rückblickenden Erzählung. Während Roland durch die Zuordnung zu Karl definiert ist, erscheint Karl somit als eine unabhängige epische Gestalt, die zur Identifikation keiner anderen Gestalt bedarf. Der Neffenstatus ist also mehr als charakteristische Eigenschaft Rolands anzusehen denn als reziproke Beziehung. Und diese Eigenschaft ist, da der Dichter ihre Kenntnis beim Publikum voraussetzt, mit Sicherheit ein schon traditioneller Bestandteil der Rolandgestalt[62].

Für die Handlung der *chanson* ist jedoch nicht diese traditionelle Verwandtschaftsbeziehung wichtig, sondern die Funktion eines Ritters und Heerführers des Kaisers. Ob auch diese in der einen oder anderen Form schon traditionell ist, können wir anhand unseres *Rolandsliedes* allein nicht entscheiden.

Sicher keine traditionelle Epenfigur ist die zweite Figur, die als Neffe dargestellt wird, Aelroth, der Neffe Marsilies. Es ist interessant zu sehen, daß

---

[60] Vgl. auch 838 sowie 2920, wo Karl sich vorstellt, welche Antwort er seinen Vasallen geben wird, die ihn nach Roland fragen werden: «Morz est mis niés, ki tant me fist cunquere.» Auch hier handelt es sich um eine offizielle Situation, auch wenn sie nur vorgestellt ist. Die einzige Ausnahme ist Vers 2402f, wo der Kaiser nach Roland, Turpin und Olivier ruft: «U estes vos, bels niés / U est l'arcevesque e li quens Oliver?» Doch abgesehen davon, daß hier ebenfalls keine intime Situation vorliegt, da ja das ganze Heer anwesend ist und auch die anderen wichtigen Kämpfer genannt werden, ist die Verwendung von *niés* in diesem Vers auch durch die Assonanz bedingt.

[61] 216, 824, 2870, 2876, 2894, 3182, 3689 gegenüber 2859, 2885, 3109, 3754; und an diesen vier Stellen kommt eine andere Bezeichnung aufgrund der Silbenzahl nicht in Frage.

[62] Hierzu s. u. S. 86f.

dieser Aelroth von Anfang an als Neffe in Erscheinung tritt. Sein Name wird überhaupt nur ein einziges Mal genannt (1188), sonst wird er immer als «li niés Marsilie» (860, 874, 1188) oder als Neffe von dessen Bruder Falsaron bezeichnet (881, 1219). Es kommt bei dieser Figur also auf den Neffenstatus an. Außerdem ist er *home* seines Onkels («jo vos ai servit tant...», 863) und tritt als erster Kämpfer von dessen Heer auf: er verlangt das Recht auf den ersten Schlag gegen Roland und führt das Heer in die Schlacht (1189). Der Dichter ist offensichtlich bemüht, im Rahmen der Symmetrie zwischen Christen und Heiden, die die gesamte *Chanson* beherrscht, ein genaues Gegenbild zu Roland zu schaffen. Die Gestalt Aelroths bestätigt so die Elemente, die wir als konstitutiv für die Gestalt Rolands herausgearbeitet haben.

c. Der erste Teil der *Chanson de Guillaume*[63]

Größeres Gewicht als im *Rolandslied* scheint die Onkel-Neffen-Relation als solche im älteren Teil der *Chanson de Guillaume* zu haben. Dieses Werk kommt im Gegensatz zum *Rolandslied* mit einem Minimum an namentlich genannten Personen aus; nur die Hauptfiguren − Guillaume, Guibourc, Vivien, Gui, Girart und Guichart, Tedbald und Esturmi sowie Desramé − haben einen Namen und einen individuellen Charakter. Die Kämpfer sowohl des christlichen als auch des heidnischen Heeres erscheinen hingegen als kaum differenzierte Masse. Die wenigen individuell charakterisierten Personen sind alle − mit Ausnahme des Heidenkönigs Desramé − verwandtschaftlich miteinander verbunden. Durch die Beschränkung auf einen eng umgrenzten Personenkreis erhalten diese Beziehungen ein ganz besonderes Relief. Dabei kommt den Onkel-Neffe-Relationen die größte Bedeutung zu: Vivien und Gui sind Neffen Guillaumes, Esturmi ist Neffe Tedbalds, Guichart Neffe Guibourcs. Da in den drei Episoden jeweils verschiedene Onkel-Neffen-Paare im Mittelpunkt stehen, bestimmen diese Relationen die gesamte Struktur der *Chanson*. Daneben gibt es nur noch die Bruderbeziehung zwischen Vivien und Gui, die Ehebeziehung zwischen Guillaume und Guibourc sowie die etwas unbestimmt bleibende Verwandtschaftsbeziehung Girarts zur Familie Guillaumes[64].

---

[63] Wenn wir im folgenden von *Chanson de Guillaume* oder *Wilhelmslied* sprechen, meinen wir diesen ersten Teil. Den zweiten, später entstandenen Teil werden wir stets als solchen bezeichnen.

[64] Girart wird nur zweimal als *cousin* Viviens bezeichnet (459, 650). Ein Girart erscheint in späteren *chansons* als Neffe Guillaumes und Sohn von dessen Bruder Bueve. Ein Vetter Viviens kann natürlich gut gleichzeitig Neffe Guillaumes sein, doch wäre es ungewöhnlich, wenn zur Angabe dieses Verwandtschaftsverhältnisses auf eine so allgemein verwendbare Vokabel zurückgegriffen würde, ohne daß die Neffenbeziehung auch nur ein einziges Mal erwähnt würde. Selbst bei seinem Tod wird Girart von Guillaume nur als «amis Girard» apostrophiert (1146), während z. B. Gui ständig als Neffe angesprochen wird (1478, 1636, 1649 etc.). Hiermit ist

Nur die Zusammengehörigkeit von Guillaume und Guibourc wird vom Dichter als bekannt vorausgesetzt, so daß man davon ausgehen kann, daß es sich um eine schon traditionelle Beziehung handelt[65]. Dagegen werden die Neffengestalten stets mit einer Angabe ihrer Verwandtschaftsrelation eingeführt. So wird gleich bei der ersten Erwähnung Viviens, zu Beginn der *chanson*, die Neffenbeziehung zu Guillaume klar angegeben:

> Si perdi de ses homes les meillurs,
> E sun nevou, dan Vivien le preuz
> (*Chanson de Guillaume* 7f).

Tedbald und Esturmi werden zum ersten Mal erwähnt, als ein Bote ihnen die Nachricht vom Einfall der Sarazenen bringt. Auch hier wird der Neffe sofort als solcher gekennzeichnet:

> Iloeques ert Tedbald a iceles hures,
> Li messagers le trovad veirement a Burges,
> E Esturmi, sis niés, e dan Vivien le cunte
> (22–24).

Als Guibourc ihrem Gatten anbietet, Guichart mit in die Schlacht zu schikken, nennt sie ebenfalls die Verwandtschaftsbeziehung: «Mun niefs Guischard te voldrai comander» (1031). Auch Viviens Bruder Gui wird in seiner Eigenschaft als Neffe in die Handlung eingeführt: «Del feu se dresce un suen nevou, dan Gui» (1436). In diesem Fall folgt noch eine Auflistung weiterer Identitätsangaben, in der neben dem Vater und dem mütterlichen Großvater auch der Bruder Vivien aufgeführt wird[66].

Diese Praxis könnte als Indiz dafür gewertet werden, daß die genannten Verwandtschaftsbeziehungen vom Dichter neu geschaffen wurden oder zumindest beim Publikum noch nicht allgemein bekannt sind. Auf jeden Fall zeigt sie, daß es dem Dichter der *Chanson de Guillaume* – wie dem Rolanddichter bei der Gestalt Aelroths, aber nicht bei der Gestalt Rolands – auf die Beziehungen ankommt.

Wie im *Rolandslied* beziehen sich diese Verwandtschaftsangaben, durch die die Personen dem Zuhörer vorgestellt werden, immer nur auf *einen* Partner einer Relation, und zwar ausnahmslos auf den jüngeren oder rangniedri-

---

nicht bewiesen, daß der Dichter des *Wilhelmsliedes* Girart nicht als Neffen kannte. Offensichtlich soll er jedoch in diesem Text nicht als Neffe fungieren. Wir halten es daher nicht für berechtigt, wenn Jeanne Wathelet-Willem, *Recherches sur la Chanson de Guillaume*, Paris 1975, II, 837, nur aufgrund der anderweitig überlieferten Verwandtschaftsverhältnisse in Vers 1064 ein «niés» konjiziert.

[65] Auch die Beziehung Girarts zur Familie Guillaumes scheint vorausgesetzt zu sein, denn er wird erst hundert Verse nach seiner ersten Erwähnung von Vivien als *cousin* bezeichnet. Doch ist diese Bezeichnung so vage, daß man kaum von einer bestimmten Verwandtschaftsbeziehung sprechen kann.

[66] Eine ganz analoge Auflistung gibt es für Vivien (297–299).

geren: auf den Neffen oder den jüngeren Bruder. Onkel, Tante oder älterer Bruder werden nicht als solche definiert[67]. Zumindest bei den einführenden Angaben erscheinen die Verwandtschaftsbeziehungen also wie im *Rolandslied* als Qualitäten einzelner, nicht als Relationen zweier gleichwertiger Personen[68].

Wie ist die außerordentliche Bedeutung, die die Neffen in diesem Text haben, zu erklären?

In der Forschung besteht weitgehend Einigkeit darüber, daß die Beziehung Guillaume-Vivien in Anlehnung an die Beziehung von Karl und Roland im *Rolandslied* gestaltet ist[69]. Dies betrifft zunächst einmal den gesamten Handlungsablauf: Der Held geht in einer Schlacht gegen die übermächtigen Sarazenen mit allen Mannen zugrunde, die Hilfe seines Onkels und Herrn kommt zu spät. Erst in einer späteren Schlacht kann der Onkel die Feinde schlagen und den Neffen rächen. Vivien scheint dabei als Gegenbild zu Roland konzipiert zu sein, als vollkommener Held, dem man keinen Fehler und keinerlei Schuld vorwerfen kann. Der Hauptvorwurf, der Roland gemacht wird[70], daß er nämlich zwanzigtausend Ritter zur Befriedigung des eigenen *orgueil* sinnlos in den Tod getrieben habe (*Chanson de Roland* 1723–1727), trifft auf Vivien nicht zu; er will seine Leute nach Hause schicken und allein gegen die Sarazenen kämpfen (288–293). Auch verzichtet Vivien nicht wie Roland leichtfertig auf Hilfe; während nämlich Roland von Karl das halbe Heer angeboten bekommt und es ablehnt (784–788), fordert Vivien Tedbald wiederholt auf, Guillaume zu Hilfe zu rufen (55–58, 72–74, 179–182), kann sich aber nicht durchsetzen und wird dann noch von diesem und Esturmi verlassen (278).

Doch beschränkt sich die Anlehnung an die *Chanson de Roland* nicht auf bloße Handlungselemente. Auch die Auffassung der Onkel-Neffe-Relation in der *Chanson de Guillaume* ist, wie im folgenden gezeigt werden soll, dem Vorbild von Karl und Roland verpflichtet.

Die Beziehung zwischen Karl und Roland ist, wie wir gesehen haben, in erster Linie die Beziehung eines Feudalherrn zu einem besonders wichtigen Heerführer. Ganz entsprechend ist die Beziehung Viviens zu seinem Onkel

---

[67] Ein Wort für Tante, etwa *antain*, oder eine Umschreibung dieses Verwandtschaftsgrades («Schwester der Mutter» o.ä.) kommt im Text überhaupt nicht vor.

[68] Im weiteren Verlauf der Handlung ist die Bezeichnung «oncle» etwas häufiger als in der *Chanson de Roland*.

[69] Vgl. E. Hoepffner, *Les rapports littéraires entre les premières chansons de geste*, Studi Medievali n.s. 4, 1931, 233–258, und n.s. 6, 1933, 45–81; Jean Frappier, *Les chansons de geste du cycle de Guillaume d'Orange*, I, Paris 1955, 156–163, 183–197; J. Wathelet-Willem, a.a.O., I, 453–472, und besonders Lynette Muir, *Est-ce qu'on peut considérer Vivien comme un «anti-Roland»?*, in: Société Rencesvals. IVe Congrès International (1967). Actes et Mémoires, Heidelberg 1969, 238–244.

[70] Ob zu recht oder zu unrecht, ist hier ohne Belang; wichtig ist, daß dieser Vorwurf im *Rolandslied* selbst auftaucht und der Dichter des *Wilhelmsliedes* sich offensichtlich auf ihn bezieht.

charakterisiert. So fällt auf, daß Vivien von Guillaume fast ausschließlich als seinem Feudalherrn spricht[71]. In Vers 485 versucht er beispielsweise, seine Ritter durch die Versicherung «Ci antendruns Willame mun seignur» zu ermutigen. In der Schlacht betet er verschiedentlich zu Gott, Jesus oder Maria, daß sie ihm Hilfe schicken mögen, und dabei nennt er neben Guillaume immer auch König Louis, den obersten Lehnsherrn. Durch diese Zusammenstellung erscheint auch Guillaume selbst in seiner Funktion als *seignor* (er und Louis sind die beiden Personen, die feudalrechtlich verpflichtet wären, Vivien zu helfen). An einer dieser Stellen heißt es zum Beispiel:

> Forment reclaime Jhesu le tut poant,
> Qu'il li tramette Willame le bon franc,
> U Lowis, le fort rei cunbatant
>
> (894–896)[72].

Bei der Übermittlung von Viviens formeller Bitte um *secours* wird ebenfalls auf Guillaumes feudale Verpflichtung hingewiesen, seinen Rittern zu Hilfe zu kommen. Girart mahnt dort: «Pense, Willame, de secure ta gent» (968). Von Vivien aus gesehen erscheint die Relation Guillaume-Vivien also vor allem als Feudalbeziehung. Doch auch Guillaume sieht in Vivien seinen wichtigsten Ritter, wenn er, zu Guibourc gewandt, klagt:

> Ne ja ne verras Vivien, mun nevou.
> Qui k'en peise, remis est ma baldur;
> Ja mais en tere n'averai mortel honur!
>
> (1312–1314).

Hier ist offensichtlich ein Anklang an Karls Klage um Roland intendiert. Man vergleiche etwa die folgenden Verse aus dem *Rolandslied*:

> La meie honor est turne[e] en declin
> (*Chanson de Roland* 2890);

> Cum decarrat ma force e ma baldur!
> Nen avrai ja ki sustienget m'onur
>
> (ebd. 2902f).

Bei den anderen Onkel-Neffe-Paaren spielt die Feudalrelation ebenfalls eine wichtige Rolle. So steht Esturmi eindeutig in einem Abhängigkeitsverhältnis zu Tedbald. Dieses Verhältnis ist dadurch gekennzeichnet, daß keiner von beiden seinen feudalrechtlichen Verpflichtungen genügt. Esturmi berät seinen Herrn wissentlich falsch. Tedbald läßt seine Leute im Stich, nachdem er sie in eine unnötige Gefahr gebracht hat. Er ist es auch, der sich – angestiftet

---

[71] Nur an zwei Stellen, an denen die Assonanz es erfordert, bezeichnet er ihn als Onkel (635, 646).
[72] Vgl. auch 562–564, 797f, 825f. Nur in Vers 906 erscheint Guillaume einmal allein, doch handelt es sich bei dieser Stelle nur um eine Wiederholung in wörtlicher Rede des Gebetes von 894–896.

von Esturmi – weigert, die nötige Hilfe anzufordern, ganz wie Roland sich geweigert hatte. Tedbald und Esturmi bieten somit das Gegenbild zu einer guten Feudalbeziehung. Ein Teil des Fehlverhaltens Rolands wird auf sie übertragen und durch die fast karikierend zu nennende Darstellung und den in der Gestalt Viviens gegebenen Gegensatz deutlich als falsches Verhalten gekennzeichnet.

Besonders interessant ist der Fall Guis. Auf den ersten Blick scheint dieser einfach Vivien, dessen Bruder er ja ist, in seiner Funktion als herausragender Kämpfer zu ersetzen[73]. Doch ist seine Beziehung zu Guillaume völlig anders charakterisiert als die Viviens, wie sich schon bei seinem ersten Auftreten zeigt. Als Guillaume klagt, daß er für den Fall seines Todes keinen Erben habe (1434f), bietet sich Gui – noch keine fünfzehn Jahre alt – als Nachfolger an: «Si tu murreies jo tendreie tun païs» (1447). Er verärgert damit seinen Onkel, weiß ihm jedoch klarzumachen, daß sein Anerbieten durchaus nicht unsinnig ist (1461–1473). Guillaume, von seiner Argumentation beeindruckt, verspricht ihm tatsächlich sein Erbe (1478–1480). Gui hat somit von Anfang an nicht die Stellung eines abhängigen Ritters wie sein Bruder Vivien, sondern übernimmt als Nachfolger die Stellung, die im Normalfall einem Sohn zukommen würde[74]. Daß ein Neffe zum Erben wird, ist nicht nur im Vergleich zu den in anderen Epen geschilderten Vorstellungen überraschend; es wird auch hier keineswegs als selbstverständlich geschildert; Guillaumes Ärger erklärt sich nicht nur aus dem geringen Alter des Jungen, der sich da als Nachfolger präsentiert («N'out uncore quinze anz, asez esteit petiz / N'out point de barbe ...», 1441f), sondern auch aus seinem Status als Neffe.

Der Gegensatz zu Vivien wird dadurch noch betont, daß Gui sich nicht nur als geeigneten Nachfolger seines Onkels betrachtet, sondern sich auch sonst als diesem gleichwertig ansieht. Während Vivien sich weigert, sich mit Guillaume auf eine Stufe zu stellen («Jo ne met mie a pris Willame», 88)[75], behauptet Gui, daß nur er Guillaumes Leben schützen könne:

> Sil te plevis e de Deu e de mei,
> Se jo n'i vois en l'Archam sur mer,
> Ja ne verras Willame od le curb niés,
> E si jo vois, voldrai l'en amener
>
> (1536–1539).

Und tatsächlich ist er es, der Guillaumes Leben rettet und die Sarazenen in die Flucht schlägt (1859–1862). Während Vivien sich auf die Lehren seines Onkels beruft («Car si m'aprist li miens seignurs Willame», 166), widerspricht Gui diesem mehrmals[76]. Er geht sogar so weit, Guillaume, den gro-

---

73 Hierzu s. u. S. 109f.
74 s. o. Teil I, S. 33f.
75 Tedbald, der eben dies, auf Anstiften Esturmis, tut (69), scheitert kläglich.
76 Vgl. 1459, 1632–1638, 1968–1978.

ßen Sarazenenkämpfer, um die Erlaubnis zu bitten, an seiner Stelle den Zweikampf gegen Desramé ausführen zu dürfen, der den Sieg vollständig machen soll. Dies wird allerdings zurückgewiesen. Doch ist es Gui, der den Heidenkönig nach seiner Niederlage im Zweikampf endgültig tötet, was Guillaume, zunächst unwillig über das Verhalten des Neffen, schließlich doch anerkennen muß.

Guis Verhältnis zu Guillaume scheint somit in allem einem feudalen Abhängigkeitsverhältnis entgegengesetzt zu sein. Daß der Dichter ausgerechnet diese Gestalt einen solchen Erfolg haben läßt, ist zu auffällig, um auf Zufall zu beruhen. Es scheint so, als ob er das Thema ‹Feudalrelation› an Extremfällen – einem Idealfall, in dem sich *seignor* und *home* korrekt verhalten, einem negativen Gegenbeispiel, in dem beide versagen, und einem Fall, in dem die Feudalbeziehung als solche negiert wird – hat durchspielen wollen. Vielleicht stellt dies eine Art literarische Antwort auf das *Rolandslied* dar[77].

Allerdings wird in der *Chanson de Guillaume* mehr als im *Rolandslied* auch die Verwandtschaft als solche zur Motivierung von Handlungen und Gefühlen verwendet. So sieht Guillaume in seiner Reaktion auf Viviens Bitte um Hilfe diesen nicht nur als seinen *home*, sondern auch als Verwandten. Er tut beispielsweise zunächst so, als ob er ihm nicht zu Hilfe kommen könne, weil er Guibourcs Loyalität ihm und seiner Sippe gegenüber («cum ele aime lui e sun parenté») auf die Probe stellen will (1012f). Der Neffe erscheint hier gleichsam als Repräsentant für die gesamte Verwandtschaft. Gui begründet seinen Wunsch, mit Guillaume in die Schlacht zu ziehen, unter anderem damit, daß dieser sonst gar keine Verwandten bei sich habe («Od lui n'ameine nul sun ami charnel», 1523). Guibourc nennt die enge Verwandtschaft als Grund für ihre Mahnung an Guillaume, Guichart auf jeden Fall aus der Schlacht zurückzubringen:

> Il est mis niés, mult est prof de ma char.
> …
> Si nel me renz, ne girras mes entre mes braz
> (1034, 1036).

Tedbald betont ebenfalls einmal, daß Esturmi ein naher Verwandter von ihm sei, und erklärt damit die Ratschläge des Neffen (259).

Ein weiterer Unterschied zum *Rolandslied* besteht in der konkreten Gestaltung des feudalen Abhängigkeitsverhältnisses zwischen Onkel und Neffe. So hat Esturmi durchgehend eine fest umrissene Funktion als Ratgeber und enger Vertrauter seines Onkels. Ihre Vertrautheit wird schon bei ihrem ersten Auftreten deutlich, wo Esturmi den völlig betrunkenen Tedbald stützt:

---

[77] J. Wathelet-Willem, a.a.O., I, 692, hat wahrscheinlich gemacht, daß das *Wilhelmslied* kurz nach dem *Rolandslied* entstanden ist. Daß dieses außerordentlich stark gewirkt hat, zeigen verschiedene Indizien. Vgl. z. B. Paul Aebischer, *La Chanson de Roland dans le «désert littéraire» du XIe siècle*, in: ders., Rolandiana et Oliveriana, Genève 1967, 56–80, der seine Wirkung auf die Namensgebung nachweist.

> Tedbald le cunte reperout de vespres,
> E sun nevou Esturmi qui l'adestre,
> ...
> Tedbald i ert si ivre que plus n'i poet estre,
> E Esturmi sun nevou que par le poig l'adestre
>> (28f, 32f).

Später trinken sie zusammen (89–95). Vor allem ist Esturmi aber derjenige, der Tedbald berät. So gibt er ihm den Rat, ohne Guillaume gegen die Sarazenen zu ziehen (59–69, 75–77), wobei er sich um das Ansehen seines Onkels besorgt zeigt:

> Cumbatun, sire, sis veintrun, jo te plevis!
> Al pris Willame te poez faire tenir
>> (68f).

Er setzt durch, daß dieser auch tatsächlich, ohne Unterstützung angefordert zu haben, in die Schlacht zieht, obwohl er inzwischen wieder nüchtern geworden ist (123–131); schließlich rät er ihm beim Anblick der Übermacht der Feinde, sein Heil in der Flucht zu suchen (254–257). Sein Onkel akzeptiert ihn ausdrücklich als Ratgeber:

> Ne volt enquere dunt mun cors seit honi,
> Ne enginné, ne malement bailli
>> (260f).

Pure Spekulation muß eine Überlegung zu der Gestalt Girarts bleiben, die diesen in analoger Weise als Neffen mit einer bestimmten Funktion zu identifizieren sucht. Die Hauptfunktion, die Girart in der *Chanson de Guillaume* hat, ist die des Boten; er übermittelt Viviens Bitte um *secours* an Guillaume. Eine andere Aufgabe erhält er nur in der vermutlich jüngeren Guichart-Episode. Nun ist aber, wie wir noch zeigen werden, in späteren Texten die Funktion des Boten oft mit einer Neffengestalt verknüpft, und Girart erscheint in allen späteren *chansons* des Wilhelmszyklus als Neffe. Es scheint uns denkbar, daß auch der Dichter der *Chanson de Guillaume* ihn schon als Neffen und Boten in der Tradition vorfand und nur deshalb auf eine explizite Erwähnung der Neffenbeziehung verzichtete, weil sie nicht zu den von ihm angestrebten Oppositionen zwischen Onkel-Neffen-Paaren paßte[78]. Auf dieselbe Tradition würden sich dann auch die späteren Texte stützen. Doch ist es ebensogut möglich, daß sich die Gestalt eines Neffen Girart als Bote erst später, im Anschluß an die *Chanson de Guillaume*, verfestigt hat.

Außer der Beziehung von Guillaume und Vivien, die in Anlehnung an das Verhältnis von Karl und Roland gestaltet ist, weisen alle Onkel-Neffe-Beziehungen, die im ersten Teil der *Chanson de Guillaume* vorkommen, noch ein weiteres charakteristisches Merkmal auf: Die Neffen gehören zur unmit-

---

[78] S. o. S. 69, Anm. 64.

telbaren Umgebung des Onkels. Besonders deutlich ist dies im Falle Esturmis. Aber auch Gui möchte nicht nur als ein Krieger im Heer an der Schlacht
teilnehmen, sondern als Begleiter seines Onkels (1521–1523). Guichart reitet
ebenfalls nicht einfach mit dem Heer mit, sondern wird dem Helden selbst
als Begleiter angeboten (1033–1035)[79].

Mehr als die einer konkreten literarischen Intention zuzuschreibende
Problematisierung der Feudalrelation scheint uns diese Beobachtung interessant für eine Erklärung des Neffenphänomens.

d. *Couronnement Louis* und *Charroi de Nîmes*

Keiner der Neffen in den übrigen frühen *chansons de geste* spielt eine so zentrale Rolle in der Handlung wie Roland im *Rolandslied* und Vivien im älteren
Teil der *Chanson de Guillaume*. Es handelt sich nunmehr ausnahmslos um –
wenn auch teilweise nicht unwichtige – Nebenfiguren im Umkreis größerer
Helden. Besonders häufig kommen Neffen in den *chansons* des Wilhelmszyklus vor, die wir daher zuerst betrachten wollen.

Im *Couronnement Louis* – zumindest in der Vulgata-Version der Hand-
schriftenfamilien A und B – hat der Held, Guillaume, sechs verschiedene
Neffen. Davon sind zwei, Bertrand und Guielin, fast in der gesamten *chan-
son* präsent. An einzelnen Stellen erscheinen außerdem Gautier, Aliaume,
Gualdin und Savari. Ferner hat noch der Heidenkönig Galafre, Guillaumes
Gegner in der zweiten Episode, zwei Neffen, Corsolt und Champion. Im
Charroi de Nîmes kommen nur Bertrand und Guielin, die beiden wichtigsten
Neffen Guillaumes, vor.

Wie in der *Chanson de Guillaume* wird auch hier der Neffenstatus dieser
Figuren nicht als bekannt vorausgesetzt, sondern in der Regel gleich bei ih-
rem ersten Auftreten erwähnt, während der jeweilige Onkel einer solchen
Vorstellung nicht bedarf. So heißt es zum Beispiel bei der ersten Erwähnung
Bertrands im *Couronnement Louis*:

> ... quant Guillelmes i vient;
> D'une forest repere de chacier.
> Ses niés Bertran li corut a l'estrier ...
> (*Couronnement Louis* 113–115).

---

[79] Auch die Funktion des Boten kann im Prinzip nur von einer Gestalt in der Umgebung des entsendenden Helden übernommen werden. Girart befindet sich allerdings nicht bei seinem Onkel, sondern bei Vivien und wird von diesem entsandt.
Dies muß aber nicht gegen die Annahme sprechen, daß die Botenfunktion schon
vor der *Chanson de Guillaume* fest mit der Figur des Neffen verbunden war; der
Neffenstatus ist, wie wir gesehen haben, vor allem eine Eigenschaft einer einzelnen
Person, die nicht dadurch verloren geht, daß sie einmal einem anderem Helden als
ihrem Onkel zugeordnet wird.

Den Dichtern ist offensichtlich daran gelegen, von vornherein klarzustellen, wie diese Figuren dem Helden zugeordnet sind.

Auch darin, daß die Neffen charakteristischerweise zur Begleitung des Onkels gehören, entsprechen diese Texte der *Chanson de Guillaume*. Aufschlußreich für das Verhältnis der Neffen zu ihrem Onkel ist die folgende Stelle. Guillaume hat sich auf eine Pilgerfahrt nach Rom begeben. Dort eingetroffen, sieht er sich gezwungen, die Stadt gegen die Heiden zu verteidigen; er fordert daher die ihn begleitenden Ritter auf, sich zu wappnen:

> Beaus niés Bertran, alez prendre voz armes,
> Et Guïelin et li autres barnages
>
> (ebd. 406f).

Bertrand erscheint zwar durch die Stellung und die direkte Anrede hervorgehoben, funktional ist er jedoch den übrigen Rittern, die Guillaume begleitet haben, gleichgestellt, ebenso wie Guielin. Von den anderen zur *maisnie* Guillaumes gehörigen Rittern unterscheiden sich die beiden nur dadurch, daß sie als Individuen bekannt sind. Die privilegierte Nennung Bertrands dürfte auf seiner Berühmtheit als epische Figur beruhen.

Drei Neffen werden in der Schilderung der allgemeinen Verfolgung der Heiden nach dem Zweikampf Guillaumes gegen Corsolt genannt. Sie erscheinen hier als herausragende Repräsentanten der Ritterschaft Guillaumes:

> La veïssiez un estor maintenu,
> Tant poing copé, tante teste, tant bu!
> Li quens Bertrans s'i est mout chier vendu.
> ...
> Et Guïelins i a maint cop feru,
> Et cil Gautiers qui de Toulouse fu
>
> (ebd. 1210–1212, 1217f).

Auch bei anderen Gelegenheiten können die Neffen in der Begleitung ihres Onkels gleichsam stellvertretend für seine Ritter genannt werden. Als der gefangengenommene heidnische König Galafre getauft werden soll, sind es selbstverständlich Guillaume und seine Begleiter, die als Paten fungieren, und als Begleiter werden neben anderen, nicht näher bezeichneten Rittern zwei Neffen angeführt:

> Parrains li fu Guillelmes le guerrier,
> Et Guïelins et li cortois Gautier,
> Et bien tiex .xxx. de vaillant chevaliers
>
> (ebd. 1269–1271).

Den Neffen werden auch in gleicher Weise wie anderen Rittern besondere militärische Aufgaben übertragen. Als Guillaume nach Tours kommt, um dem bedrängten Louis beizustehen, besetzt er als erstes alle Stadttore mit seinen Leuten. In der Redaktion AB wird an dieser Stelle neben einem Ritter, Floire (bzw. Soihier) del Plesseïz, der anscheinend nicht mit Guillaume verwandt ist, ein Neffe, Gautier le Tolosan, genannt (1640–1657). In den folgenden Kämpfen begegnen ebenfalls Neffen als Anführer von Truppeneinheiten (1873f)[80].

In analoger Weise erscheinen die Neffen im *Charroi de Nîmes* neben anderen Rittern in der Begleitung Guillaumes oder bei der Ausführung spezieller militärischer Aufgaben. So heißt es beim Auszug gegen die Sarazenen:

> Vet s'en Guillelmes, li marchis au vis fier,
> E sa conpaigne avoit il maint princier.
> Et Guïelin et dan Bertran ses niés
> (*Charroi de Nîmes* 761–763).

An einer anderen Stelle übernehmen Bertrand und Guielin zusammen mit anderen Rittern die Vorhut:

> En l'avangarde fu Bertran l'alosé,
> Gautier de Termes et l'Escot Gilemer,
> Et Guïelin, li preuz et li senez
> (*Charroi de Nîmes* 868–870)[81].

In beiden *chansons* sind also die Neffen Guillaumes als Angehörige seiner *maisnie* geschildert. Sie haben dieselben Aufgaben wie die anderen Ritter in der Begleitung des Helden, und sind nur insofern privilegiert, als sie – fast – die einzigen sind, die einen Namen haben und überhaupt als individuelle Gestalten in Erscheinung treten.

An einer Stelle schildert der Dichter des *Couronnement* allerdings auch, wie Guillaume nach dem Kampf mit Corsolt von seinen weinenden Neffen empfangen wird (1152–1155). Es ist nicht auszuschließen, daß er dabei an eine besonders enge persönliche Beziehung zwischen Onkel und Neffen denkt, die über ein feudales Abhängigkeitsverhältnis hinausgeht. Die Übereinstimmung zwischen Neffen und anderen Rittern hinsichtlich ihrer Funktion bleibt hiervon jedoch unberührt.

Der Stellung von Guillaumes Neffen ist auch die der beiden Neffen des Heidenkönigs Galafre im *Couronnement Louis* vergleichbar. Diese sind als Barone ihres Onkels dargestellt, von denen der eine, Corsolt, für ihn den Zweikampf gegen Guillaume übernimmt und der andere, Champion, in Galafres Abwesenheit für sein Heer verantwortlich zu sein scheint[82].

---

[80] Die Redaktion C nennt an diesen Stellen nur Neffen, teilweise mit anderen Namen. Doch handelt es sich dabei sicher um eine sekundäre Abänderung; vgl. Madeleine Tyssens, *La geste de Guillaume d'Orange dans les manuscrits cycliques*, Paris 1967 (Bibliothèque de la Faculté de Philosophie et Lettres de l'Université de Liège 178), 87f, 443–445.

[81] Gautier erscheint in anderen Texten als Neffe Guillaumes, Gilemer jedoch nicht.

[82] An ihn wendet sich der von Guillaume gefangengenommene Galafre, um ihn zu bitten, die christlichen Gefangenen freizulassen, angeblich um seine eigene Freilassung zu erwirken (1301ff).

Zwei Neffen werden noch deutlicher mit einer bestimmten Funktion identifiziert. Da ist zunächst Aliaume zu nennen, der von Guillaume zu dem Verräter Acelin geschickt wird und diesen auffordern soll, sich Louis zu unterwerfen (*Couronnement Louis* 1765–1849). Aliaume taucht sonst nicht wieder
auf, er ist ausschließlich durch diese Botenfunktion charakterisiert[83].

Vor allem aber ist die Gestalt Bertrands, im *Couronnement Louis* ebenso
wie im *Charroi de Nîmes*, mit einer scharf umrissenen Funktion verknüpft:
Er ist Ratgeber und Vertrauter seines Onkels.

Zu Beginn des *Couronnement* läuft Bertrand dem von der Jagd heimkehrenden Guillaume entgegen, um ihn über den Versuch des Hernaut zu informieren, die Herrschaft an sich zu reißen und den Kaisersohn Louis um die
Krone zu betrügen:

> Ses niés Bertrans li corut a l'estrier;
> Il li demande: «Dont venez vos, beaus niés?
> - A non Deu, sire, de leanz del mostier,
> Ou j'ai oï grant tort et grant pechié;
> Hernaut si velt son droit seignor boisier:
> Sempres iert rois, que François l'ont jugié»
> (*Couronnement Louis* 115–120).

Die Möglichkeit einer eigenständigen Handlung Bertrands kommt nicht in
den Blick – er hätte vielleicht in das *jugement* der *François* eingreifen können –, er hat nur die Funktion, seinen Onkel zu informieren und so dessen
Eingreifen auszulösen.

In der vierten *branche* des *Couronnement*, während der Kampagne gegen
Gui d'Allemagne, ist es Bertrand, der Guillaume auf die Gefahr aufmerksam
macht, in der sich das vor Rom liegende Heer befindet, und auch hier überläßt er die Initiative dann völlig seinem Onkel:

> Oncle Guillelmes, pensez de l'esploitier:
> En cest ost oi mout durement huchier;
> Se Dex m'aïst, d'aïde ont grant mestier
> (ebd. 2293–2295)[84].

In anderen Fällen bittet Guillaume den Neffen explizit um Rat. So fragt er
ihn etwa («Beau niés Bertran, conseil vos demandommes ...»), wie man den
Verräter Acelin bestrafen solle. Bertrand will ihn mit dem Schwert töten;
Guillaume erschlägt ihn dann einfach mit einem Holzpfahl (1898–1920).
Auch als König Louis wieder einmal von rebellischen Vasallen bedroht ist,
wendet sich Guillaume mit einer Bitte um Rat an Bertrand: «Sire niés, enten-
dez: / Por amor Dieu, quel conseil me donez?» (2641f). Hier meint der Neffe,
Guillaume solle den König sich selbst überlassen (2644–2647). Der Dichter

---

[83] Aliaume wird nicht explizit als Neffe bezeichnet (jedenfalls nicht in der Version von
AB), doch nennt Acelin in seiner Antwort auf die Botschaft Guillaume den Onkel
des Boten.

[84] Eine ähnliche Stelle findet sich 359ff.

läßt Guillaume an beiden Stellen den Rat des Neffen zurückweisen, um so seine besondere Härte Verrätern gegenüber und seine aufopfernde Dienstbereitschaft, die noch über das hinausgehen, was Bertrand von dem Onkel erwartet, hervorheben zu können. Dennoch ist der Neffe für ihn offenbar der normale Ratgeber des Helden.

Bertrand ist auch derjenige, dem Guillaume seine Gedanken und Gefühle anvertraut. Ihm gegenüber bringt er zum Beispiel seine Freude über die Loyalität des *portier* von Tours zum Ausdruck, der ihn zunächst aus Furcht vor Verrätern nicht in die Stadt lassen will:

> Guillelmes l'ot, s'en fu joianz et liez.
> Bertran apele: «Entendez, sire niés,
> Oïstes mes si bien parler portier?
> Qui son corage li vorroit acointier,
> Bien nos porroit encui avoir mestier.»
> (ebd. 1536–1540, vgl. 1582f)[85].

Bertrand kann seinen Onkel auch einmal necken. So ist es zu verstehen, wenn er ihn nach dem Zweikampf mit Corsolt auffordert, zu Hause zu bleiben, um sich auszuruhen (1173f). Jedenfalls versteht es Guillaume selbst so:

> Guillelmes l'ot, si s'en rit volentiers:
> «Ha! Bertran, sire, or del contralïer!
> Ja voz contraires ne vos avra mestier...»
> (ebd. 1175–1177).

Von Bertrand wird der Held sogar gelegentlich getadelt. So sagt der Neffe, als Guillaume sich einmal mit nur zwei Begleitern von seinen übrigen Rittern getrennt hat und dabei von Richart, dessen Sohn er getötet hat, angegriffen worden ist:

> Oncle Guillelmes, ...
> De vostre brant voi sanglant tot l'acier,
> Et vostre escu n'est mie tot entier:
> Alcun malice avez vos commencié;
> Ge vos voi mout pené et travaillié.
> (ebd. 2167–2171).

Guillaume erkennt durchaus an, daß Bertrand ein Recht hat, ihn so zu kritisieren, und erklärt, was vorgefallen ist. Bertrand freut sich zwar über den Sieg (2184), äußert aber trotzdem seine Bedenken über das Verhalten des Onkels (2185f). Dieser versucht, sich zu rechtfertigen:

> «Niés», dist Guillelmes, «merci te vueill proier,
> Quar en grant paine vueill ma jovente user,
> Ainz que cist rois n'ait ses granz heritez.»
> (ebd. 2187–2189).

---

[85] Ein weiteres Beispiel findet sich 1463–1466. Die Gestalt des Vertrauten stellt ein Hilfsmittel für den Dichter dar, die Gefühle des Helden überhaupt darzustellen.

In ganz entsprechender Weise wird Bertrand im *Charroi de Nîmes* als Ratgeber und Vertrauter charakterisiert. Auch dort ist er es, der Guillaume zu Beginn der Handlung über das Vorgefallene (hier ist es die Lehensvergabe durch Louis, bei der der Onkel nicht berücksichtigt worden ist) informiert (31–39). Die Information erfolgt nach demselben Schema wie im *Couronnement Louis*. Später vertraut Guillaume Bertrand an, was er bei Louis ausgerichtet hat, und nimmt die Kritik des Neffen an seinem unbeherrschten Verhalten entgegen (417–424, 437–440). Auch hier erkennt Guillaume die Berechtigung dieser Kritik an (441–443). Bertrand rät schließlich seinem Onkel, ‹Spanien›, d. h. das Land der Sarazenen, das erst erobert werden muß, als Lehen zu erbitten (444–458). Es ist bezeichnend, daß Guillaume sagt, er habe denselben Gedanken gehabt, habe aber seinen Neffen erst fragen wollen (461f).

Dem Neffen vertraut Guillaume auch seine Sorgen an, als dieser ihn nach dem Aufbruch fragt, warum er so nachdenklich und betrübt sei:

> Parfondement conmence a soupirer,
> Del cuer del ventre conmença a penser.
> Voit le Bertran, sel prent a esgarder:
> «Oncle,» dist il, «qu'avez a dementer?
> Estes vos dame qui pleurt ses vevetez?
> – Nenil, voir, niés, einçois pense por el;
> Que diront ore cil baron chevalier: …»
> (*Charroi de Nîmes* 791–797).

Bertrand gibt ihm als Antwort den vernünftigen Rat, daran nicht weiter zu denken, sondern sich lieber zum Essen zu setzen (805–808), und Guillaume stimmt ihm zu.

Auch im *Charroi* ist das Verhältnis von Guillaume und Bertrand durch Neckereien gekennzeichnet. Guillaume macht sich über den Neffen lustig, als dieser mit dem Ochsenkarren, den er nach Nîmes hineinführen soll, im Schlamm steckenbleibt, weil er nichts davon versteht:

> Voit le Guillelmes, si le prist a gaber:
> «Beaus niés,» dist il, «envers moi entendez.
> De tel mestier vos estes or mellez
> Dont bien i pert que gaires ne savez!»
> (ebd. 1011–1014).

Durch diese Funktion eines Ratgebers und Vertrauten ist Bertrand im Prinzip von allen anderen Personen in diesen beiden *chansons* unterschieden. Allerdings kommt es im *Couronnement* einmal und im *Charroi* zweimal vor, daß ein Rat von einer anderen Person erteilt wird. Im *Couronnement* geschieht dies jedoch an einer Stelle – vor dem Kampf gegen Richart und seine fünfzehn Ritter –, an der Bertrand aus Gründen des Handlungsverlaufs nicht anwesend sein kann. Die beiden Ritter, die Guillaume hier raten, dem

Feind unverzüglich entgegenzureiten, bleiben anonym, erscheinen also nicht als individuelle Figuren (2089–2103).

Im *Charroi* findet sich eine Szene, die den Informationsszenen zu Beginn der beiden *chansons* gleicht. Gautier «le Tolosant» kommt aus dem Palast heraus, um Guillaume, der gerade im Aufbruch nach Nîmes begriffen ist, mitzuteilen, daß ein gewisser Aymon ihn bei Louis verleumde (696–708). Guillaume will sich eigentlich erst nach seiner Rückkehr darum kümmern, doch Gautier rät ihm, den Verleumder sofort zu bestrafen (709–718), was er dann auch tut (719–752). Es wird nicht mitgeteilt, ob dieser Gautier mit Guillaume verwandt ist[86]. Auch hier ist es in der geschilderten Situation begründet, wenn es nicht Bertrand ist, der die Information überbringt und den Rat erteilt: Guillaume ist im Aufbruch, und Bertrand, der ihn begleitet, kann daher nicht mehr im Saal des Königs anwesend sein.

Anders geartet ist der zweite Fall im *Charroi*, in dem ein Rat nicht von Bertrand erteilt wird. Garnier, «un chevalier nobile», rät Guillaume, in Fässern versteckt und auf Ochsenkarren in Nîmes einzudringen (918–927). Es handelt sich hier um einen Rat besonderer Art, einen Rat, der nichts mit den Fähigkeiten eines tapferen Ritters zu tun hat. Dies könnte der Grund dafür sein, daß er nicht von Bertrand stammt. Besagter Garnier wird als in Listen besonders bewandert charakterisiert:

> Vavassor fu et molt sot de voidie,
> D'engignement sot tote la mestrie
>
> (ebd. 919f).

Eine solche Charakterisierung ist wohl mit der Gestalt Bertrands nicht vereinbar, bei einem *vavassor* mag es nicht so darauf ankommen. Außerdem wird sich gerade Bertrand mit dem Ochsenkarren blamieren.

Diese Stellen machen deutlich, daß Bertrands Ratgeberfunktion im Grunde eine Funktion ist, die jeder Ritter in der Umgebung des Helden ausüben kann.

Zwei Neffen im *Couronnement Louis* sind noch zu erwähnen: Gaudin und Savari, denen Guillaume begegnet, als er von Rom nach Tours eilt, um Louis zu Hilfe zu kommen:

---

[86] Im *Couronnement Louis* erscheint diese Figur als Sohn einer Schwester Guillaumes (1642), auch in anderen *chansons* ist er sein Neffe (*Chevalerie Vivien*, *Siège de Barbastre*) oder zumindest ein Verwandter (2. Teil der *Chanson de Guillaume*, *Enfances Vivien*). Daß auch in der Vorstellung des Dichters des *Charroi* irgendeine enge Beziehung zwischen ihm und Guillaume besteht, ergibt sich schon aus seiner Reaktion auf die Verleumdung durch Aymon. Es bleibt jedoch unsicher, ob er ihn wirklich als Neffen gedacht hat. Doch ob er nun eine bereits existente Neffengestalt für diese Funktion übernommen hat oder ob spätere Dichter Gautier wieder zum Neffen gemacht haben, in jedem Fall scheint diese Verwandtschaftsbeziehung gut zu der Rolle dieser Gestalt zu passen.

Guillelmes garde devant lui el chemin,
Venir i voit de chevaliers .vii.xx.
A cleres armes et a chevaus de pris;
Gaudins li bruns les conduit, li marchis,
Et avec lui fu li preuz Savaris,
Cil furent niés Guillelmë au fier vis;
En France en vont secorre Looÿs.
Quant s'entrencontrent a merveille lor vint;
Il s'entrebesent, neveu sont et ami
                    (*Couronnement Louis* 1471–1479).

Wie andere Neffen fungieren Gaudin und Savari also als Heerführer. Doch besteht ein Unterschied zu den bisher besprochenen Neffen: Sie gehören nicht zur *maisnie* Guillaumes, sie kommen von außen und wollten eigentlich selbständig dem König zu Hilfe kommen. Natürlich ziehen sie nach dem Zusammentreffen mit Guillaume mit, doch werden sie vom Dichter nicht mehr erwähnt; sie erscheinen somit nie wie die übrigen Neffen in direkter Abhängigkeit von Guillaume. Sie sind vielmehr einfach Verwandte Guillaumes, die seinen immer loyalen *lignage* repräsentieren[87].

Die Untersuchung von *Couronnement Louis* und *Charroi de Nîmes* zeigt, daß es bestimmte typische Funktionen gibt, die von Neffen übernommen werden können. Besonders klar definierbare Funktionen sind zum einen die des Ratgebers und Vertrauten, die in diesen Texten mit der Gestalt Bertrands verknüpft ist[88], zum andern die des Boten[89]. Beides sind Aufgaben, die sich in der unmittelbaren Umgebung eines Feudalherrn oder eines großen Helden mit Gefolge ergeben; die Figuren, denen sie übertragen werden, sind somit schon durch sie als Angehörige der *maisnie* gekennzeichnet. Daneben gibt es Neffen, die ohne eine solche spezielle Funktion zur Begleitung des Helden gehören. Die Neffen dienen teilweise als Repräsentanten der gesamten Ritterschaft dieser *maisnie*.

Außerdem können Neffen die Sippe repräsentieren. Diese Funktion tritt allerdings in den hier untersuchten Texten deutlich hinter den eben genannten zurück. Insgesamt entsprechen die Funktionen, die die Neffen in *Couronnement Louis* und *Charroi de Nîmes* haben, denen, die wir bei den Neffengestalten in der *Chanson de Guillaume* kennengelernt haben.

---

[87] Der Kontext dieser Stelle, in dem verschiedene Personen das Eingreifen dieses *lignage* herbeisehnen (1456, 1526), unterstreicht dies noch. Näheres zur Darstellung des *lignage* s. u. Teil IV, S. 300–312. Es ist auch nicht auszuschließen, daß schon das Wort *neveu* hier einfach 'Verwandter' bedeuten soll; s. o. S. 6, Anm. 7. Allerdings verwendet der Dichter des *Couronnement* es sonst nicht in diesem allgemeinen Sinn.

[88] Wie übrigens auch in den übrigen *chansons* des Wilhelmszyklus.

[89] Schon Farnsworth hat darauf hingewiesen, daß Botengänge oft von Neffen übernommen werden, und zwar besonders oft von eigens für diesen Zweck eingeführten Nebenfiguren; a.a.O., 61–65.

e. Die übrigen frühen *chansons de geste*

Mit der *Chanson de Guillaume*, dem *Couronnement Louis* und dem *Charroi de Nîmes* gehört die Mehrzahl der überlieferten frühen *chansons de geste* zur Wilhelmsepik. Doch beweist zumindest das erhaltene Fragment von *Gormont et Isembart*, daß die dargestellte Verwendungsweise von Neffen nicht auf die Lieder um den Helden Guillaume beschränkt, sondern generell für die *chansons de geste* charakteristisch ist.

Gormont et Isembart gehört zeitlich in die Nähe von *Rolandslied* und *Wilhelmslied* (um 1100) und ist somit etwas älter als die im letzten Abschnitt besprochenen Texte. Auch in diesem Lied findet sich ein Onkel-Neffe-Paar: Hugon, einer der wichtigen Barone von König Louis, und Gontier. Wie die bisher untersuchten Neffen gehört Gontier zur *maisnie* seines Onkels; er hat diesem als Knappe gedient, ist von ihm gerade zum Ritter gemacht worden und will ihm nun im Kampf zu Hilfe kommen:

> De l'altre part, fut danz Gontiers,
> cil qui fut ja ses escuiers,
> filz de sa suer, si ert ses niés:
> ceo dit la geste a Saint Richier;
> uncore n'ot uit jorz entiers
> qu'il l'ot armé a chevalier.
> Quant son seignor vit tresbuchier...
> *(Gormont et Isembart* 327–333, vgl. 548f).

Die Verwendung der Bezeichnung *seignor* für den Onkel zeigt, daß das Abhängigkeitsverhältnis zum Zeitpunkt der Handlung immer noch besteht.

Außerdem ist Gontier in einem früheren Teil der Handlung offensichtlich als Begleiter seines Onkels bei einem gefährlichen Botengang in das Lager des heidnischen Königs aufgetreten. Als er diesem in der Schlacht gegenübertritt, erinnert er ihn daran:

> Sire Gormonz, reis dreituriers,
> conoisterez vos l'escuier
> qui a vostre tref fut l'altr'ier
> ovec Hüe, le messagier?
> (ebd. 346–349).

Neffen scheinen somit ganz generell Figuren zu sein, die einem epischen Helden in bestimmten untergeordneten Funktionen, wie sie sich im Rahmen der *maisnie* eines Helden ergeben, zugeordnet werden. Die Abweichungen von dieser typischen Verwendungsweise, die sich im *Rolandslied* und im *Wilhelmslied* finden, lassen sich durch besondere Intentionen ihrer Dichter erklären. Wenn Roland im *Rolandslied*, trotz seiner Zugehörigkeit zur *maisnie* Karls, selbst als der zentrale Held oder doch einer der zentralen Helden erscheint und wenn seine Stellung als Heerführer und Baron seines Onkels thematisiert wird, dürfte dies damit zusammenhängen, daß der Dichter sich besonders für den Konflikt zwischen den Verpflichtungen gegenüber dem Feudalherrn und dem Bedürfnis nach privater Rache bzw. Befriedigung des eigenen Stolzes interessiert. Die vom üblichen Schema noch stärker abweichende Gestaltung der Onkel-Neffe-Beziehung bei Vivien und Gui im *Wilhelmslied* erklärt sich aus einer bewußten Anlehnung an das *Rolandslied*.

Alle bis jetzt untersuchten Neffen waren zentralen Gestalten zugeordnet. Im *Rolandslied* haben nur Kaiser Karl und sein sarazenischer Gegenspieler, König Marsilie, einen Neffen. In der *Chanson de Guillaume* sind es der zentrale Held und seine ebenfalls wichtige Ehefrau, die mit Neffen versehen werden; daneben hat noch Tedbald einen Neffen, der zumindest in einer Episode eine zentrale Gestalt ist. Auch Hugon in *Gormont et Isembart* scheint zumindest in einer Episode – dem erwähnten Botengang – im Mittelpunkt gestanden zu haben. Im *Couronnement Louis* haben der Haupheld, Guillaume, sowie sein Gegenspieler in einer Episode, der Heidenkönig Galafre, Neffen; im *Charroi de Nîmes* kommen nur Neffen des Helden vor.

Im zweiten Teil der *Chanson de Guillaume*[90] taucht zum ersten Mal ein Neffe auf, der nicht mehr einer zentralen Figur zugeordnet wird, die ihm eindeutig übergeordnet ist und zu deren *maisnie* er gehört. Es handelt sich um einen Küchenjungen Guillaumes, der von Rainouart, den er geärgert hat, erschlagen wird. Sein Onkel, ein sonst völlig unbedeutender Ritter, fordert Rache für den Neffen (3422–3431). Allein in der Wahl der Figuren ist hier schon eine parodistische Absicht erkennbar: Die charakteristische Aufgabe epischer Helden, für getötete Verwandte Rache zu üben, muß, angewandt auf einen Küchenjungen, komisch wirken. Für uns wichtig ist hierbei, daß eine solche Parodie nur erklärlich ist, wenn die parodierte Vorstellung selbstverständlich und allgemein bekannt war. Diese Szene ist somit ein Indiz dafür, daß Helden mit Neffen, die ihnen zugeordnet sind, in der *chanson de geste* eine Selbstverständlichkeit waren[91].

Daß die Verwendung von Neffenfiguren gerade für Funktionen wie die geschilderten allgemein üblich war, zeigt eine Stelle in einer der ersten *chan*-

---

[90] Wir betrachten diesen Teil als am Ende der ersten Jahrhunderthälfte entstanden, dem Zeitpunkt, den J. Wathelet-Willem, a.a.O., 652–654, für die Zusammenstellung der gesamten *Chanson de Guillaume*, wie wir sie heute kennen, annimmt. Zwar hat auch dieser Teil eine ältere Vorlage, doch ist er offensichtlich vom Kompilator stark verändert worden; vgl. Wathelet-Willem, a.a.O. 696ff.

[91] An dieser Stelle sei auch auf den *Voyage de Charlemagne à Jérusalem* hingewiesen, einen Text, der vermutlich noch in die erste Hälfte des 12. Jahrhunderts zu datieren ist. Es handelt sich nicht um eine *chanson de geste* im eigentlichen Sinn, sondern um ein Werk, in dem verschiedene Aspekte des Heldenepos parodiert werden. Obwohl der Dichter dieser *chanson* vermutlich eine Bruderbeziehung zwischen Guillaume, Hernaut und Bernart sowie eine Vater-Sohn-Beziehung zwischen Bernart und Bertrand voraussetzt, sind die einzigen Relationen, die Erwähnung finden, diejenigen, die Bertrand mit seinen Onkeln Guillaume und Hernaut verbinden (327, 565). Eine eindeutige Zuordnung der Neffenfigur zu einer Zentralfigur wird allerdings nicht vorgenommen, und die Onkel erscheinen selber als Begleiter des Kaisers. Doch sind es offensichtlich auch hier gerade Onkel-Neffe-Beziehungen, die als selbstverständlich zum Epos gehörig betrachtet wurden.

sons der zweiten Jahrhunderthälfte, in *Girart de Roussillon*[92]. In diesem Text spielen Neffenbeziehungen bei den Hauptpersonen keine große Rolle. Dennoch führt der Dichter, als er einen Boten benötigt, diesen als Neffen ein:

> En la cort Girart ac un vavassor;
> Icil fu naz de France, la meillor.
> ...
> Apelet un dunzel, fil sa seror;
> «Neis, vai e di Carlon l'enperador...»
> *(Girart de Roussillon* 6891f, 6898f).

Einen besonderen Grund, einen Neffen zu wählen, hatte der Dichter bei diesen völlig anonym bleibenden Nebenfiguren sicher nicht. Offensichtlich war ein Neffe einfach die im Epos übliche Besetzung für solche Aufgaben.

f. Dichtungstechnischer Erklärungsversuch

Die im letzten Abschnitt behandelten Stellen deuten an, daß die Verwendung der Neffen als Angehörige der *maisnie* eines Helden, wie sie sich im *Couronnement Louis* und im *Charroi de Nîmes* findet, in der epischen Literatur der ersten Hälfte des 12. Jahrhunderts verbreitet und üblich war. Schon diese allgemeine Verbreitung des Neffenmotivs spricht für eine längere Tradition. Wir haben auch gesehen, daß zumindest das *Rolandslied* mit Sicherheit bereits eine traditionelle Neffengestalt voraussetzt. Daß Neffen tatsächlich schon vor den erhaltenen *chansons de geste* zum festen Bestand des französischen Heldengesangs gehört haben müssen, zeigt eine um 1065, also mehrere Jahrzehnte vor dem *Rolandslied*, verfaßte Notiz über Karls Aufenthalt in Saragossa und die Schlacht von Roncevaux, die *Nota Emilianense*. Dort heißt es über Karl[93]:

> In era dcccxui uenit carlus rex ad cesaragusta. In his diebus habuit duodecim neptis. unusquisque habebat tria milia equitum cum loricis suis. nomina ex his rodlane, bertlane, oggero spata curta, ghigelmo alcorbitanas olibero et episcopo domini torpini. Et unusquisque singulos menses serbiebat ad regem cum scolicis suis.

Ohne Zweifel sind die zwölf Pairs Karls gemeint; der Verfasser der *Nota* oder seine Vorlage hat vermutlich diese Begleiter des Kaisers mit Gestalten verwechselt, die ihm im epischen Zusammenhang vertrauter waren. Doch gera-

---

[92] Zur Datierung dieser *chanson* vgl. Winifred Mary Hackett, *Knights and Knighthood in Girart de Roussillon*, in: C. Harper-Bill, R. Harvey (Hrsg.), The Ideals and Practice of Medieval Knighthood II, Woodbridge-Wolfeboro 1988, 40–45, dort 41, Anm. 6.

[93] Zitiert nach: Dámaso Alonso, *La primitiva épica francesa a la luz de una «Nota Emilianense»*, Revista de Filología española 37, 1953, 1–94 (auch separat: Madrid 1954), 9.

de dieser Irrtum zeigt, was für die französische Epik als typisch galt[94]: Neffen, die den König begleiten, militärische Befehlsgewalt übernehmen können, aber dem König eindeutig untergeordnet sind und ihm dienen. Dies entspricht im wesentlichen dem Bild, das auch die Neffen in den frühen *chansons de geste* bieten, wenn auch außerhalb der Rolandsgeschichte Neffen kaum als eigenständige Befehlshaber erscheinen.

Neffenfiguren in den *chansons de geste* sind somit offensichtlich ein schon traditionelles und für die Heldenepik charakteristisches literarisches Element. Dies gilt auch für ihre Verwendung für Funktionen im Umkreis einer Heldengestalt.

Hieraus erklärt sich auch, daß die Neffen nie eigenständige Gestalten sind, sondern immer nur als einer anderen Person zugeordnete Figuren begegnen. Selbst *Rolandslied* und *Wilhelmslied*, in denen dieses Prinzip zum Teil durchbrochen scheint, lassen die einseitige Zuordnung noch erkennen.

Im Laufe der literarischen Tradition verbinden sich bestimmte Funktionen so eng mit bestimmten Neffengestalten, daß diese mit ihnen identifiziert werden können. Das gilt für Bertrand als Ratgeber und Vertrauten und vielleicht auch für Girart als Boten. Doch auch diese Sonderfunktionen bewegen sich stets im Rahmen dessen, was allen Rittern im Umkreis eines Herrschers oder Helden übertragen werden kann.

Der in hohem Maße stereotype Charakter der Verwendung von Neffenfiguren in den frühen *chansons de geste* und ihre feste Verbindung mit der Heldenepik lassen es bedenklich erscheinen, auf eine generelle Höherbewertung der Neffenbeziehung als solcher gegenüber anderen Verwandtschaftsbeziehungen in der Gesellschaft schließen zu wollen, wie man es bisher getan hat.

Seit Rychner[95] ist bekannt, daß die altfranzösischen *chansons de geste* wie andere Epen von einer Improvisationstechnik her zu verstehen sind, die mit Formeln, typischen Szenen und Themen arbeitet. Sie erleichtern es dem improvisierenden Dichter, bestimmte Figuren oder Objekte in verschiedenen Verspositionen zu bezeichnen oder einander ähnliche Szenen durch den Rückgriff auf ein bestimmtes Schema schneller zu komponieren.

Kaum berücksichtigt wurde jedoch bisher die Möglichkeit, daß nicht nur Wortfügungen oder Szenen in stereotyper Weise verwendet werden können, sondern auch andere Elemente. Wir meinen, daß die große Zahl von Neffen in den *chansons de geste* und ihre stereotype Verwendung für bestimmte Funktionen nur so zu erklären sind. Das bedeutet, daß nicht etwa bestimmte Figuren in privilegierter Rolle dargestellt werden, weil sie Neffen sind, sondern daß vielmehr umgekehrt Neffenfiguren eingesetzt werden, weil bestimmte Rollen zu besetzen sind. Konkret gesagt, zur Darstellung eines mit-

---

[94] Daß die Informationen der *Nota* auf volksprachliche Gedichte zurückgehen müssen, hat D. Alonso, a.a.O., 63, gezeigt.

[95] Jean Rychner, *La chanson de geste. Essai sur l'art épique des jongleurs*, Genève-Lille 1955 (Société de publications romanes et françaises 53), bes. 126.

telalterlichen epischen Helden oder eines Herrschers gehört nun einmal eine *maisnie*, die ihn begleitet und ihm dient, und für dieses immer wieder auftauchende Erfordernis haben die epischen Dichter eine passende Gestalt in ihrem Repertoire fester Elemente zur Verfügung: den Neffen. Offensichtlich erschienen den Dichtern die Neffen als besonders gut geeignet, die geschilderten epischen Funktionen zu übernehmen, so daß sie sie immer wieder verwendeten und das Motiv sich schließlich verfestigte.

Durch diese Erklärung verschiebt sich das Problem, das die Neffen in den *chansons de geste* darstellen. Während die bisherige Forschung stets gefragt hatte, warum Neffen gegenüber anderen Verwandten generell hervorgehoben erscheinen, stellt sich nun nur noch die Frage, warum gerade Neffen für die geschilderten Funktionen besonders geeignet sind. Der wesentliche Unterschied unserer neuen Fragestellung zu der traditionellen besteht darin, daß nicht mehr nur nach Eigenschaften der Neffenbeziehung an sich gefragt wird, sondern vor allem nach ihrer technischen Verwendbarkeit in den *chansons de geste*. Wir gehen also nicht mehr vom Neffen, sondern von seiner Funktion aus und versuchen, die Erfordernisse dieser Funktion zu ermitteln.

Gefordert ist eine geeignete Figur für die Begleitung einer ranghohen Person, insbesondere bei kriegerischen Unternehmungen, wie sie den Gegenstand der meisten *chansons de geste* bilden. Angesehene Personen pflegen, wie wir in Teil I gesehen haben, eine große und mächtige Sippe zu haben. Um die Bedeutung einer Person zu demonstrieren, ist es daher günstig, ihr Verwandte zuzuordnen.

Benötigt wird eine Gestalt, die sich einem Helden unterordnen läßt, nicht nur in bezug auf ihren Rang, sondern auch faktisch als Befehlsempfänger. Es sollte sich also um einen jüngeren Mann handeln. Andererseits darf er nicht zu jung sein, da er zusammen mit dem Helden am Kampfgeschehen teilnehmen oder sogar im Auftrag eines alten Herrschers ein Heer anführen muß. Einen Verwandten zu wählen ist auch deshalb von Vorteil, weil man mit dem Verwandtschaftsgrad in der Regel eine ungefähre Vorstellung von der jeweiligen Generationszugehörigkeit und damit dem Altersunterschied verbindet[96].

Es muß sich um einen Verwandtschaftstyp handeln, der sich jederzeit in die *chanson* einfügen läßt, da auch nur kurz in nebensächlichen Handlungen

---

[96] Im lateinischen Sprachgebrauch kann die Bezeichnung *nepos* an sich offensichtlich schon Unterordnung oder niedrigeren Rang implizieren. Zumindest wird dieses Wort – besonders von Herrschern – gern für rangniedrigere Verwandte verwendet, auch wenn es sich dabei nicht um Neffen handelt. Vgl. DuCange s.v. *nepos*, S. 620: «Tum vero maxime patrueles vel consobrinos *nepotes* dictos volunt, cum aetate inferiores erant, aut dignitate.» Vgl. auch die im *Novum Glossarium*, s.v. *nepos*, E, Sp. 1212, angeführten Belegstellen. Es ist uns allerdings nicht gelungen festzustellen, inwieweit dies auch für die erste Hälfte des 12. Jahrhunderts zutrifft. Ein Einfluß auf die volkssprachliche Dichtung ist auf jeden Fall unwahrscheinlich, denn das französische *niés/neveu* übernimmt auch die ganz unspezifische Verwendungsweise von *nepos* nur selten. Vgl. S. 6, Anm. 7.

auftauchende Nebenfiguren erklärt werden müssen. Nicht jeder Verwandte läßt sich aber ohne Probleme in die Handlung einfügen. Die epischen Verwandtschaftsverhältnisse sind meistens von der Tradition festgelegt, und es ist nicht ohne weiteres möglich, etwa einen neuen jüngeren Bruder oder Sohn hinzuzufügen, ohne zusätzliche Informationen zu geben. Dagegen kümmert sich kein Zuhörer um die Zahl oder die genaue Identität weiblicher Verwandter, da Frauen für die Handlung mit wenigen Ausnahmen noch ohne Belang sind. Es ist daher für einen Dichter jederzeit möglich zu behaupten, ein Held habe eine Schwester, ohne daß er gezwungen wäre, nähere Angaben etwa zu ihrem Namen oder ihrem Alter zu machen.

Nun werden Neffen oft mit formelhaften Wendungen eingeführt, die sie als Söhne einer anonym bleibenden Schwester charakterisieren:

> Un sun nevou, de sa sorur premer
> (*Chanson de Guillaume* 2542);

> Filz de sa suer, si ert ses niés
> (*Gormont et Isembart* 329);

> Filz de sa suer
> (*Couronnement Louis* 1642).

In späteren Texten lassen sich noch folgende Wendungen nachweisen:

> fil sa seror
> (*Girart de Roussillon* 6898);

> fiex sa seror l'aisnee
> (z. B. *Aliscans* 289, 5109);

> niés ... et de sa seror né
> (z. B. *Bataille Loquifer* 4060).

Es handelt sich hier um echte Formeln, die es ermöglichen, den Begriff ʿNeffeʾ ohne Problem in einem ganzen oder halben Vers bei verschiedenen Assonanzen auszudrücken. Da entsprechende Ausdrücke für Brudersöhne völlig fehlen, sind diese Formeln von Farnsworth als Indiz für eine Privilegierung der Beziehung zwischen Schwestersohn und Mutterbruder interpretiert worden[97]. Unseres Erachtens erlauben sie jedoch einfach eine unkomplizierte und plausible verwandtschaftliche Zuordnung von Personen zu einer epischen Gestalt.

Im übrigen kommen in unseren Texten ungefähr genauso viele Brudersöhne wie Schwestersöhne vor. Dies ist dadurch bedingt, daß mehreren Helden, insbesondere Guillaume, in der epischen Tradition Brüder zugeordnet werden, die eigene Söhne haben. Bei ihnen entfällt die Notwendigkeit, namenlose Bindeglieder einzufügen; die Ausbildung einer Formel ist also von

---

[97] a.a.O., 198–212.

vornherein überflüssig. Es kann stets, wie im folgenden Beispiel, der Name des Vaters genannt werden:

> ... Guïelin et Bertran;
> Si neveu furent, filz Bernart de Breban
> *(Charroi de Nîmes* 595f).

So erklärt es sich auch, daß Brudersöhne ausschließlich unter bekannten epischen Gestalten zu finden sind, während bei der Einführung einer Nebenfigur, die als individuelle Gestalt nicht weiter interessiert (wie zum Beispiel der anonyme Bote in *Girart de Roussillon*), fast immer auf die Schwestersohnformel zurückgegriffen wird.

Neffen lassen sich somit auf verschiedene Art einem Helden zuordnen, die Schwestersohnformel stellt jedoch ein sicheres Hilfsmittel dar, jede Figur plausibel einfügen zu können. Selbstverständlich wäre auch eine andere Verwandtschaftsbeziehung, bei der Frauen Bindeglieder sind, denkbar, etwa ein Vetter, der ein Schwestersohn der Mutter ist. Doch ist die Neffenbeziehung, die nur ein Zwischenglied erfordert, die einfachste Möglichkeit, einen bisher unbekannten männlichen Verwandten an einen Helden anzuknüpfen. Ein Blick auf historische Realitäten wird zeigen, daß sie Dichtern und Zuhörern auch aus anderen Gründen als die plausibelste erschienen sein muß.

g. Der historische Hintergrund

Die Frage nach dem historischen Hintergrund hat bei fast allen bisher von der Forschung unternommenen Versuchen, die Vorliebe der *chansons de geste* für Neffen zu erklären, im Mittelpunkt gestanden, und auch wir können und wollen sie nicht beiseite lassen.

Wie wir eingangs dargelegt haben, hat man meistens (Farnsworth, Curtius, Allen) versucht, die Bedeutung der Neffen durch Rückgriff auf eine ältere Gesellschaftsform zu erklären. Doch bleiben alle bisherigen Erklärungsversuche in dieser Richtung unbefriedigend. Hilfreicher scheint uns der Ansatz von Marc Bloch und Georges Duby, das Neffenphänomen zu gleichzeitigen Gesellschaftsstrukturen in Beziehung zu setzen. Doch auch hier ist die Fragestellung zu ändern; nicht nach einer generellen Höherschätzung der Neffen oder Reminiszenzen einer solchen Höherschätzung ist zu fragen, sondern nach Merkmalen der Onkel-Neffe-Beziehung in der Realität, die diese als besonders geeignet für die beschriebenen Funktionen erscheinen lassen.

Wir wollen im folgenden versuchen, anhand einiger weniger typischer Beispiele ein Bild von der Vorstellung zu entwerfen, die man sich im 12. Jahrhundert von der Neffenbeziehung machte[98].

---

[98] Wir beschränken uns auf solche Fälle, in denen eindeutig feststeht, daß mit dem Wort *nepos* ein Neffe und nicht ein Enkel oder sonstiger Verwandter gemeint ist. Bei den lateinischen Geschichtsschreibern der Zeit scheint der Gebrauch dieses Wortes weit weniger eindeutig zu sein als in volkssprachlichen Texten.

Häufig wird auf einen Onkel verwiesen, wenn man damit eine besonders vornehme Verwandtschaft hervorheben kann. Ordericus Vitalis weist in seiner *Historia Ecclesiastica*[99] beispielsweise besonders darauf hin, daß die Gattin Wilhelms des Eroberers einen königlichen Onkel hat:

> Hic [scil. Willelmus Normanniae dux] generosam Mathildem Balduini ducis Flandrensium filiam neptem scilicet ex sorore Henrici regis Francorum coniugem accepit ...
>
> (Ordericus Vitalis, *Historia ecclesiastica* III, ed. Chibnall II, 104).

Wie wir schon in Teil I erwähnt haben, ist es in der aristokratischen Gesellschaft Nordfrankreichs im 12. Jahrhundert wahrscheinlicher, einen solchen Verwandten auf mütterlicher Seite zu haben, da die mütterliche Familie in der Regel vornehmer ist.

Ein hochgestellter, einflußreicher Mutterbruder konnte einem jungen Neffen Möglichkeiten bieten, sich zu etablieren oder Karriere zu machen. So wird in der um die Jahrhundertmitte verfaßten Genealogie des Lambertus von Wattrelos der Onkel des Verfassers folgendermaßen eingeführt:

> ... De Disdelde igitur Radulfus vir suavis ac pius prodiit, qui post avunculum suum Ricuardum fratribus ecclesiae Montis sancti Eligii abbas scilicet tertius prefuit. A Gisla quasi a iuniore ipsemet Lambertus exii, atque ab eodem avunculo meo Radulfo canonicus regularis factus fui in ecclesia beati Autberti episcopi Cameraci ...
>
> (Lamberti Waterlos *Annales Cameracenses*, 512).

Der Onkel, der als Abt einen gewissen Einfluß gehabt haben muß, verschafft dem Neffen, der als jüngerer Sohn nicht auf ein Erbe rechnen konnte, das Kanonikat[100].

Ferner war es auch üblich, seine Kinder im Hause eines Onkels erziehen zu lassen. Dies betrifft Mädchen ebenso wie Jungen. Ordericus Vitalis berichtet etwa, daß die vom Grafen von Anjou geliebte Bertrada von Montfort bei ihrem Onkel, dem Grafen von Evreux, erzogen wird:

> ... Amo Bertradam sobolem Simonis de Monteforti neptem scilicet Ebroicensis comitis Guillelmi, quam Heluisa comitissa nutrit, et sub sua tutela custodit ...
>
> ... neptem meam ..., quam sororius meus michi commendauit nutriendam ...
>
> (*Hist.eccl.* VIII, 10, ed. Chibnall IV, 184).

---

99 Dieses Werk ist für uns nicht nur deshalb besonders interessant, weil es, in den zwanziger und dreißiger Jahren des 12. Jahrhunderts verfaßt, eine zeitgenössische Quelle darstellt, sondern auch, weil es neben den großen politischen Ereignissen und der Geschichte eines Klosters auch profane Regional- und Lokalgeschichte behandelt und so einen Einblick in die Welt der Aristokratie gewährt, die den sozialen Hintergrund unserer *chansons de geste* darstellt.

100 Vgl. Georges Duby, *Structures de parenté et noblesse. France du nord. XIe-XIIe siècles*, in: Miscellanea Medievalia in memorem J. F. Niermeyer, Groningen 1967, 149–165, dort 157; Michel Bur, *L'image de la parenté chez les comtes de Champagne*, Annales E. S. C. 38, 1983, 1016–1039, dort 1032f.

Das Beispiel ist insofern typisch, als es sich bei dem Onkel um den Bruder der Mutter des Mädchens handelt, der diesem offensichtlich als Graf eine vornehmere Erziehung verschaffen kann als der Vater.

Von dem Schriftsteller Giraud de Barri wissen wir, daß ein Onkel, Bischof von Saint-Davids, ihn erzog und ihm Studien in Paris ermöglichte[101]. Überhaupt spielen geistliche Würdenträger besonders häufig eine Rolle bei Erziehung und Förderung ihrer Neffen. Daß Neffen im Haushalt eines hochrangigen Klerikers geradezu eine Selbstverständlichkeit waren, zeigt die satirische Beschreibung, die Gautier Map von seiner *familia* gibt und in der neben Dienern vor allem Neffen eine Rolle spielen[102]. Hierbei ist natürlich zu berücksichtigen, daß Kleriker – im Prinzip – keine eigenen legitimen Nachkommen haben. Dieses Phänomen wird in den frühen *chansons de geste* nicht aufgegriffen; und auch im weiteren Verlauf des Jahrhunderts wird der Bischof als Onkel nur in Ausnahmefällen von Bedeutung sein[103].

Bei kriegerischen Aktionen finden sich Neffen aber auch häufig als Begleiter weltlicher Herren. So werden sie beispielsweise bei der Belagerung einer Stadt erwähnt:

> Mense Nouembri Guillelmus comes ingentem exercitum aggregauit, et Concas expugnare cepit. Duo nepotes eius uiri potentes Guillelmus de Britolio et Ricardus de Monteforti cum eo erant, et cum turmis suis Concheios impugnabant ...
> (Ordericus Vitalis, *Hist.eccl.* VIII, 14, ed. Chibnall IV, 214).

Dann wieder sind sie an einem Überfall beteiligt:

> Post aliquot tempus dum Melcoma rex ad sua uellet remeare, muneribusque multis honoratus a rege rediret pacifice, prope fines suos Robertus de Molbraio cum Morello nepote suo et militibus armatis occurrit, et ex insperato inermem interfecit ...
> (ebd. VIII, 22, ed. Chibnall IV, 270).

Die Liste dieser Fälle ließe sich leicht verlängern. In diesem Punkt scheinen sich die *chansons de geste* eng an die Realität anzulehnen.

Daß viele Neffen zusammen mit ihrem Onkel Kriegszüge unternehmen, mag daran liegen, daß sie von diesem erzogen wurden und entweder noch bei ihm wohnen oder zumindest eine Bindung an ihn bewahren. Auch für kriegerische Betätigung gilt, daß man gern von dem Ansehen eines ranghöheren Onkels profitiert. Zu berücksichtigen ist aber noch ein anderer Umstand. Die Töchter wurden meist jünger verheiratet als die Söhne[104]. Diese hatten

---

[101] Reto R. Bezzola, *Les origines et la formation de la littérature courtoise en occident* III, 1, Paris 1967, S. 48.

[102] *De nugis curialium* I, 10.

[103] Solche Ausnahmen sind etwa der Bischof, der den kleinen Raoul in *Raoul de Cambrai* tauft, oder derjenige, der in *Garin le Loherain* die beiden kleinen Söhne des Hervis de Metz nach dessen Tod bei sich aufnimmt; sie finden sich also in Epen, die überhaupt als sehr ‹realistisch› anzusehen sind.

[104] Vgl. z. B. David Herlihy, *Medieval Households*, Cambridge/Mass.-London 1985, 103–111.

daher früher Neffen als eigene Söhne, und der Altersabstand zu den Neffen war geringer. Es ist somit für einen kampffähigen Ritter wahrscheinlicher, Neffen im waffenfähigen Alter zu haben als Söhne.

Hinzu kommt, daß, wie Duby herausgearbeitet hat, zumindest in der ersten Hälfte des 12. Jahrhunderts die Tendenz dahin ging, immer nur einen Sohn zu verheiraten, damit das Erbe nicht durch die Einrichtung neuer Haushalte zerstückelt wurde[105]. Dies hatte eine große Zahl lediger, besitzloser Ritter zur Folge, die zu Kriegsdiensten bei dem einen oder anderen Herrn zur Verfügung standen und die keine eigenen legitimen Kinder, wohl aber zahlreiche Neffen hatten. Die Stellung solcher Ritter entspricht derjenigen Guillaumes im *Couronnement Louis* oder im *Charroi de Nîmes*.

h. Ergebnis

Wir sind daher der Auffassung, daß es gesellschaftliche Realitäten waren, die die Verwendung von Neffen für die beschriebenen typischen Funktionen nahelegten, daß die Ausschließlichkeit und die Typisierung ihrer Verwendung jedoch einer innerliterarischen Dynamik zu verdanken ist. Neffen erweisen sich einfach als besonders praktisch für die Bedürfnisse der Gattung der *chanson de geste*. Sie entwickeln sich zu einem literarischen Motiv, das für diese Gattung charakteristisch und – jedenfalls in der ersten Zeit – mit ihr koextensiv ist. Zu einem epischen Text gehören in bestimmten Rollen einfach Neffen.

Mit der Zeit zu einem selbstverständlichen Element geworden, werden die Neffenfiguren zwangsläufig immer weiter und immer häufiger verwendet, was schließlich zur Banalisierung des Motivs führen muß und auch tatsächlich führt. In der zweiten Jahrhunderthälfte sind es nicht mehr nur die großen Helden, denen Neffen zugeordnet werden, sondern vielfach auch ausgesprochene Nebenfiguren. Die Neffen müssen auch nicht mehr zur *maisnie* gehören[106]. Wie wir am zweiten Teil der *Chanson de Guillaume* und an *Girart de Roussillon* feststellen konnten, gibt es schon um die Jahrhundertmitte erste Anzeichen für eine solche Entwicklung. Diese Banalisierung macht deutlich, daß man die Neffen einfach als ‹typisch episches› Motiv aufgefaßt hat[107].

---

[105] Vgl. G. Duby, *Dans la France du Nord-Ouest. Au XIIe siècle: les «jeunes» dans la société aristocratique*, Annales E. S. C. 19, 1964, 835–846, dort 842; ders., *Lignage, noblesse et chevalerie au XIIe siècle dans la région mâconnaise. Une révision*, ebd., 395–422, dort 414f.

[106] Beispiele: *Moniage Guillaume II* 4216, 4248, *Chanson d'Antioche* 2715, *Chétifs* 227ff, *Enfances Vivien* 29, 510, 771, *Narbonnais* 3712, *Girart de Vienne* 4215, *Aymeri de Narbonne* 1883, *Chevalerie Ogier* 3744, *Prise d'Orange* 601, 664, *Bataille Loquifer* 257, *Moniage Rainouart* 6506, *Enfances Guillaume* 2916, *Mort Aymeri* 3085. Wie die Neffenbeziehung in den späteren Texten bei den zentralen Figuren gestaltet wird, werden wir in Teil IV untersuchen; s. u. S. 262–277.

[107] Zusätzlich gefördert wird diese Entwicklung natürlich durch die Tatsache, daß das große Vorbild Roland gerade ein Neffe ist.

Abschließend noch eine Bemerkung zu der eingangs erwähnten Tatsache, daß nicht nur in den altfranzösischen *chansons de geste*, sondern auch in den Epen anderer, zum Beispiel germanischer oder keltischer Literaturen Onkel-Neffe-Relationen eine gewisse Rolle spielen. Aus der Existenz dieser Parallelfälle haben Gelehrte wie Farnsworth oder Curtius geschlossen, daß es einen älteren Gesellschaftszustand geben müsse, auf den sich alle entsprechenden Fälle zurückführen ließen.

Unsere Überlegungen zielten darauf ab zu zeigen, daß eine solche Annahme unnötig ist. Wir haben es in den *chansons de geste* nicht mit einem vollständigen Gesellschaftsbild zu tun, sondern nur mit einem kleinen Ausschnitt aus der Gesellschaft, der Gruppe der kriegführenden Männer. Auch diese Gruppe wird, wie wir zeigen konnten, nicht in realistischer Weise, sondern unter Verwendung typisierter Elemente abgebildet. Die in dieser Weise vereinfacht dargestellten gesellschaftlichen Strukturen entsprechen aber zeitgenössischen Verhältnissen, so daß sich ein Rückgriff auf ältere Gesellschaftsformen erübrigt.

Es bedarf nun noch einer Antwort auf die Frage, warum Onkel-Neffe-Beziehungen gelegentlich auch in anderen Literaturen und zu anderen Zeiten in der Heldenepik vorkommen. Die Annahme einer älteren – beispielsweise germanischen – epischen Tradition könnte dies erklären. Eine solche Tradition könnte im Falle der *chansons de geste* zufällig durch die gesellschaftlichen Verhältnisse gefördert worden sein. Diese Annahme setzt aber voraus, daß die keltische Epik unter germanischem Einfluß entstanden ist und daß eine literarische Tradition sich über mehrere Jahrhunderte gehalten hat, aus denen es keine Indizien für ihre Existenz gibt.

Wir halten es für wahrscheinlicher, daß sich die Schilderung von Onkel-Neffe-Beziehungen im Epos unter bestimmten gesellschaftlichen Bedingungen immer wieder neu ergibt. Voraussetzung ist dabei eine Gesellschaftsform, in der Verwandtschaft als Bezugssystem für den einzelnen eine besonders wichtige Rolle spielt und das Vorhandensein von Verwandten Macht und Ansehen steigert. Nur dann ist die Einführung von Verwandten als Begleitern des Helden sinnvoll. Diese Voraussetzung ist jedoch fast immer gegeben, wenn staatliche oder städtische Strukturen nur schwach ausgeprägt sind; hingegen entfällt sie in politisch organisierten Gemeinwesen[108]. Wenn außerdem das Verhältnis von Mutterbruder und Schwestersohn eine geringere Altersdifferenz impliziert als das von Vater und Sohn, was ebenfalls gar nicht so ungewöhnlich ist, liegt es für einen Dichter besonders nahe, zwei zusammengehörige Männer, die unterschiedlich alt, aber beide waffenfähig sein sollen, als Mutterbruder und Schwestersohn einzuführen.

---

[108] Dies dürfte das Fehlen von Neffengestalten in den Homerischen Epen erklären.

2. Väter und Söhne

Von den übrigen Verwandtschaftsbeziehungen bieten die frühen *chansons de geste* kein so klares Bild wie von der Onkel-Neffe-Beziehung. So ist die Bedeutung der Söhne in der *chanson de geste* von der Forschung auch lange Zeit nicht richtig gewürdigt worden. Erst 1974 hat S. C. Obergfell[1] grundsätzlich darauf hingewiesen, daß auch die Vater-Sohn-Beziehung vielfach von großer Wichtigkeit ist. Von ihr stammt auch eine Studie zu dem wichtigen Einzelmotiv des Kampfes zwischen Vater und Sohn[2]. Nur einzelne Aspekte dieses Problems wurden schon vorher behandelt. So untersuchen van Waard[3] und Bender[4] die Vater-Sohn-Szene zu Beginn des *Couronnement Louis* unter dem Gesichtspunkt der Erblichkeit der Königsherrschaft und versuchen, den aktuellen Hintergrund zu ermitteln, der die Darstellung dieser Thematik in der *chanson de geste* veranlaßt haben könnte. Neben diesen vorwiegend historisch orientierten Arbeiten gibt es einzelne Studien, die die Gestalt Rolands und das Problem des Vaters im *Rolandslied* betreffen[5]. Sonst wird die Vater-Sohn-Beziehung meist nur als Vergleichsobjekt zur Onkel-Neffe-Beziehung behandelt, die sie angeblich im Laufe des 12. Jahrhunderts allmählich verdrängt[6]. Umgekehrt verzichtet M.-G. Garnier-Hausfater bei ihrer Analyse von Generationenkonflikten in den *chansons de geste* auf eine Unterscheidung von Vater-Sohn-Beziehung und anderen Beziehungen zwischen Angehörigen verschiedener Generationen (also auch zwischen Onkel und Neffe)[7]. Auch diese Ansätze ermöglichen nur einzelne Erkenntnisse über die Vater-

---

[1] Sandra Cheshire Obergfell, *Aspects of the Father-Son Relationship in the Old French Chanson de geste and Romance*, Diss. Indiana Univ. 1974.

[2] Dies., *The Father-Son Combat Motif as Didactic Theme in Old French Literature*, Kentucky Romance Quarterly 36, 1979, 333−348.

[3] R. van Waard, *Le Couronnement de Louis et le principe de l'hérédité de la couronne*, Neophilologus 30, 1946, 52−58.

[4] Karl-Heinz Bender, *König und Vasall. Untersuchungen zur Chanson de geste des XII. Jahrhunderts*, Heidelberg 1967 (Studia Romanica 13).

[5] Hier sind insbesondere zu nennen: R. Howard Bloch, *Roland and Oedipus: A Study of Paternity in La Chanson de Roland*, The French Review 46, Special Issue, No. 5, 1973, 3−18; Alice Planche, *Roland fils de personne*, in: Charlemagne et l'épopée romane. Actes du VIIe Congrès International de la Société Rencesvals, Paris 1978, II, 595−604; Donald Maddox, *«E Baldewin mun filz»: la parenté dans la Chanson de Roland*, in: VIII° Congreso de la Société Rencesvals, Pamplona 1981, 299−304. Weitere Arbeiten haben wir bereits in dem Exkurs über den Inzest erwähnt; s. o. S. 59, Anm. 40.

[6] Wir haben diese Arbeiten im Kapitel über die Neffen aufgeführt; s. o. S. 52−57.

[7] Marie-Gabrielle Garnier-Hausfater, *Mentalités épiques et conflits de générations dans le cycle de Guillaume d'Orange*, Le Moyen Age 93, 1987, 17−40. Ausführlicher in ihrer unveröffentlichten *thèse*: *Les conflits de générations dans les chansons de geste du cycle de Guillaume d'Orange*, Université de la Sorbonne Nouvelle (Paris III), 1984.

Sohn-Beziehung, da diese, wie im folgenden deutlich werden soll, in grundsätzlich anderer Weise verwendet wird als die Onkel-Neffe-Beziehung.

a. Das *Rolandslied*

Im *Rolandslied* treten die Söhne stark in den Hintergrund. Zwar haben fünf der zentralen handelnden Figuren Söhne — Karl und Ganelon sowie Blancandrin, Marsilie und Baligant —, doch sind nur die Söhne Marsilies und Baligants selbst handelnde Personen, und auch diese sind ausgesprochene Nebenfiguren.

Im allgemeinen entsprechen die Söhne in diesem Text der allgemeinen Auffassung von Söhnen, wie wir sie in Teil I herausgearbeitet haben, und erscheinen als Erben. Als Ganelon auf seinen Sohn Baldewin hinweist, ist er darum besorgt, ihm sein Erbe zu sichern:

> Si'n ai un filz, ja plus bels n'en estoet:
> Ço est Baldewin, — ço dit — ki ert prozdoem.
> A lui lais jo mes honurs e mes fieus.
> Gua⟨r⟩dez le ben, ja ne'l verrai des oilz
> (ebd. 313–316).

Außerdem fordert er seine Leute auf, nach seinem Tod Baldewin als ihren Herrn anzusehen: «E lui aidez e pur seignur tenez» (364). Als Karl Aude anbietet, seinen Sohn Louis zu heiraten, bezeichnet er ihn ebenfalls als seinen Erben:

> Jo t'en durai mult esforcét eschange:
> Ço est Loewis, mielz ne sai a parler;
> Il est mes filz, e si tendrat mes marches
> (ebd. 3714–3716).

Jurfaleu, Marsilies Sohn, ist ebenfalls hauptsächlich deshalb von Wichtigkeit, weil er der normale Erbe seines Vaters gewesen wäre. So wird er schon als «Jurfarét, ki est ses filz e ses heirs» vorgestellt (504). Nach seinem Tod hat Marsilie keinen Nachfolger mehr (2744f). Auch die anderen Sarazenen beklagen den Verlust des Nachfolgers, der das Land nach der schweren Verwundung des Königs hätte schützen können:

> Perdut avum le rei Marsiliun,
> Li quens Rollant li trenchat ier le poign;
> Nus n'avum mie de Jurfaleu le blunt.
> Trestute Espaigne iert hoi en lur bandun
> (ebd. 2700–2703).

Hier liegt sicher eine bewußt geschaffene Parallele zu Roland vor, dessen Tod ebenfalls den Bestand des Reiches gefährdet. Es fällt auf, daß der Dichter gerade in diesem Punkt, der sich mit der Nachfolge verknüpfen läßt, als Gegenbild Rolands nicht den Neffen Marsilies, Aelroth, wählt, sondern den Sohn[8].

Eine abweichende Verwendung der Vater-Sohn-Beziehung begegnet an der einzigen anderen Stelle, an der ein Vater und ein Sohn zusammen dargestellt werden (3176–3215). Der sarazenische Oberherr Baligant und sein Sohn Malprime sprechen über Kaiser Karl, und Malprime bittet seinen Vater, den ersten Schlag gegen diesen führen zu dürfen (3200). Baligant verspricht seinem Sohn, ihn zum Lohn mit einem Stück seines Landes zu belehnen, wenn er den Gegner bezwinge:

> Le grant orgoill se ja püez matir,
> Jo vos durrai un pan de mun païs
> Des Cheriant entresqu'en Val Marchis. –
> 〈E〉 cil respunt: – Sire, vostre mercit! –
> Passet avant, le dun en requeillit ...
> (*Chanson de Roland* 3206–3210).

Diese Stelle ist, was eine Charakterisierung der Verwandtschaftsbeziehung angeht, erstaunlich unspezifisch. Weder handelt Malprime anders als es ein anderer hervorragender Ritter seines Vaters tun könnte, noch ist Baligants Reaktion besonders auf die Verwandtschaftsbeziehung abgestimmt. Von der gesamten Herrschaft Baligants ist nicht die Rede; der Sohn erscheint nicht als Erbe seines Vaters. Statt dessen greift der Dichter auf die übliche Gestaltung des Onkel-Neffe-Verhältnisses zurück. Malprime wird zwar nicht explizit als Mitglied der *maisnie* seines Vaters bezeichnet, gehört aber doch zu seiner unmittelbaren Umgebung vor Beginn der Schlacht:

> Li amiraill chevalchet par cez oz;
> Sis filz le siut ...
> (ebd. 3214f).

Er ist auch einer seiner Heerführer:

> Li amiralz est mult de grant saveir;
> A sei apelet s[un] filz e les dous reis:
> – Seignurs barons, devant chevalchereiz
> (ebd. 3279–3281).

Der Dichter wollte um der bereits erwähnten allgemeinen Symmetrie willen offensichtlich nicht nur Marsilie, sondern auch dem Oberhaupt der Heiden eine dem Neffen Karls entsprechende Gestalt zuordnen. Besonders deutlich

---

[8] In der Oxforder Handschrift erscheint Jurfaleu außerdem als ein wichtiger Teilnehmer am Rat seines Vaters, wo er dafür eintritt, Karls Boten, Ganelon, hinzurichten (495–498). Auch hier entspricht seine Funktion der des Neffen Roland, und hier läßt sie sich nicht mehr aus der Stellung als Nachfolger verstehen. Cesare Segre, a.a.O. 94, hat jedoch dargelegt, daß die Lesart der übrigen Handschriften, die an dieser Stelle den Neffen Marsilies sprechen lassen, wahrscheinlicher ist.

wird dies, als Baligant, als er vom Tod seines Sohnes erfährt, ganz wie Karl bei seiner Totenklage um Roland, am liebsten sterben will (3506). Bemerkenswert ist, daß bei Baligant im Gegensatz zu Marsilie eine Neffengestalt völlig fehlt.

Eine besondere Funktion der Söhne wird nebenbei erwähnt. Als Blancandrin dem König Marsilie rät, mit Karl zum Schein ein Abkommen zu treffen, hält er es für notwendig, daß die vornehmen Sarazenen ihm ihre Söhne als Geiseln anbieten:

> S'en volt ostages, e vos l'en enveiez,
> U dis u vint, pur lui afiancer:
> Enveiu⟨n⟩s i les filz de noz muillers;
> Par num d'ocire enveierai le men
>
> (ebd. 40–43).

Blancandrin ist bereit, auch seinen eigenen Sohn, der bei der geplanten Nicht-Einhaltung des Vertrags mit Sicherheit getötet werden wird, zu opfern. Ähnliche Fälle finden sich gelegentlich in anderen *chansons*[9]. Schon Farnsworth weist darauf hin, daß Söhne sehr oft als Geiseln verwendet werden. Er betrachtet dies als einen Beleg für die geringe Intensität der Vater-Sohn-Beziehung[10]. Doch ist die Einsetzung eines Sohnes als Geisel nur erklärlich, wenn der Sohn für den Vater besonders wichtig ist, denn andernfalls würde er keine Garantie für dessen Verhalten bieten. Da Geiseln auch in anderen Texten meist Söhne sind, liegt es nahe, hier an eine traditionelle Verwendungsweise zu denken.

Insgesamt bietet also das *Rolandslied* kein einheitliches Bild von der Vater-Sohn-Beziehung. Es gibt eine offensichtlich traditionelle Funktion für Söhne, die der Geisel, doch hat sie keine große Bedeutung. Im allgemeinen wird der Sohn einfach als Erbe und Nachfolger gesehen und kann als solcher auch in der Handlung eine gewisse Bedeutung erlangen, wie der Fall Jurfaleus zeigt. Dessen Tod macht es erst plausibel, daß Baligant die Rache für Marsilie und den Kampf gegen die Christen allein übernimmt. Die einzige etwas detailliertere Darstellung einer Vater-Sohn-Beziehung nutzt jedoch nicht diese übliche Funktion des Sohnes aus, sondern schildert ihn als einen Ritter wie andere auch, dem der Herrscher zur Belohnung ein Lehen verspricht. Diese Vasallenfunktion spielt aber sonst keine Rolle in der Handlung der *Chanson*, und auch in anderen *chansons de geste* kommt eine solche

---

9 Beispielsweise bietet im *Couronnement* der heidnische König Galafre dem Papst vor dem Zweikampf, der über den Besitz der Stadt Rom entscheiden soll, seine beiden Söhne als Geiseln an (489–492). Allerdings wird die Geiselfunktion augenscheinlich dann vergessen; als die Söhne den Papst aus dem Lager des Königs nach Rom zurückbegleiten, scheint dies mehr zu seiner persönlichen Sicherheit zu geschehen (558f).

10 a.a.O., 26–28.

Interpretation der Vater-Sohn-Beziehung nicht wieder vor; in allen späteren Texten unterscheidet sich der Sohn funktional deutlich vom Neffen[11].

Wenn der Rolanddichter offensichtlich einerseits mit Söhnen eine bestimmte Vorstellung verbindet, nämlich die von Erben und Nachfolgern, andererseits aber für die Darstellung der Vater-Sohn-Beziehung bei zentralen Figuren keine besondere Form findet, so legt dies den Schluß nahe, daß er hierfür kein traditionelles Schema zur Verfügung hat. Somit kommen auch wir zu dem Ergebnis, daß die Verwendung der Vater-Sohn-Beziehung als eines eigenständigen Motivs im Epos jünger ist als die der Onkel-Neffe-Beziehung, doch sehen wir hierin nicht ein Abbild historischer Veränderungen der Gesellschaftsstrukturen, wie man es bisher getan hat, sondern eine rein literarische Neugestaltung des Rolanddichters.

Dies erklärt auch, daß die Vater-Sohn-Beziehung, wie Allen gezeigt hat[12], vor allem in der jüngeren Baligant-Episode zur Darstellung kommt, die wohl von dem Dichter unseres *Rolandsliedes* einem bereits traditionellen Stoff hinzugefügt wurde. Der Dichter konnte hier, wo er nicht durch stoffliche Traditionen festgelegt war, ohne weiteres die Verwandtschaftsrelationen verwenden, die ihm geeignet erschienen. Daß er gerade in der Rolle der Person, deren Verlust für einen Herrscher besonderes Gewicht hat, mit Jurfaleu und Malprime zweimal einen Sohn einsetzt und trotz der offensichtlich intendierten Gegenbildlichkeit von Christen und Heiden nicht auf eine Neffengestalt wie Roland zurückgreift, zeigt, daß er einen Neffen prinzipiell für weniger wichtig hält als einen Sohn. Offensichtlich besteht für ihn der große Verlust Karls nicht darin, daß er einen Neffen verliert, sondern darin, daß er gerade Roland verliert.

b. *Couronnement Louis* und *Charroi de Nîmes*

Im ersten Teil der *Chanson de Guillaume* kommt auf Handlungsebene keine Vater-Sohn-Beziehung vor, doch begegnen Väter und Söhne in allen übrigen frühen *chansons*, zum Teil in Szenen von zentraler Bedeutung.

Im *Couronnement Louis* wird geschildert, wie Karl, alt geworden, seinen Sohn Louis zu seinem Nachfolger krönen will. Dieses Vorhaben wird von den anwesenden Baronen mit großer Freude aufgenommen:

> «...Challes li maines a mout son tens usé,
> Or ne puet plus ceste vie mener;
> Il a un fill a qui la velt doner.»
> Quant cil l'entendent, grant joie en ont mené;
> Totes lor mains en tendirent vers Dé:

---

[11] Ausnahmen von diesem Prinzip kommen erst gegen Ende des 12. Jahrhunderts wieder vor; s. u. Teil IV, S. 272f, 276 mit Anm. 17. Sie sind anderer Art als der hier beschriebene Fall.

[12] Allen, a.a.O., 41f.

«Peres de gloire, tu soies mercïé
Qu'estranges rois n'est sor nos devalé!»
(*Couronnement Louis* 54–60).

Die Freude wird dadurch hervorgerufen, daß man nun keine Furcht vor einem fremden Herrscher zu haben braucht. Von dem Sohn selbst ist noch nichts Näheres bekannt; es ist das Prinzip der Erbmonarchie, das hier in selbstverständlicher Weise anerkannt wird.

Karl wendet sich dann an seinen Sohn und zählt ihm die Rechte und Pflichten auf, die er als Herrscher haben wird (61–86). Daß einem Sohn vom Vater Lehren und Ermahnungen erteilt werden, ist ein Motiv, das in den späteren *chansons de geste* öfter Verwendung finden wird[13], das aber keineswegs auf diese Gattung oder auch nur auf die französische Literatur beschränkt ist, sondern in der gesamten Weltliteratur Verbreitung gefunden hat[14].

Louis traut sich nicht, die Krone zu ergreifen, und erscheint somit als ungeeignet für die Aufgabe des Herrschers (87–94). Karl ist zornig und enttäuscht und spricht davon, Louis ins Kloster zu schicken. Da bietet sich Hernaut d'Orléans an, die Herrschaft zu übernehmen, bis Louis älter und reif für diese Aufgabe sei, und Karl akzeptiert:

«…Ceste besoigne, s'il vos plest, m'otroiez,
Trusqu'a .iii. anz que verrons comment iert;
S'il veult preuz estre ne ja bon heritier,
Ge li rendrai de gré et volentiers,
Et acroistrai ses terres et ses fiez.»
Et dit li rois: «Ce fet a otroier.»
(ebd. 105–110).

Hier wird das Erbrecht des Sohnes zwar nicht explizit negiert, doch wird gefordert, daß ein potentieller Nachfolger die nötigen Fähigkeiten für das Amt aufweisen müsse. Der Dichter stellt Hernauts Vorschlag jedoch als Unrecht dar[15] und läßt Guillaume die sofortige Krönung des Kaisersohnes durchsetzen. Karl bekundet seine Freude darüber, obwohl er Louis eben noch für unfähig gehalten hatte. Guillaume selbst ist sich der Schwäche des von ihm gekrönten Nachfolgers durchaus bewußt:

«Tenez, beau sire, el non de Dieu del ciel,
Qui te doint force a estre justisier!»
Voit le li peres, de son enfant fu liez:
«Sire Guillelmes, granz merciz en aiez:
Vostre lignages a le mien essaucié.»
(ebd. 145–149).

---

[13] S. u. Teil IV, S. 243–245.

[14] Als Beispiel seien nur die Ermahnungen genannt, die bei Homer Glaukon bei seinem Aufbruch in den Krieg von seinem Vater erhält (*Ilias* VI 207ff).

[15] Vgl. z. B. 100f und 111, wo Hernaut und seine Parteigänger als *losengiers* bezeichnet werden, 118f, 121, 136, wo Guillaume und Bertrand Hernauts Vorgehen verurteilen.

Van Waard und Bender haben im einzelnen dargelegt, wie hier die Prinzipien von Erbmonarchie und Wahlkönigtum einander gegenübergestellt werden und die Erblichkeit des Königtums propagiert wird[16]. Das Thema des rechtmäßigen Herrschers, der vom Vasallen auch dann loyal unterstützt wird, wenn er sich als schwach erweist, durchzieht die gesamte *chanson*.

Die Interpreten sind sich einig, daß das *Couronnement Louis* und insbesondere die Krönungsszene durch zeitgenössische politische Ereignisse angeregt sind, wenn auch keine Übereinstimmung darüber zu bestehen scheint, um welche politischen Ereignisse es sich hierbei handelt[17]. Doch beschränkt sich die Szene nicht völlig auf das politische Problem der Königsnachfolge. Die Verwandtschaftsbeziehung als solche kommt ebenfalls in den Blick. So bezieht sich Karls Enttäuschung über Louis zwar auf seine fehlende Eignung zum Herrscher; es kommt jedoch auch ein Element persönlicher Unzufriedenheit mit dem Sohn hinzu, der ihm nicht gleicht:

> Et l'empereres fu mout grains et iriez:
> «Ha! las!» dist il, «comme or sui engigniez!
> Delez ma fame se coucha pautonier
> Qui engendra cest coart heritier.
> Ja en sa vie n'iert de moi avanciez ...»
> (ebd. 89–93).

Man sollte allerdings nicht so weit gehen, die Worte Karls wörtlich zu nehmen. Wenn er sagt, ein so feiger Sohn könne nicht von ihm sein, so ist das nur seiner Erregung zuzuschreiben – niemand im ganzen Werk kommt auf den Gedanken, Louis' Legitimität anzuzweifeln. Auch Karl selbst hat keine wirklichen Zweifel, andernfalls könnte er sich nicht in der geschilderten Weise über seinen Sohn freuen, als dieser schließlich gekrönt ist, und dies als eine Steigerung des Ansehens seines *lignage* interpretieren (149). Nicht die konkrete Frage, ob Louis wirklich Karls Sohn ist, interessiert hier, sondern die Problematik der Vater-Sohn-Beziehung an sich, die sich daraus ergibt, daß ein Sohn die Erwartungen des Vaters, an dessen Stelle er treten soll, nicht unbedingt erfüllt.

Eine ganz entsprechende Vater-Sohn-Szene findet sich im *Charroi de Nîmes*. Dort fordert Guillaume seine beiden Neffen Bertrand und Guielin auf, ihn bei der Inbesitznahme des noch von den Heiden kontrollierten ‹Spanien› zu begleiten (595–603). Guielin, noch sehr jung, fürchtet sich vor den Mühen einer solchen Unternehmung:

---

[16] Van Waard, a.a.O., bes. 53f; Bender, a.a.O., 62–64. Man vergleiche auch etwa 1893–1895, wo Guillaume dem Normannen Acelin, der sich ebenfalls der Herrschaft bemächtigen will, vorhält, daß sein Vater nie König gewesen sei.

[17] Van Waard, a.a.O., 55, plädiert für eine Datierung auf die Jahre zwischen 1131–1137; Bender, a.a.O., 49–67, sieht die Jahrhundertmitte als wahrscheinlicher an. Vgl. auch Frappier, *Les chansons de geste du cycle de Guillaume d'Orange*, II, Paris 1965, 57–59.

> Guïelins l'ot, si sorrist faintement,
> Et dit en bas, qu'en ne l'entent neant:
> «Je feré ja mon oncle molt dolent.
> – Non feroiz, sire,» ce dit li quens Bertran,
> «Que molt est fier Guillelmes le vaillant.
> – Et moi que chaut?» dist Guïelin le franc,
> «Que trop sui juenes, ge nen ai que .xx. anz;
> Encor ne puis paine soffrir si grant.»
> (Charroi de Nîmes 604–611).

Der Vater Bertrands und Guielins, Guillaumes Bruder Bernart, hört dies. Wie Karl ist er entrüstet über die Haltung des Sohnes:

> Ot le Bernart, son pere, de Brebant,
> A par un pou que il ne pert le sens.
> Hauce la paume, si li a doné grant:
> «Hé! fox lechierres, or m'as tu fet dolant!
> Devant le roi te metrai en present.
> Par cel apostre que quierent peneant,
> S'avec Guillelme ne recevez le gant,
> De ceste espee avras tu une grant,
> Il n'avra mire de cest jor en avant
> Qui vos saint mes en tot vostre vivant.
> Querez hennor, dont vos n'avez neant,
> Si con ge fis tant con fui de jovent;
> Que par l'apostre que quierent peneant,
> Ja de la moie n'avroiz mes plain un gant;
> Ainz la dorrai trestot a mon talant.»
> (ebd. 612–626).

Die Struktur dieser Szene gleicht auffällig derjenigen der Szene im *Couronnement*. Wie dort reagiert der Vater auf das Verhalten des Sohnes mit einer extremen Drohung und fordert von ihm, daß er sich an ihm selbst, dem Vater, ein Vorbild nehme. Im Unterschied zu Karl vermißt Bernart bei seinem Sohn allerdings nicht Fähigkeiten, die ihn als Nachfolger für ein bestimmtes Amt geeignet erscheinen ließen, sondern ganz generell Tapferkeit und Kampfesmut sowie die Bereitschaft, sich durch eigene Leistung ein Lehen zu erwerben, anstatt auf das väterliche Erbe zu warten. Das Thema der Vater-Sohn-Beziehung wird hier also in viel allgemeinerer Weise behandelt als im *Couronnement*. Die Szene im *Charroi* läßt sich daher kaum noch zu einem äußeren, politischen Anlaß in Beziehung setzen.

Ein weiterer Unterschied zum *Couronnement* besteht darin, daß der Vater eigens für diese Szene in die Handlung eingeführt wird, in der er sonst keine Rolle spielt. Diese Tatsache ist deshalb besonders auffällig, weil Guielins Verhalten sich gegen eine Aufforderung des Onkels richtet und mit der Sukzession des Vaters gar nichts zu tun hat, und sie könnte ein Indiz dafür sein, daß der Dichter des *Charroi* sich bewußt an eine bereits ausgeformte Szenenform anlehnt. Es hätte sich somit eine typische Szene gebildet. Vor allem zeigt diese Einführung des Vaters aber, daß der Dichter eine entsprechende

Szene zwischen Onkel und Neffe für undenkbar oder zumindest unangemessen hielt. Auch wir konnten eine solche Problematisierung der Verwandtschaftsbeziehung bei Onkeln und Neffen nirgends beobachten.

In einem Punkt ähnelt die Darstellung der Vater-Sohn-Beziehung derjenigen der Onkel-Neffe-Beziehung: Sie scheint in gewisser Weise einseitig ausgerichtet. Beide Dichter konzentrieren sich auf die Darstellung des Sohnes aus der Sicht des Vaters. Geschildert wird das Verhalten des Sohnes und seine Wirkung auf die Anwesenden, geschildert werden die Erwartungen, die die Väter an ihre Söhne haben, ihre Enttäuschung, wenn diese Erwartungen nicht erfüllt werden und ihre Reaktion hierauf. In keinem Fall werden jedoch die Reaktionen des Vaters aus der Perspektive der Söhne geschildert, geschweige denn kommentiert. Die Söhne verhalten sich, bedingt durch ihre unterschiedliche Rolle in der Gesamthandlung, unterschiedlich. Doch selbst im *Charroi*, wo die Söhne auf den väterlichen Tadel reagieren, besteht ihre Reaktion nur in sofortigem Gehorsam. Der Unmut über die Behandlung durch den Vater, den man erwarten könnte, wird sofort auf die Sarazenen abgelenkt:

> Batuz nos a dan Bernarz de Brebant;
> Mes par l'apostre que quierent peneant,
> Ce conparront Sarrazin et Persant ...
> (*Charroi de Nîmes* 630–632).

Es gibt somit zwar die Gestalt des Sohnes, der einer jüngeren Generation als die Helden angehört, ein Angehöriger der älteren Generation wird jedoch nicht als solcher charakterisiert[18].

c. Die übrigen frühen *chansons de geste*

In wieder anderer Weise wird die Vater-Sohn-Beziehung in *Gormont et Isembart*, soweit wir das aus dem erhaltenen Fragment erkennen können, dargestellt. Es handelt sich um einen Kampf zwischen Vater und Sohn, auch dies ein Motiv, das in der Weltliteratur verbreitet ist[19] und in den späteren *chansons de geste* immer wieder eine Rolle spielen wird[20].

In *Gormont et Isembart* wird ein Krieg zwischen dem christlichen König Louis und dem heidnischen König Gormont geschildert. Auf der Seite Gormonts kämpft auch Isembart mit, ein Sohn des christlichen Helden Bernard. Es kommt zu einem Zweikampf zwischen Vater und Sohn, in dessen Verlauf Isembart den Vater vom Pferd stößt (560–572). Doch hatte er den Vater nicht erkannt, wie der Dichter ausdrücklich vermerkt:

---

[18] Zur weiteren Entwicklung dieses Szenentyps vgl. u. Teil IV, S. 233–243.
[19] Man denke etwa an das *Hildebrandslied*, um nur ein mittelalterliches Beispiel zu nennen. Zu diesem Motiv vgl. insbesondere S. C. Obergfell, *The Father-Son Combat Motif*, mit weiterer Literatur.
[20] S. u. Teil IV, S. 225–232.

> De ceo fist il pechié e mal,
> que sun pere deschevalcha,
> mais que il nel reconoist pas.
> Sil coneüst, ja nel tochast,
> car d'altre chose l'araisnast
> (*Gormont et Isembart* 573−577).

Hieraus ergibt sich, daß der Respekt gegenüber dem Vater für den Dichter eine Selbstverständlichkeit ist, die nicht in Frage gestellt wird. Obwohl der Vater augenscheinlich keinen ernsthaften Schaden davongetragen hat, werden für Isembarts Stoß gegen ihn so schwerwiegende Vokabeln wie *pechié* und *mal* verwendet. Offensichtlich vermeidet der Dichter alles, was die Vater-Sohn-Beziehung selbst problematisieren würde, und setzt den Zweikampf nur zur Unterstreichung des übergeordneten Gegensatzes von Christen und Heiden ein[21]. Es wäre denkbar, daß es außerdem um die Frage ging, ob man unter allen Umständen dem eigenen König gegenüber loyal bleiben muß[22]. Die Vater-Sohn-Beziehung ist für die Darstellung eines solchen Konflikts offenbar besonders geeignet, weil sie normalerweise einen engen Zusammenhalt impliziert[23].

Auch im zweiten Teil des *Wilhelmsliedes* findet sich eine Szene, an der Vater und Sohn beteiligt sind. Als Guillaume nach Laon an den Hof des Königs Louis kommt, um diesen um militärische Unterstützung zu bitten, trifft er dort neben anderen Rittern und Baronen seine eigenen Verwandten. Als der König die Hilfe verweigert, bieten diese Guillaume Hilfstruppen an. Erwähnt werden ein Neffe Guillaumes, vier seiner Brüder und sein Vater Aymeri. Daneben erscheint aber auch Baudouin von Flandern, der offensichtlich nicht zu Guillaumes *lignage* gehört, sondern nur in seiner Eigenschaft als einer der großen Feudalherren des Reichs spricht (2538−2572). Er ist es, der den König überredet, Guillaume doch Hilfe zu leisten (2576−2589). Guillaumes Vater hat keinerlei Sonderstatus gegenüber den Brüdern Guillaumes, er erscheint gleichberechtigt neben diesen.

Die Szene dient in erster Linie dazu, einen Kontrast zwischen dem zögerlichen König und dem stets einsatzbereiten *lignage* Aymeris herzustellen. Hieraus erklärt es sich, daß eine eingehendere Differenzierung zwischen verschiedenen Verwandtschaftstypen nicht versucht wird.

Als König Louis zögert, die von Guillaume geforderten Hilfstruppen zu stellen, und die Königin ihn, obwohl sie eine Schwester Guillaumes ist, ganz davon abhalten will, muß Guillaumes Vater den Sohn von handgreiflichen Reaktionen zurückhalten:

---

[21] Ob Isembart dem christlichen Glauben selbst abgeschworen hat, wird nicht ganz klar; der Vers 509 scheint dagegen zu sprechen.

[22] Dieser Punkt spielt in späteren Ausformungen des Motivs eine wichtige Rolle; s. u. Teil IV, S. 229−232.

[23] S. o. Teil I, S. 43f.

«... Si jo trai fors del feore ceste espee,
Ja vus avrai cele teste colpee!»
Pé e demi l'ad del feore levee;
Devant fu Nemeri de Nerbune, sun pere,
Si li unt dit parole menbree:
«Sire Willame, laissez ceste mellee!
Vostre sorur est, mar fust ele nee!»
(*Chanson de Guillaume* 2623–2629).

Das Eingreifen des Vaters ist erfolgreich. Dies wird jedoch als selbstverständlich angesehen und nicht näher kommentiert, geschweige denn problematisiert. Der Dichter geht weder auf die Reaktion Guillaumes noch auf die seiner Schwester mit einem Wort ein.

Ein weiterer Sohn in diesem Werk ist Rainouart, dessen Vater Desramé Oberhaupt der Heiden ist. Doch wird diese Verwandtschaftsbeziehung nur zur Hervorhebung der königlichen Abstammung Rainouarts und zur Feststellung seiner Identität als Bruder Guibourcs verwendet (2825, 2874, 3356, 3539). Obwohl Rainouart gegen seine heidnischen Verwandten kämpft (3274 wird ein Onkel erwähnt), wird die Vater-Sohn-Beziehung in diesem Rahmen nicht thematisiert; ein Kampf zwischen Vater und Sohn wie etwa in *Gormont et Isembart* wird nicht geschildert. Erst spätere Bearbeitungen des Stoffes werden einen solchen Kampf einfügen[24].

d. Zusammenfassung

Die untersuchten Szenen zeigen, daß in der ersten Hälfte des 12. Jahrhunderts auch die Vater-Sohn-Beziehung in den *chansons de geste* an prominenter Stelle, d. h. bei zentralen Figuren, Verwendung finden kann. Doch obwohl die Söhne in einheitlicher Weise als Erben und Nachfolger gesehen werden, haben sie sich nicht wie die Neffen zu einem typischen Element in der Handlung der *chanson de geste* entwickelt. Offensichtlich waren Erben und Nachfolger in der Handlung der Epen ursprünglich nicht so notwendig, wie es Begleiter des Helden waren. Nur eine Funktion gibt es, für die Söhne in stereotyper Weise verwendet werden können: die der Geisel. Doch diese Funktion hat in der Handlung der uns vorliegenden Texte keine große Bedeutung.

Wenn die Dichter sonst Väter und Söhne in Verbindung mit einem für sie charakteristischen Motiv einsetzen, dann geht es ihnen darum, bestimmte Ideen zu propagieren (wie die Erbmonarchie im *Couronnement Louis*), bestimmte Gegensätze hervorzuheben (so vermutlich in *Gormont et Isembart* den von Christen und Heiden) oder die Problematik der Vater-Sohn-Beziehung darzustellen (*Couronnement Louis* und *Charroi de Nîmes*). Sie verfolgen also immer bestimmte übergeordnete Intentionen.

---

[24] Vgl. z. B. *Aliscans* 6585–6638. S. u. Teil IV, S. 226.

Bemerkenswert ist, wie im *Couronnement* und vor allem im *Charroi* die Beziehung von Vater und Sohn als solche problematisiert wird. Ein entsprechendes Interesse für eine Verwandtschaftsbeziehung konnten wir in den *chansons de geste* der ersten Jahrhunderthälfte sonst nicht beobachten.

In den übrigen Fällen, in denen die Vater-Sohn-Beziehung vorkommt, erscheint sie nicht von anderen Verwandtschaftsrelationen abgehoben. Deutlich wird nur die Auffassung, daß der Vater auf den Sohn Einfluß nehmen kann, und der Sohn dem Vater in jedem Fall Respekt schuldet.

Während Söhne in den meisten Fällen aus der Sicht der Väter, als Angehörige einer jüngeren Generation, gesehen werden, werden die Handlungen der Väter nie aus der Sicht der Söhne beschrieben.

e. Die Kinderlosigkeit

Aus dem Gesagten erklärt sich auch ein Phänomen, das in der Forschung bisher oft als selbstverständliche Begleiterscheinung der Vorliebe der *chansons de geste* für Neffenfiguren gewertet wurde[25]: die Tatsache, daß die Helden oft keine oder nur unbedeutende Kinder haben. Wir haben dieses Phänomen der Kinderlosigkeit bei der Behandlung der Neffenfiguren nicht berücksichtigt, da es nach unserer Auffassung nicht direkt mit dem Neffenphänomen zusammenhängt.

Wir meinen, daß die Forschung hier wie bei der Erklärung der Vaterlosigkeit Rolands von einer falschen Fragestellung ausgegangen ist. Zu fragen ist nicht, warum die Helden keine Söhne haben, sondern, ob man Söhne überhaupt erwarten kann. Dies ist offensichtlich nicht der Fall, da Söhne − außer vielleicht in der relativ unbedeutenden Funktion der Geisel − überhaupt nicht zum traditionellen Personenbestand der Heldenepik gehören. Die jungen Nachfolger, die die nächste Generation repräsentieren, passen nicht in die kriegerischen Auseinandersetzungen erwachsener Männer − die Neffenbeziehung impliziert, wie wir gesehen haben, eine geringere Altersdifferenz.

Man beachte auch, daß fast nie darauf hingewiesen wird, daß ein Held keine Kinder hat; Kinder sind einfach uninteressant für die epische Handlung. Die einzige Ausnahme findet sich im *Wilhelmslied*, wo der Held angesichts der Notwendigkeit, zum zweiten Mal in die Schlacht gegen Desramé zu ziehen, klagt, daß er keinen Erben habe, der sein Land nach seinem Tod übernehmen könnte:

> Si jo murreie, qui tendreit mun païs?
> Jo n'a tel eir qui la peusse tenir
> (*Chanson de Guillaume* 1434f).

Doch der Dichter des *Wilhelmsliedes* verfolgt, wie wir im Kapitel über die Neffen gesehen haben, mit der Einsetzung des Neffen Gui zum Erben Guil-

---

[25] Vgl. z. B. Bezzola, *Les neveux*, 89f.

laumes eine bestimmte künstlerische Absicht: Er will Vivien, dessen Verhältnis zu seinem Onkel vor allem das eines Ritters zu seinem *seignor* ist, eine Kontrastfigur gegenüberstellen. Die Einsetzung eines Neffen zum Erben ist aber nur möglich, wenn ein Sohn nicht vorhanden ist; der Dichter ist also gezwungen, dies klarzustellen.

3. Brüder

Trotz der großen Zahl von epischen Bruderverhältnissen hat die Forschung der Darstellung von Bruderbeziehungen in den *chansons de geste* bisher kein besonderes Interesse entgegengebracht. Ein Grund hierfür könnte die zurückhaltende Verwendung der für Brüder spezifischen Darstellungsformen gerade in den frühen Texten sein.

a. Brüderkollektive

Brüderkollektive, die als solche an der Handlung beteiligt sind wie später etwa die Söhne Herberts in *Raoul de Cambrai*, die Söhne Aymeris in den *Narbonnais* oder die Söhne Aymons in *Renaut de Montauban*, kommen in den ältesten erhaltenen Epen nicht vor. Es gibt jedoch Indizien dafür, daß ein Teil dieser Brüderkollektive schon früher bekannt war.

Im 11. Jahrhundert berichtet die Chronik von Waulsort die Geschichte der Söhne Herberts, und eine kurze Notiz über sie findet sich bereits im 10. Jahrhundert in den *Annales Flodoardi*[1]. Ob sie zu dieser Zeit schon im volkssprachlichen Epos besungen wurden, muß offen bleiben. Zu Anfang des 11. Jahrhunderts dürften auch Brüder Guillaumes bekannt gewesen sein. Jedenfalls kommen im *Haager Fragment*, das in lateinischer Sprache einen Ausschnitt aus dem Kampfgeschehen bei der Belagerung einer Stadt enthält und wohl Teil der Übersetzung eines französischen epischen Texts ist[2], Namen vor, die in den uns bekannten Texten drei Söhnen und einem Enkel Aymeris gehören[3]. Welchen verwandtschaftlichen Status sie innerhalb der Handlung des lateinischen Texts bzw. der zugrundeliegenden französischen

---

[1] Vgl. die Einleitung zur Ausgabe des *Raoul de Cambrai* von P. Meyer und A. Longnon, S. XVI, XCVII-CIV.

[2] Zur Datierung dieses Fragments vgl. Charles Samaran, *Sur la date du Fragment de la Haye. Notes paléographiques*, Romania 58, 1932, 190−205, wo auch der Text abgedruckt ist.

[3] Ob es sich bei dem als «puer» bezeichneten Wibelinus allerdings wirklich um den jüngsten Sohn Aymeris, Guibelin (bzw. Guibert), handelt oder um Guielin, den Bruder Bertrands, also einen zweiten Enkel Aymeris, ist u.E. nicht zu entscheiden. Zumindest in französischen Handschriften werden die beiden Namen durchaus verwechselt.

chanson hatten, ist allerdings unsicher, da weder Aymeri noch Guillaume in dem Fragment genannt werden.

Bekannt ist die Gesamtheit der Söhne Aymeris in der uns vorliegenden Fassung des *Couronnement Louis*. Guillaume stellt sich, wie wir bei der Besprechung der Identitätsangaben bereits erwähnt haben, seinem Gegner Corsolt durch die Nennung seiner Brüder vor (820–827)[4]. Die Brüder werden dabei einzeln aufgeführt und neben ihren Vater Aymeri und ihre Mutter Hermengart gestellt. Es geht somit in dieser *chanson* nicht darum, den Eindruck eines in sich geschlossenen Brüderkollektivs zu evozieren, sondern nur darum, Guillaume in eine bekannte epische Familie einzuordnen. Es ist auch nicht völlig auszuschließen, daß die Angaben oder ein Teil von ihnen erst bei der Zusammenstellung der zyklischen Handschriften in den Text eingefügt wurden.

Im älteren Teil der *Chanson de Guillaume* und im *Charroi de Nîmes* findet nur ein Bruder Guillaumes, Bernart, Erwähnung, und nur im *Charroi* geschieht dies auf der Ebene der Haupthandlung[5]. Erst im zweiten Teil des *Wilhelmsliedes* treten die Aymeriden zusammen in der Handlung selbst auf. Die Brüder erscheinen dort gleichberechtigt neben dem Vater und einem Neffen; sie sind also ebensowenig wie im *Couronnement Louis* funktional hervorgehoben[6].

b. Brüderpaare

Im *Rolandslied* spielen Brüder ebenso wie Söhne nur eine untergeordnete Rolle. Die Sarazenenherrscher Marsilie und Baligant haben jeweils einen Bruder, der jedoch nur kurz in der Schlacht in Erscheinung tritt, ohne daß die Bruderbeziehung in irgendeiner Weise näher charakterisiert würde. Wenn Thierri, der in der letzten Episode Roland im Zweikampf gegen Pinabel verteidigt, als Bruder definiert wird, dient dies ausschließlich der Identifikation des jungen Ritters[7]. Ein Brüderpaar erscheint in einem Verweis auf frühere Ereignisse: Basan und Basilie. Diese beiden Brüder werden nur zusammen genannt, und ihre Zusammengehörigkeit erscheint durch die Alliteration ihrer Namen zusätzlich betont. Die Möglichkeit, Personen durch eine Bruderbeziehung zusammenzufassen, ist also gegeben, wird aber auf der Ebene der handelnden Personen nicht genutzt.

---

4 S. o. Teil I, S. 30.
5 *Chanson de Guillaume* 670, *Charroi de Nîmes* 612ff; s. o. S. 102f.
6 Wir haben die Szene in Laon, wo Guillaume von König Louis Unterstützung erbittet, bereits im vorangehenden Kapitel besprochen; s. o. S. 104f. Drei Brüder Guillaumes, Hernaut, Bernart und Aÿmer, treten neben diesem selbst in der Epenparodie *Voyage de Charlemagne à Jérusalem* auf, doch werden sie weder als Brüder bezeichnet noch überhaupt zueinander in Beziehung gesetzt.
7 Zu dieser Stelle s. o. Teil I, S. 30.

Eine gewisse Bedeutung hat die Bruderbeziehung von Vivien und Gui im ersten Teil der *Chanson de Guillaume*. Der Dichter hebt die Zusammengehörigkeit der beiden Figuren besonders hervor, indem er ihre Vorstellung genau parallel gestaltet (297–300, 1437–1440). Auch Viviens dringende Bitte um *secours*, die er unter anderem an den kleinen Bruder richtet, bezeugt die Bedeutung dieser Beziehung:

> Sez que dirras a Guiot mun petit frere?
> De hui a quinze anz, ne deust ceindre espee.
> Mais ore la ceindrat pur secure le fiz sa mere.
> Aider me vienge en estrange cuntree
> (*Chanson de Guillaume* 679–682, vgl. 999–1002).

Die Lebensgefahr des Bruders rechtfertigt es, daß Gui vor dem üblichen Alter am Krieg teilnimmt.

Dennoch tritt diese Beziehung hinter der Neffenbeziehung, die jeden der beiden einzeln mit Guillaume verbindet, zurück. Die Brüder erscheinen nie gemeinsam; die zitierte Bitte um *secours* stellt den einzigen Kontakt zwischen ihnen dar. Und auch sie richtet sich in erster Linie an den Onkel; außerdem wird noch Guibourc angesprochen. Gui seinerseits sagt nur ein einziges Mal, daß man Vivien rächen müsse:

> Veez paiés as barges e as niés;
> Tel home unt mort dut mult vus deit peser!
> Il unt ocis Vivien l'alosé,
> Sur els devon nus vostre maltalant turner
> (ebd. 1632–1635).

Der unmittelbare Zweck dieser Bemerkung Guis besteht darin, Guillaumes Zorn von seinem unerlaubten Erscheinen im Heer abzulenken. Gui spricht nur die Verpflichtung zur Rache an, die der Onkel Vivien gegenüber hat; ihn fordert er zum Handeln auf. Es ist noch nicht einmal sicher, ob Gui überhaupt auf die Verwandtschaftsbeziehung zu Vivien hinweisen will; die Ausdrucksweise «tel home» scheint eher auf die große Bedeutung Viviens als Kämpfer zu deuten. Auf jeden Fall erscheint Guis eigene Beziehung zu seinem Bruder nicht als Motivation für sein Handeln.

Auch als er Guibourc überreden will, ihn mit Guillaume in die Schlacht ziehen zu lassen, erwähnt Gui seinen Bruder mit keinem Wort, sondern denkt nur an sich selbst und an seinen Onkel: Es sei eine Schande für ihn, zurückbleiben zu müssen; für Guillaume wiederum sei es schändlich, ohne Verwandte in die Schlacht zu ziehen, und außerdem werde dieser ohne ihn nicht zurückkehren (1516–1539)[8].

Einmal stellt Gui allerdings eine Beziehung zwischen sich und seinem Bruder her. Er versichert dem Onkel, er selbst könne nach Viviens Tod das Land gegen Usurpatoren verteidigen und Guibourc schützen:

---

[8] S. o. S. 73.

Ja nen ad home en la crestienté,
men escientre, ne en la bataille Dé,
S'enprof ta mort perneit tes heritez,
Puis que mort est Vivien l'alosé,
Ne l'ocesisse en bataille champel;
Puis saisereie totes voz heritez.
Guiburc ma dame fereie mult ben garder
(ebd. 1467–1473).

Gui impliziert, daß er in bezug auf Tapferkeit und Leistung im Kampf einen gleichwertigen Ersatz für seinen Bruder darstelle[9]. Als solcher wird Gui auch von den Sarazenen gesehen, die, als er in die Schlacht eingreift, meinen, Vivien sei wieder auferstanden:

Dist li uns a l'altre: «Ço est fuildre que cheit;
Revescuz est Vivien le guerreier!»
Turnent en fuie, si unt le champ laissié
(ebd. 1853–1855).

Die an diesen Stellen zum Ausdruck gebrachte Gleichwertigkeit läßt die Kontrastierung der beiden Figuren, die der Dichter in bezug auf die Onkel-Neffen-Beziehung vornimmt, um so deutlicher hervortreten[10].

Einander direkt gegenübergestellt werden zwei Brüder in der im vorangegangenen Kapitel besprochenen Szene des *Charroi de Nîmes*, in der die Furchtsamkeit Guielins den Zorn seines Vaters erregt. Schon vor dem Vater tadelt ihn Bertrand, der ältere Bruder. Die Zuweisung einer solchen spezifischen Rolle an den älteren Bruder wird hier dadurch begünstigt, daß Bertrand auch sonst als Ratgeber charakterisiert ist. Es bleibt jedoch bei einem kurzen Verweis; die Ermahnung des Vaters ist wesentlich umfangreicher. Auch wird die Kontrastierung von älterem und jüngerem Bruder im *Charroi* nicht wieder aufgegriffen. Schon als der Vater der Brüder zornig wird, agieren diese wieder zusammen, ohne daß der Dichter weiterhin einen Unterschied zwischen ihnen machte:

Avant passerent Guïelin et Bertran,
Sor une table monterent en estant;
A lor voiz clere s'escrïent hautement ...
(*Charroi de Nîmes* 627–629).

---

[9] Die zitierten Verse dienen der Unterstreichung von Guis Angebot, im Falle von Guillaumes Tod dessen Erbe anzutreten. Verschiedentlich hat man daher gemeint, auch Vivien sei von Guillaume als Erbe vorgesehen gewesen. Dies würde jedoch bedeuten, daß der Vers «Puis que mort est Vivien l'alosé» sich nicht nur auf die im vorausgehenden und im folgenden Vers angesprochene Verteidigung des Lehens gegen fremde Usurpatoren, sondern auch auf den übernächsten Vers «Puis saisereie totes voz heritéz» bezieht. Dies scheint uns jedoch kaum möglich, da dieser Satz durch «puis» deutlich von dem Vorhergehenden abgesetzt ist.

[10] Jean Bodel wird in seinen um 1200 entstandenen *Saisnes* auf das Motiv des jüngeren Bruders, der den älteren ersetzt, zurückgreifen. Doch hat es bei ihm nicht mehr diese Funktion, einen Gegensatz deutlich hervortreten zu lassen; s. u. Teil IV, S. 295.

An den übrigen Stellen der *Chanson*, an denen Bertrand und Guielin zusammen erscheinen, werden sie stets nur in ihrer Beziehung zu Guillaume charakterisiert, ihr Verhältnis zueinander kommt nicht mehr in den Blick.

c. Bruder und Schwester

Die Gestalt der Schwester spielt in den frühesten *chansons*, an deren Handlung außer Guibourc und Bramimunde keine Frauen beteiligt sind, keine Rolle. In der Handlung treten Schwestern zum ersten Mal im zweiten Teil der *Chanson de Guillaume* auf. In der bereits mehrmals erwähnten Laon-Szene versucht die Schwester des Helden, die Königin, zu verhindern, daß König Louis ihrem Bruder mit einem Heer zu Hilfe kommt[11]. Sie behauptet, Guillaumes Frau Guibourc beabsichtige, Louis zu vergiften (2591–2596). Guillaume macht ihr daraufhin heftige Vorwürfe und bedroht sie sogar mit dem Schwert (2597–2624). Sein Vater Aymeri muß ihn mit dem Hinweis, daß sie doch seine Schwester sei, beschwichtigen (2626–2629). Der Streit der Geschwister wird also als unpassend empfunden. Es liegt zwar nahe zu vermuten, daß die Geschwisterbeziehung ihn auch erst möglich macht (ein Fremder könnte die Königin kaum so heftig kritisieren), doch wird dies nicht explizit gesagt.

Daß die Königin ihren Bruder nicht unterstützt, obwohl sich der König selbst mit der Unterstützung einverstanden erklärt hat, mag zunächst erstaunen. Zu beachten ist jedoch, daß sie ihr Eingreifen, zumindest vordergründig, durch ihre Sorge um das Wohl des Königs motiviert. Hinzu kommt, daß es nicht eigentlich ihr Bruder ist, gegen den sich ihr Mißtrauen richtet, sondern dessen Gattin, die konvertierte Heidin Guibourc. Die Geschwisterbeziehung selbst wird weder von der Schwester noch vom Bruder erwähnt.

Am Schluß der *chanson* stellt sich heraus, daß Rainouart, der wesentlich zum Sieg der Christen beigetragen hat, ein Bruder Guibourcs ist. Als einzige hatte Guibourc selbst schon zuvor die Identität Rainouarts erkannt. Dennoch bleibt alles, was sie für ihn tut, stets im Rahmen dessen, was die Gattin eines Feudalherrn auch für einen nicht verwandten Ritter tun würde: Sie beschafft Waffen und besorgt sein *adoubement* (2828–2848). Als Rainouart, beim Festschmaus vergessen, beleidigt Orange verläßt und Guillaume Krieg androht, setzt sie sich bei ihm für ihren Gatten ein (3351–3473). Daß es ihr gelingt, die Versöhnung herbeizuführen, liegt an ihrer Stellung als *dame* und an ihren bisherigen Wohltaten, nicht an der Verwandtschaftsbeziehung, von der der Bruder zu diesem Zeitpunkt noch nichts weiß. Es ist charakteristisch, daß für Rainouart selber der Vorteil dieser Verwandtschaft hauptsächlich darin besteht, daß er durch sie in eine engere Beziehung zu Guillaume tritt:

---

[11] Zu dieser Stelle s. o., S. 104f.

Estes vus dunc mun soruge, Willame?
Se jol seusse en l'Archamp,
Bien vus valui, mais plus vus eusse esté aidant
(*Chanson de Guillaume* 3552–3554).

In beiden Fällen wird durch das Geschwisterverhältnis also vor allem eine
Beziehung zum Schwager bzw. zur Schwägerin hergestellt. Diese Beziehung
ist aufgrund der Fremdheit eines der Beteiligten (der konvertierten Heidin
Guibourc bzw. des noch gar nicht getauften, unzivilisierten Rainouart) problematisch. Das Verhalten der Frauen dem Bruder gegenüber ist dabei von
den Interessen ihres Gatten bestimmt[12].

d. Zusammenfassung

Brüder werden offensichtlich von den Dichtern nicht wie Neffen mit einer
besonderen Funktion in Verbindung gebracht. Wie die Vater-Sohn-Beziehung kann auch die Bruderbeziehung in völlig unspezifischer Weise eingesetzt werden. Es finden sich zwar Ansätze zu einer näheren Charakterisierung des Verhältnisses zwischen zwei Brüdern oder zwischen Bruder und
Schwester; diese sind jedoch stets funktional in die Darstellung einer anderen
Beziehung eingebunden. Während die Vater-Sohn-Beziehung dem Dichter
des *Couronnement Louis* und vor allem demjenigen des *Charroi de Nîmes*
schon als solche interessant schien, wird die Beziehung zwischen Geschwistern in keiner der frühen *chansons* thematisiert.

Schlußbemerkung

Es hat sich gezeigt, daß sich die Verwandtschaftsstrukturen in den frühen
chansons de geste aus ganz unterschiedlichen Elementen zusammensetzen,
von denen einige traditionell sind und andere sich erst herausbilden.

Das auffälligste Phänomen, das der Neffen, beruht offensichtlich auf der
stereotypen Verwendung eines für bestimmte Erfordernisse der Gattung des
Heldenlieds besonders geeigneten Elements. Das bedeutet, daß die Neffen
kein Motiv mit einer besonderen Bedeutung darstellen und auch die Häufigkeit, mit der sie vorkommen, nicht erklärungsbedürftig ist. Insbesondere
darf diese nicht als Hinweis auf eine besondere Gesellschaftsform gedeutet
werden. Diese stereotype Verwendungsweise ist aus der für diese Gattung ursprünglich charakteristischen Improvisationstechnik zu erklären. Bei anderen Verwandtschaftsbeziehungen ließ sich eine solche Verwendungsweise
nicht oder nur am Rande nachweisen.

Aufgrund dieses Ergebnisses läßt sich ein Bild der traditionellen *chansons
de geste*, wie es sie schon vor dem *Rolandslied* gegeben haben muß, entwer-

---

[12] Zu ähnlichen Fällen in späteren Texten vgl. Teil IV, S. 296–300.

fen. Es waren Heldenepen, die von Kämpfen und Kriegen handelten. Ihre Helden waren Ritter in kampffähigem Alter mit etwas jüngeren, aber auch waffenfähigen Gefolgsleuten, für die man Neffen wählte. Söhne konnten als potentielle Nachfolger oder als Geiseln Erwähnung finden, hatten aber an der eigentlichen Handlung meist nicht teil. Der Generationsunterschied implizierte offenbar ein zu geringes Alter, so daß es nicht plausibel erschien, sie zusammen mit den Vätern am Kampfgeschehen teilnehmen zu lassen. Söhne waren eben Kinder, die man zu Hause ließ.

Eine ältere Generation dürfte (abgesehen von bloßen Namensnennungen zur Herkunftsangabe) überhaupt keine Rolle gespielt haben. Bei den Onkel-Neffe-Relationen ist der Onkel der Held, dem der oder die Neffen nur zugeordnet werden. Angehörige einer jüngeren Generation sind keine eigenständigen Gestalten. Dieses Prinzip läßt sich selbst in so bewußt gestalteten Werken wie dem *Rolandslied* und der *Chanson de Guillaume* noch erkennen und ist auch bei der allmählich aufkommenden Darstellung von Vater-Sohn-Beziehungen noch wirksam. Zwar gibt es sehr alte Helden (man denke nur an Karl im *Rolandslied*), doch ändert dies in keiner Weise die übliche Altersstruktur einer *chanson de geste*; auch ihnen werden in der Handlung keine Söhne gegenübergestellt.

Bezzola merkt in seinem Aufsatz über das Neffenmotiv[1] an, daß die Handlung der Epen sich fast vollständig innerhalb zweier Generationen abspiele. Unsere Beobachtungen legen nahe, daß im Usprung an der eigentlichen Handlung noch nicht einmal zwei Generationen beteiligt sind, da die Neffen im Grunde nur durch eine halbe Generation von den Helden getrennt sind und nur in Zuordnung zu diesen erscheinen, die Söhne aber in der Gattungstradition keinen festen Bestandteil der Handlung bilden und eine ältere Generation nicht vorhanden ist. Die Darstellung der traditionellen *chanson de geste* konzentrierte sich offensichtlich auf den erwachsenen Mann mit Gefolgschaft, der entweder eine Familie zu Hause hatte oder aber erst eine Frau erwerben mußte.

Wenn in Einzelfällen doch einmal Bruderbeziehungen oder Vater-Sohn-Beziehungen eingeführt wurden, waren diese offenbar nicht von beliebigen Relationen unterschieden. Erst allmählich beginnen die Dichter, meist durch eine übergeordnete Thematik bestimmt, diese Verwandtschaftstypen in einer für sie spezifischen Weise zu schildern, wobei die Vater-Sohn-Beziehung offensichtlich als erste ihr Interesse erregt. Diese Entwicklung können wir in den erhaltenen Texten noch nachvollziehen.

---

[1] *Les neveux*, 91.

Teil III

Die Romane der zweiten Hälfte des 12. Jahrhunderts

Vorbemerkung

Bis zur Mitte des 12. Jahrhunderts gibt es in der französischen Profanliteratur nur eine erzählende Großform: die *chanson de geste*, das Epos. Neben dem Epos existiert die Heiligenlegende, die ebenfalls narrativen Charakter hat, jedoch eine kürzere literarische Form darstellt[1].

Einmal wird schon in diesem Zeitraum ein neues, von außen kommendes Element in die französische narrative Literatur eingeführt. Es handelt sich um den *Alexanderroman*, den Albéric de Pisançon ins Frankoprovenzalische überträgt. Doch wird dieses Werk erst in der zweiten Jahrhunderthälfte in nordfranzösischer Sprache bearbeitet[2]. Außerdem weist der *Alexanderroman* zwar gegenüber der *chanson de geste* Neuerungen auf – auf einige davon, die die Darstellung von Eltern betreffen, werden wir zurückkommen[3] –, ist jedoch insgesamt gesehen dem traditionellen Epos sehr verpflichtet, etwa durch die Wahl der Laissenform und die kriegerische Thematik[4].

Um die Mitte des 12. Jahrhunderts werden mehrere Werke aus dem Lateinischen übertragen. Vor allem sind hier die sogenannten antikisierenden Romane zu nennen, die Bearbeitungen von klassisch lateinischen Epen (Vergil, Statius) oder spätantiken Prosaromanen (Dares Phrygius, Dictys Cretensis) darstellen. Daneben dienen aber auch mittellateinische Legenden und Chro-

---

[1] Wir sind im letzten Teil nicht näher auf sie eingegangen, da sie die *chansons de geste* zumindest im Bereich der Verwandtschaftsstrukturen nicht direkt beeinflußt zu haben scheint, werden aber im folgenden noch auf sie zu sprechen kommen.

[2] Die erste nordfranzösische Version, der *Alexandre décasyllabique*, wird von Alfred Foulet in seiner Ausgabe auf die späten sechziger oder frühen siebziger Jahre des 12. Jahrhunderts datiert (*The Medieval French Roman d'Alexandre*, III, 9).

[3] S. u. S. 145, 149, 152.

[4] Dies gilt in der Regel auch für die Verwendung von Verwandtschaft. So verwendet etwa Alexandre de Paris in seiner Version gern Neffen in typisch epischer Funktion als Begleiter eines Helden (I, 716f, 1197ff, 1498; II, 85, 408ff, 809ff, 1267ff). Von der *chanson de geste* beeinflußt ist vielleicht auch eine Stelle derselben Version, an der zwei Brüder als Heidenkönige erwähnt werden (II, 2920–2930); hierzu s. u. S. 291–294. Problematisiert wird Verwandtschaft bei Alexandre de Paris fast gar nicht. Nur in I, 703ff finden wir einen Konflikt zwischen Sippensolidarität und Feudalverpflichtung, der zugunsten der letzteren entschieden wird. Auch dies ist eine epische Thematik.

niken als Vorlage. Diese Übertragungen, die stofflich wie erzähltechnisch Neuerungen enthielten, dürften wesentlich zur Ausbildung der zweiten französichen Erzählgattung, dem höfischen Roman, in der zweiten Jahrhunderthälfte beigetragen haben.

Innerhalb der Gattung des höfischen Romans lassen sich auf den ersten Blick zwei große Gruppen unterscheiden. Die erste Gruppe bilden diejenigen Werke, die keltische Stoffe behandeln. Hierzu gehören die Romane, deren Helden Ritter von der *maisnie* des Königs Artus sind und deren Handlung von Artus' Hof ihren Ausgang nimmt, sowie die Tristanromane. Daß diese beiden Sagenkreise zusammengehören, werden die in den folgenden Kapiteln aufgeführten Beobachtungen bestätigen. Doch wurden sie auch schon im 12. Jahrhundert als zusammengehörig empfunden, wie sich daraus ergibt, daß Artus etwa in Bérouls Tristanfassung eine aktive Rolle spielt und Tristan in Chrétiens *Erec et Enide* oder im *Bel Inconnu* (einem um 1200 entstandenen Artusroman) am Hofe des Artus erscheint. Wir werden diese Texte im folgenden als «keltische Romane» bezeichnen.

In der zweiten Gruppe von Romanen spielt Artus keine Rolle oder er wird nur am Rande erwähnt. Diese Texte beziehen sich zum größten Teil in irgendeiner Weise auf Werke über antike Stoffe, also die antikisierenden Romane oder den *Alexanderroman*. So knüpft Hue de Rotelande in seinen beiden Werken, *Ipomedon* und *Protesilaus*, nicht nur in der Wahl der Eigennamen an den *Roman de Thèbes* und den *Roman de Troie* an, sondern identifiziert auch den Helden Ipomedon explizit mit dem Helden, der am Kampf gegen Theben teilnimmt. Der Krieg gegen Theben wird sogar zur Handlungsmotivation herangezogen: Dadurch, daß Ipomedon dort fällt, entstehen die Probleme bei der Nachfolge und die Auseinandersetzungen zwischen seinen beiden Söhnen, die im *Protesilaus* beschrieben werden. Aimon de Varennes stellt in seinem *Florimont* einen Bezug zum *Alexanderroman* her, indem er vorgibt, die Geschichte der Vorfahren von Alexanders Vater Philipp zu erzählen. Der Autor von *Athis et Prophilias* verwendet ebenfalls antike oder doch antik klingende Namen und knüpft besonders dadurch an den Stoff des *Thebenromans* an, daß er seinen Herzog von Athen Theseus nennt. Im Gegensatz zu Hue de Rotelande stellt er seinen Roman jedoch nicht in einen direkten zeitlichen Zusammenhang mit der Handlung des *Thebenromans*, sondern macht ausdrücklich klar, daß sein Theseus nur ein Nachfahre des bekannten Theseus ist. Der Autor des *Partonopeu de Blois* begnügt sich mit der Wahl eines bekannten antiken Namens für seinen Helden. Wir werden diese Gruppe im folgenden «nicht-keltische Romane» nennen. Sie werden in der Regel auf die letzten Jahrzehnte des 12. Jahrhunderts datiert, dürften also zum größten Teil später entstanden sein als die Romane Chrétiens und die Tristanfragmente.

Nur einzelne Werke entziehen sich dieser Klassifizierung. *Floire et Blancheflor* (wohl kurz nach dem *Eneas* entstanden) weist keinen erkennbaren Bezug zu antiken oder keltischen Stoffen auf. Gautier d'Arras' *Ille et Galeron* (vermutlich in die siebziger Jahre des 12. Jahrhunderts zu datieren) beruht zwar zum Teil auf einer Erzählung keltischen Ursprungs, weist aber weder einen Bezug zur Artus- oder Tristansage noch zu antiken Stoffen auf. Diese Texte zeigen eine große strukturelle Ähnlichkeit mit den ‹nicht-keltischen› Romanen und sollen mit ihnen zusammen besprochen werden[5].

1. Von lateinischen Vorlagen abhängige Texte

Ehe wir uns den höfischen Romanen zuwenden, die den eigentlichen Gegenstand dieses dritten Teils bilden, wollen wir einen Blick auf die Bearbeitungen lateinischer Texte werfen. Zwei Fragen sind hier zu stellen: Welche Texte werden ausgewählt? Was verändern die Bearbeiter? Bei beiden Fragen interessiert uns natürlich vor allem die Darstellung von Verwandtschaft.

a. Verwandtschaft in den Vorlagen

In Statius' *Thebais*, der Quelle des *Thebenromans*, beruht die gesamte Handlung auf ungewöhnlichen Verwandtschaftsverhältnissen: Die beiden Helden sind Söhne des Oedipus aus dem Inzest mit seiner Mutter. Sie verhöhnen ihren Vater, und dieser bittet Tisiphone, eine der Furien, um Strafe für die eigenen Söhne (I 75–87). Die Brüder bekämpfen sich daraufhin und töten sich schließlich gegenseitig. Der Dichter sagt selbst, daß diese abnormen Beziehungen zwischen Mitgliedern einer Familie das Thema seines Epos seien: «limes mihi carminis esto / Oedipodae confusa domus» (I 16f).

In Vergils *Aeneis*, die von dem Autor des *Eneas* adaptiert wird, hat Verwandtschaft insgesamt eine geringere Bedeutung; die häufig vorkommende Vater-Sohn-Beziehung und die Vorstellung von einer kontinuierlichen Vater-Sohn-Linie, einem Geschlecht, stehen stets in einem gewissermaßen politischen Zusammenhang: es geht darum, Rom zu gründen und es zu seiner Größe zu führen; das julische Haus soll verherrlicht und legitimiert werden. Sonst spielen Verwandtschaftsbeziehungen im zwischenmenschlichen Bereich kaum eine Rolle[1]. Sie stellen allerdings Kontaktmöglichkeiten zwischen Menschen und Göttern her und ermöglichen es so, die beiden Handlungsebenen des Epos miteinander zu verknüpfen.

Die Hauptquelle für Benoîts *Roman de Troie*, der spätantike Prosatext *De excidio Troiae* des Dares Phrygius, ist zu knapp angelegt, um überhaupt eine größere Berücksichtigung von Verwandtschaftsbeziehungen zuzulassen.

---

[5] Hinzu kommen auch weiterhin Bearbeitungen von lateinischen Werken, die meist in der Legendentradition stehen. Hierzu gehören z. B. Chrétiens *Guillaume d'Angleterre* und Gautiers *Eracle*. Wir werden diese Texte im folgenden nicht berücksichtigen. Eine Anpassung an eine gattungstypische Verwandtschaftskonstellation ist bei ihnen ebensowenig zu erwarten wie bei den antikisierenden Romanen.

[1] Eine Ausnahme bildet die Geschwisterbeziehung von Dido und Anna.

Dares beschränkt sich auf die Verwandtschaftsrelationen der zentralen Personen des Geschehens, die von der literarischen Tradition vorgegeben sind. Die meisten der Helden werden ohne jede weitere Angabe über Verwandtschaftsrelationen eingeführt[2]. Die wenigen verwandtschaftlichen Beziehungen werden gelegentlich zur Motivation von Handlungen verwendet. So fordert etwa Priamos die Herausgabe seiner Schwester Hesione und droht mit Krieg für den Fall, daß die Griechen sie verweigern[3]. Abnormes Verhalten zwischen Verwandten kommt aber nicht vor.

Dagegen besteht das letzte Buch der *Ephemeris Belli Troiani* des Dictys Cretensis, dem Benoît im Schlußteil seines Romans folgt, überwiegend aus Schilderungen ungewöhnlicher Vorfälle, an denen Verwandte beteiligt sind. Dictys schildert dort die Heimkehr der Helden, die vor Troja gekämpft haben, und das Schicksal, das sie zu Hause erleiden. Agamemnon beispielsweise wird bei der Heimkehr von seiner Frau, Klytaimnestra, und deren Geliebtem umgebracht, sein Sohn Orestes rächt ihn später, indem er die beiden tötet, darüber gerät er in Streit mit seinem Onkel Menelaos (der ein Schwager der Klytaimnestra ist), nach seinem Freispruch durch das Gericht des Areopag in Athen erfolgt eine Versöhnung, die durch eine Verlobung mit der Tochter des Menelaos, Hermione, besiegelt wird. Odysseus, um noch einen zweiten Fall zu erwähnen, wird nach seiner Heimkehr geweissagt, er werde von seinem Sohn getötet werden, weshalb er Telemachos, den er für seinen einzigen Sohn hält, einsperrt. Doch dann wird er von einem Sohn, den er mit Kirke gezeugt hat und den er nicht kennt, Telegonos, tödlich verwundet.

Ebenfalls nach einer antiken Vorlage oder vielleicht einer mittelalterlichen Bearbeitung davon wird um die Mitte des Jahrhunderts auch ein *Apolloniusroman* verfaßt. In ihm spielt bekanntlich die inzestuöse Liebe eines Vaters zu seiner Tochter eine zentrale Rolle.

Neben diesen antiken Texten werden auch jüngere, mittellateinische Texte ins Französische übertragen. So beruhen Werke wie etwa der *Roman de Rou* von Wace und die *Chronique des Ducs de Normandie* von Benoît auf lateinischen Geschichtswerken über die Geschichte der Normannen und die Genealogie ihrer Fürsten.

Den Charakter einer Chronik hat auch die *Historia regum Britanniae* des Geoffrey of Monmouth, die Vorlage für Waces *Roman de Brut*. Dieser Text ist für die spätere Entwicklung des Romans wegen der in ihm enthaltenen Artussage wichtig geworden. In erster Linie berichtet Geoffrey jedoch von zahllosen – meist durch Erbteilung entstehenden – Bruderkämpfen mit und ohne Versöhnung, Auseinandersetzungen zwischen Vätern und Söhnen, Vätern und Töchtern sowie Müttern und Söhnen.

---

[2] Vgl. besonders die Kataloge der griechischen Heerführer (Kap.14, ed. Meister, S. 17–19) und der Verbündeten der Trojaner (Kap.18, S. 22f).

[3] Zweimal wird auch eine einzelne Handlung im Kampfgeschehen durch eine Verwandtschaftsrelation motiviert (Kap.19, S. 25 und Kap.21, S. 26).

Hierzu läßt sich ein Text stellen, der zwar auch nicht eigentlich ein Roman ist, aber durch seine Länge und detaillierte Schilderung einem solchen sehr nahe kommt: die französische Gregoriusvita, die ebenfalls auf einer lateinischen Vorlage beruht. Sie schildert einen doppelten Inzestfall: Gregorius ist selbst Sohn zweier Geschwister und begeht dann nochmals Inzest mit seiner Mutter[4].

Es sind also vor allem zwei Gruppen von lateinischen Texten, die in der Zeit nach der Jahrhundertmitte von französischen Autoren bearbeitet werden: zum einen Werke über die Geschichte der Völker, in denen man die eigenen Vorfahren sieht, also der Trojaner und Römer oder auch der Normannen, zum anderen solche, die Fälle abnormen, spektakulären Verhaltens schildern. Einige Texte, wie die *Historia regum Britanniae*, vereinigen beide Aspekte. Die geschichtlichen Werke sind zum größten Teil genealogisch aufgebaut und beinhalten schon deshalb viele Verwandtschaftsverhältnisse. Doch spielt Verwandtschaft gerade auch bei der zweiten Gruppe eine wichtige Rolle.

b. Abweichungen von den Vorlagen

So sehr sich die französischen Bearbeiter im ganzen an die in ihren Vorlagen gefundenen Verwandtschaftsbeziehungen halten, weichen sie doch im Detail gelegentlich von den Originalen ab, und es lohnt sich, diese Abweichungen näher zu untersuchen. Als Beispiele für ihre Vorgehensweise wollen wir die beiden frühesten Werke, den *Roman de Thèbes* und Waces *Brut*, genauer betrachten.

Roman de Thèbes

An einzelnen Stellen ergeben sich im *Roman de Thèbes* Abweichungen von der Vorlage aus einer Anlehnung an die *chanson de geste*, die einzige bisher vorhandene längere Erzählform. Insbesondere bei Kampfbeschreibungen finden gelegentlich typische epische Elemente Verwendung[5]. So können Nebenfiguren, die einem Helden zugeordnet werden, als Neffen eingeführt werden. Als Tydeus sich gegen die fünfzig Thebaner verteidigt, die ihn auf seinem Botengang überfallen haben, tötet er zum Beispiel zusammen mit dem Anführer auch dessen Neffen:

---

4 Zu diesem Text vgl. Ulrich Mölk, *Zur Vorgeschichte der Gregoriuslegende: Vita und Kult des hl. Metro von Verona*, Nachrichten der Akademie der Wissenschaften in Göttingen, I. Philologisch-historische Klasse, 1987, Nr. 4, 33–54.
5 Vgl. hierzu Aimé Petit, *Naissances du roman*, Lille-Paris-Genève 1985, 251–326, sowie beispielsweise Alexandre Micha, *Couleur épique dans le «Roman de Thèbes»*, Romania 91, 1970, 145–160, auch in: Ders., De la chanson de geste au roman, Genève 1976, 23–38, und die unten, S. 130, Anm. 31, genannte Literatur.

Ocis i est li connestables
et un sien niés, Morgan de Nables

(1753f)[6].

Die Neffenbeziehung bleibt aber fast völlig auf diese ‹epische› Verwendungsweise beschränkt.

Häufig begegnen Hinweise auf den vornehmen *lignage* oder *parage* der Personen, die in der Vorlage keine Entsprechung haben. Der Junge, der Antigones Pferd auf dem Gang zum Griechenlager führt, eine von dem französischen Bearbeiter erfundene Gestalt, wird mit folgenden Worten eingeführt:

Anthigoné uns enfes maine
qui mout estoit de grant parage
et mout prochain de son linage

(4110–4112).

Vielfach werden auch Angaben über Abstammung von bekannten mythischen Gestalten durch einen solchen Hinweis auf vornehme Abkunft ersetzt. Ein so betontes Interesse an vornehmer Abstammung[7] kennen weder die *Thebais* noch die *chansons de geste* der ersten Jahrhunderthälfte; es ist offensichtlich aus dem neuen Standesbewußtsein der Zeit zu erklären[8].

Andere Veränderungen sind von größerer inhaltlicher Relevanz und lassen sich nicht einfach aus der Anpassung an eine etablierte literarische Gattung oder an zeitgenössische Gesellschaftsstrukturen erklären.

Statius verwendet Verwandtschaftsbeziehungen gern zu psychologisch ausgefeilten Darstellungen. Ein charakteristisches Beispiel findet sich zu Beginn der Handlung: Nach der Vertreibung des Oedipus von der Herrschaft wird beschlossen, daß seine beiden Söhne abwechselnd jeweils ein Jahr herrschen sollen. Das Los bestimmt Eteokles zum ersten Herrscher; sein Bruder Polyneikes muß das Land verlassen. Statius schildert nun die Gefühle des einen Bruders, der endlich allein die Macht hat und nicht immer einen Gleichberechtigten neben sich sieht:

… quis tunc tibi, saeve,
quis fuit ille dies, vacua cum solus in aula
respiceres ius omne tuum cunctosque minores,
et nusquam par stare caput? …

(*Thebais* I 165–168).

Derartige Stellen, an denen genau beobachtete psychische Zustände oder Gefühlsäußerungen beschrieben werden, sind bei Statius ausgesprochen

---

6 Vgl. auch 4109 und 9747. Drei weitere Fälle finden sich in der längeren Version der Handschriften SAP.
7 Vgl. auch z. B. 871f, 1149f, 1325, 1776, 3019, 3433, 3504f, 3918, 3965f, 4104, 4177f, 4195, 4744, 4829, 5694, 6202.
8 Näheres hierzu s. o. Teil I, S. 22–24.

häufig. In der französischen Fassung entfallen sie meist ganz. Die hier angeführte Stelle etwa wird ersatzlos gestrichen[9].

Gelegentlich werden Schilderungen von Gefühlen jedoch nicht ausgelassen, sondern offensichtlich bewußt umgedeutet. So schildert Statius etwa die Stimmung des Polyneikes, der ins Exil gehen muß, wie folgt:

> ille tamen, modo saxa iugis fugientia ruptis
> miratus, modo nubigenas e montibus amnes
> aure pavens passimque insano turbine raptas
> pastorum pecorumque domos, non segnius amens
> incertusque viae per nigra silentia vastum
> haurit iter; pulsat metus undique et undique frater
> (ebd. I 364–369).

Polyneikes ist voller Furcht vor den Gefahren, die den Wanderer in einer finsteren, stürmischen Nacht bedrohen. Gleichzeitig bedrückt ihn der Gedanke an den Bruder, der herrschen darf, während er selbst – zu Unrecht, wie er meint – aus dem Land vertrieben ist. In der knappen Formulierung am Schluß des zitierten Absatzes faßt Statius diese beiden unterschiedlichen Gefühle prägnant zusammen. Im *Roman de Thèbes* wird hieraus folgendes:

> mout fu pensis et pooureux,
> car il ne set certeinement
> ou puisse aller seürement.
> Son frere craint qu'en larrecin
> li mete aguet en son chemin,
> car ja n'avront parfete amor
> dui compaingnon de tel honor
> (*Roman de Thèbes* 610–616)[10].

Man sieht, daß der französische Dichter mit der psychologischen Feststellung «pulsat ... undique frater» nichts anfangen konnte oder wollte. Er macht hieraus die Angst vor einer konkreten Bedrohung, einem möglichen Hinterhalt des Bruders. Außerdem fügt er eine allgemeingültige politische Regel hinzu, durch die diese Angst begründet wird und durch die zugleich die Implikationen der ausgefallenen Regelung aufgezeigt werden, nach der zwei Brüder eine Herrschaft erben, aber jeder autonom herrschen soll. Hier zeigt sich eine Tendenz zur theoretischen Reflexion, zur Einordnung in einen allgemeinen Zusammenhang[11].

Übernommen und sogar ausgeweitet werden Statius' Schilderungen dagegen an Stellen, die Inzest oder Bruderkampf betreffen. Die Geschichte vom

---

9 Vgl. auch z. B. II 331–362, III 678–721.
10 Eine Schilderung der sturmgepeitschten Landschaft folgt etwas später.
11 Ein ähnlicher Verzicht auf die Schilderung von Emotionen erfolgt z. B. bei der Rede, durch die Iokaste versucht, Polyneikes und seine Verbündeten vom Kampf abzuhalten. Ihr Appell an die Gefühle des Sohnes wird vom Bearbeiter durch ein konkretes politisches Verhandlungsangebot ersetzt: Polyneikes soll die Hälfte des Landes als Lehen von seinem Bruder bekommen (*Thebais* VII 503–509, *Roman de Thèbes* 4357–4364).

Mutterinzest des Oedipus, die Statius schon voraussetzt, wird vom französischen Autor ausführlich erzählt (33–536)[12]. Auf dem Inzest beruht bei ihm das gesamte Geschehen, da die inzestuöse Herkunft der Brüder deren Charakter bestimmt: «Pour le pechié dont sunt criё / felons furent et enragié» (27f)[13]. Und obwohl der Inzest im eigentlichen Handlungsteil des *Roman de Thèbes* – wie auch in der *Thebais* – gar nicht im Mittelpunkt steht, kommt der Dichter im Epilog des Werkes noch einmal auf dieses Thema zurück:

> contre Nature furent né,
> pour ce leur fu si destiné
> que plains furent de felonie;
> bien ne porent fere en lor vie.
> Pour Dieu, seignor, prenez i cure,
> ne faites rien contre Nature
> que n'en veingniez a itel fin
> com furent cil dont ci defin
>
> (10555–10562)[14].

Der Kampf der beiden Brüder, der auch im lateinischen Epos das zentrale Thema darstellt, wird im *Roman de Thèbes* noch mehr hervorgehoben. Gleich zu Beginn werden die Taten der Brüder als das Thema des Romans genannt:

> mes des deus freres parleré
> et leur geste raconteré
>
> (19f).

Dabei geht es dem Dichter sicher auch darum, die feudalrechtlichen und politischen Implikationen eines solchen Bruderkampfes aufzuzeigen. Er legt zum Beispiel in einer generalisierenden Bemerkung die verderblichen Auswirkungen dar, die ein Bruderzwist für das ganze Land hat:

> Diex maudie guerre entre freres
> et entre filz et entre peres.
> Quant il se sunt plusors max fez,
> si resont il puis en grant pes;
> il sunt ami, et leur contree
> en est confondue et gastee
>
> (3853–3858)[15].

---

[12] Auch der Totschlag des Laius durch Oedipus wird von ihm in dieser Vorgeschichte geschildert (*Roman de Thèbes* 230–244). Die fatalen Folgen dieses Ereignisses werden besonders betont.

[13] Vgl. auch 9811ff.

[14] Die Formulierung des Epilogs variiert von Manuskript zu Manuskript, doch wird stets das Inzestthema wieder aufgegriffen.

[15] Vgl. auch 29–31, 3000–3126, 7607–7610. Interessant hierzu Edward William Pigman, *The Theme of Eteocles and Polynices: An Aspect of the Theban Legend*, Dissertation Abstracts International A 37, 1976/77, 6466–6467, der die besondere Eignung des Motivs für eine politische Interpretation unterstreicht.

Doch wird das Ungeheuerliche des Bruderkampfes an sich ebenfalls betont. So wird bei dem endgültigen Zweikampf zwischen den beiden Brüdern (9763–9816) Polyneikes vom Mitleid übermannt, nachdem er Eteokles eine tödliche Wunde beigebracht hat; er weist darauf hin, daß sie doch Brüder seien, und beklagt den Tod des Bruders. Mehrmals wird die Anrede «frere» wiederholt. Wenn der todwunde Eteokles dem sich mitleidig über ihn beugenden Polyneikes noch einen tödlichen Stoß mit dem Schwert versetzt (der französische Dichter nimmt eindeutig für die Argeier Partei), wird dieses Verhalten eigens als besondere «felonnie» qualifiziert (9791).

Auch eine weitere Schilderung der gegenseitigen Tötung von Brüdern wird im *Thebenroman* besonders ausgestaltet. Der Fall findet sich schon bei Statius, ist bei ihm jedoch ganz allgemein gehalten und umfaßt nur wenige Verse:

> Inachidae gemini geminos e sanguine Cadmi
> occultos galeis – saeva ignorantia belli –
> perculerant ferro; sed dum spolia omnia caesis
> eripiunt, videre nefas, et maestus uterque
> respicit ad fratrem pariterque errasse queruntur
>
> (VIII 448–452).

Im *Roman de Thèbes* wird hieraus ein Zweikampf zwischen zwei sehr jungen Brüdern (der eine ist gerade seit zwei Monaten Ritter, 5705f), die sich im Kampfgeschehen nicht erkennen:

> Esgardez quel pechié le chace!
> car son frere encontre en la place;
> ne se cognurent pas andui,
> cil li chevauche, et cist a lui
>
> (5711–5714).

Die Anagnorisis und die auf sie folgenden Klagen werden ausführlich beschrieben und um die Schilderung der gegenseitigen Vergebung und des Gebets für den jeweils anderen Bruder erweitert:

> a terre conneü se sont,
> l'un pleure l'autre, grant deul font,
> chascuns plaint l'autre plus que soi,
> car mout ierent de boune foi;
> il s'entramoient a merveille.
> De leur sanc fu l'erbe vermeille.
> La mort se pardonnent et plorent
> et tant com pueent por elz orent;
> li uns baise l'autre et embrace,
> ainsi se muerent en la place
>
> (5725–5734).

Die Szene erstreckt sich über 44 Verse. Sie ist deutlich als Gegensatz zu dem späteren Tod von Eteokles und Polyneikes gedacht und unterstreicht die Schrecklichkeit des Bruderkampfes.

Offensichtlich ist es das abnorme Verhalten zwischen Verwandten, das den Dichter des *Roman de Thèbes* interessiert, nicht eine differenzierte psychologische Darstellungsweise. Die spektakulären Verwandtschaftselemente werden von ihm nicht nur aufgegriffen, sondern meist noch eigens betont, während allgemeinmenschliche Probleme kaum oder gar nicht Beachtung finden.

Wace, *Roman de Brut*

Vermutlich kurz nach dem *Roman de Thèbes*, 1155, überträgt Wace die *Historia regum Britanniae* des Geoffrey of Monmouth in französische Verse. Wir haben es hier also mit einer Vorlage zu tun, die nur etwa zwanzig Jahre älter ist als das französische Werk. Wace benutzt sogar vorwiegend eine spätere Bearbeitung des Textes von Geoffrey, so daß der zeitliche Abstand zu der Vorlage vielleicht noch geringer ist[16]. Wenn sich auch in der Zwischenzeit die politische Situation geändert hat (Thronbesteigung Heinrichs II.) und vielleicht auch die höfische Atmosphäre durch das Wirken der neuen Königin, Eleonore von Aquitanien, eine andere geworden ist[17], so wird man doch kaum annehmen wollen, daß sich die gesellschaftlichen Strukturen und die allgemeine Vorstellung von Verwandtschaft in einem so kurzen Zeitraum wesentlich geändert haben. Um so aufschlußreicher sind die von Wace vorgenommenen Veränderungen für die Zielsetzung des volkssprachlichen Texts.

Da es sich bei der Vorlage um eine Chronik handelt, die zahlreiche Generationen umfaßt, ist auch die Zahl der vorkommenden Verwandtschaftskonstellationen sehr groß. Wace übernimmt sie alle ohne Änderung[18]. Festzustellen ist zunächst eine Tendenz zu häufigerer Explizierung der einzelnen Relationen, was mit einem anderen Rezeptionsmodus des volkssprachlichen

---

[16] Vgl. ed. Arnold/Pelan, 27; ed. Hammer, 17–19.

[17] Es ist schwer, die Wirkung Eleonores wirklich zu ermessen. Vgl. hierzu z. B. Bezzola, *Les origines et la formation de la littérature courtoise en occident*, III, 1, Paris 1967, 269–271, sowie neuerdings Udo Schöning, *Thebenroman – Eneasroman – Trojaroman. Studien zur Rezeption der Antike in der französischen Literatur des 12. Jahrhunderts*, Tübingen 1991 (Beihefte zur Zeitschrift für Romanische Philologie 235), 18ff, 334ff, mit weiterer Literatur.

[18] Mit nur zwei Ausnahmen: In einem Fall verzichtet Wace auf die Wiedergabe einer ein einziges Mal erwähnten Onkel-Neffe-Beziehung zwischen zwei Personen, die nur in einer sehr kurzen Episode eine Rolle spielen (Variant Version V, 2, 47–49). Eine Abänderung einer von der Vorlage vorgegebenen Verwandtschaftsbeziehung findet sich nur in Vers 9635: Artus weist den drei Brüdern Loth, Angusel und Urien ihre Lehen zu. In beiden lateinischen Fassungen heißt es dabei über Loth: «Loth autem, qui tempore Aurelii Ambrosii sororem ipsius duxerat» (Vulgata 152, 6f, ed. Faral, 237; vgl. Variant Version IX, 5, 156). Diese Angabe steht im Widerspruch zu der sonstigen Tradition, derzufolge Loth die Schwester des Artus geheiratet hat, wie auch Geoffrey selbst an anderer Stelle schreibt. Wace normalisiert die Relation und läßt Loth anstatt der Schwester von Artus' Großvater wieder Artus' eigene Schwester zur Frau bekommen: «A Loth, ki aveit sa serur».

Textes (Vorlesen statt individueller Lektüre) und mit der allen Übersetzungen eigenen Tendenz zur Explikation der Vorlage zusammenhängen mag. Wenn etwa der schottische König Angusel in einer Ratsversammlung das Wort ergreift, verzichtet Geoffrey darauf, zu erklären, daß es sich um den Bruder von Loth und Urien handelt, was der Leser bereits weiß. Wace dagegen wiederholt diese Angabe:

> Anguselus etiam, rex Albaniae, ut Hoelus finem dicendi fecerat ...
> (*Hist. reg. Brit.*, Vulgata 161,1; vgl. Variant Version IX, 14, 501f).

> Emprés la parole Hoel
> Dist li reis d'Escoce, Angusel,
> Freres fu Loth e Urïen ...
> (*Brut* 10955–10957)[19].

Wie im *Roman de Thèbes* werden auch in Waces *Brut* die spektakulären Ereignisse oft ausführlicher erzählt als in der Vorlage. Wace fügt dabei aber durchaus gelegentlich Schilderungen des psychischen Zustands seiner Personen hinzu, die bei Geoffrey nicht oder nicht so ausführlich vorhanden waren. Ein Beispiel ist die Gestalt der Cordeilla, der jüngsten Tochter König Lears, deren Niedergeschlagenheit wegen der Enterbung durch den Vater und wegen dessen ungerechten Zorns auf sie weit ausführlicher und anschaulicher geschildert wird als bei Geoffrey (1723–1785). Doch finden sich solche Zusätze ausschließlich bei Fällen abnormen Verhaltens, und sie sind stets funktional in die Darstellung dieser Fälle eingebunden. So wird im Falle der Cordeilla die Ungerechtigkeit und Unbedachtheit des Vaters besonders betont. Niemals gibt Wace detailliertere Gefühlsschilderungen, wenn diese für den eigentlich behandelten Gegenstand nicht von Belang sind.

Nur vereinzelt werden im *Brut* Szenen ganz beiseitegelassen. So fehlt bei Wace der von Innogen, der Tochter des griechischen Königs, bei der Abfahrt von Griechenland zum Ausdruck gebrachte Abschiedsschmerz, der unter anderem ihren Eltern gilt:

> At Innogen, in excelsa puppi stans, saepius inter bracchia Bruti collabebatur in extasim. Fusis quoque cum singultu lacrimis, parentes ac patriam deserere conqueritur, nec oculos a litore avertit, dum litora oculis patuerunt ...
> (Variant Version I, 12, 243–246).

Es handelt sich hier um ein allgemeinmenschliches Problem ohne besonders spektakulären Charakter und ohne Implikationen für den Handlungsverlauf, dessen Darstellung offensichtlich in der klassischen Tradition steht. Solche Passagen sind aber schon bei Geoffrey selbst selten.

Auch im *Brut* konstatieren wir also ein gesteigertes Interesse an spektakulären Fällen, verbunden mit Desinteresse an der Darstellung allgemeinmenschlicher Probleme. Ein Unterschied zum *Thebenroman* ergibt sich dar-

---

[19] Ähnliche Fälle sind: *Brut* 18, 6684, 7848, 12814.

aus, daß die Zahl solcher Fälle schon in der Vorlage außergewöhnlich groß ist, bedingt wohl durch die Tatsache, daß sie in dasselbe kulturelle Umfeld gehört wie die Bearbeitung. Der lateinisch schreibende Geoffrey kann sich jedoch von der klassischen Tradition der Darstellung allgemeinmenschlicher, psychischer Phänomene nicht völlig lösen, was der französische Bearbeiter tut. Wace geht insofern etwas weiter als der Statius-Bearbeiter, als er wenigstens innerhalb der spektakulären Fälle, die er aufgreift, auch psychische Phänomene berücksichtigt.

Noch häufiger als im *Roman de Thèbes* finden wir im *Brut* theoretische Bemerkungen über die geschilderten Verwandtschaftsprobleme. So erweitert Wace etwa die Rede, die die Mutter von Belinus und Brennius bei ihrem Versuch, die beiden zu versöhnen, hält. Sie gibt dort eine Begründung dafür, daß eine solche Versöhnung notwendig sei:

> Repose tei, apaie t'ire.
> Ja mais n'avras sorur ne frere,
> Tu n'as pere, vieille est ta mere
>
> (2750–2752).

Hierbei handelt es sich um eine Überlegung, die in der gelehrten Literatur eine lange Tradition hat[20].

Wie im *Roman de Thèbes* finden sich auch im *Brut* häufig zusätzliche Angaben über die vornehme Herkunft handelnder Gestalten oder ihrer Eltern. Zum Teil finden sich solche Angaben schon im lateinischen Text, doch werden sie von Wace meist noch ausführlicher gestaltet. Nur ein Beispiel: Vor der Schlacht gegen den römischen Kaiser schickt Artus zwei Grafen als Boten zu diesem. Während Geoffrey diese einfach «duos consules» (Vulgata 166, 8f) nennt, formuliert Wace folgendermaßen:

> Dunc ad dous cuntes apelez
> Bien sages, bien enloquinez,
> De grant parage esteit chescuns ...
>
> (*Brut* 11647–11649)[21].

In beiden Fassungen ist es selbstverständlich, daß man von Verwandten politische und militärische Hilfe erwarten kann, daß eine große Verwandtschaft Macht und Einfluß gewährt oder daß der einzelne seine Verwandten unterstützt. Doch ist es auffällig, wie Wace diese Angaben ausweitet, etwa konkrete Verwandtschaftsrelationen durch allgemeine Vokabeln ergänzt und solche Formulierungen auch an Stellen einführt, an denen im Original nur von feu-

---

[20] Bemerkenswert ist an dieser Stelle auch, daß die redende Person selbst darüber reflektiert, wie der Angeredete sich eigentlich verhalten müßte, und daß diese Reflexion vom Autor mit sprachlichen Mitteln, wie der mehrfachen Wiederholung von «deüsses», besonders betont wird (2753–2762).

[21] Vgl. auch z. B. 2314, 5358, 5690, 12095, 13388.

dal-politischen Beziehungen die Rede war. So sammelt bei Geoffrey die Tochter des Corineus etwa Truppen in Cornwall, dem Land ihres Vaters, um ihren Gatten Locrinus zu bekämpfen, der sie verstoßen hat:

> Indignata igitur Gwendolena secessit in partes Cornubiae collectaque totius patriae iuventute coepit Locrinum inquietare
>
> *(Hist.reg.Brit.,* Variant Version II, 4, 57–59).

Bei Wace heißt es dagegen:

> Guendoliene fu irree
> Del rei qui l'en out enveiee;
> En Cornoaille s'ala plaindre,
> La u sis peres soleit maindre.
> Tant assembla de ses parens
> E tant requist estranges genz,
> Grant ost mena de Cornoaille ...
>
> *(Brut* 1415–1421).

Die Hilfe durch Verwandte erscheint als das Nächstliegende; nur zusätzlich werden noch andere Leute genannt[22]. Vermutlich liegt hier ein Einfluß der französischen epischen Tradition vor. Nicht auszuschließen ist aber auch, daß diesen Abweichungen Waces von seiner Vorlage ein Reflex der realen gesellschaftlichen Entwicklung zugrundeliegt, die, wie wir noch zeigen werden[23], in die Richtung immer größerer Bedeutung der Verwandtschaft geht.

c. Erläuterungen

Das Auffälligste an den bisher besprochenen Texten war das Interesse für außergewöhnliche Fälle abnormen, problematischen Verhaltens zwischen Verwandten. Sowohl die Wahl der übertragenen Texte als auch die Art der Übertragung im einzelnen ließen eine Bevorzugung derartiger Fälle erkennen. Dabei begnügten sich die Dichter nicht damit, das problematische Verhalten einfach zu schildern; es fanden sich auch Ansätze zu seiner theoretischen Erörterung.

Im *Roman de Troie* gibt es ebenfalls aus dem Rahmen fallende Verwandtschaftsprobleme, insbesondere in dem Teil, der die Heimkehr der Helden von Troja schildert und auf Dictys zurückgeht. Auch hier werden diese Fälle besonders ausgestaltet. Die Telegonos-Geschichte beispielsweise erstreckt sich bei Benoît über mehr als vierhundert Verse (29827ff). Da das Hauptthema des Romans der Kampf um Troja ist, scheint es uns naheliegend anzuneh-

---

[22] Vgl. auch 531f, 544f, 1497f, 4269, 5691, 8415, 10391, 10862, 10880, 12657, 13870, 13979.
[23] S. u. S. 300–312.

men, daß die Hinzunahme dieser Heimkehrthematik gerade aus einem besonderen Interesse an sensationellen Fällen resultiert[24].

Wir begegnen in den Bearbeitungen lateinischer Werke somit einer ganz neuen Form der literarischen Darstellung von Verwandtschaft. Die Verwandtschaftsbeziehung ist nicht mehr nur ein selbstverständlich zur geschilderten Welt gehöriges Element, das in mehr oder weniger typisierter Form dargestellt wird und auf unterschiedliche Weise funktional in den Handlungsverlauf eingebunden sein kann, sie ist auch nicht mehr ein allgemeinmenschliches Phänomen, das an sich interessant ist, wie es in einigen frühen Epen bei der Vater-Sohn-Beziehung der Fall war. Verwandtschaft erscheint vielmehr als ein Bereich, in dem ungewöhnliche, von der Norm abweichende und daher problematische Einzelereignisse oder -situationen vorkommen.

Nun ist Verwandtschaft nicht das einzige Thema dieser Texte. Schon im *Roman de Thèbes* entwickelt sich daneben die Liebe zu einem zentralen Thema, und sie wird dies in *Eneas* und *Roman de Troie* noch mehr. Doch auch die Liebe ist zunächst immer als Problemfall gestaltet: Sei es, daß ein Mädchen sich in den Feind verliebt wie Antigone im *Roman de Thèbes*, Lavine im *Eneas*[25] oder auch Briseida im *Roman de Troie* (wobei Lavine offiziell einem anderen versprochen ist und Briseida zuvor einen anderen liebte), sei es, daß es der Mann ist, der sich in die Tochter des Feindes verliebt, wie es bei Achilleus und Polyxena im *Roman de Troie* der Fall ist.

Offensichtlich dienen die neuen volkssprachlichen Texte einem gänzlich anderen Zweck als die traditionellen Epen: sie bieten Gesprächsstoff. Die ersten Romane erscheinen als Texte, über die man reden und diskutieren kann. Für eine solche veränderte Rezeptionsweise sprechen auch andere Indizien. So finden sich etwa in Waces *Brut* einzelne Stellen, an denen der Erzähler die

---

[24] Wenn wir hier trotzdem auf eine ausführliche Behandlung dieses Romans verzichten, so nicht nur deshalb, weil sie den Rahmen dieser Arbeit überschreiten würde, sondern auch deshalb, weil eine exakte Beurteilung der Abweichungen Benoîts von seinen Vorlagen nicht möglich ist. Er muß neben Dares und Dictys, so wie sie uns vorliegen, noch andere Quellen gehabt haben, die bisher nicht identifiziert sind. Nur ein Beispiel: Die Bezeichnung des Acastus als «aiuel» des Neoptolemos (eigentlich erscheint er als dessen Urgroßvater, aber es wird kein Unterschied zwischen Groß- und Urgroßvater gemacht) und die daraus folgende Bestimmung der Thetis als Tochter des Acastus und Schwester seiner beiden Söhne sind sicher keine Erfindung Benoîts. Sie passen zu den Entmythologisierungstendenzen des Dictys, der ja auch beispielsweise erklärt, die Atriden seien in Wirklichkeit gar nicht Söhne des Atreus, sondern des Pleisthenes. Und interessanterweise wird Thetis von Dictys zu Beginn mit der Angabe «qui ex Chirone dicebatur» eingeführt (I,14). Daß Thetis die Tochter des Cheiron gewesen sein soll, ist eine auch sonst belegte Tradition. Die Formulierung mit «dicebatur» scheint jedoch eine von Dictys' rationalistischen Entmythologisierungen anzukündigen, die aber in dem vorliegenden Text nie erfolgt. Sollte es vielleicht eine ausführlichere Fassung des Dictys gegeben haben?

[25] Es ist bezeichnend, daß gerade der größte Zusatz des Dichters des *Eneas* zum Inhalt der *Aeneis* einem solchen spektakulären, problematischen Fall gilt.

Leser oder Hörer direkt anspricht und gleichsam zur Diskussion über das Erzählte auffordert. Ein Beispiel: Der Nachfolger des Artus, Constantinus, wird von Mordreds Söhnen bekämpft. Er tötet diese schließlich, beide jedoch an einem heiligen Ort. Dazu heißt es: «Gardez s'il fist pechié e mal» (13320)[26]. Mit der zweiten Person Plural kann an dieser Stelle nur das Publikum angesprochen sein, das aufgefordert wird abzuwägen, ob der Frevel von Mordreds Söhnen den Frevel des Constantinus rechtfertigt[27].

Die Problemfälle, die geschildert werden, sind zunächst vor allem Verstöße gegen die natürliche Weltordnung (*nature* im *Thebenroman*) bzw. Störungen der feudalen Gesellschaftsordnung. Erst allmählich wendet sich das Interesse auch der Psyche der Personen zu. Bei Wace ließ sich schon eine etwas stärkere Psychologisierung beobachten als im *Thebenroman*. Diese Entwicklung setzt sich im *Eneas* und in Benoîts *Trojaroman* fort; man denke nur an die Entstehung der Liebe bei Lavine oder an den inneren Konflikt des Odysseus, als er seinen geliebten Sohn einsperrt, weil er glauben muß, daß dieser ihn sonst töten werde[28].

Trotz der Vorliebe der neuen volkssprachlichen Texte gerade für ungewöhnliche Fälle zwischenmenschlichen Verhaltens ist aber eine Beziehung ihrer Darstellung zur historischen Realität nicht von vornherein auszuschließen.

Sowohl der *Roman de Thèbes* als auch der *Brut* handeln von Kämpfen zwischen Brüdern. Das Thema klingt auch im *Roman de Troie* einmal an[29] und wird später in einigen höfischen Romanen wieder aufgegriffen werden[30]. Daß gerade dieses Thema eine so große Beachtung findet, könnte durch historische Ereignisse veranlaßt sein. In bezug auf den *Roman de Thèbes* ist schon mehrfach auf die Bedeutung zeitgeschichtlicher Anspielungen hinge-

---

[26] Der Vers ist nicht einheitlich überliefert; es findet sich etwa auch die Lesart: «... fist u bien u mal», In allen Handschriften steht jedoch die zweite Person Plural «gardez».

[27] Entsprechende Aufforderungen zur Diskussion finden sich auch in späteren Romanen. Ein Beispiel sei hier angeführt: In *Athis et Prophilias* will Prophilias den Freund, der des Mordes angeklagt ist, vom Tode retten, indem er sich selbst als Mörder ausgibt. Dazu heißt es 2279ff:
> Dites, seignor, que vos est vis?
> Mout rant Prophilïas Athis
> Gent guerredon et grant amor
> Del grant servise et de l'enor
> Que il li ot fet en Athene.
> Quant por lui antre an la chäene.

[28] 29910ff. Vgl. auch z. B. die 17 Verse lange Schilderung von Peleus' Freude über das Wiedersehen mit Neoptolemos (29224–29240), die fast zur Gänze ein Zusatz Benoîts ist (vgl. *Eph.Bel.Tr.* VI, 8).

[29] Odysseus verhindert einen Kampf zwischen seinen beiden Söhnen Telemachos und Telegonos (30241–30245).

[30] S. u. S. 161–166.

wiesen worden[31]. Aimé Petit hat zum Beispiel gezeigt, daß manche Passagen des *Roman de Thèbes* Parallelen in zeitgenössischen Darstellungen der Auseinandersetzungen zwischen den Söhnen Wilhelm des Eroberers haben[32]. Uns erscheinen in diesem Zusammenhang besonders die bereits zitierten Verse 3853–3858 auffällig, die Petit nicht berücksichtigt. An dieser Stelle klagen die thebanischen Barone über die verderblichen Auswirkungen nicht nur eines Bruderkrieges, sondern auch eines Krieges zwischen Vater und Sohn. Letzterer kommt im Roman gar nicht vor. Hat der Dichter vielleicht an die Auseinandersetzungen zwischen Wilhelm und seinem Sohn Robert gedacht?

Daß auch das zweite große Thema, das in den besprochenen Werken aufgegriffen wird, der Inzest, mit aktuellen Ereignissen (etwa der Scheidung König Louis VII. von Eleonore von Aquitanien unter dem Vorwand zu naher Verwandtschaft) zu tun haben könnte, halten wir dagegen nicht für wahrscheinlich. Zum einen dürfte es auch für einen mittelalterlichen Leser einen Unterschied ausmachen, ob eine Ehe zwischen Geschwistern, zwischen Vater und Tochter oder zwischen Mutter und Sohn vollzogen wird, wie es in der Literatur beschrieben wird, oder aber zwischen Vetter und Kusine im fünften oder sechsten Grad, wie es in der Realität vorkommen konnte[33]. Zum andern handelt es sich beim Inzest offensichtlich um ein in der gelehrten Literatur schon traditionelles Thema. Der Autor des *Gregorius* etwa stellt sich bewußt in diese Tradition, wenn er den Gegenstand seines Werks folgendermaßen umreißt:

> Tant fud forfait icil bons sires
> Dunt jo vus voil la vie dire,
> Ke uns ses uncles l'engendra
> E la sue ante le porta.
> Uncore fist li enemis
> A cel saint home faire pis,
> Ke sorurges devint son pere
> Si fud mari sa charnel mere!
>
> (*Gregoire* 47–54).

[31] Aimé Petit, *L'anachronisme dans les romans antiques du XII⁵ siècle*, Lille 1985, 50–94; vgl. auch etwa J. J. Salverda de Grave, *Recherches sur les sources du Roman de Thèbes*, in: Mélanges de philologie romane et d'histoire offerts à Maurice Wilmotte, Paris 1910, Reprint Genève 1972, 595–618.

[32] *L'anachronisme*, 56–64.

[33] Vgl. hierzu z. B. Danielle Buschinger, *Das Inzest-Motiv in der mittelalterlichen Literatur*, in: Kühnel, Mück, Müller, Müller (Hrsg.), Psychologie in der Mediävistik. Gesammelte Beiträge des Steinheimer Symposions, Göppingen 1985 (Göppinger Arbeiten zur Germanistik 431), 107–140, die auf den Unterschied zwischen Inzest in der Realität und Inzest in der Literatur zwar hinweist, aber dennoch beides als ein Phänomen betrachtet. In diesem Punkt hat sie unseres Erachtens unrecht, denn offensichtlich erschien im 12. Jahrhundert eine Heirat zwischen *cousins* 5. oder 6. Grades durchaus nicht als so ungeheuerlich, wie eine Geschwisterehe es gewesen wäre. Vgl. hierzu etwa Constance Bouchard, *Consanguinity and Noble Marriages in the Tenth and Eleventh Centuries*, Speculum 56, 1981, 268–287.

Man vergleiche hiermit die theologischen Reflexionen über die Identität Gottes («Sohn seiner Tochter»).

2. Onkel und Neffen

In den *chansons de geste* der ersten Jahrhunderthälfte hatte sich bei den handelnden Figuren eine bestimmte Verwandtschaftskonstellation durchgesetzt, die für diese Gattung charakteristisch war. Bei den Bearbeitungen lateinischer Texte war eine spezifische Verwandtschaftskonstellation nicht zu erwarten. In diesem und den folgenden Kapiteln wollen wir nun untersuchen, ob die neue eigenständige Erzählgattung des Romans gattungsspezifische Konstellationen ausbildet.

Auf den ersten Blick fällt auf, daß die beiden Romangruppen bei der Darstellung von Verwandtschaftsbeziehungen zwar Gemeinsamkeiten aufweisen, sich jedoch in einem Punkt ganz wesentlich unterscheiden. Sie entwickeln jeweils bei den zentralen Figuren der Handlung eine eigene charakteristische Verwandtschaftskonstellation. Die ‹keltischen› Romane sind durch eine besondere Bedeutung der Onkel-Neffe-Relation gekennzeichnet, die ‹nicht-keltischen› dagegen durch die Verwendung der Eltern-Sohn-Relation. Es bietet sich daher an, wie in Teil II die einzelnen Verwandtschaftsbeziehungen getrennt voneinander zu untersuchen; so werden auch die beiden Typen von Romanen jeweils für sich betrachtet werden können. Nebenfiguren, die ebenfalls durch Verwandtschaftsbeziehungen gekennzeichnet sein können, werden wir im Anschluß daran in einem eigenen Kapitel behandeln.

a. Neffen in Artus- und Tristanromanen

Mit den keltischen Stoffen scheinen Neffengestalten schon verbunden gewesen zu sein, bevor sie von den Romanautoren aufgegriffen wurden. Wenigstens finden wir die erste Erwähnung eines Neffen des Artus bereits bei William of Malmesbury[1]. Geoffrey of Monmouth und Wace ordnen diesem König ebenfalls ganz selbstverständlich Neffen zu[2]. In den höfischen Romanen, die keltische Stoffe zum Inhalt haben, sind vor allem die folgenden Onkel-Neffe-Paare zu behandeln: Artus und Gauvain (in Chrétiens Romanen *Yvain* und *Perceval*), Alis und Cligès (in Chrétiens *Cligès*) sowie Marc und Tristan (in den Tristanromanen); hinzu kommt die Gestalt Percevals in Chrétiens gleichnamigem Roman, der zwei Onkel zugeordnet werden.

---

[1] *Gesta regum Anglorum* III 287, ed. William Stubbs, S. 342: «Walwen, qui fuit haud degener Arturis ex sorore nepos».
[2] So erscheint etwa im *Brut* außer Gauvain und Mordred auch Hoel als Neffe Artus' (9140f).

Die Gelehrten, die sich bisher mit den Neffen im höfischen Roman befaßt haben, haben sie in der Regel als ein den für die *chansons de geste* charakteristischen Neffenfiguren völlig gleichartiges Phänomen betrachtet[3]. Wir wollen im folgenden kurz die wichtigsten Punkte aufführen, durch die sich die Neffenfiguren im Roman von den bisher behandelten unterscheiden.

Die Privilegierung der Neffen

Wir haben gesehen, daß Neffen in den frühen *chansons de geste* in der Regel Begleiter des Helden sind, Angehörige seiner *maisnie* wie andere Ritter auch, und daß sie selbst dann, wenn es sich um so bekannte und in der Tradition verankerte Gestalten handelt wie Guillaumes Neffen Bertrand, stets dem eigentlichen Helden untergeordnet sind. Die Unterordnung bezieht sich dabei nicht nur auf das objektive feudale Abhängigkeitsverhältnis, sondern auch auf ihre Bedeutung als epische Helden.

Was das objektive Abhängigkeitsverhältnis betrifft, ist die Stellung der Neffengestalten Gauvain, Tristan und Cligès ganz entsprechend. Gauvain, der Neffe des Königs Artus, ist bei Chrétien de Troyes einer der Ritter von dessen Tafelrunde, der ähnliche Aufgaben übernimmt wie andere zu dieser Runde gehörige Ritter, die nicht mit Artus verwandt sind. Was ihn von den übrigen Rittern unterscheidet, ist, daß er anerkanntermaßen der beste von ihnen ist. Er ist beispielsweise derjenige, den man sich, wenn irgend möglich, als Champion für ein Gerichtsduell aussucht, wie es der einen der beiden streitenden Schwestern im *Yvain* gelingt (4723f, 4784f). Doch auch diese Eigenschaft entspricht durchaus der epischen Tradition. Eine ganz entsprechende Stellung haben wir für Roland herausgearbeitet[4]. Tristan und Cligès leben ebenfalls zumindest zeitweise am Hof ihres Onkels; Cligès gehört außerdem zu dem Gefolge des Onkels, als dieser die Tochter des deutschen Kaisers holen will (*Cligès* 2712).

Dennoch hat das Verhältnis von Onkel und Neffe wesentliche Veränderungen erfahren. Auffällig ist schon, daß keiner der Neffen in der Ausübung einer konkreten Funktion (als Ratgeber, Bote oder Befehlshaber von Truppen des Onkels) vorgeführt wird, wie sie für die epischen Neffenfiguren charakteristisch waren.

Besonders deutlich wird die Veränderung, wenn man die Darstellung Gauvains in Waces *Brut* zum Vergleich heranzieht. Bei Wace begleitet Gauvain etwa seinen Onkel auf dem Kriegszug in Frankreich und zeichnet sich auch durch besondere Heldentaten im Kampf aus (*Brut* 11751−11880). Wace

---

3   Für einen Überblick über die Literatur zu diesem Thema s. o. Teil II, S. 50−58. Eine Ausnahme bildet ein Aufsatz von Madeleine Blaess: *Arthur's Sisters*, Bulletin Bibliographique de la Société Internationale Arthurienne 8, 1956, 69−77, in dem sie auch kurz auf unterschiedliche Vorstellungen von Neffen eingeht.

4   S. o. Teil II, S. 65−67.

hat dabei seine Bedeutung gegenüber der lateinischen Vorlage etwas verstärkt. Doch ist Gauvain keineswegs der alle anderen überragende Held; insbesondere die Leistungen Hoels, eines anderen von Artus' Neffen, werden in derselben Weise wie die Gauvains hervorgehoben (z. B. 12814). Auch Artus' Gegner in diesem Krieg, Kaiser Lucius von Rom, hat einen Neffen in seiner Begleitung, Quintilien. Dieser erlangt dadurch eine gewisse Bedeutung, daß er Boten des Königs Artus, unter ihnen Gauvain, verhöhnt und so die ersten Kampfhandlungen provoziert. Die zentralen Figuren in dieser Episode sind aber ohne jeden Zweifel Artus und Lucius, die ihre Heere persönlich anführen und auch selbst am Kampf teilnehmen. Artus hat vorher sogar in eigener Person einen Zweikampf gegen den römischen Statthalter in Paris geführt und diesen besiegt (9996–10092)[5].

Bei Chrétien ist Artus selbst dagegen überhaupt kein aktiver Held mehr. Er erscheint nur als passiver Herrscher, der das Zentrum der höfischen Welt repräsentiert, an dessen Hof die jungen Männer kommen, um sich als höfische Ritter zu bewähren und allgemeine Anerkennung zu erlangen, und von dessen Hof sie zu ihren Taten aufbrechen. Das Verhältnis zwischen Onkel und Neffe hat sich zugunsten des Neffen verschoben; der Held ist nun der Neffe, während der Onkel im Hintergrund bleibt.

Entsprechendes gilt für die Tristangestalt. Zwar können wird nicht mehr rekonstruieren, wie die sicher einmal vorhandene französische Urfassung des Tristan im einzelnen ausgesehen hat, und auch über die fragmentarisch erhaltenen Fassungen des Thomas und des Béroul läßt sich kein umfassendes Urteil bilden, doch ist die Rolle, die der Onkel und König Marc in ihnen spielt, in etwa erkennbar. Er erscheint in etwas höherem Maße als Artus als eine Person, die Entscheidungen trifft und danach handelt. Bei Béroul lesen wir, wie er seinem Neffen mißtraut, ihn belauscht, ihn und die Königin Isolt zum Tode verurteilt und sie, als er sie nach ihrer Flucht im Wald findet, am liebsten selbst töten möchte. Auch bei Thomas wird beschrieben, wie Marc Tristan und Isolt zusammen entdeckt und versucht, ein Urteil herbeizuführen. Doch wird Marc bei beiden Autoren immer von anderen Personen angetrieben, sei es durch seinen Zwerg (so Thomas C 8, Béroul 264, 292–294) oder durch Barone seines Hofs (so Béroul 288–291, 581ff). Der Handlungsverlauf wird ganz offensichtlich von Tristan und Isolt bestimmt. Außerdem handelt Tristan mit seiner Liebe zur Königin gegen die Interessen seines Onkels und muß dessen Hof und damit auch dessen Dienst verlassen. In diesem Punkt weicht Tristans Beziehung zu seinem Onkel noch stärker von der epischen Onkel-Neffe-Beziehung ab als diejenige Gauvains.

Auch in Chrétiens *Cligès* ist eindeutig der Neffe die Hauptfigur. Sein Onkel Alis wird nur selten als handelnde Person vorgeführt; er verfolgt kein eigenes Handlungsziel, sondern erscheint nur als derjenige, der der Liebe von

---

5 Zu den verschiedenen Auffassungen der Gauvain-Gestalt vgl. auch Keith Busby, *Gauvain in Old French Literature*, Amsterdam 1980.

Cligès und Fenice im Wege steht. Auch Cligès verläßt den Hof seines Onkels. Nur kurz wird von Cligès' Aufenthalt am Artushof berichtet (4935−5013). Gauvain, Onkel des Helden, erscheint dabei ausschließlich als der beste Ritter, an dem Cligès seine Kampfkraft versuchen muß (2577−2580, 4861−4905, 4923f)[6]. Als «oncle» erscheint nur Artus, der Großonkel. Artus wird jedoch − von der Vorgeschichte abgesehen − nur an ganz wenigen Stellen handelnd vorgeführt: Er unterbricht den Zweikampf von Gauvain und Cligès (4908ff), er fragt diesen nach seinem Namen (4986ff), und er ist bereit, Cligès mit einem Heer zu unterstützen, damit dieser die Herrschaft in Konstantinopel erringen kann (6562ff).

Im *Perceval* sind es ebenfalls die Neffenfiguren, der Titelheld und Gauvain, die das Geschehen bestimmen; die Onkel − Gralkönig, Eremitenonkel und König Artus − treten jeweils nur an einzelnen Stationen der Handlung in Erscheinung.

Im Unterschied zu den traditionellen *chansons de geste* sind die Helden im höfischen Roman somit nicht mehr die Onkel, sondern die Neffen; die Handlung ist die Handlung der Neffen, auf die die Onkel nur noch − fördernd oder hindernd − reagieren.

Neffen als Einzelgestalten

In den *chansons de geste* war es möglich, einem Helden mehrere Neffen zuzuordnen. Zumindest Guillaume d'Orange hatte immer mindestens zwei Neffen. Bei Geoffrey und Wace hatte auch Artus noch mehrere Neffen, Gauvain, Hoel und Mordred, und in den Prosaromanen des 13. Jahrhunderts werden ebenfalls mehrere Neffen eine Rolle spielen. Um so auffälliger ist es, daß die keltischen Romane des 12. Jahrhunderts der jeweiligen Onkelfigur immer nur einen Neffen zuordnen. Außer Tristan wird bei Béroul und bei Thomas kein Neffe Marcs erwähnt, Alis hat neben Cligès keinen weiteren Neffen, und Gauvain ist in Chrétiens Romanen der einzige Neffe von König Artus.

Ein einziges Mal, in *Cligès*, spricht Chrétien von einer Mehrzahl von Neffen. In dem knappen Bericht von Cligès' Aufenthalt am Artushof heißt es:

> Plus que nus de toz ses neveuz
> L'aimme li rois et plus l'enore
>
> (*Cligès* 5006f).

Es geht in dieser Episode augenscheinlich darum, den Titelhelden irgendwie in Beziehung zur Artuswelt zu setzen, mit der er sonst nichts zu tun hat. Der Satz könnte ein Indiz dafür sein, daß in den Artus-Erzählungen, die vor Chrétiens Romanen bekannt waren, dem König eine größere Zahl von Neffen zugeordnet wurde.

---

[6] Als Onkel wird er nur vor Cligès' Ankunft bezeichnet (2578, 4176, 4181).

Die Regel, daß der Neffe immer eine Einzelfigur ist, gilt noch für den *Perceval*. Dem Eremiten oder dem alten Gralkönig wird außer Perceval kein Neffe mehr zugeordnet, obwohl es in der Gralsfamilie zum Beispiel noch eine Nichte des Roi Pescheor und eine Kusine Percevals gibt. Gauvain hat zwar in diesem Roman noch drei Brüder, doch keiner von ihnen wird als Neffe des Königs bezeichnet.

Königliche Onkel

In den *chansons de geste* konnten Neffen jedem Helden zugeordnet werden, gleichgültig, ob dieser Herrscher war oder nicht. So hat in den frühen Epen nicht nur Kaiser Karl einen Neffen; Neffen sind vielmehr auch Guillaume d'Orange, dem Feigling Tedbald in der *Chanson de Guillaume* oder Hugon in *Gormont et Isembart* zugeordnet, die eindeutig abhängige Vasallen des Königs von Frankreich sind.

In den Romanen kommen dagegen bei den zentralen Personen nur souveräne Herrscher als Onkel vor: König Marc, König Artus, der byzantinische Kaiser Alis in *Cligès*. Nur am Rande werden andere Onkel-Neffen-Beziehungen erwähnt: Cligès ist Neffe Gauvains, wie sich aus der Vorgeschichte des *Cligès* ergibt, in der der Vater des Helden Gauvains Schwester heiratet. Im *Yvain* rettet der Held einmal Nichten und Neffen Gauvains von einem Riesen, der sie bedroht. Doch keine dieser Relationen ist für die Handlung besonders relevant. Es ist nicht Gauvain, der Onkel, der seinen Verwandten zu Hilfe kommt. Und als Cligès, der mit seiner Geliebten vor seinem Onkel fliehen muß, sich an den britischen Hof um Hilfe wendet, ist es Artus, der diese gewährt, nicht Gauvain (6553ff).

Eine Ausnahme findet sich erst im *Perceval*. Zwei Onkel Percevals werden von Chrétien erwähnt, der alte Gralkönig und der alte Eremit. Ersterer scheint kein souveräner Herrscher mehr zu sein, da auch sein Sohn, der Roi pescheor, als König bezeichnet wird. Der Eremit wird überhaupt nicht mit der Königswürde in Verbindung gebracht. Doch weisen die Verwandtschaftsstrukturen des *Perceval* ohnehin einige Besonderheiten auf[7].

Die Thematisierung der Beziehung

In den *chansons de geste* war die Neffenbeziehung weniger eine Beziehung zwischen zwei gleichberechtigt in Erscheinung tretenden Personen als vielmehr eine Art der Zuordnung einzelner Figuren zu einem Helden, die nur die zugeordneten Figuren selbst näher charakterisierte[8].

Im Falle Gauvains scheint die Neffenbeziehung oft in derselben Weise verwendet zu werden. Man denke nur daran, wie Gauvain sich im *Perceval* seinem Feind Guiromelant vorstellt:

---

[7] Hierzu s. u. S. 186–204.
[8] S. o. Teil II, Kap. 1, besonders S. 67f, 70f, 76f.

> «... Je sui Gavains.» – «Gavains iés tu?»
> - «Voire, li niez le roi Artu.»
>
> *(Perceval* 8833f)[9].

Doch gilt dies für die übrigen hier besprochenen Helden nicht mehr. Tristan wird weder bei Béroul noch bei Thomas mit derselben Selbstverständlichkeit «li niés Marc» genannt. Cligès oder Perceval werden überhaupt nicht in dieser Weise durch die Angabe ihres Neffenstatus bezeichnet.

Statt dessen wird die Beziehung von Onkel und Neffe in mehreren Fällen problematisiert. König Marc ist über Tristans Liebe zu seiner Frau deshalb besonders erbittert, weil Tristan sein Neffe ist. Bei Béroul sagt er zum Beispiel:

> Si m'aït Dex, mot me mervel
> Que mes niés ma vergonde ait quise;
> Mais servi m'a d'estrange guise
> *(Roman de Tristan* 628–630).

Die Onkel-Neffe-Beziehung ist auch eine Beziehung zwischen *seignor* und *home*, was das Vergehen Tristans noch schwerwiegender macht. Schon Wace hatte im *Brut* die Neffenbeziehung in einem ähnlichen Fall problematisiert: Als Mordred die Herrschaft in Britannien usurpiert und die Königin zur Frau nimmt, ist dieses Verbrechen besonders schwer, weil König Artus sein Onkel und sein Lehnsherr ist (13015–13030).

Chrétien nimmt diese Problematisierung der Onkel-Neffe-Relation allerdings zurück, als er im *Cligès* dasselbe Thema behandelt wie die Tristanromane. Bei ihm hat Cligès das Recht auf seiner Seite, wenn er Fenice, die Ehefrau seines Onkels, selbst liebt, da dieser ursprünglich gelobt hatte, keine Frau zu nehmen (2531–2538). Das Verhältnis von Artus und Gauvain wird überhaupt nicht zum Problem. Auch bei Chrétien gibt es jedoch einzelne Stellen, die darauf hindeuten, daß die Onkel-Neffe-Beziehung als solche eine besondere Bedeutung hat. Besonders klar wird dies bei dem schon erwähnten Duell zwischen Yvain und Gauvain im *Yvain*. Der Kampf soll dazu dienen, den Rechtsstreit zweier Schwestern zu entscheiden, von denen die ältere der jüngeren nicht den ihr zukommenden Anteil an ihrem Erbe abgeben will. Als keiner der beiden Champions den anderen besiegen kann, muß schließlich Artus eine Entscheidung fällen. Um die *damoisele*, für die Gauvain kämpfte und die eindeutig unrecht hatte, zum Nachgeben zu bewegen, sagt er, daß er Gauvain für besiegt erklären wolle. Dies wird folgendermaßen formuliert:

---

9 Daneben wird auch – selten – die Vaterangabe benutzt. So stellt sich etwa im *Yvain* Gauvain selbst seinem noch unerkannten Zweikampfgegner folgendermaßen vor: «Gauvains ai nom, filz au roi Lot» (6261). Auch hieraus ergibt sich jedoch kein Unterschied zur *chanson de geste*; in ähnlicher Weise werden auch etwa Bertrand und Guielin, die Neffen Guillaumes im *Charroi de Nîmes* vorgestellt.

> «... ou vos feroiz a ma devise
> tot quan que ge deviserai
> sanz feire tort, ou ge dirai
> que mes niés est d'armes conquis.
> Lors si vaudra a vostre oés pis;
> mes jel di or contre mon cuer.»
> Il ne le deïst a nul fuer,
> mes il le dit por essaier
> s'il la porroit tant esmaier
> qu'ele randist a sa seror
> son heritage, par peor ...
>
> (*Yvain* 6408–6418).

Die Bemerkung des Erzählers, daß Artus auf gar keinen Fall seine Drohung wahr machen und den Neffen wirklich als besiegt erklären würde, ist auffällig. Für eine solche Privilegierung des Neffen gibt es keinen aktuellen Grund; wäre Gauvain besiegt, würde dies nur den Ruhm eines anderen wichtigen Ritters der Tafelrunde vergrößern. Nicht einmal Gauvains Ruf, der beste Ritter zu sein, müßte zwangsläufig darunter leiden − er hätte eine Niederlage nur in einem Kampf erlitten, in dem er das Unrecht vertrat. Hier wird eine Bindung des Onkels an den Neffen zum Ausdruck gebracht, die außer durch die Verwandtschaftsbeziehung selbst nicht begründet wird.

b. Neffen in anderen Romanen

Die wenigen Neffengestalten unter den zentralen Figuren in den ‹nicht-keltischen› Romanen weisen im Prinzip dieselben Charakteristika wie die bis jetzt besprochenen Gestalten auf.

Der Held des Romans *Partonopeu de Blois* beispielsweise ist Neffe des Königs Clovis von Frankreich. Er gehört zu Beginn des Romans auch zum Gefolge des Königs (er begleitet ihn zusammen mit anderen Rittern auf die Jagd, 583). Es besteht eine große Zuneigung zwischen Onkel und Neffe. Diese wird zwar besonders begründet, doch geschieht dies nicht durch eine konkrete Notwendigkeit (wie es beispielsweise bei Roland der Fall war), sondern vielmehr durch Schönheit und Charaktereigenschaften des Jünglings (535−582). Der König spielt nur am Anfang des Romans eine Rolle; Held der gesamten Handlung ist der Neffe. Dieser handelt dabei nicht im Sinne des Königs; er weigert sich, das ihm von diesem zugedachte Mädchen zu heiraten und kehrt statt dessen zu seiner Geliebten zurück, von der man ihn fernhalten wollte.

Eine ähnliches Bild bietet die Gestalt des Capaneus in Hue de Rotelandes *Ipomedon*. Capaneus ist der Neffe des Königs von Sizilien, Meleager. Er gehört zum Gefolge seines Onkels, wenn dieser auf die Jagd geht (2753ff), und ist der beste Kämpfer unter den Rittern, die Meleager dienen. Meleager ist zwar nicht völlig inaktiv (er nimmt beispielsweise an einem großen Kampfturnier persönlich teil), doch spielt Capaneus eindeutig eine wichtigere Rolle in der Handlung. Wie man bereits an anderen Elementen gezeigt hat, stellt der an Meleagers Hof spielende Teil von *Ipomedon* eine bewußte Parodie auf den höfischen Roman dar[10]. Auch die Rolle des Neffen Capaneus dürfte daher derjenigen entsprechen, die Hue als typisch für eine Neffenfigur im höfischen Roman ansah.

Auffällig ist, daß Capaneus als Erbe seines Onkels vorgesehen ist (69ff)[11]. In den *chansons de geste* kamen Neffen in der Regel als Erben nicht in Frage. In den hier besprochenen Romanen gibt es jedoch noch ein weiteres Beispiel: Cligès tritt die Nachfolge seines Onkels Alis an, der die Herrschaft nach dem Tod von Cligès' Großvater Alixandre usurpiert hatte (6604ff). Allerdings hat Cligès auch einen gewissen Erbanspruch von seinem Vater her, der als älterer Sohn eigentlich der rechtmäßige Nachfolger jenes Alixandre gewesen wäre. In Chrétiens Artusromanen treten Neffen nirgends als Nachfolger in Erscheinung. In der übrigen Artus-Tradition kommt dieser Fall jedoch häufiger vor. Bei Wace setzt Artus bei seinem Aufbruch nach Frankreich und Rom seinen Neffen Mordred (er wird erst in der *Mort le roi Artu* als Sohn bezeichnet) als Stellvertreter und damit potentiellen Nachfolger ein (*Brut* 11173– 11176). An die Stelle des gefallenen Königs von Schottland, Anguisel, tritt dessen Neffe Yvain (13189–13196)[12]. In einigen der *Perceval*-Fortsetzungen wird Perceval als Erbe der Gralsherrschaft interpretiert. Offensichtlich ist es im Roman eher als in den *chansons de geste* möglich, einen Neffen mit der Sukzession in Verbindung zu bringen. Nicht feststellen läßt sich dabei allerdings eine Bevorzugung des Neffen gegenüber dem Sohn. In allen Fällen wird deutlich gemacht, daß Söhne nicht vorhanden sind (*Brut, Cligès, Ipomedon*) oder nicht vorhanden sein können (*Perceval* – der Roi Pescheor ist zeugungsunfähig).

c. Erläuterungen

Wir beobachten also in allen Romanen der zweiten Hälfte des 12. Jahrhunderts, in denen Neffen überhaupt eine Rolle spielen, eine gegenüber den epi-

---

[10] Vgl. A. J. Holden in der Einleitung zu seiner Ausgabe, 52–57, sowie William Calin, *The Exaltation and Undermining of Romance: Ipomedon*, in: N. J. Lacy, D. Kelly, K. Busby (Hrsg.), The Legacy of Chrétien de Troyes, II, Amsterdam 1988, 111– 124, der insbesondere die ausbleibende Reaktion des Königs und seiner Ritter auf eine Herausforderung vor der versammelten Hofgesellschaft mit entsprechenden Szenen in den Artusromanen vergleicht.

[11] Dasselbe gilt für die Gestalt Melanders, der der Erbe seiner Tante ist. Wir werden auf diese Gestalt bei der Behandlung der Nebenfiguren näher eingehen; s. u. S. 180f.

[12] Auch an anderen Stellen im *Brut* ist von Neffen als Nachfolgern die Rede, meist jedoch mit der Erklärung, daß eigene Kinder nicht vorhanden oder getötet sind: 3611–3613, 13331; vgl. auch 5801–5886, wo erörtert wird, ob sich der Schwiegersohn oder der Neffe besser als Nachfolger eignet, und 14816–14825, wo der letzte britische König, Calevadre, sowohl seinen Sohn als auch seinen Neffen als Stellvertreter und Nachfolger nach Britannien schickt.

schen Texten der ersten Jahrhunderthälfte neue Auffassung der Onkel-Neffe-Beziehung, die den Neffen gegenüber dem Onkel privilegiert, ihn als Einzelgestalt sieht und teilweise sogar mit der Sukzession in Verbindung bringt. Diese Auffassung ist nicht immer gleich ausgeprägt; insbesondere Chrétiens Gauvaingestalt ist noch sehr konventionell. Die Privilegierung des Neffen als Handlungsträger ist jedoch auch in diesem Fall gegeben.

Nach der höfischen Liebesdoktrin, die Nordfrankreich in der zweiten Hälfte des 12. Jahrhunderts vom provenzalischen Süden übernommen hat, ist *joven* ein Wert an sich. Nicht nur in der Literatur, sondern auch im realen Leben entwickelt sich in dieser Zeit ein gewisser Kult der Jugendlichkeit[13]. Die Konzentration der höfischen Dichter auf den jüngeren Partner der Verwandtschaftsrelation könnte hierin begründet sein.

Wie Erich Köhler gezeigt hat[14], entsprechen die Artusromane einer bestimmten Idealvorstellung des französischen Feudaladels: Der König wird zwar als König und als Integrationsfigur respektiert, sollte sich aber passiv verhalten und nicht die Machtentfaltung der Fürsten behindern. Auch diese Vorstellung könnte zur Schwächung der Onkelfigur, die ja immer ein König ist, gegenüber der Neffenfigur beigetragen haben.

Doch nicht nur gesellschaftliche Veränderungen kommen bei der Erklärung der neuen Konzeption der Neffenfigur in Betracht. Es fällt auf, daß diese sich zuerst in Romanen findet, die keltische Stoffe behandeln, und erst gegen Ende des Jahrhunderts in einzelnen anderen Romanen auftaucht, wobei in einem Fall, im *Ipomedon*, deutlich Bezug auf die Artusromane genommen wird. Es liegt daher nahe, in der veränderten Auffassung der Neffenbeziehung auch die Auswirkung einer anderen, keltischen literarischen Tradition zu sehen. In der Tat kennt auch die irische und kymrische Erzählliteratur Neffenfiguren, die den hier untersuchten Neffen in wesentlichen Punkten gleichen. Allerdings lassen sich nur wenige der betreffenden Texte mit Sicherheit in die Zeit vor der Entstehung unserer Romane datieren. Die Onkel-Neffe-Beziehung zwischen König Conchobor und Cúchulainn im irischen Epos *Táin Bó Cuailnge* (die älteste erhaltene Fassung entstand um 1100 oder im 12. Jahrhundert) wurde bereits erwähnt. Anders als in den frühen *chansons de geste*, aber wie im höfischen Roman ist Cúchulainn, der Neffe, die die Handlung bestimmende Person, nicht der Onkel. Ähnliche Verhältnisse finden sich in einigen der kymrischen *Mabinogion*, deren früheste erhaltene Fassungen zwar erst im 14. Jahrhundert belegt sind, die aber vermutlich eben-

---

[13] Offensichtlich bemühte man sich in dieser Zeit auch verstärkt um jugendliches Aussehen. Frau Dr. Sabine Krüger verdanken wir den Hinweis auf eine Stelle bei Etienne de Fougères, an der dieser die übertriebene Neigung der Frauen beklagt, sich zu schminken, um jünger zu erscheinen (*Livre des manières* 1013ff). Wir werden im folgenden Kapitel auf diesen Kult der Jugendlichkeit zurückkommen.

[14] Erich Köhler, *Ideal und Wirklichkeit in der höfischen Epik*, Tübingen ²1970, 5–36.

falls älter sind[15]. Es ist daher wahrscheinlich, wenn auch nicht sicher nachweisbar, daß auch die keltische Tradition, der die Stoffe der Artus- und Tristanromane entstammen, die neue Gestaltung der Neffenbeziehung beeinflußt hat.

Daß die Onkel immer Könige sind, geht mit Sicherheit auf die literarische Tradition zurück[16]. Doch dürfte diese Tradition den Wunschvorstellungen zumindest eines Teils des Publikums durchaus entgegengekommen sein. Wie wir bereits in Teil I gesehen haben und wie sich bei der Betrachtung der antikisierenden Romane bestätigt hat, kommt um die Mitte des 12. Jahrhunderts ein neues, ausgeprägtes Bewußtsein für Rang und Vornehmheit auf. Man ist bestrebt, in einer beliebigen Verwandtschaftslinie mit möglichst hochrangigen Personen verwandt zu sein[17]. In der Hocharistokratie besteht ein besonderes Interesse an einer Verbindung mit Königshäusern[18]. Daß man auch als Neffe, also durch eine indirekte Beziehung, Nachfolger eines Königs werden kann, dürfte ebenfalls Wunschvorstellungen dieses Personenkreises entsprechen.

d. Schwestersöhne und Brudersöhne

Wenn wir bisher in diesem Kapitel die Frage nach der Art der Neffenbeziehung außer acht gelassen haben, so geschah dies nicht ohne Grund. Die Autoren der hier behandelten Romane haben offensichtlich keine prinzipielle Vorliebe für einen bestimmten Neffentyp. Es wird auch keiner der beiden möglichen Typen aus dichtungstechnischen Gründen verwendet, wie dies in den *chansons de geste* der Fall war. Die Art der Beziehung wird überhaupt nur erwähnt, wenn die Handlung eines Romans dies erfordert. So ist Gauvain bei Chrétien ebenso wie in der gesamten Tradition Artus' Schwestersohn, doch spielt seine Mutter, Artus' Schwester, ausschließlich in der Wunderschloßepisode des *Perceval* eine Rolle. Sonst verzichtet Chrétien auf eine Spezifizierung des Typs der Neffenbeziehung. Tristan, wie Gauvain eine Neffengestalt, die auf einer älteren Tradition beruhen dürfte, ist, wie wir aus

---

[15] Ein Beispiel bietet das *Mabinogi Math*, das sprachlich ins 11. Jahrhundert zu gehören scheint. Zu der Bedeutung der Neffengestalt in der keltischen Literatur generell vgl. Tomás Ó Cathasaigh, *The Sister's Son in Early Irish Literature*, Peritia 5, 1986, 128–160. – Den Hinweis auf diese Arbeit und auf die keltischen Texte verdanken wir Frau Professor Hildegard L. C. Tristram, Freiburg i.Br.

[16] Artus ist zumindest seit der Neugestaltung der Artussage durch Geoffrey of Monmouth König. Auch sonst ist der Rang der Personen bei der Übertragung ins Französische offenbar nicht verändert worden; hierzu s. u. S. 146, 159f.

[17] Hierzu s. o. Teil I, S. 22–25.

[18] Vgl. Michel Bur, *L'image de la parenté chez les comtes de Champagne*, Annales. Economies, Sociétés, Civilisations, 38, 1983, 1016–1039. Man beachte, daß auch diejenigen Helden arthurischer Romane, die als Söhne vorgestellt werden, ausnahmslos Söhne von Königen sind. Näheres hierzu im folgenden Kapitel; s. u. S. 146, 159f.

späteren Fassungen der Tristangeschichte schließen können, vermutlich ebenfalls ein Schwestersohn, auch wenn dies aus den erhaltenen Fragmenten nicht hervorgeht[19]. Trotzdem macht Chrétien den Helden seines Romans *Cligès*, in dem er das Handlungsmuster des Tristanromans aufgreift, zu einem Brudersohn des byzantinischen Kaisers. Er brauchte dieses Verhältnis, um Cligès' Vater und Cligès selbst als zu Unrecht um die Herrschaft gebracht darstellen zu können. Perceval ist Sohn der Schwester des Gralkönigs und des Eremiten, doch erlaubte nur eine solche Beziehung, ihn als einen von außen zur Gralsfamilie kommenden Verwandten darzustellen[20]. Der Held des *Partonopeu* ist ein Schwestersohn des französischen Königs. So war es möglich, den Helden in Beziehung zum Königshaus zu setzen, ohne gleichzeitig Erbstreitigkeiten oder Rivalitäten schildern zu müssen. Außerdem kommt es dem Dichter des *Partonopeu* offensichtlich auf die Gestalt der intrigierenden Mutter an, die versucht, den Sohn von seiner Geliebten fernzuhalten. Über die Art der Neffenbeziehung des Capaneus zu Meleager erfahren wir nichts. Hue de Rotelande, der bewußt die arthurischen Romane nachahmt und parodiert, hätte vermutlich betont, daß Capaneus' ein Schwestersohn ist, wenn er dies für ein typisches Element jener Texte gehalten hätte.

Dieser Befund deutet darauf hin, daß eine ältere Tradition (die keltische Erzähltradition?), aus welchen Gründen auch immer, die Neffen als Schwestersöhne einführte, daß dies von den Autoren der höfischen Romane jedoch nicht mehr als wesentlich angesehen wurde. In unseren Texten sind es offensichtlich nur konkrete inhaltliche Zwänge, die einen Autor bewegen, auf den einen oder den anderen Typ der Neffenbeziehung besonders hinzuweisen.

3. Eltern und Söhne

Eine der auffallendsten Neuerungen der Gattung des Romans gegenüber der traditionellen *chanson de geste* ist die große Bedeutung, die die Beziehung zwischen Eltern und Söhnen in der Handlung haben kann. Schon in den antikisierenden Romanen der Jahrhundertmitte und in *Floire et Blancheflor* spielt sie eine wichtige Rolle. Sie tritt in den Tristanromanen, in *Ille et Galeron* und in Chrétiens frühen Werken in den Hintergrund, bekommt aber in den nicht-keltischen Romanen der letzten Jahrzehnte des Jahrhunderts, die sich auf die antikisierenden Romane beziehen, wieder eine zentrale Bedeutung. Chrétien greift das Thema, abgewandelt, im *Perceval* auf, in dem die

---

[19] Vgl. etwa die Einleitung zu B. H. Winds Edition von Thomas' *Roman de Tristan*, 23f.
[20] Auf die Verwandtschaftsstrukturen des *Perceval* werden wir unten, S. 186–204, genauer eingehen.

Beziehung von Mutter und Sohn eine besondere Rolle spielt[1]. Um 1200 erlangt die Eltern-Sohn-Beziehung dann auch in anderen arthurischen Romanen (zum Beispiel im *Bel Inconnu* des Richart de Beaujeu) eine für die Handlung relevante Bedeutung.

In den frühen *chansons de geste* werden Eltern-Kind-Beziehungen, wie wir gesehen haben, nur selten in spezifischer Weise geschildert. Wenn eine solche Beziehung doch thematisiert wird (eine Möglichkeit, die eine neue Entwicklung zu sein scheint), dann geht es zunächst stets um das Verhalten eines Sohnes aus der Sicht eines Vaters. Eltern werden nicht aus der Sicht der Kinder beschrieben. Außerdem sind die Kinder in diesen Fällen (Bertrand und Guielin im *Charroi de Nîmes*, Louis im *Couronnement Louis*) Gestalten, die jünger sind als der eigentliche Held. Daß der Held selbst ein Sohn ist, dem in der Handlung ein Vater gegenübergestellt wird, kommt, wenn man von bloßen Identitätsangaben absieht, erst im zweiten Teil des *Wilhelmsliedes* vor, und auch dort erscheint der Vater nur als ein Verwandter unter anderen. Der Held wird also nie in seiner Rolle als Sohn dargestellt.

Auch eine Muttergestalt, die eben in ihrer Rolle als Mutter geschildert würde, gibt es nicht. Zwar wird im *Couronnement Louis* auch einmal Guillaumes Mutter Hermengart erwähnt[2], doch geschieht dies nur im Rahmen einer Identitätsangabe. Von den beiden Frauen, die eine wichtigere Rolle haben, Bramimunde und Guibourc, ist die erstere zwar vielleicht als Mutter zu denken (ihr Gatte Marsilie hat zumindest einen Sohn, und von mehreren Frauen ist nicht die Rede), doch wird dies nirgends erwähnt, und sie wird auch kein einziges Mal in Beziehung zu dem Sohn gesetzt. Guibourc dagegen hat keine Kinder[3]. Noch viel weniger werden Elternpaare als solche vorgeführt. Das einzige Mal, daß Vater und Mutter einer Zentralfigur zusammen genannt werden, ist die bereits zitierte Identitätsangabe im *Couronnement Louis*.

Der älteste bekannte epische Text, in dem dem Helden Eltern zugeordnet werden und die Eltern-Kind-Beziehung auch eine wesentliche Rolle spielt, ist *Aiol*. Der erste Teil dieser *chanson de geste* schildert, wie die Eltern des Helden, durch die Intrigen eines Verräters vom Hof verbannt und ihrer rechtmäßigen Lehen und Besitztümer beraubt, bei einem Eremiten im Wald Zuflucht

---

[1] Auf die Besonderheiten des *Perceval* werden wir getrennt eingehen; s. u. S. 186–204. Doch wollen wir schon hier zeigen, welche typischen Elemente der Eltern-Sohn-Beziehung Chrétien in diesem Roman verwendet.

[2] Vers 822. Zu dieser Stelle s. o. Teil II, S. 108.

[3] Es ist üblich, ihr einen mütterlichen Charakter zuzusprechen, der in ihrem Verhalten Guillaume oder ihren Neffen gegenüber zum Ausdruck komme. Doch ihre diesbezüglichen Tätigkeiten decken sich mit denen der vorhöfischen Feudalherrin. Vgl. hierzu auch Jean Frappier, *Les chansons de geste du cycle de Guillaume d'Orange*, I, Paris 1955, 179. Worauf es dem Dichter wirklich ankommt, ist ihre Rolle als Ehefrau. Das gleiche gilt für Bramimunde, die nur in ihrer Beziehung zu Marsilie wichtig ist.

finden, wie Aiol geboren und unterrichtet wird und wie er nach einer langen
Mahnrede seines Vaters aufbricht, um am Hofe des Königs Ruhm zu erwerben und die Rehabilitierung seiner Eltern zu erwirken, was ihm schließlich
gelingt. Besonders charakteristisch ist, daß Aiol sich dabei immer wieder auf
die Ermahnungen des Vaters bezieht. Diese Thematik wird jedoch nur zum
Teil von anderen *chansons de geste* aufgegriffen, *Aiol* bleibt ein Ausnahme-
fall[4].

Die Existenz des Aiol-Stoffes läßt sich aufgrund einer Erwähnung bei
Guiraut de Cabrera schon für die Zeit um 1160 nachweisen. Damit ist *Aiol*
mit Sicherheit früher entstanden als die meisten der hier zu besprechenden
Texte. Ein Einfluß dieses Werks auf die neue Gattung des Romans kann somit nicht ausgeschlossen werden, zumal es, wie die Trobadorstelle belegt, einen gewissen Bekanntheitsgrad gehabt zu haben scheint. Die folgenden Dar-
legungen werden jedoch zeigen, daß die für den Roman typische Verwendung der Eltern-Kind-Beziehung nur in einzelnen Punkten mit derjenigen in
Aiol übereinstimmt, so daß *Aiol*, wenn überhaupt, nur eine Quelle neben anderen für sie darstellt. Eher dürfte für beide ein Bezug auf dieselben literarischen Traditionen angenommen werden.

a. Die Eltern-Sohn-Relation im Handlungsverlauf

Während die Beziehung zwischen Onkel und Neffe im Roman ganz unterschiedlicher Art sein kann und in unterschiedlicher Weise in die Handlung
eingebunden wird, sind bestimmte Charakteristika der Eltern-Sohn-Beziehung eng mit dem typischen Handlungsschema der hier zu besprechenden
Texte verbunden. Wir folgen daher bei unserer Untersuchung zunächst diesem Schema.

Der Vorspann der Romane

Den Anfang eines Romans bildet meist ein Vorspann, der entweder eine Genealogie der Vorfahren des Helden enthält oder zumindest einige Angaben
über das Leben oder die Heirat der Eltern des Helden macht. Meist wird dabei die Vornehmheit der Eltern besonders hervorgehoben.

So finden wir schon in *Floire et Blancheflor* einen Bericht über die Geburt
der beiden Hauptfiguren und ihre Vorgeschichte. Die Mutter der Blancheflor
in *Floire et Blancheflor* ist zwar nur die Tochter eines «chevalier et preu et
courtois» (94), doch sieht der Heidenkönig, der sie gefangengenommen hat,
ihr sofort an, daß sie vornehmer Herkunft ist:

> Bien aperçoit a son visage
> que ele estoit de grant parage
> *(Floire et Blancheflor* 107f).

---

4 Nur einzelne Elemente dieses Motivkomplexes finden sich auch in späteren *chansons de geste*; hierzu s. u. S. 217.

Der männliche Held dieses Romans, Floire, ist der Sohn des heidnischen Königspaares.

Der Roman *Partonopeu de Blois* beginnt mit einer ausführlichen Genealogie der Könige von Frankreich bis zu Clovis, dessen Schwester Lucrece die Mutter des Helden ist (135−498). Der Vater wird allerdings nicht erwähnt; seine Identität ist nur aus der Angabe zu erschließen, daß Partonopeu «Quens ... d'Angie[r]s et quens de Blois» ist (536).

Aimon de Varennes berichtet in *Florimont* in einer langen Vorgeschichte über die Vorfahren der weiblichen Heldin und die Geschichte ihres Vaters bis zu ihrer Geburt und darüber hinaus bis zu dem Zeitpunkt, an dem der männliche Held Florimont mit ihr zusammentreffen wird (103−1672). Der Vater der Heldin ist König Phelipe von Makedonien und ihre Mutter eine Tochter des Königs Meneÿs von Barbarie (955ff, 985). Doch auch der männliche Held wird mit einer Angabe über seinen Vater und seine Mutter und ihre Heirat (1674−1708) eingeführt:

> Ma(l)taquas iert dus d'Albanie
> Et si avoit grant signorie.
> Li dus estoit de grant parage
> Et prist feme cortoisse et saige;
> Fille fut le roi de Percie,
> Niese le roi d'Esclabonie
>
> (*Florimont* 1689−1694).

Daran schließt sich noch eine Erzählung über die Umstände seiner Zeugung, die von einem Traum des Vaters begleitet wird, und seiner Geburt (1711− 1892).

In *Athis et Prophilias* handelt der Vorspann hauptsächlich von der Geschichte der Städte Athen und Rom und schildert nur kurz die Freundschaft der Väter der beiden Helden. Dennoch wird beispielsweise der Vater des Prophilias als «riche prince» (205) eingeführt.

Selbst Hue de Rotelandes *Ipomedon*, in dem die Rolle der Etern sehr begrenzt ist, beginnt mit einer Angabe über deren Identität: Der Held wird als Sohn eines Königs und einer Königin eingeführt (169−185); allerdings hat der Vater die Königsherrschaft nur durch die Heirat erlangt:

> Par le los de sun hardement
> E par sun feir contenement,
> La gent de Poile le manderent
> E la reïne luy donerent,
> Ky eritage Poile fu ...
>
> (*Ipomedon* 177−181).

Die weibliche Hauptfigur dieses Romans ist Tochter einer Königsschwester und eines Herzogs (87−89, 97f). Hues zweiter Roman, *Protesilaus*, der von den Söhnen des Helden des ersten Romans handelt und diesen fortsetzt, beginnt mit einer Erinnerung an das Elternpaar (31−54).

144

Dagegen besitzt von den Romanen Chrétiens nur *Cligès*, dessen Hauptpersonen nicht in den keltischen Bereich gehören, einen Vorspann, in dem die Eltern des eigentlichen Helden vorgeführt werden. Dort wird in einer umfangreichen Vorgeschichte die Geschichte der Liebe seiner Eltern Alixandre und Soredamor erzählt. Die übrigen seiner Romane (außer *Perceval*) besitzen zwar auch einen Teil, der sich als Vorgeschichte abtrennen läßt, nutzen ihn jedoch nicht für eine Vorstellung der Eltern des Helden.

Dieser Befund scheint uns bezeichnend. Es ist ganz offensichtlich nicht die Tradition des arthurischen Romans oder eine keltische Erzähltradition, an die die hier besprochenen, nicht-keltischen Romane anknüpfen, wenn sie zu Beginn die Abstammung des Helden und seine Vornehmheit deutlich machen. Es handelt sich bei dem Vorspann über die Eltern vielmehr deutlich um ein Element, das mit der gelehrten, lateinischen Tradition verknüpft ist. So findet es sich auch in besonders klarer Ausprägung in den meisten der aus dem Lateinischen übertragenen Texte. Beispielsweise wird in allen Fassungen des *Alexanderromans* zu Beginn zunächst das Paar Philipp-Olympias vorgestellt und dann die Geschichte von Zeugung und Geburt des kleinen Alexander berichtet. Auch die Autoren von *Roman de Thèbes* und *Roman de Troie* verwenden dieses Schema. Der Autor des *Roman de Thèbes* setzt vor die Wiedergabe der *Thebais* des Statius die Geschichte des Oedipus, des Vaters seiner Helden, die in der Vorlage nicht erzählt wurde. Benoît fand die Vorgeschichte des trojanischen Krieges zwar schon in der Vorlage vor, erweitert sie jedoch wesentlich.

Dieses Element ist aber nicht auf die profane Literatur beschränkt. Der Autor des französischen *Gregorius* berichtet ebenfalls ausführlich über die Geschehnisse in der Generation vor derjenigen des eigentlichen Helden. Die Protagonisten sind Kinder eines Grafen, wie gleich zu Beginn erwähnt wird (64).

Für die Heiligenlegenden, in deren Tradition der *Gregorius* steht, ist die Betonung der vornehmen Herkunft der Zentralfigur zu Beginn besonders charakteristisch; ein umfangreicher Vorspann findet sich allerdings meist nicht. Wir wollen nur ein typisches lateinisches Beispiel herausgreifen. In der Eutropius-Vita, die sich in dem noch in der ersten Hälfte des 12. Jahrhunderts entstandenen *Guide du Pèlerin de Saint Jacques* findet, heißt es etwa:

> Gloriosissimus namque Christi martir Eutropius, Sanctonensis antistes venustus, gentili genere Persarum editus, excellentiori prosapia totius mundi extitit oriundus, quem Babilonis admirandus, nomine Xerses, ex Guiva regina generavit humanitus. Nullus eo esse potuit genere sublimior, nec fide et opere post conversionem humilior ...
>
> (*Guide du Pèlerin*, ed. Vielliard, p.66)[5].

---

[5] Vgl. auch z. B. *Vie de Saint Alexis* 11–20, *Voyage de Saint Brendan* 19–22. In der Tradition der Legende dürfte auch der eingangs erwähnte Vorspann des *Aiol* stehen; hierzu s. u. S. 216–219.

Hinsichtlich der Herkunft der Helden läßt sich eine interessante Beobachtung machen. In den arthurischen Romanen werden nicht nur, wie wir gesehen haben, die Neffen ohne Ausnahme einem souveränen Herrscher zugeordnet, auch Väter sind, wenn sie erwähnt werden, immer Könige oder entsprechende Gestalten: Erec ist Sohn des Königs Lac von Estre-Gales (*Erec et Enide* 19, 651, 1826 etc.), Cligès Sohn des rechtmäßigen Kaisers und faktischen Alleinherrschers von Konstantinopel (er überläßt seinem Bruder nur den Titel und die Krone, *Cligès* 2514−2523, 2545−2554), Yvain ist Sohn des Königs Urien (*Yvain* 1018 etc.) und Gauvain Sohn des Königs Loth (ebd. 6261)[6]. Dasselbe gilt für die frühesten anderen Romane: Floire in *Floire et Blancheflor* ist Sohn des Königs von Spanien, und auch die antikisierenden Romane einschließlich des *Alexanderromans* führen häufig Königssöhne als Helden ein. Die weiblichen Hauptfiguren sind dabei in einigen Fällen (*Floire et Blancheflor, Erec et Enide, Yvain*) deutlich niederen Ranges. In den nicht-keltischen Romanen vom Ende des Jahrhunderts gibt es dagegen eine klare Tendenz zum umgekehrten Verhältnis. In vielen Fällen ist die weibliche Linie privilegiert, sei es daß die Mutter des Helden von besonders hochrangigen Vorfahren abstammt, sei es daß die weibliche Hauptperson höherer Abkunft ist als der männliche Held. Die männlichen Helden sind fast nie Königssöhne, sondern nur Söhne von Vasallen.

Diese Verschiebung dürfte jedoch keine gesellschaftliche Entwicklung widerspiegeln; vielmehr sind die königlichen Väter wohl sämtlich aus der literarischen Tradition übernommene Gestalten. Bei den antikisierenden Romanen ist dies evident, und die verschiedenen Königsgestalten der Artussage − wie zum Beispiel Gauvains Vater Loth oder Yvains Vater Urien − erscheinen zumindest schon bei Geoffrey of Monmouth als Könige. Für die anderen keltischen Stoffe sowie für *Floire et Blancheflor* wird man ebenfalls Vorlagen oder Traditionen voraussetzen können[7]. In den späteren nicht-keltischen Romanen, die ohne direkte Vorlage entstanden sein dürften, erfolgt dann offensichtlich eine Annäherung an die historische Realität der Feudalaristo-kratie[8].

Für diese Erklärung spricht auch, daß einerseits schon in Gautier d'Arras' Roman *Ille et Galeron* der Held nur ein Vasall ist, der zuerst die Schwester seines Herzogs und dann sogar die Tochter des Kaisers von Rom gewinnt, und daß andererseits noch Hue de Rotelande gegen Ende des Jahrhunderts die Helden seiner beiden Romane als Königssöhne und zumindest eine der weiblichen Hauptfiguren, die Fiere in *Ipomedon*, nur als Tochter eines Herzogs einführen kann. Daß Hue de Rotelande auch sonst Elemente

---

[6] Auch weniger wichtige Helden wie etwa Meleagant (z. B. *Lancelot* 639) sind Königssöhne. Der Rang von Percevals Vater bleibt bei Chrétien unklar.
[7] Zu *Floire et Blancheflor* vgl. Felicitas Krüger, in der Einleitung zu ihrer Ausgabe, S. XV-XXI.
[8] Hierzu s. o. Teil I, S. 17.

des keltischen Romans aufgreift, haben wir bereits gesehen. Bei ihm vermischen sich die verschiedenen Traditionen.

Neben der Verdeutlichung der vornehmen Herkunft des Helden leistet der Vorspann des Romans noch etwas anderes: Durch die Vorführung der Eltern erscheint der Held von vornherein als Angehöriger einer jüngeren Generation und somit als jugendlicher Held, unabhängig davon, ob der Dichter eine absolute Altersangabe gibt oder nicht[9]. Diese Zuweisung der Helden zu einer jüngeren Generation wird im übrigen selbst in den Fällen, in denen ein Vorspann fehlt, in eindeutiger Weise vorgenommen. So heißt es in Gautiers *Ille et Galeron*, einem Roman, in dem die Eltern des Helden überhaupt keine Rolle spielen:

> Al tans que Bretegne ot cil dus
> Morut li pere Ylle, Elidus,
> Qui molt avoit esté vallans.
> Ylles n'ot lores que .v. ans
>
> (*Ille et Galeron* 85–88).

Das Zuhause des Helden

Die eigentliche Handlung des Romans nimmt in den nicht-keltischen Romanen in der Regel ihren Ausgang vom Elternhaus des Helden. Meist erscheinen beide Eltern als handelnde Personen. Dies gilt schon für den frühen Roman *Floire et Blancheflor*, in dem Vater und Mutter des Helden, der König und die Königin von Spanien, an der Handlung beteiligt sind. Außerdem tritt Blancheflors Mutter auf.

In *Florimont* spielen ebenfalls beide Eltern eine Rolle, wenn auch zunächst der Vater der wichtigere ist, der für die Erziehung seines Sohnes sorgt (1903ff). Als Florimont zu seinem Vater geht, um sich die Erlaubnis für den Kampf gegen einen Drachen zu holen, begrüßt er im Palast erst seine Mutter, ehe er sich an den Vater wendet (2031–2036). Der Vater warnt ihn vor den ihm drohenden Gefahren, die Mutter bringt ihre Angst zum Ausdruck (2057–2071). Als der Held nach dem ersten, vergeblichen Kampf zurückkommt, wird er von beiden Eltern erwartet (2285–2302), und vor dem zweiten Kampf am nächsten Morgen geht er mit beiden Eltern zum «temple», um zu beten (2352–2357). Wenn Florimont an sein Zuhause denkt, denkt er stets an beide Eltern (z. B. 2496f, 2503f, 2511f, 2518ff); daneben werden noch seine «gent», also wohl die zum Haushalt gehörenden Leute, und sein Lehrer genannt.

Weniger ausführlich, doch im Prinzip entsprechend, wird das Elternhaus im *Ipomedon* Hue de Rotelandes geschildert. Die Eltern äußern beide ihre Meinung zu dem Vorhaben des Sohnes, fortzugehen und in fremde Dienste

---

[9] In der Tat finden sich auch solche Altersangaben. Partonopeu etwa ist zu Beginn der Handlung dreizehn Jahre alt (543), Florimont fünfzehn (2029).

zu treten. Auch hier gibt es noch einen Lehrer des Sohnes, der eine besondere Vertrauensstellung einnimmt. Hues zweiter Roman, *Protesilaus*, beginnt mit dem Tod des Vaters Ipomedon; außerdem wird über den Schmerz der Mutter berichtet, der auch deren Tod verursacht.

In *Athis und Prophilias* werden zwar zu Beginn nur die beiden Väter erwähnt, doch spielen im späteren Verlauf auch die Mütter eine Rolle. Während, wie in *Florimont*, nur der jeweilige Vater die für die Erziehung des Sohnes notwendigen Entscheidungen trifft, verleihen beide Elternteile etwa ihrer Wiedersehensfreude Ausdruck, wenn der Sohn nach Hause kommt (z. B. 1755ff, 9919–9947), oder klagen, wenn er abfährt (9374–9388). Athis' Mutter wird in ihrer Sorge um den nach Athis' Fortgang kranken Vater gezeigt (9767).

Partonopeu de Blois ist insofern eine Ausnahme, als hier überhaupt nur die Mutter eine Rolle spielt[10]. Vom Vater erfährt man nur, daß er gestorben ist, während Partonopeu in der Fremde bei seiner Geliebten weilte (1917). Die Stelle des Elternhauses zu Beginn der Handlung wird in diesem Roman, entsprechend den keltischen Texten, vom Hof des königlichen Onkels übernommen. Im späteren Verlauf spielt jedoch die elterliche Burg in Blois eine wichtige Rolle, der Königshof tritt zurück.

Daß die Burg, das Gebäude selbst, wichtig wird, ist keine Besonderheit des *Partonopeu*, sondern kennzeichnet alle gegen Ende des Jahrhunderts entstandenen Romane. Immer ist der Wohnsitz der Eltern genau lokalisiert. In *Florimont* heißt es beispielsweise:

> Mataquas avoit un chastel
> Sore Duras et boen et bel
> Desai a l'entrer d'Albanie
>
> *(Florimont* 1705–1707).

In *Athis et Prophilias* wird genau geschildert, wie der Held bei einer Rückkehr nach Hause schon von fern nach dem elterlichen Haus Ausschau hält, sich freut, als er es erkennt, und es schließlich dem Boten, der seine Eltern benachrichtigen soll, zeigt (9539–9546, 9603).

Es wird deutlich, daß in den nicht-keltischen Romanen die Kleinfamilie im Zentrum des Interesses steht. Diese wird genau durch die Elemente repräsentiert, die wir schon in Teil I als für sie konstitutiv herausarbeiten konnten: Eltern, Kinder und Wohnsitz[11]. Hinzu kommt in einigen Fällen noch ein Lehrer des Sohnes, der als weiser Ratgeber und Vertrauter fungiert. Auch diese Gestalt läßt sich zu dem privaten Bereich einer Person rechnen. Von einem besonderen Interesse für die Privatsphäre zeugt auch die ausführliche Schilderung etwa der Sorge der Eltern oder des Freundes, wenn der Held vor

---

[10] Dies gibt es sonst nur in Chrétiens *Perceval*. S. u. S. 189, 201f.
[11] S. o. Teil I, S. 35–46.

Liebeskummer krank zu werden oder sich zu töten droht[12]. Die Sorgfalt, mit der die Mutter des Athis seinen Vater pflegt, haben wir bereits erwähnt. Große Bedeutung kommt ferner der Erziehung des Helden zu, die zum Teil ausführlich geschildert wird. Sie umfaßt insbesondere die Unterweisung in korrektem höfischen Verhalten sowie Unterricht in den *lettres*[13].

Diese Konzentration auf die Privatsphäre ist völlig verschieden von den Gepflogenheiten des traditionellen Epos, wo, wie wir gesehen haben, das Zuhause und die Familie nur am Rande Erwähnung finden. In den Epen setzte die Handlung stets am Hofe des Königs oder eines Vasallen ein. Wenn dieser auch mit dem Zuhause des Helden identisch sein kann (die Burg Guillaumes in Barcelona bzw. in Orange, die in der *Chanson de Guillaume* als Bezugspunkt eine wichtige Rolle spielt, ist auch ein Zuhause, in dem seine Ehefrau wirkt, und auch am Königshof in Laon in demselben Lied werden König und Königin gemeinsam vorgeführt), so ist er doch stets auch und vor allem politisches und militärisches Zentrum[14].

Dasselbe gilt für den keltischen Roman, wo zwar die Privatssphäre des Königs Artus einmal zur Darstellung gelangen kann (man denke an die Anfangsszene des *Yvain*, wo geschildert wird, wie der König nach dem Essen, statt bei seinen Rittern zu bleiben, sich zu seiner Gemahlin in die *chambre* zurückzieht und schließlich neben dieser einschläft), aber niemals die Eltern eines der Helden als handelnde Personen eingeführt werden. Auch bildet das Paar Artus-Guenièvre keine Familie, da Kinder fehlen[15] und das Handeln beider stets auf die abhängigen Ritter bezogen ist. Nur einmal wird eine Kleinfamilie in ihrer Privatsphäre gezeigt: Erec lernt seine künftige Gattin Enide anläßlich der Übernachtung im Hause ihres Vaters kennen, bei der sie und ihre Mutter zusammen mit dem Vater für den Helden sorgen (*Erec et Enide* 397ff). Doch handelt es sich auch hier nicht um das Zuhause des männlichen Helden. Nur in *Perceval* nimmt die Handlung von dem privaten Zuhause des Helden, dem *manoir* seiner Mutter, ihren Ausgang.

Doch gibt es andere Traditionen. Schon im *Alexanderroman* des Albéric de Pisançon wird beschrieben, wie Alexanders Vater für die Erziehung des Sohnes sorgt, und zumindest in den späteren Fassungen wird genauestens geschildert, wie Vater und Mutter sich ängstigen, als er den Bucephalus zähmen will, oder wie sie beide für die Zeremonie seines *adoubement* sorgen.

Besonders typisch ist dieser Handlungsbeginn im Elternhaus für die Heiligenlegenden, in denen ebenfalls Details über die Privatsphäre vorkommen.

---

[12] Vgl. *Floire et Blancheflor* 1045ff, *Athis et Prophilias* 763ff, 2874ff, *Partonopeu de Blois* 3859ff.

[13] Vgl. z. B. *Floire et Blancheflor* 201ff, *Florimont* 1895–1960, *Ipomedon* 197–208.

[14] Nur in *Aiol* findet sich bereits eine entsprechende Schilderung der Kleinfamilie. Der Wohnsitz der Eltern ist dort jedoch gerade nicht das reguläre Zuhause.

[15] Zumindest spielen sie in der Handlung keine Rolle; Chrétien erwähnt einmal einen Sohn des Artus (*Erec et Enide* 1700).

Man denke nur an das *Alexiuslied*, wo beispielsweise die Erziehung des kleinen Alexius (32ff), insbesondere sein Unterricht in den *lettres* (33f), und die Sorge der Eltern für eine angemessene Heirat erwähnt werden (39–45) und nach dem Aufbruch des Alexius die Klage der Mutter in der verlassenen *chambre* geschildert wird (136–145).

Nicht dagegen finden wir eine solche Schilderung des privaten Zuhause und der Beziehung der Eltern zu ihrem Kind im *Roman de Thèbes* oder im *Roman de Troie*. Der Fall des *Roman de Thèbes* ist besonders bemerkenswert, da das Zuhause gerade in Statius' *Thebais* eine große Rolle spielte. Im *Eneas* beschränkt sich die Darstellung der Eltern-Kind-Beziehung auf das bekannte Gespräch Lavines mit ihrer Mutter, in dem sie ihre Liebe zu Eneas gesteht (8446ff) und das eine Hinzufügung des altfranzösischen Bearbeiters ist. Es ist also nicht die Tradition der klassischen Epik, an die die Romanautoren anknüpfen.

Der Aufbruch des Helden

In allen hier behandelten Romanen bricht der Held nach einer gewissen Erziehungszeit von zu Hause auf, um in der Fremde Ruhm oder eine Geliebte zu gewinnen, oder auch, um sich von einem fremden Herrscher zum Ritter schlagen zu lassen. Der letztgenannte Punkt, der etwa Perceval (*Perceval* 332ff, 494f, 512ff), Florimont (*Florimont* 2727, 2907, 2940ff) und Athis betrifft (*Athis et Prophilias* 261), ist ein weiteres Element, mit dem die Jugendlichkeit des Helden unterstrichen wird – man denke daran, daß im Epos 15 Jahre als das angemessene Alter für den Ritterschlag galt[16].

Der konkrete Anlaß für den Aufbruch kann unterschiedlich sein; er kann auf dem Willen der Eltern beruhen oder gegen ihren Willen erfolgen. Betrachten wir die Fälle, in denen die Helden von zu Hause aufbrechen und die Eltern sie am Aufbruch hindern wollen, noch etwas genauer.

In *Floire et Blancheflor* sorgen die Eltern für eine Entfernung der Geliebten ihres Sohnes und täuschen vor, sie sei gestorben, damit er nicht auf die Idee kommt, sie zu suchen. Sie möchten verhindern, daß er ein Mädchen heiratet, das Christin und zudem Tochter einer Gefangenen ist. Was die Eltern hier anstreben, ist eine Eingliederung in standesgemäße gesellschaftliche Verhältnisse («puis donrai a mon fil oissour / fille de roi u d'aumachour», 303f).

In *Perceval* versucht die Mutter umgekehrt, eine Eingliederung des Sohnes in die ritterliche Gesellschaft, der er aufgrund seiner Herkunft angehören müßte, zu verhindern:

> ... de chevalerie
> Vos quidoie si bien garder
> Que ja n'en oïssiez parler
> Ne que ja nul n'en veïssiez
>
> (*Perceval* 408–411).

---

16 Vgl. etwa *Chanson de Guillaume* 680, 1000.

Auch in diesem Fall spielt also das Thema der Gesellschaft eine Rolle.

In *Partonopeu de Blois* ergibt sich der erste Aufbruch daraus, daß der Held sich bei der Jagd im Wald verirrt. Doch als er von dem ersten Aufenthalt bei seiner Geliebten nach Hause gekommen ist und wieder aufbrechen will, entsteht eine problematische Situation. Die Mutter fragt Partonopeu nach seiner Geliebten aus, kommt zu der Überzeugung, daß diese ein Teufel sein müsse, und versucht zusammen mit dem König, ihrem Bruder, ihren Sohn betrunken zu machen und durch ein in diesem Zustand unbedacht gegebenes Heiratsversprechen an eine Nichte des Königs zu binden (3929−4060). Nur dadurch, daß diese unvorsichtigerweise etwas zu früh ihrer Freude über den Erfolg Ausdruck verleiht, wird Partonopeu sich wieder seiner Geliebten bewußt und flieht zu dieser (4057−4065). Wie in *Floire et Blancheflor* wird versucht, dem Helden einen standesgemäßen Platz in der eigenen, ‹normalen› Gesellschaft zu verschaffen. Der Gegensatz zwischen den Absichten des Helden und den Zielen der Eltern wird dadurch betont, daß es wirklich eine fremdartige Welt ist, in die jener strebt: Seine Geliebte besitzt offenbar Zauberkünste, und die Menschen an ihrem Hof und in ihrer Stadt bleiben für ihn unsichtbar.

In *Florimont* wird das Problem des Aufbruchs mehrmals behandelt. In einem Fall geht es nur darum, daß der noch junge Florimont Ruhm erwerben soll, indem er einem fremden Herrscher (seinem Onkel) dient, der gerade Krieg führt und ihn auch zum Ritter machen wird (2715−2925). Dieser Aufbruch geht auf den Wunsch des Helden zurück (2714−2718), wird aber sowohl von seinem Lehrer befürwortet (2720) als auch von seinen Eltern unterstützt (2908−2924). Dagegen kommt in anderen Fällen der Gegensatz zwischen den Erwartungen der Eltern und einer außerhalb der normalen Gesellschaft gelegenen Welt deutlich zum Ausdruck. Florimont verliebt sich schon zu Hause in eine schöne Fee, die ihn am liebsten mit sich auf ihre entlegene und unbekannte Insel[17] nehmen möchte (2487−2492). Ein erstes Mal widersteht Florimont ihrem Anerbieten, da er an den Schmerz seiner Eltern denken muß, und die Fee erklärt sich bereit, ihm das Bleiben zu ermöglichen und sich mit ihm in seinem Land zu treffen (2493−2596). Zu einem späteren Zeitpunkt ist er dann jedoch fest entschlossen, ihr auf ihre Insel zu folgen, und nur das Eingreifen der Mutter auf den Rat des weisen Lehrers Floquart hin verhindert sein Verschwinden (3683−3861). Auch hier wird befürchtet, der Sohn könnte, von der Fee entführt, der Gesellschaft für immer verlorengehen (3688−3700). Ein späterer Aufbruch kennzeichnet dann aber wieder gesellschaftskonformes Verhalten: Florimont zieht nach langer Trauer um den Verlust der Geliebten, durch die wirtschaftliche Not seiner Eltern gezwungen, erneut zu einem fremden Herrscher, diesmal dem König Phelipe, um ihm seine Dienste anzubieten (4149ff)[18].

---

[17] Diese heißt bezeichnenderweise «Ile celee».
[18] Ein weiterer Aufbruch des Helden, der einen gefährlichen Feind seines Vaters be-

Auch der Aufbruch des Athis in *Athis et Prophilias* spiegelt einen Konflikt mit den Konventionen der Gesellschaft, wenn auch in anderer Form. Athis wird von seinem Vater verbannt, weil er sich über die Spielregeln der eigenen Gesellschaft hinweggesetzt und das Mädchen, das er gerade geheiratet hat, ohne auf ihren *lignage* Rücksicht zu nehmen, einfach einem anderen überlassen hat (1827ff)[19].

Hue de Rotelande nutzt diese Möglichkeit der Ausgestaltung des Aufbruchs in keinem seiner beiden Romane. Wenn in *Ipomedon* die Königin von Apulien, die Mutter des Jungen, gegen dessen Aufbruch ist, so nur, weil sie sich nicht von ihrem Kind trennen möchte (301–304). Hier ist die Vorstellung, daß der Dienst in der Fremde für eine vollkommene Erziehung notwendig ist, schon so selbstverständlicher Bestandteil der literarischen Tradition, daß Hue ihn nicht mehr an sich thematisiert, sondern ihn einfach aus einer ironischen Distanz heraus berichtet, wie er das auch bei anderen typischen Elementen der literarischen Tradition macht.

Das Motiv des Aufbruchs des Sohnes aus dem Elternhaus ist ein in der ganzen Weltliteratur verbreitetes Motiv und findet sich insbesondere auch in den verschiedenen Versionen des *Alexanderromans* und in den Heiligenlegenden[20]. In den Legenden erfolgt der Aufbruch interessanterweise genau wie im Roman meist gegen den Willen der Eltern. Man denke etwa an das *Alexiuslied*, in dem Alexius in der Hochzeitsnacht von zu Hause fortgeht und seine Eltern und seine Braut in Tränen zurückläßt (*Vie de Saint Alexis* 104ff).

Wie selbstverständlich der Aufbruch gegen den Willen der Eltern in der ersten Hälfte des 12. Jahrhunderts zu einer Heiligenlegende gehört, zeigt etwa die bereits zitierte Eutropius-Vita. Dort überredet der junge Eutropius ohne Schwierigkeiten seinen Vater, den Emir von Babylon, den christlichen Glauben anzunehmen, und auch ganz Babylon konvertiert. Obwohl also Eutropius zu Hause überhaupt nicht auf Widerstand gegen das Christentum stößt, scheint es dem Verfasser notwendig, ihn heimlich von dort nach Rom aufbrechen zu lassen:

> … audita fama miraculorum et virtutum beati Petri, apostolorum principis, qui tunc Romam officio apostolatus fungebatur, seculo omnino abrenuncians, accepta ab episcopo licencia, patre suo ignorante, Romam adiit
>
> (*Guide du Pèlerin*, ed. Vielliard, p.72).

---

kämpfen will (3295ff), ist nur durch die Trauer und Angst der Eltern gekennzeichnet.

[19] Der Aufbruch des Prophilias von zu Hause und ein gleichzeitig geplanter früherer Aufbruch des Athis beruhen dagegen auf dem Willen ihrer Väter und sollen der Ausbildung der beiden Helden dienen (223ff).

[20] Es begegnet z. B. auch im *Ruodlieb*, der wie unsere Romane auf der Legendentradition fußen dürfte. Der lateinische Dichter des 11. Jahrhundert verzichtet jedoch noch darauf, vor dem Aufbruch des Helden dessen Zuhause darzustellen. Auf die Verwendung des Motivs in *Aiol* haben wir bereits hingewiesen.

152

Auch das Bemühen der Eltern, den Sohn für die eigene Gesellschaft zu bewahren, hat bereits literarische Tradition. Zwar fehlt hier die Entsprechung im *Alexanderroman*; als Alexander zu seinem ersten Kriegszug aufbrechen will, stimmt sein Vater Philipp dem Vorhaben entweder sofort zu[21], oder er läßt ihn seine Entscheidung allein treffen und reagiert überhaupt nicht[22]. Doch kann man den Versuch der Eltern des Alexius im *Alexiuslied*, den Sohn standesgemäß zu verheiraten, als Bemühen um seine Eingliederung in die Gesellschaft verstehen[23].

Die Rückkehr des Helden

Charakteristisch für den Roman ist, daß das Elternhaus während der gesamten Handlung ein Bezugspunkt für den Helden bleibt und er schließlich auch dorthin zurückkehrt. Für die Rückkehr kann es unterschiedliche Motive geben, mit ihr endet der Roman jedoch in der Regel. Gleichzeitig oder kurz vorher erfolgt die Hochzeit mit der Geliebten.

Floire kehrt nach Hause zurück, als er seine Geliebte Blancheflor endgültig gewonnen hat und die Nachricht vom Ableben seines Vaters erhält (3199—3292). Blancheflor hat er schon vorher, am Hofe des Emirs von Babiloine, geheiratet.

Ebenso steht auch im *Ipomedon* die Rückkehr des Helden in Zusammenhang mit der Nachricht vom Tod des Vaters (7203—7214). Er versichert sich dann zwar der Treue seiner Vasallen (7215—7217), zögert jedoch die endgültige Herrschaftsübernahme, die Krönung zum König, hinaus, weil er noch weiter umherziehen und Ruhm gewinnen möchte (7218—7222). Schließlich aber muß er dieses Leben doch aufgeben, und der Roman schließt mit Heirat und Krönung (10479ff). In *Protesilaus* können die üblichen Gründe zur Rückkehr, Tod, Krankheit oder Bedrohung der Eltern, nicht angeführt werden, da die Eltern des Helden schon zu Beginn des Romans gestorben sind. Die Rückkehr des Protesilaus soll dem Versuch dienen, den rechtmäßigen Besitz zurückzugewinnen, den sein Bruder ihm verweigert hat (z. B. 11536f). Doch auch in diesem Fall schließt der Roman mit Krönung und Heirat (12642ff).

In *Athis et Prophilias* wird die Rückkehr des Prophilias nach Hause durch die Nachricht von einer Krankheit des Vaters motiviert (1320ff), die spätere Rückkehr des Athis von Rom nach Athen dagegen durch bloße Sehnsucht (9009ff).

In *Florimont* entfällt die Rückkehr des Helden. Florimont hat die Tochter des Königs von Makedonien geheiratet und ist dessen Nachfolger geworden,

---

[21] So in der Version der Handschriften aus Venedig (443ff) und dem Arsenal (450ff).
[22] So bei Alexandre de Paris (I, 600—618).
[23] Auf diese beiden Punkte, den Aufbruch gegen den Willen der Eltern und die Gefahr einer Entfernung von der gesellschaftlichen Normalität, hat der Dichter des *Aiol* verzichtet.

als er die Nachricht erhält, daß das Land seiner Eltern verwüstet und sein Vater entführt ist (11530–11544). Dieser wird befreit, doch Florimont überläßt das Land seiner Eltern einem seiner Getreuen (13519–13526) und gibt seinem Vater statt dessen die Herrschaft über Karthago, weil das eine besonders schöne und angenehme Stadt ist (13539–13556).

In *Partonopeu de Blois* kehrt der Held zweimal von seiner Geliebten Melior nach Hause zurück. Beide Male ist dies durch Sehnsucht motiviert. Der erste Heimkehrwunsch gilt dem Onkel, König Clovis, wodurch ein Bezug zu dem Anfang des Romans hergestellt wird, der ja nicht im Elternhaus spielte, sondern am Hof des Onkels (1901–1904). Doch wird der Bezug auf die Eltern von Melior gleichsam nachgeliefert, als sie Partonopeu die Erlaubnis zur Heimreise gibt. Dabei werden die üblichen Motive der Todesnachricht und der Gefahr verwendet, die sonst den Wunsch nach Rückkehr überhaupt auslösen:

> … Amis, alés; …
> France a molt grant mestier de vos;
> Ja n'i serés nul jor oisous,
> Tant i a guerres et estris
> Et tant i avrois anemis.
> Mors est Cloëvis li bons rois,
> Si sont desconfit li François;
> Et vostre pere rest finés
> Et Blois asisse de tos les …
>   (*Partonopeu de Blois* 1907, 1911–1918).

Im zweiten Fall wird überhaupt kein Verwandter mehr erwähnt (4205–4208). Dies ist jedoch erklärlich, da Vater und Onkel tot sind, die Mutter aber bei Partononopeus erster Heimkehr diesen betrogen hatte, als sie versuchte, ihn an ein anderes Mädchen zu binden. Auch dieser Roman schließt mit der Heirat des Helden und seiner Krönung, doch erfolgt beides hier, wie in *Florimont*, im Land der Geliebten und ist nicht mit einer Heimkehr verbunden.

In *Perceval* kann eine Heimkehr zur Mutter, die bereits tot ist, nicht erfolgen, und ob der Held nach dem Plan des Autors zu ihrem *manoir* zurückgekehrt wäre, wissen wir nicht. Doch äußert Perceval mehrmals im Verlauf der Handlung den Wunsch, zu seiner Mutter zurückzukehren (1580ff, 2917ff, 2956ff). Dieser Rückkehrwunsch erhält angesichts des Todes der Mutter und Percevals Schuld an diesem Tod bei Chrétien eine besondere Bedeutung.

Trotz einiger Ausnahmen läßt sich ein charakteristisches Schema erkennen, demzufolge der Held nach dem Aufenthalt in der Fremde nach Hause, in sein Elternhaus, zurückkehrt und durch Heirat eine neue Familie begründet. Selbst bei Abweichungen von diesem Schema ist meist das Bemühen erkennbar, die Rückkehr des Helden beziehungsweise den Abschluß der Handlung irgendwie in Beziehung zu den Eltern zu setzen.

Für dieses Motiv der Rückkehr ins Elternhaus als Abschluß der Handlung bieten weder der *Alexanderroman*, noch die anderen Übertragungen aus dem Lateinischen, noch die Heiligenlegenden eine Parallele[24]. Auch die Helden der traditionellen *chanson de geste* kehrten am Ende des Textes nicht unbedingt zu ihrem Ausgangspunkt zurück. Dagegen hat dieses Thema eine gewisse Entsprechung in manchen arthurischen Romanen, in denen den Abschluß der Handlung ebenfalls eine Rückkehr an den Ausgangspunkt bildet, verbunden mit einer Herrschaftsübernahme. Erec etwa kehrt am Schluß der Handlung zuerst an Artus' Hof zurück, um dann, zusammen mit seiner Gattin Enide, die Nachfolge seines inzwischen verstorbenen Vaters anzutreten. Ähnlich handelt auch etwa der Held eines späteren Artusromans, Guinglain im *Bel Inconnu*; auch er kommt an den Hof zurück, heiratet eine Dame und zieht dann schließlich mit dieser in ihr Land, um dort die Herrschaft zu übernehmen.

b. Der Held als einziger Sohn

Drei wichtige Punkte haben wir bei diesem Durchgang durch das Handlungsschema noch nicht besprochen. Auffällig ist zunächst die Tatsache, daß der Held immer der einzige Sohn seines Vaters ist. Eine Ausnahme bildet nur Hues Roman *Protesilaus*, in dem der Held von seinem Bruder aus seinem ererbten Land vertrieben wird, und schließlich beide gegeneinander kämpfen[25]. Für die einzelnen Söhne ist es hingegen erstaunlich unproblematisch, die väterliche Herrschaft zu übernehmen. Weder in den arthurischen Romanen Chrétiens noch in den nicht-keltischen Romanen haben diejenigen Helden, deren Väter gestorben sind, auch nur die geringsten Schwierigkeiten, von den Baronen ihres Landes als Oberherren akzeptiert zu werden, auch wenn sie jahrelang nicht zu Hause waren. So wird Ipomedon nach dem Tode seines Vaters sofort von den Baronen des Landes gesucht, die ihn zum König machen wollen. Sie sind sehr erfreut, als sie ihn finden, und alle erkennen ihn sofort als Herrn an:

---

[24] Alexius kehrt im *Alexiuslied* zwar nach Hause zurück, jedoch nur um dort unerkannt weiterzuleben. Die Handlung kommt erst durch seinen Tod zu einem Abschluß. Aiol kehrt selbstverständlich nicht in die Einsiedelei zurück, von der er aufgebrochen war. Eine interessante Parallele stellt jedoch der bereits erwähnte *Ruodlieb* dar. In diesem Werk bilden die Sehnsucht nach dem Zuhause, das in erster Linie durch die Mutter repräsentiert wird, und die Rückkehr zu dieser wichtige Bestandteile der Handlung. Der *Ruodlieb*, der unvollendet blieb und offensichtlich kaum oder gar nicht rezipiert wurde, kommt als Vorlage nicht in Frage, dürfte jedoch ähnliche Traditionen voraussetzen wie unsere Romane. Offenbar empfanden sowohl der lateinische als auch die volkssprachlichen Dichter die Rückkehr des Helden als Erfordernis für ein *happy ending* im profanen privaten Bereich.

[25] Wir werden auf die Bruderbeziehung im Roman im nächsten Kapitel eingehen. – Außer in *Protesilaus* kommen Brüder der Helden auch in *Perceval* vor, doch sind die Brüder Percevals tot und diejenigen Gauvains spielen nur am Rande eine Rolle.

Quatre baruns ad encuntrez,
Des plus hauz humes de la terre,
Ki en haste l'alouent quere,
Kar n'aveit pas del tut un meis
Mort fut Hermogenés, li reis,
Sis peres; pur ço li vunt quere
Pur faire le rei de la terre.
Li barun de lui hetez erent,
Od lui a Barlet returnerent;
La vindrent tut cil de l'honur
E unt de lui fet lur seignur
(*Ipomedon* 7206—7216).

Und auch als Erecs Vater gestorben ist, brechen die Barone sofort auf, um
den Sohn zu holen:

Erec a cort tant demora,
...
que morz fu ses peres li rois,
qui vialz ert et de grant aage.
Maintenant murent li message;
li baron qui l'alerent querre,
li plus haut home de sa terre,
tant le quistrent et demanderent
que a Tintajuel le troverent...
(*Erec et Enide* 6452, 6454—6460).

Die Romane sind allgemein durch ein besonderes Interesse an einzelnen Individuen gekennzeichnet[26]. Diesem Interesse konnte vielleicht leichter Rechnung getragen werden, wenn man dem Helden keine gleichrangige Figur an
die Seite stellte. Doch dürfte diesem Verzicht auf weitere Söhne auch einfach
ein gewisses Ökonomieprinzip zugrundeliegen: Es werden nicht mehr Personen in die Handlung eingeführt, als notwendig sind. Auch in anderen Literaturgattungen, in denen es nicht um Sukzession geht, wie in der Heiligenlegende, ist der zentrale Held oft der einzige Sohn seiner Eltern[27].

c. Die privilegierte Stellung des Sohnes

Noch deutlicher als bei der Onkel-Neffe-Beziehung konstatieren wir bei der
Eltern-Sohn-Beziehung eine Privilegierung der jüngeren Generation gegenüber der älteren. Die Söhne sind nicht nur die Helden der Handlung und stehen deshalb im Mittelpunkt des Interesses, ihre Privilegierung wird konkret
vorgeführt. Der Sohn kann uneingeschränkt über das Land der Eltern verfü-

---

[26] Vgl. hierzu Robert W. Hanning, *The Individual in Twelfth-Century Romance*, New
Haven-London 1977.
[27] Vergleichbar sind auch die Neffenfiguren in den Romanen Chrétiens, die ebenfalls
immer Einzelgestalten sind; s. o. S. 134f.

gen oder Entscheidungen treffen. Dies bekommt natürlich dadurch zumindest eine gewisse Plausibilität, daß der Sohn stets der einzige Sohn und damit Erbe des väterlichen Landes ist.

In *Athis et Prophilias* verspricht Athis beispielsweise seinem Freund, ihm die Hälfte aller seiner Besitztümer in Athen zu vermachen, obwohl seine eigenen Eltern noch leben, und er tut dies auch, ohne daß sich daraus irgendwelche Probleme ergäben. Athis' Vater Savis ist völlig einverstanden:

> Cel jor par le congié Savis
> Dona li beaus, li proz Athis
> Son conpeignon Prophilias
> Un don qui ne fu mie a gas:
> De quanqu'il tint l'une meitié
> Li a donee senz feintié
> Et chartre et previlege fet,
> Que ne soient li don retret
> Por ire ne por mesprisure...
> (*Athis et Prophilias* 10563–10571,
> vgl. 9087f, 9323f).

In demselben Roman beginnt Pirithous, der Sohn des Herzogs Theseus von Athen, ohne Wissen seines Vaters und ohne irgendeinen triftigen Grund, nur um persönlichen Ruhm zu erwerben und der Dame, die er verehrt, zu gefallen, einen Krieg gegen einen mächtigen Gegner und bringt dadurch die Herrschaft seines Vaters ernsthaft in Gefahr (10809ff). Trotzdem wird er, als dies notwendig wird, ohne weiteres von seinem Vater unterstützt (12825ff). Der Erzähler weist zwar mehrmals auf die Leichtsinnigkeit von Pirithous' Unternehmen hin, läßt aber Athis und Prophilias mit ihm in den Kampf ziehen. Pirithous fällt im späteren Verlauf des Krieges, doch wird dies nicht explizit mit seiner Urheberschaft am Krieg in Verbindung gebracht, sondern nur durch eine konkrete Unvorsichtigkeit im Kampf motiviert (20141ff). Die Athener gewinnen den Krieg, obwohl das Unrecht offensichtlich auf ihrer Seite lag.

In *Florimont* entscheidet der Held einfach von sich aus, daß der Tribut, den sein Vater jahrelang einem fremden König zu Unrecht hat zahlen müssen, ab sofort verweigert wird und daß er jenen zum Kampf herausfordern wird, obwohl eine Niederlage nicht nur den eigenen Tod und damit auch den Verlust eines Erben für das Land bedeuten würde, sondern auch Gefangenschaft und Tod für seine Eltern. Diese sind selbstverständlich gegen das Unternehmen, doch Florimont setzt sich durch und hat natürlich auch Erfolg (2990ff).

Ganz Entsprechendes gilt für den arthurischen Roman. In *Erec et Enide* verspricht der Held den Eltern seiner Braut zwei Burgen im Land seines Vaters, ohne diesen vorher um Erlaubnis zu fragen und ohne daß die Möglichkeit, den Vater vorher zu konsultieren, überhaupt erwähnt würde. Der Vater ratifiziert die Belehnung sofort, als er davon erfährt (1314–1324, 1826–1838, 1847–1856).

In den frühen *chansons de geste* war der Respekt des Sohnes dem Vater gegenüber eine Selbstverständlichkeit, und in diesem Punkt hat sich auch in *Aiol* noch nichts geändert. In den antikisierenden Romanen gab es eine derartige Eigenständigkeit des Sohnes ebenfalls nicht. Nur die Gestalt Hektors im *Roman de Troie* erreicht eine ähnliche Bedeutung, ohne daß er jedoch seinen Vater Priamos ganz verdrängen könnte. Bezeichnenderweise kennt auch der in derselben Zeit wie die antikisierenden Romane entstandene Text *Floire et Blancheflor* diese privilegierte Stellung des Sohnes noch nicht. Floire gehorcht, wenn auch widerwillig, seinem Vater, als dieser ihn von zu Hause fortschickt, um ihn von Blancheflor zu trennen (357). Vergleichbar ist jedoch das Verhalten Alexanders im *Alexanderroman*, der ebenfalls völlig selbständig entscheidet, was er zu tun hat. Bei Alexandre de Paris hat er sogar Erfolg, als er seinem Vater gebietet, auf eine Neuvermählung zu verzichten und seine, Alexanders, Mutter nicht zu verstoßen (I, 1793ff).

d. Kinder

Es gehört zu dem Bild des Helden als eines jungen Mannes, das in allen Romanen gezeichnet wird, daß er nicht mit Kindern vorgeführt wird. Dies gilt sowohl für die Romane Chrétiens, in denen die Heirat ziemlich früh in der Handlung erfolgt, als auch für die anderen Romane, in denen sie die Handlung abschließt. Daß der Held Kinder hat, wird höchstens in einem Ausblick oder Epilog am Schluß des Romans erwähnt.

In *Florimont* ist etwa von dem Sohn des Helden, Phelipe, die Rede, der mit Olympias verheiratet wird (13459ff, 13580ff). Hierdurch wird die zu Beginn des Romans aufgestellte Behauptung des Dichters, er werde die Geschichte der Vorfahren Alexanders erzählen, gerechtfertigt. Florimonts Sohn Phelipe ist der Vater Alexanders. In einem anderen Fall, am Schluß des Romans *Protesilaus*, wird nur ganz allgemein festgestellt, daß der Held und seine Gattin schöne Söhne und Töchter hatten (12693)[28].

e. Erläuterungen

Es dürfte deutlich geworden sein, daß auch die für den nicht-keltischen Roman charakteristischen Strukturen keine autonomen Entwicklungen darstellen, sondern auf literarischen Traditionen beruhen. Bemerkenswert ist, wel-

---

[28] Wenn in *Athis et Prophilias* Theseus' Beziehung zu seinem Sohn Pirithous vorgeführt wird, so ist das im Grunde nichts anderes als die Beziehung des Vaters des Helden zu seinem Sohn. Doch erscheint Theseus nicht nur als Vaterfigur, sondern ist aktiv an der Handlung der Heldengeneration beteiligt, kämpft im Krieg mit und verliebt sich in dieselbe Dame wie sein Sohn. Diese Liebe bleibt jedoch ohne weitere Auswirkungen, Theseus verzichtet darauf, im Kampf Heldentaten zu vollbringen, die den Damen imponieren würden, aber den Sieg gefährden könnten, und wird so schnell wieder zu der Figur eines weisen Vaters (15629f).

che literarischen Traditionen hier aufgegriffen wurden: Neben dem *Alexanderroman* scheinen es ausgerechnet die Heiligenlegenden zu sein, die Vorbilder für den Aufbau der Romane gegeben haben, und nur in geringerem Maße die kurz zuvor in die Volkssprache übertragenen antiken Texte, an die man doch stofflich und in der Wahl der Namen anknüpfte. Diese Feststellung mag zunächst erstaunen, wenn man den profanen Charakter aller dieser Romane bedenkt; sie wird jedoch erklärlich, wenn man annimmt, daß es den Romanautoren auf die Darstellung des privaten Lebensbereichs und auf die Schilderung des Entwicklungsgangs des einzelnen Individuums ankam. Beides bot wohl keine andere Literaturgattung in so ausgeprägter Form dar wie die Legende; in den antikisierenden Romanen war die Darstellung des privaten Bereichs zugunsten anderer Aspekte zurückgedrängt worden. In den *chansons de geste* stand der politisch-militärische Aspekt im Vordergrund. Das Individuum war stets in ein Kollektiv eingebunden; insbesondere der *lignage* spielte eine wesentliche Rolle. Die wenigen Stellen, die dem Privatleben eines Helden gewidmet werden, sind nicht von der feudalrechtlichen oder politischen Thematik zu trennen; auch die Handlungen der Ehefrauen Bramimunde und Guibourc sind auf den Krieg der Ritter bezogen.

In dem frühesten der hier betrachteten Romane, *Floire et Blancheflor*, wird die − sich ganz im privaten Bereich abspielende − Liebeshandlung ebenfalls noch mit einer politischen Bedeutung versehen: Die Geliebte des Helden ist Christin und wird unter anderem deshalb von den Eltern des Helden, dem heidnischen Königspaar von Spanien (dem heidnischen Land par excellence) abgelehnt. Floire, der Held, konvertiert aus Liebe zu Blancheflor zum Christentum und christianisiert das ganze Land, als er die Macht übernimmt. Die Liebe wird hier in einen religiös-politischen Zusammenhang gestellt, wie er für die Epen charakteristisch ist.

Die ersten Romane, die sich ganz auf den privaten Bereich konzentrieren, scheinen die Tristanromane zu sein. Die nur Individuen betreffende Liebe, die in ihnen geschildert wird, wird jedoch noch in Konflikt mit der Gesellschaftsordnung gebracht, insofern sie sich gegen den König und Lehnsherrn richtet und einen Treuebruch darstellt. In etwas anderer Weise bringt auch Chrétien in *Erec et Enide*, in *Yvain* oder in *Lancelot* die Liebe in Konflikt mit gesellschaftlichen Anforderungen. Erst gegen Ende des Jahrhunderts wird der Liebe eindeutig der Vorrang gegenüber gesellschaftlichen und politischen Bindungen gegeben und die Privatsphäre auch um ihrer selbst willen dargestellt.

In der Hervorhebung der vornehmen Herkunft des Helden knüpfen die hier besprochenen Texte ebenfalls an die Legendentradition an. Das stark ausgeprägte Standesbewußtsein, das wir für die zweite Jahrhunderthälfte konstatiert haben, dürfte jedoch dafür verantwortlich sein, daß dieses Element nicht nur übernommen wird, sondern teilweise zu umfangreichen Genealogien ausgestaltet wird. Gar kein literarisches Vorbild hat der Rangunterschied zwischen den Hauptfiguren, der fast alle nicht-keltischen Romane kennzeichnet: Während der Held nur Vasallenstatus hat, wird seine Geliebte als Königstochter eingeführt. Dies entspricht jedoch den realen Verhältnissen in der französischen Feudalaristokratie. Wenn einige dieser Helden (Florimont, Partonopeu[29]) am Ende des Romans durch Heirat selber die Königswürde erlangen, spiegelt dies vermutlich Wunschvorstellungen derselben Personengruppe. Die Präferenz der früheren Romane für Helden königlichen Geblüts, die diesen Wunschvorstellungen ebenfalls entgegengekommen sein muß, ist im Gegensatz dazu von literarischen Traditionen vorgegeben.

Noch auffälliger als bei den Neffengestalten ist bei den Söhnen die Privilegierung der jüngeren Generation, die geradezu als ‹Jugendkult› bezeichnet werden kann. Wir haben das Phänomen, das gesellschaftliche Entwicklungen widerpiegeln dürfte, bereits im letzten Kapitel angesprochen[30].

Auf einen Punkt müssen wir jedoch noch kurz eingehen. Eine wichtige soziale Gruppe stellten im 12. Jahrhundert, wie besonders Georges Duby hervorgehoben hat, die sogenannten *iuvenes* dar, Ritter ohne eigenen Besitz, die sich im Dienste fremder Herren ihren Lebensunterhalt verdienen mußten. Diese Gruppe rekrutierte sich vor allem aus jüngeren Söhnen, die möglichst nicht verheiratet wurden, um das Erbe nicht zu zersplittern, und die nur dann eine Familie gründen konnten, wenn sie von ihrem Herrn ein Lehen und eine Frau bekamen oder eine Erbtochter fanden, die sie heiraten konnten[31].

Erich Köhler hat, ausgehend von der Trobadorlyrik, gezeigt, daß dieser sozialen Gruppierung bei der Ausformung der höfischen Literatur eine wichtige Rolle zukommt. Der höfische Ritter der Literatur, der, im Dienst eines Feudalherrn, einer Dame zu gefallen sucht und ihr dient, um ihre Liebe zu gewinnen, ist, seinem Ursprung nach, ein idealisiertes Abbild eines solchen *iuvenis*[32].

Die Betrachtung der höfischen Romane erlaubt, wie wir meinen, eine zusätzliche Schlußfolgerung. Die Romanhelden sind stets die einzigen Söhne, die ohne die geringsten Probleme die Nachfolge ihres Vaters antreten können, und gerade keine besitzlosen Ritter. Eine solche Stellung dürfte den Wunschvorstellungen aller jungen Ritter entsprochen haben, ein spezieller Bezug auf die Gruppe der besitzlosen *iuvenes* ist jedoch nicht erkennbar. Dennoch ist das Heldenideal, das wir in den Romanen vorfinden, das eines jugendlichen Ritters, der bei einem fremden Herrscher dient. Diese Vorstellung erscheint hier somit von der sozialen Gruppe, die sie ursprünglich wohl repräsentierte, losgelöst. Offensichtlich ist der jugendliche, ungebundene

---

[29] Vgl. auch in *Ipomedon* die Einführung des Vaters des Titelhelden (177–181).
[30] S. o. S. 138–140.
[31] Georges Duby, *Dans la France du Nord-Ouest. Au XIIe siècle: les «jeunes» dans la société aristocratique*, Annales E. S. C. 19, 1964, 835–846.
[32] Erich Köhler, *Bedeutung und Funktion des Begriffs «Jugend» (joven) in der Dichtung der Trobadors*, in: ders., Vermittlungen. Romanistische Beiträge zu einer historisch-soziologischen Literaturwissenschaft, München 1976, 45–62.

Held, der sich seinen Unterhalt durch seine Kampfleistungen verdienen muß, inzwischen eine Gestalt, mit der sich auch Adlige, die ein Lehen besitzen oder eines Tages übernehmen werden, gern identifizieren.

4. Brüder

In den erhaltenen frühen *chansons de geste* stehen zwar Bruderbeziehungen nirgends im Zentrum der Handlung, doch gibt es selbstverständlich die Möglichkeit, daß einem Helden Brüder zugeordnet werden. Die Gestalt des einzelnen Sohnes kann sogar als problematisch erscheinen: Louis, der einzige Sohn und Nachfolger Kaiser Karls, wird als schwächlich dargestellt[1].

Bei der Betrachtung der höfischen Romane macht man nun die erstaunliche Feststellung, daß die Helden keine Brüder haben. Dies gilt sowohl für die keltischen als auch für die nicht-keltischen Romane. Die einzige Ausnahme im 12. Jahrhundert sind die beiden Romane des Hue de Rotelande. Hue haben wir schon mehrmals als einen Autor kennengelernt, der vom üblichen Schema abweicht.

Nicht in die Generation der Helden, sondern in die der Eltern gehört eine weitere Bruderbeziehung: Cligès' Vater Alixandre hat einen Bruder, Alis. Sonst kommen Bruderbeziehungen nur gelegentlich bei Nebenfiguren vor. Im *Yvain* hat etwa der Seneschall, der Lunete des Verrats an ihrer Herrin bezichtigt, zwei Brüder, die seine Anklage unterstützen (4407, 4484f); in demselben Roman hat die Nichte Gauvains vier Brüder, die von Yvain aus der Gewalt eines Riesen befreit werden (z. B. 4254).

In den antikisierenden Romanen und im *Brut* spielte die Bruderbeziehung auch bei den Helden eine wichtige Rolle. Nur im *Roman de Troie* kommen aber normale, problemlose Bruderbeziehungen vor, etwa zwischen den Söhnen des Priamos oder zwischen Agamemnon und Menelaos. Im *Roman de Thèbes* und im *Brut* steht dagegen die Problematik des Kampfes zwischen Brüdern im Vordergrund.

Betrachten wir nun die drei höfischen Romane, in denen Bruderbeziehungen geschildert werden, etwas genauer.

a. *Ipomedon*

Ipomedons Mutter sagt dem Helden vor ihrem Tod, daß er einen Bruder habe, und gibt ihm einen Ring, an dem dieser Bruder ihn erkennen werde (1700–1714). Ipomedon freut sich darüber und ist nur traurig, daß er nicht weiß, wer der Bruder ist (1716–1718). Wie es zu der Existenz dieses Bruders kommt, von dem Ipomedon bis dahin nichts wußte und von dem sein Vater

---

[1] Näheres zu der Verwendung von Brüdern in den frühen *chansons de geste* s. o. Teil II, S. 107–112.

offensichtlich nie etwas erfährt, wird an dieser Stelle nicht erklärt. Der Leser weiß allerdings, daß die Mutter Ipomedons vor ihrer Ehe mit dessen Vater bereits einmal verheiratet war (182).

Am Schluß des Romans stellt sich heraus, daß Capaneus, der Neffe des Königs Meleager, an dessen Hof Ipomedon während eines großen Teils des Romans gedient hat, der Bruder ist. Ipomedon, von einem vorangegangenen Kampf geschwächt und fälschlich für einen Feind gehalten, wird mit wenigen Begleitern von Capaneus und seinen Rittern überrascht, verteidigt sich tapfer, gerät aber schließlich in äußerste Bedrängnis. Seine Niederlage kann nicht mehr ausbleiben, als Capaneus zufällig den Riemen von Ipomedons Kampfhandschuh zerschneidet, so daß dieser zu Boden fällt und der Ring am Finger sichtbar wird. Capaneus erkennt diesen Ring als denjenigen wieder, den er einst seiner Mutter geschenkt hatte. Er läßt sich von dem Gegner erklären, woher dieser den Ring habe, und erfährt aus der Antwort zugleich, daß es sich um Ipomedon handelt. Erst hier erkennen die beiden Helden, daß sie Brüder sind. Capaneus gibt die Erklärung: Sie seien von verschiedenen Vätern, aber von derselben Mutter. Genaueres erfährt man auch hier nicht (10137ff).

Auf das Handeln der Helden zwischen diesen beiden Szenen hat die Bruderbeziehung keinen Einfluß, sie wird nicht einmal vom Erzähler erwähnt. Ipomedon erscheint während des ganzen Handlungsverlaufs als typischer einzelner Sohn, während Capaneus in die Reihe der Neffengestalten im Roman einzuordnen ist. Capaneus ist der erste, der Ipomedon begegnet, als dieser an den Hof seines Onkels kommt, und die beiden schließen Freundschaft. Einmal kämpfen sie bei einem großen Turnier gegeneinander (6189ff), an dem Ipomedon incognito teilnimmt, so daß nur er seinen Gegner kennt, nicht aber umgekehrt von diesem erkannt wird. Doch wird mit keinem Wort angedeutet, daß es sich um einen Bruderkampf handelt, statt dessen wird nur der zwischen Capaneus und Ipomedon bestehende *compagnonnage* erwähnt (6200f). Auch der Leser kann erst rückblickend aus der Schlußepisode erschließen, daß es sich hierbei um einen Bruderkampf gehandelt hat.

Die Wiedererkennung des Helden in der Schlußepisode ist nicht nur mit der Erkennung der Bruderbeziehung verknüpft, sondern auch mit der endgültigen Offenbarung von Ipomedons Identität als Herr von Apulien. Hierdurch wird dem Zustand, in dem Ipomedon unter Verbergung seiner Identität umherzieht, um an Turnieren und Kriegen teilzunehmen und Ruhm zu erwerben (10276–10281), ein Ende gesetzt; die Offenbarung führt zu seiner Krönung und zur Heirat mit der Geliebten und ermöglicht so das Ende des Romans. Daß hier insgesamt drei Erkennungsvorgänge miteinander verknüpft werden, dient offensichtlich dazu, den Abschluß der Romanhandlung besonders effektvoll zu gestalten.

Im Fall der beiden zentralen Helden bleibt es bei der Verwendung des Bruderkampfmotivs für die effektvolle Gestaltung des Romanendes; eine Problematisierung erfolgt nicht. Selbst das Faktum, daß Ipomedons Mutter einen Sohn von einem anderen Mann als ihrem Gatten hat, von dessen Existenz dieser nichts weiß, wird nicht aufgegriffen. An zwei anderen Stellen jedoch wird der Bruderkampf als solcher thematisiert:

Während des schon erwähnten großen Kampfturniers kämpfen zwei Brüder unerkannt gegeneinander, wobei einer getötet wird. Er stirbt so schnell, daß er dem anderen nicht mehr verzeihen kann. Dieser will sich daraufhin verzweifelt in sein Schwert stürzen und wird gerade noch von Ipomedon daran gehindert (5993–6080).

Eine der Stationen des Helden ist Frankreich, wo er den König Atreus im Krieg gegen seinen jüngeren Bruder Daire unterstützt. Daire kann durch seine Frau Ansprüche auf Lothringen geltend machen, verzichtet aber auch nach deren Tod nicht nur nicht auf die souveräne Herrschaft über dieses Land, sondern greift sogar noch das Land seines Bruders an. Durch Ipomedons Eingreifen wird er besiegt, muß Atreus sein Land belassen und Lothringen als Lehen von ihm nehmen (7267–7598).

Im *Ipomedon* wird die Bruderbeziehung also nicht für die Gesamthandlung ausgenutzt; selbst im Fall des Helden erscheint sie mehr als eine interessante Zugabe denn als wesentlicher Bestandteil der Handlung.

Dennoch ist auffällig, daß die Bruderbeziehung in allen drei Fällen, in denen sie in diesem Roman vorkommt, mit einem Bruderkampf verknüpft ist. Dahinter steht natürlich die Tradition des *Roman de Thèbes* und wohl auch des *Brut*[2], in denen der Bruderkampf ein zentrales Thema war. Hue gestaltet dabei offensichtlich bewußt neue Variationen dieses Themas.

Der Fall der beiden Brüder, die einander im Turnier begegnen, läßt sich mit dem Kampf zweier ungenannter Brüder im *Roman de Thèbes* vergleichen, die sich erst erkennen, nachdem sie sich gegenseitig tödlich verwundet haben, und die sich dann gegenseitig verzeihen (5691ff). Hue führt einen realistischer anmutenden Fall vor: Der Tod des einen Bruders tritt zu schnell ein, als daß eine Verzeihung erfolgen könnte; einer muß mit dem Bewußtsein, seinen Bruder erschlagen zu haben, weiterleben.

In allen Bruderkämpfen im *Roman de Thèbes* und im *Brut*, in denen sich wichtige Helden gegenüberstehen, kennen diese ihre Gegner und streben bewußt nach der Vernichtung des anderen. Bei Ipomedon und Capaneus führt der Kampf gerade nicht zu gegenseitiger Vernichtung, sondern ermöglicht erst die Erkennung des Gegners und damit den Friedensschluß. Hue hat hier die übliche Funktion des Bruderkampfes umgekehrt.

Der Krieg zwischen König Atreus und seinem Bruder Daire erscheint auf den ersten Blick konventioneller. Kämpfe um die Herrschaft über das vom

---

[2] Wenn sich die Benutzung des *Brut* auch nicht so einfach wie die des *Thebenromans* an den verwendeten Eigennamen ablesen läßt, so ist es doch sehr wahrscheinlich, daß der Autor ihn gekannt hat. Der *Brut* hat eine weite Verbreitung gefunden, es sind allein 18 Handschriften vollständig erhalten, wozu noch Fragmente kommen.

Vater ererbte Land oder Teile davon sind etwa auch der Kampf zwischen Eteokles und Polyneikes im *Thebenroman* oder die Kriege, die Ferreus und Porreus beziehungsweise Belinus und Brennius im *Brut* gegeneinander führen. Aber der von Hue geschilderte Fall ist doch etwas anders geartet: es geht nicht einfach um die Herrschaft in dem vom Vater ererbten Land, sondern um Ansprüche, die aus einer Heirat resultieren. Damit nähert Hue das Motiv realen politischen Problemen an.

b. *Protesilaus*

Etwas anders verhält es sich im *Protesilaus*. Hier steht die Bruderbeziehung neben der Liebesbeziehung des Titelhelden ganz im Zentrum des Interesses. Ipomedons älterer Sohn Daunus tritt die Herrschaft in Apulien an, während der jüngere, Protesilaus, den Besitz seiner Mutter, Kalabrien, bekommt. Durch schlechte Ratgeber angestiftet, will der ältere Bruder jedoch den jüngeren nicht dulden, der schließlich fliehen muß. Der Versuch, das ihm, Protesilaus, zukommende Land doch noch zu gewinnen, führt zum Krieg, in dem schließlich auch ein Zweikampf zwischen den beiden Brüdern stattfindet (12204ff). Bei diesem Kampf erkennt zunächst keiner der beiden den anderen. Jeder erhält einen so heftigen Schwertschlag, daß er einen Augenblick betäubt ist, eine schwerwiegende Verwundung gelingt jedoch keinem von beiden. Daunus wird vom Pferd gestoßen und verliert seinen Helm, so daß Protesilaus ihn erkennt. Er beendet den Kampf sofort, freut sich, als der Bruder wieder zu sich kommt, und bietet ihm, der ja auch sein König ist, an, Rache dafür zu nehmen, daß er das Schwert gegen ihn erhoben hat. Es folgt die Versöhnung, und Daunus überläßt Kalabrien wieder seinem Bruder. Als Daunus später stirbt, wird Protesilaus sein Nachfolger (12548–12645).

Der Kampf zwischen den Helden ist der einzige Bruderkampf in diesem Roman. Ein weiterer Kampf zwischen zwei Brüdern, von denen jeder zum Heer eines der beiden Helden gehörte, wie er sich im *Roman de Thèbes* und in *Ipomedon* fand, fehlt hier. Statt dessen erfolgt nur ein Kampf zwischen zwei Vettern, die Brudersöhne sind («enfauntz frerus», 11860–11961).

Daß Hue auch in diesem Roman wieder an den *Roman de Thèbes* anknüpft, auf den er gleich zu Beginn durch eine Erwähnung von Ipomedons Tod vor Theben anspielt (47), ist offensichtlich. Auch der Verlauf des Kampfes selbst erinnert an den Kampf von Eteokles und Polyneikes: Dem jüngeren Bruder, der für einen berechtigten Anspruch kämpft, gelingt es, den älteren niederzustoßen. Dann bekommt er Mitleid und beugt sich über den Gefallenen. Im Unterschied zum *Thebenroman* wird bei Hue jedoch besonders hervorgehoben, daß die Brüder sich nicht erkannt hatten, und statt eines Racheaktes des älteren Bruders erfolgt die Versöhnung. Hue hat offenbar bewußt ein Gegenstück mit *happy ending* zu jenem Kampf schreiben wollen. Als eine Abmilderung des traditionellen Motivs erscheint auch der Kampf der beiden Vettern.

c. *Cligès*

Wie die späteren Romanautoren hat schon Chrétien de Troyes es vermieden, seinen Helden Brüder zu geben. In dem einem Fall, in dem er doch eine Bruderbeziehung schildert, in *Cligès*, gehört diese nicht in die Generation des Helden, sondern in die seiner Eltern.

Als der Kaiser von Konstantinopel stirbt, werden sofort Boten an seinen Sohn Alixandre, Cligès' Vater, geschickt, der in Britannien am Artushof weilt. Diese kommen jedoch fast alle schon auf der Hinfahrt bei einem Schiffsunglück um, und der einzige Überlebende behauptet, auch Alixandre sei ums Leben gekommen. Daraufhin wird Alis, der jüngere Bruder, zum Kaiser gekrönt (2351—2380). Alixandre erfährt schließlich von den Ereignissen und bricht auf, um sein Erbrecht durchzusetzen. Er verzichtet darauf, die von König Artus angebotenen Hilfstruppen mitzunehmen, weil er sein Land nicht zerstören, sondern lieber mit seinem Bruder verhandeln möchte (2381—2397). Zu Hause angekommen, fordert er Alis durch einen Boten auf, ihm die Krone zu überlassen. Dieser lehnt ab, es folgt die Kriegserklärung (2413—2486). Alis' Barone weigern sich jedoch, für ihn Krieg zu führen, und schließlich wird ein Kompromiß gefunden und der Krieg vermieden: Alis behält die Krone und den Titel, aber die Regierung wird von Alixandre übernommen, der alle reale Macht bekommt. Alis verpflichtet sich, niemals zu heiraten und Cligès als seinen Nachfolger zu akzeptieren (2488—2556).

Chrétien führt also vor, wie ein Bruderkampf vermieden werden kann. Interessanterweise bezieht er sich dabei explizit auf den *Roman de Thèbes*. Die griechischen Barone weisen Alis bei ihrer Ablehnung, für ihn zu kämpfen, auf die schlimmen Folgen des Bruderkampfes von Eteokles und Polyneikes hin:

> Tuit li dïent qu'il li soveingne
> De la guerre Polinicés
> Que il prist contre Etïocles,
> Qui estoit ses freres germains:
> Si s'antrocistrent a lor mains.
> «Autel puet de vos avenir,
> S'il vialt la guerre maintenir,
> Et confondue en iert la terre.»
> Por ce loent tel pes aquerre
> Qui soit resnable et droituriere,
> Et li uns l'autre ne sorquiere
>
> (*Cligès* 2498—2508).

Doch selbst der zwischen den beiden Brüdern geschlossene Kompromiß ist keine ideale Lösung, die den Frieden garantieren kann. Alis wird nach dem Tod des Bruders sein Versprechen, keine Frau zu nehmen, brechen und so den Konflikt mit seinem Neffen Cligès heraufbeschwören.

d. Erläuterungen

Die wenigen Fälle, in denen Bruderbeziehungen im Roman verwendet werden, behandeln somit alle in der einen oder anderen Weise das Thema des Bruderkampfs. Dies ist nicht von vornherein selbstverständlich. In der *chanson de geste* ist der Bruderkampf außerordentlich selten, Brüder helfen und beraten einander oder kämpfen zusammen.

Auffällig ist, daß in allen drei Romanen ein Bezug auf den *Roman de Thèbes* vorliegt. Der Kampf von Eteokles und Polyneikes ist offensichtlich das Beispiel schlechthin für den Bruderkampf geworden. Der *Roman de Thèbes* bietet dabei nicht nur das literarische Motiv, er dient gleichzeitig als Bezugspunkt für die theoretische Betrachtung dieses Themas.

Interessanterweise überträgt Chrétien einmal, im *Yvain*, einen typischen Bruderkampf auf ein Schwesternpaar. Als der Vater gestorben ist, erbt die ältere Schwester sein Land, während die jüngere beanspruchen kann, einen Teil davon als Lehen von ihrer Schwester zu bekommen. Dies will ihr die ältere jedoch nicht zugestehen. Der Fall kommt vor König Artus und muß durch ein Duell entschieden werden, in dem Gauvain für die ältere Schwester, Yvain für die jüngere kämpft. Nachdem der Kampf lange unentschieden hin und her gegangen ist, erkennen sich die Gegner und brechen das Duell ab. Artus erreicht schließlich, daß die ältere Schwester doch noch nachgibt (4697ff, 5071, 5878–6440)[3].

Dadurch, daß die Ritter hier für andere kämpfen (da es sich um Damen handelt, können sie es kaum ablehnen, den Kampf zu übernehmen), wird der Geschwisterkampf auf eine zweite Ebene verschoben. Er wird zu einem ‹Fall›, in den die Helden nicht direkt involviert sind und über den man reden kann. Tatsächlich diskutieren die Anwesenden auch über das Geschehen und kritisieren das Verhalten der älteren Schwester (6160ff). Chrétien führt hier gleichsam schon im Text vor Augen, wie sich sein Publikum verhalten soll.

Auch die Variationen des Motivs, die sich bei Hue de Rotelande finden, scheinen nicht nur der Parodie zu dienen, sondern auch für eine theoretische Erörterung gedacht zu sein. Wir haben bereits darauf hingewiesen, daß das Thema des Bruderkampfes aufgrund der historischen Ereignisse für England von besonderem Interesse sein mußte[4]. Dies könnte Hue veranlaßt haben, in beiden Romanen dieses Thema aufzugreifen und besonders auszugestalten. Daß er an politischen Problemen Interesse hatte, zeigt die betont realitätsnahe Form, die er dem Motiv in einigen Fällen gibt.

---

3   Zu der Lösung des Problems durch Artus s. o. S. 136f.
4   Für die Zeit, zu der Hue schrieb, ist nicht nur an die oben, S. 129f, erwähnten Auseinandersetzungen zwischen Wilhelm dem Eroberer und seinen Söhnen zu denken, sondern auch an die Streitigkeiten zwischen Heinrich II. und seinem Bruder Geoffroi und vor allem an die Aufstände des Jeune Roi und der anderen Söhne Heinrichs II.

5. Töchter und Schwestern

Von Anfang an nehmen Frauen in den Romanen eine wichtigere Stellung ein als in den *chansons de geste* der ersten Jahrhunderthälfte. Sie kommen in größerer Zahl vor und können in einzelnen Fällen auch die Handlung entscheidend beeinflussen, wie das Beispiel der Lunete in Chrétiens *Yvain* zeigt. Dennoch steht in allen Romanen des 12. Jahrhunderts wie in den Epen immer der männliche Held im Mittelpunkt; nur streckenweise wendet sich die Erzählung ganz den weiblichen Gestalten zu.

Im wesentlichen lassen sich zwei Typen von Frauengestalten unterscheiden: die geliebte *pucele* oder *dame*, die der Held heiratet, und die Nebenfigur, die beispielsweise zur Begleitung einer Dame gehört. Für beide Typen gibt es charakteristische Verwandtschaftsrelationen. Wir wollen in diesem Kapitel zunächst die wichtigeren Frauengestalten betrachten, d. h. diejenigen, die den zentralen Helden als Partner zugeordnet werden.

Diese Mädchen und Frauen werden wie die männlichen Helden in der Regel in einer bestimmten sozialen Umgebung vorgestellt und in Verbindung mit anderen Personen, zu denen bestimmte Relationen bestehen. Diese Ausgangssituation wird in einigen Fällen wie bei den männlichen Protagonisten zu Beginn der Handlung geschildert (Blancheflor in *Floire et Blancheflor*, Galeron in *Ille et Galeron*, die Fiere in *Ipomedon*, Medea in *Protesilaus*, Romadanaple in *Florimont*); in anderen lernt der Leser das Mädchen oder die Frau gleichzeitig mit dem Helden (oder kurz vor diesem) im Verlauf der Handlung kennen (Enide in *Erec et Enide*, Laudine in *Yvain*, Blancheflor in *Perceval*, Ganor in *Ille et Galeron*, Melior in *Partonopeu de Blois*, Cardiones, Gaïte, Alemandine und Savine in *Athis et Prophilias*). Wir wollen im folgenden kurz betrachten, wie diese Ausgangssituation der Frauen in den einzelnen Texten gestaltet ist.

In *Floire et Blancheflor* wächst das Mädchen gemeinsam mit dem Helden im Haushalt von dessen Eltern auf, zu dem auch die eigene Mutter gehört. Es wird hervorgehoben, daß die Erziehung der beiden die gleiche ist, daß sie alles gemeinsam tun (185–191, 217–226). Diese Einordnung der beiden Zentralfiguren in ein gemeinsames Zuhause bleibt jedoch ein Einzelfall.

In *Ille et Galeron* wird die erste Frau Illes, Galeron, als Schwester des Herzogs der Bretagne eingeführt:

> En la menor [sc. Bretegne] sont li Breton.
> Uns dus l'ot ja; Conains ot non,
> Et Galerons sa suer estoit.
> Nule plus biel ne se vestoit ...
> (*Ille et Galeron* 79–82).

Andere Verwandte werden nicht erwähnt[1]. Die zweite Frau, Ganor, ist dage-

---

[1]   Später erfährt man, daß es tatsächlich keine anderen Verwandten gibt (3332–3335).

gen als Tochter definiert. Als sie zum ersten Mal in der Handlung erscheint, befindet sie sich in der Gesellschaft ihres Vaters, des Kaisers von Rom: «Li emperere se gissoit / Sor une kiolte ... / Sa fille seoit a son cief» (1320–1323). Auch hier ist von anderen Verwandten nicht die Rede; es wird sogar eigens darauf hingewiesen, daß der Kaiser keine anderen Kinder hat (1325).

In *Erec et Enide* erscheint Enide als Mitglied einer Kleinfamilie. Erec wird von einem *vavassor* gastlich aufgenommen, der sofort Frau und Tochter herbeiruft, um den Gast zu begrüßen und zu bedienen.

> Li vavasors sa fame apele
> et sa fille qui molt fu bele,
> qui an un ovreor ovroient,
> mes ne sai quele oevre i feisoient.
> La dame s'an est hors issue
> et sa fille ...
>
> (*Erec et Enide* 397–402).

Enide muß das Pferd versorgen und den Gast ins Haus führen, wo ihre Mutter inzwischen Vorbereitungen getroffen hat. Hier ist nicht nur bemerkenswert, daß Enide mit Mutter und Vater vorgeführt wird, sondern auch, daß Chrétien sie wirklich im Rahmen des privaten Lebensbereichs zeigt: Die Frauen werden bei der Arbeit unterbrochen.

Die weibliche Hauptfigur des *Cligès*, Fenice, wird, wie Ganor, als Tochter eingeführt. Kaiser Alis erhält von seinen Baronen den Rat, die Tochter des deutschen Kaisers zur Frau zu nehmen (2613–2620), und reist mit großem Gefolge nach Köln. Der deutsche Kaiser läßt seine Tochter in den Saal kommen, wo sich die Gäste und die einheimischen Barone aufhalten:

> El palés qui molt estoit lons
> Fu l'asanblee des barons.
> Et l'empereres maintenant
> Manda sa fille isnelemant.
> La pucele ne tarda pas;
> El palés vint eneslepas,
> Et fu si bele et si bien feite
> Con Dex meïsmes l'eüst feite ...
>
> (ebd. 2671–2678).

Neben dem Vater findet noch die alte Amme und «mestre» Thessala Erwähnung, die als Vertraute fungiert.

Im *Lancelot* liebt der Titelheld, wie man weiß, die Königin Guenievre, Artus' Gattin. Diese wird ohne irgendeine Vorstellung in der Handlung erwähnt: Ein fremder Ritter kommt an den Hof und fordert Artus auf, die Königin in Begleitung eines Ritters, der sie verteidigen soll, in einen bestimmten Wald zu schicken. Keu, der Seneschall, will diese Aufgabe unbedingt übernehmen. Artus sucht daraufhin Rat bei Guenievre:

Ez vos le roi molt desperé;
si est a la reïne alez:
«Dame, fet il, vos ne savez
del seneschal que il me quiert? ...»

(*Lancelot* 114–117).

Verwandtschaftsbeziehungen werden überhaupt nicht erwähnt, Guenievre steht nur in enger Beziehung zu ihrem Gatten.

Im *Yvain* fehlen Verwandtschaftsbeziehungen ebenfalls völlig. Laudine, in die sich Yvain verliebt, erscheint als trauernde Witwe ihres Mannes, den Yvain selbst gerade getötet hat (984, 1150ff), und auch Yvain lernt sie in dieser Situation kennen. Die einzige Person, zu der eine vertrautere Beziehung besteht, ist eine ihr dienende *pucele*, Lunete. Außerdem sind Barone und Ritter vorhanden.

Auch Blancheflor in *Perceval* wird allein in ihrer Burg, in der Gesellschaft ihrer Ritter und Barone vorgeführt (1788ff). Dies ist auffällig, da sie weder eine Ehefrau noch eine Witwe ist, sondern eine *demoisele*. Es wird erwähnt, daß ihr Vater tot ist (2280). Außerdem werden zwei Onkel genannt (1901, 1911f), die jedoch nicht zu ihrer direkten Umgebung gehören. Andere Verwandte werden nicht erwähnt.

Dem zweiten Helden des Romans, Gauvain, wird von Chrétien nicht eine einzelne Geliebte zugeordnet; er hat vielmehr mit mehreren Mädchen zu tun. Von diesen wird nur die kleine Tochter des Grafen von Tintaguel im Rahmen von Verwandtschaftsbeziehungen eingeführt: Sie hat einen Vater und eine Schwester. Auch hier fehlt jedoch die Mutter (4983ff).

Auch in den späteren, nicht-keltischen Romanen gibt es kein einheitliches Schema. Daß in *Florimont* nicht nur der Held, sondern auch die weibliche Protagonistin zu Beginn des Romans mit einer umfangreichen Genealogie vorgestellt wird, haben wir bereits gesehen[2]. Sie ist also sowohl dem Leser als auch dem Helden von vornherein als Tochter eines Königspaares bekannt. Als sie zum ersten Mal in der Handlung erscheint, ist sie allein mit ihrer «maistresce», die ihr von dem Helden berichtet (5625–5693). Doch bei ihrem zweiten Erscheinen wird sie zusammen mit Vater und Mutter vorgeführt. Der Vater begibt sich in die *chambre* und fordert das Mädchen auf, freundlich mit dem Ritter zu sprechen, der an seinen Hof gekommen sei (6051–6062). Nachdem er wieder in den Saal zurückgekehrt ist, die fremden Ritter begrüßt hat und angekündigt hat, daß die Königin und die Tochter ausnahmsweise mit ihnen im Saal speisen würden, begibt er sich selbst zusammen mit den vornehmsten der Gäste erneut in die *chambre*, um die Königin und das Mädchen zu holen. Sie kehren jedoch vor den Damen zurück; diese folgen etwas später nach (6146–6228) und bleiben dann während des gesamten Essens im Saal, wo sie an eigenen Tischen speisen, und begeben sich danach wieder in die *chambre*. Bis zur Tür begleiten die Ritter sie noch (6229–

---

[2] S. o. S. 144.

6292). Diese aufwendige Inszenierung dient nicht nur dazu, zu zeigen, wie beschützt die Königstochter lebt und was für eine große Ehre es ist, sie zu sehen, sondern unterstreicht auch ihre Stellung als Tochter. Immer wieder wird sie von ihrem Vater als «fille» angeredet (z. B. 6177, 6181, 6189), und auch der Erzähler bezeichnet sie besonders häufig als Tochter, sei es der Königin, sei es des Königs (z. B. 6198, 6223, 6284). Außerdem werden noch andere *puceles* erwähnt. Diese bleiben jedoch völlig anonym, keine von ihnen tritt als Individuum hervor. Wenn also die vorgeführte Bezugsgruppe größer ist als die eigentliche Familie, so liegt das Gewicht doch ausschließlich auf dieser.

Die erste Geliebte des Florimont, die Pucele de l'Ille Celee, wird dagegen überhaupt nicht in irgendein Bezugssystem gestellt, sondern erscheint dem Helden unvermittelt am Strand, wo er einen Drachen erlegt hat (2427ff). Erst nachträglich erklärt sie, daß sie Vater, Schwager und Bruder durch dasselbe Untier verloren habe und daß es außer ihr keinen Erben mehr in ihrem Land gebe (2447f, 2489). Sie besitzt zumindest andeutungsweise magische Kräfte, ist also eine Fee[3].

In *Athis et Prophilias* gibt es mehrere Fälle, in denen Mädchen vorgestellt werden. Cardiones, die Athis heiraten soll und die er seinem Freund abtritt, wird nur als Angehörige eines vornehmen Geschlechts eingeführt (459–468). Die Eltern treten aber zu einem späteren Zeitpunkt ebenfalls auf. In den übrigen Fällen werden die Mädchen auch hier in eine Kleinfamilie eingeordnet. Gaïte, die Schwester des Prophilias, die Athis heiraten wird, erscheint zum ersten Mal als Zuschauerin bei festtäglichen Spielen im Gefolge ihres Vaters. Sie befindet sich dabei in Begleitung ihrer Mutter und ihrer Schwägerin Cardiones (2563–2608). Wie in *Florimont* wird den eigentlichen Familienangehörigen hier noch eine Schar von «dameiseles» hinzugefügt, doch auch hier bleiben diese anonym. Neu ist, daß neben den Eltern auch der Bruder und dessen Frau zur Familie gehören. Der Bruder erscheint im folgenden als Vertrauter, der die Liebe zwischen Schwester und Freund fördert und den Vater überredet, ihre Heirat zu ermöglichen (4333–5524). Auf dieses Vertrauensverhältnis wird explizit hingewiesen:

> «... Ma suer estes, je vostre frere,
> D'un pere né et d'une mere,
> Si vos aim plus ou autretant
> Con rien qui soit el mont vivant.
> Ne me devez nëant celer,

---

3 Sie gibt Florimont Gegenstände mit magischen Fähigkeiten, weiß um die besondere Heilkraft des Trans des von Florimont erlegten Drachen, und von ihrer Insel kommt ein normaler Sterblicher nicht zurück. Zu der Präsentation der Fee vgl. Laurence Harf-Lancner, *Les fées au Moyen Age. Morgane et Mélusine. La naissance des fées*, Paris 1984 (Nouvelle Bibliothèque du Moyen Age 8), bes. 113 sowie speziell zu *Florimont* und *Partonopeu de Blois*, 317–331, wo sie auf die fehlenden familiären Bindungen jedoch nicht eingeht.

> Car bon consoil vos sai doner.
> Vos ne pöez de nule amor
> Avoir consoil o vostre enor,
> Se ne l'avez par vostre pere,
> Ou par moi, qui sui vostre frere.»
> Quant Gäite ot celui parler,
> En cui el tant se pot fier...
> <div align="right">(<i>Athis et Prophilias</i> 4649−4660).</div>

In ähnlicher Weise werden auch die anderen beiden Mädchen, die in diesem Roman eine Rolle spielen, Alemandine und Savine, eingeführt. Alemandine, die Tochter des Herzogs Theseus, erscheint das erste Mal, als sie in Begleitung ihrer Mutter in den Saal kommt, wo Theseus mit seinen Baronen Rat hält (14353−14366). Auch in ihrem Fall wird im Verlauf der Handlung ein Vertrauensverhältnis zwischen Bruder und Schwester angedeutet. Als Pirithous, Theseus' Sohn, von seinem Vater ermahnt wird, Gäite, die sie beide verehren, zu grüßen und sich für sie im Kampf besonders tapfer zu zeigen, beschreibt der Dichter die Reaktion des jungen Mannes zum Beispiel folgendermaßen:

> Cil entendi les moz son pere.
> Honte ot, si regarda sa mere,
> Un poi sozrist vers sa seror...
> (ebd. 14539−14541).

Von Savine schließlich, der Schwester des Athis, ist zum ersten Mal die Rede, als während eines Waffenstillstands ein Ritter den feindlichen König Bilas nach Athen in das Haus von Athis' Vater Savis führt. Er erzählt ihm:

> Si reverroiz une pucele,
> Mout puet l'en tost trover meins bele:
> Ainz femme n'ot si bele taille;
> Il n'est beautez qui en li faille;
> Mout par est gente et asez granz,
> Bien puet estre d'ancor quinze anz.
> Cele est la fille dan Savis,
> La suer germainne au proz Athis
> (ebd. 19379−19386).

Bilas bittet darum, die Damen sehen zu dürfen (19569ff). Daraufhin führt Athis seine Schwester aus der *chambre* in den Saal (19619ff), während andere mit Gäite und Cardiones folgen. Savis fordert seine Tochter auf, sich mit Bilas zu unterhalten (19730−19732). Hier spielt die Mutter erstaunlicherweise keine Rolle.

Im Gegensatz zu den Autoren von *Florimont* und *Athis et Prophilias* führt Hue de Rotelande in seinem ersten Roman, *Ipomedon*, die weibliche Hauptfigur als Nichte ein. Dies geschieht gleich zu Beginn des Romans (87−99), bevor der Held selbst überhaupt erwähnt wird. Eine kurze Nennung der Eltern dient dabei offensichtlich nur dazu, die Onkel-Nichte-Beziehung herzustellen. Kein Elternteil hat einen eigenen Namen oder wird überhaupt im Verlauf der Handlung noch einmal erwähnt. Diese ungewöhnliche Einführung dürfte als Parallele zu der Zuordnung männlicher Helden in den keltischen Romanen gedacht sein.

In seinem zweiten Roman, *Protesilaus*, ist die Geliebte des Helden die Königin Medea, deren erster Gatte, König Meleager, gestorben ist. Dies wird zu Beginn der Handlung festgestellt. Als Medea zum ersten Mal in der Handlung auftritt, wird sie nicht in ein Bezugssystem eingeordnet, sondern erscheint als Einzelgestalt, die ihr Handeln allein bestimmt (273ff). Auch diese Stilisierung der Geliebten als unabhängige Königin, die im Gegensatz zu dem von seinem Bruder verbannten Protesilaus selbst Macht und Herrschaft besitzt, ist wohl als Parallele zu keltischen Romanen zu verstehen, in denen der Held sich um die Gunst der Königin bemüht (wie etwa Lancelot oder Tristan).

Auf eine besondere Weise wird Melior in *Partonopeu de Blois* eingeführt. Partonopeu kommt in eine unbewohnt scheinende Stadt und legt sich in einem Bett im Palast zur Ruhe. Dort erscheint eine weibliche Gestalt, deren Identität zunächst völlig unklar ist (1125ff). Partonopeu – und mit ihm der Leser – erfährt nur, daß die *damoisele* Herrin des Reiches ist («Cis roiames est trestos miens», 1152); etwas später folgen weitere Einzelheiten über das Reich und die dazugehörigen Vasallen (1335ff). Von einer Familie ist jedoch nicht die Rede. Wie bei der Pucele de l'Ille Celee in *Florimont* geht das Fehlen einer familiären Einbindung mit feenhaftem Wesen einher. Zumindest der Mutter des Helden und der Königsnichte, die er heiraten soll, erscheint die ferne Geliebte des Partonopeu als «diable» und als «fee» (3936, 3946, 4060). Außerdem werden magische Effekte vorgeführt (Unsichtbarkeit der Personen, magisches Schiff). Erst in dem Augenblick, in dem Melior ihre magische Gewalt verliert, erklärt sie ihre Herkunft und erzählt auch von der Erziehung, die ihr Vater ihr hat zuteil werden lassen (4573ff). In der Handlung spielt jedoch nur eine einzige Verwandte eine Rolle, die Schwester Urraque, die als Vertraute fungiert und die die Versöhnung des Helden mit seiner Geliebten fördert (4923ff). Sie erscheint jedoch erst im zweiten Teil der Handlung, nach dem Verlust der magischen Fähigkeiten der Heldin und nach der vollständigen Enthüllung ihrer Identität. Gleichzeitig mit ihr sind dann auch andere *dames* und *damoiseles* vorhanden (4823ff).

Melior ist die einzige wichtige weibliche Gestalt, die eine Schwester besitzt; alle anderen erscheinen als Einzelgestalten. In diesem Punkt entspricht die Darstellung der weiblichen Figuren völlig der der männlichen Protagonisten. Doch im Gegensatz zur Bruderbeziehung fehlt die Beziehung zwischen Schwestern auch in der *chanson de geste*. Nur die antikisierenden Romane (einschließlich des *Brut*) kennen sie[4].

---

4 Man denke an Antigone und Ismene im *Roman de Thèbes* oder an die Schwestern der Cordeille im *Brut*.

Insgesamt gesehen folgt die Behandlung der geliebten *dames* und *puceles* keinem einheitlichen Schema. Die Mädchen oder Frauen können als Töchter und Schwestern einem Elternhaus zugeordnet werden oder aber als Ehefrau oder Witwe einem Ehemann. Im letzteren Fall werden Verwandte überhaupt nicht erwähnt, die Frau gehört völlig dem Haushalt an, in den sie hineingeheiratet hat, und bleibt auch nach dem Tode des Mannes mit diesem verbunden. Keine dieser Möglichkeiten ist mit einem bestimmten Romantypus verbunden. Einmal, in Hue de Rotelandes *Ipomedon*, findet sich außerdem eine Einführung als Nichte.

Es gibt auch den Fall, daß weder ein Elternhaus noch das Haus eines Ehemannes vorhanden ist und das Mädchen ohne irgendwelche Beziehungen auftritt. Dann wird es jedoch mit magischen Kräften assoziiert und zumindest verdächtigt, eine Fee zu sein, wie es bei Melior in *Partonopeu de Blois* und der Pucele de l'Ille Celee in *Florimont* der Fall ist.

Wenn Blancheflor im *Perceval* ebenfalls ohne Eltern oder Geschwister und ohne Ehemann vorgeführt wird, so hängt dies mit der in diesem Roman geschilderten desolaten Situation des Landes zusammen[5]: Ihr Vater ist gefallen. Daß Chrétien dennoch nicht ganz auf die Zuordnung von Verwandten verzichtet und zwei Onkel erwähnt, scheint uns bezeichnend. Er vermeidet so, Blancheflor als feenhaftes, nicht der normalen Gesellschaft angehöriges Wesen erscheinen zu lassen.

Auch die Zuordnung zu einer jüngeren Generation wird nicht so konsequent durchgeführt wie bei den männlichen Protagonisten. So ist etwa die Geliebte des Helden in *Protesilaus*, Medea, eine verwitwete Königin, die schon den Vater des Helden, Ipomedon, liebte. Die erste Frau Illes in *Ille et Galeron* ist Schwester des Herzogs der Bretagne, der eindeutig als etwas älter zu denken ist und im Verlauf der Handlung stirbt. Selbstverständlich werden diese Frauen nicht als älter als die jeweiligen Helden geschildert. Es scheint nur auf eine Verdeutlichung der Jugend weniger anzukommen, da Frauen in jedem Fall mit Schönheit und Jugend assoziiert werden. Es finden sich auch weniger absolute Altersangaben für sie als für die männlichen Helden.

Dennoch sind einige Elemente der Darstellung von Töchtern und Schwestern deutlich in Anlehnung an Schemata entstanden, die für die Helden entwickelt wurden. Insbesondere die Einordnung in eine Kleinfamilie, wie wir sie in *Florimont* und in *Athis et Prophilias* finden, gleicht sehr derjenigen der jeweiligen Helden. Auch die Betonung des persönlichen Charakters der Beziehungen zwischen Eltern und Tochter oder Bruder und Schwester, die aus den angeführten Textstellen deutlich geworden sein dürfte, entspricht der Darstellung der Eltern-Sohn-Beziehung.

Die uneinheitliche Einordnung der weiblichen Gestalten und die offensichtliche Anlehnung an Schemata, die für männliche Helden entwickelt wurden, stellen ein zusätzliches Indiz dafür dar, daß die Romanautoren sich

---

[5] Hierzu s. u. S. 199–201.

auf eine Tradition stützten, in der männlichen Helden in der Regel keine Frauengestalten zugeordnet wurden. Die Tradition des *Alexanderromans* und der Heiligenlegende erfüllt diesen Tatbestand.

Es fällt auf, daß im Gegensatz zu den männlichen Helden bei den weiblichen Hauptfiguren nur in wenigen Fällen wirklich eine vollständige Kleinfamilie geschildert wird. Insbesondere auf eine Erwähnung der Mutter wird vielfach verzichtet. Bei den weiblichen Gestalten lassen die Dichter augenscheinlich eine strengere Ökonomie walten und verzichten weitgehend auf Personen, die im Handlungsverlauf entbehrlich sind.

Die Schilderungen des Vertrauensverhältnisses zwischen Bruder und Schwester tragen zur Einbindung des männlichen Helden in den privaten Bereich der Kleinfamilie bei. Die eigentliche Funktion aller besprochenen Frauengestalten in der Handlung ist es jedoch, einen der Helden zu heiraten. Dabei werden außer Melior und Urraque alle als Töchter oder Schwestern definierte Mädchen von ihren Vätern oder Brüdern verheiratet[6]. Die Heirat bildet in der Regel den Abschluß der Handlung, wie wir schon bei der Behandlung der Eltern-Sohn-Beziehung festgestellt haben[7].

Im übrigen gibt es keinen besonderen Bezug der Rolle der Frau zum Handlungsverlauf der Romane. Sehnsucht der Frauen nach ihrem Elternhaus gibt es in der Regel nicht. Die einzige Ausnahme ist eine Bemerkung der Gaïte in *Athis et Prophilias* (10791 – 10795), die sich in Athen nach ihrer Heimat Rom und nach ihrer Familie sehnt, doch bleibt dies ohne Konsequenzen für die Handlung.

6. Nebenfiguren: Onkel, Neffen, Vettern, Nichten und Kusinen

In den traditionellen Epen war eine Verwandtschaftsbeziehung stets eine Zuordnung zum Helden oder einer anderen zentralen Figur; diese selbst war eine eigenständige Gestalt, zu deren Charakterisierung die betreffende Verwandtschaftsbeziehung nichts Wesentliches beitrug. Nur in Ausnahmefällen (Roland im *Rolandslied* und Vivien in der *Chanson de Guillaume*) konnte eine durch eine Verwandtschaftsrelation gekennzeichnete Gestalt in der Handlung eine Bedeutung erlangen, die derjenigen der Zentralfigur gleichkam. In den Romanen sind nun, wie wir in den vorangehenden Kapiteln gesehen ha-

---

[6] Auf eine Behandlung der typischen Motive, die im Zusammenhang mit der Verheiratung eines Mädchens Verwendung finden, und ihrer Entwicklung müssen wir in diesem Rahmen verzichten. Wir hoffen jedoch, sie demnächst in einer eigenen Arbeit über Heirat und Ehe in *chanson de geste* und Roman darzustellen.

[7] Ausnahmen bilden die Tristanromane, *Athis et Prophilias* sowie *Erec et Enide* und *Yvain*. In letzteren steht jedoch am Ende des Romans die Erreichung eines Zustandes, in dem die Ehe gesellschaftlichen Normen entspricht und ihren vorher problematischen Charakter verloren hat. In *Athis et Prophilias* werden mehrere Eheschließungen geschildert, und eine von ihnen schließt auch den Roman ab.

ben, die Helden selbst Gestalten, die durch Verwandtschaftsrelationen definiert sind. Gleichzeitig sind aber auch Onkel oder Eltern nur aufgrund ihrer jeweiligen Beziehung zum Helden von Bedeutung für das Geschehen. Die Verwandtschaftsbeziehungen haben den Charakter einer bloßen einseitigen Zuordnung, den sie in den *chansons de geste* hatten, weitgehend verloren[1].

Die Verwandtschaftskonstellationen, denen wir bei den zentralen Figuren in den Romanen begegnen (und nur solche haben wir bisher berücksichtigt), sind daher nicht ohne weiteres mit dem typischen Onkel-Neffe-Schema der traditionellen *chansons de geste* vergleichbar. Es stellt sich nun die Frage, ob sich die an ihnen gemachten Beobachtungen auch an den übrigen in den Romanen vorkommenden Verwandtschaftsverhältnissen bestätigen lassen, die nicht der Charakterisierung von Protagonisten, sondern derjenigen von weniger wichtigen Gestalten, von Nebenfiguren, dienen.

a. Gautier d'Arras, *Ille et Galeron*

Gautier d'Arras setzt Neffen noch in ihrer traditionellen Rolle als Begleiter von zentralen Figuren bei Kampfhandlungen ein. In seinem Roman *Ille et Galeron* hat der Hauptfeind des Helden, Hoiel, zwei Neffen, die zusammen mit ihrem Onkel gegen ihn kämpfen. Ille, der Held, tötet den einen, Marcel (483–491), und verwundet den anderen, Rogelyon (587–715). Auch ein weiterer Neffe eines Feindes wird von ihm getötet, Ris, der Neffe Cadors (385–407)[2]. Ille selbst werden ganz generell Neffen und Nichten zugeordnet:

> ... Qui cuident trenchier Ylle en pieces
> Et metre a dol nevols et nieces
> Qui .VII. ans a nel virent mais
>
> *(Ille et Galeron* 307–309).

An anderer Stelle wird das umgekehrte Verwandtschaftsverhältnis verwendet und Ille als Sohn des Bruders dieser Personen bezeichnet:

> Il voient que li fix lor frere
> Porte les armes a son pere ...
>
> (ebd. 363f).

An einer dritten Stelle ist von einem Onkel und einem Neffen die Rede (643f)[3]. Keine dieser Gestalten wird jedoch mit einem Namen versehen oder

---

[1] Eine Ausnahme bildet die Artusgestalt bei Chrétien de Troyes; s. o. S. 135f. Dies dürfte damit zusammenhängen, daß es sich um eine bereits traditionelle Gestalt handelt.

[2] Die Verwandtschaftsrelation ist nicht ganz klar; in Vers 299 wird Ris als «niés» Cadors bezeichnet, in Vers 428 erscheinen beide, Cador und Ris, als «neveus» Hoiels. Es ist nicht auszuschließen, daß Gautier «neveu» hier in einem allgemeineren Sinn versteht. Hierzu s. o. Teil I, S. 6, Anm. 7.

[3] Die beiden letztgenannten Stellen zeigen, daß das Wort «neveu» bei Gautier nicht generell einen beliebigen Verwandten bezeichnet.

sonst irgendwie als individuelle Gestalt kenntlich gemacht. In allen drei Fällen ist deutlich, daß Neffen, Nichten und Onkel einfach die gesamte Verwandtschaft repräsentieren sollen.

Daneben verwendet Gautier auch einmal eine Beziehung zwischen Vettern zur Motivierung des Kampfgeschehens: Einer der Neffen Hoiels, Marcel, versucht, einen im Kampf gefallenen Vetter zu rächen (483–486), der ausdrücklich als *cousin germain* bezeichnet wird. Dies bleibt jedoch ein Einzelfall.

Trotz der eher konventionellen Verwendung von Neffen als Begleiter von Helden im Kampf können wir auch bei Gautier charakteristische Neuerungen beobachten: Außer dem Neffen wird nun auch der korrelative Verwandtschaftstypus, der Onkel, als untergeordneter Begleiter genannt; außerdem kommt die weibliche Entsprechung, die Nichte, hinzu.

b. Chrétien de Troyes

In *Erec et Enide* haben beide Protagonisten jeweils einen Onkel. Der Onkel Erecs, der als «larges rois de Gavoie» bezeichnet wird, erscheint bei den Krönungsfeierlichkeiten seines Neffen, wo er zusammen mit Gauvain die Aufgabe übernimmt, Enide in den Saal zu geleiten (6755, 6766–6768). Dabei kommt es offensichtlich darauf an, daß er trotz seines königlichen Ranges seinem Neffen und dessen Frau, die die Tochter eines *vavassor* ist, Ehre erweist[4].

Enides Onkel hat eine vergleichbare Funktion: Sein hoher Rang – er ist Graf – steigert das Ansehen der Nichte, ohne daß dadurch jedoch ihre Abkunft von einem armen *vavassor* völlig ausgeglichen würde (1539–1544). Daneben hat der Onkel hier jedoch noch eine gewisse Unterhaltsverpflichtung der Nichte gegenüber. Als er erfährt, daß Erec Enide heiraten wird und sie am liebsten in ihrer ärmlichen Kleidung mitnehmen möchte, fühlt er sich verpflichtet, für eine angemessene Ausstattung zu sorgen (1344–1352). Er hätte ihr auch schon früher Kleider gegeben, wenn ihr Vater es zugelassen hätte (521–524).

Die beiden Onkel Blancheflors in *Perceval* haben wir bereits erwähnt. Der eine von ihnen, der Ritter Gornemant, bei dem sich Perceval vor seiner Ankunft bei Blancheflor aufgehalten hatte, wird nicht als Onkel bezeichnet; Blancheflor sagt nur, daß sie seine Nichte sei (1901). Daneben erwähnt sie jedoch noch einen Onkel, der Prior sei und ihr etwas zu essen geschickt habe (1911–1914). Diese Person spielt sonst im Roman keine Rolle mehr. Auch hier erscheint der Onkel also als jemand, der eine gewisse Verantwortung für die Versorgung der Nichte übernimmt.

---

4 Zu der generellen Vorliebe der keltischen Romane für königliche Onkel und Väter s. o. S. 135, 139f, 146.

Neffenfiguren werden bei Chrétien nie zentralen Figuren der Handlung zugeordnet. In *Erec et Enide* wird Maboagrain als Neffe Evrains eingeführt, eines Königs, der die Protagonisten auf einer ihrer Stationen gastlich bei sich aufnimmt, sonst aber keine Rolle mehr spielt. Der Neffe lebt am Hof seines Onkels, ist jedoch durch ein Versprechen gezwungen, so lange mit seiner Geliebten in einem Garten zu verweilen, bis ein anderer Ritter ihn besiegt. Die Beziehung zwischen Onkel und Neffe kommt dabei überhaupt nicht zur Darstellung; Evrain sagt Erec, der den Kampf unternimmt, nicht, wer der Ritter in seinem Garten ist, und er begrüßt Maboagrain auch nicht gesondert als seinen Neffen, als Erec ihn schließlich besiegt und damit befreit hat (5546–6341). Die Passage legt nahe, daß der Aufenthalt eines Neffen am Hof seines Onkels auch Chrétien einfach als Normalzustand erschien[5].

Etwas anders verhält es sich mit dem jungen Mann, der in *Cligès* als Neffe vorgestellt wird. Er wird von seinem Onkel, dem Herzog von Sachsen, an den Hof von Fenices Vater geschickt, um zu verhindern, daß Fenice, die ursprünglich einmal diesem Herzog versprochen war, an Kaiser Alis verheiratet wird. Er wird jedoch von Cligès im Kampf besiegt (2821–2916). Dieser Neffe, der namenlos bleibt, erscheint fast wie eine traditionelle epische Neffengestalt, die ihrem Onkel untergeordnet ist und für diesen Aufträge ausführt. Gegenüber epischen Neffen neu ist jedoch, daß der junge Mann allein und nicht im Gefolge seines Onkels – der in der Handlung überhaupt nicht erscheint – auftritt. Chrétien verwendet hier ein traditionelles Element, um eine Kampfsituation zu schaffen, die er für die Entwicklung der Liebesbeziehung zwischen Cligès und Fenice braucht.

Einem seiner Helden ordnet Chrétien einmal einen Vetter zu: In der Eingangsepisode des *Yvain* erzählt Yvains *cousin* Calogrenant von einer *aventure*, die er sieben Jahre zuvor unternommen, aber nicht besonders rühmlich bestanden hat. Yvain beschließt sofort, diese *aventure* selbst zu versuchen und seinen Vetter zu rächen (581–589). Durch die Verwandtschaftsbeziehung wird das sofortige Eingreifen des Helden motiviert.

In demselben Roman werden Gauvain eine Nichte und mehrere Neffen zugeordnet, die Yvain von einem Riesen erretten muß, weil ihr Onkel gerade mit einer anderen Aufgabe beschäftigt ist (3846ff). Doch Gauvain tritt im *Yvain* überhaupt nur am Rande auf, ist also kein zentraler Held. Wenn Chrétien diese Figuren mit ihrem Vater und ihrer Mutter auftreten läßt und sie auch explizit als Tochter oder Sohn bezeichnet, bringt er damit nur seine Vorstellung von einer normalen Familie zum Ausdruck[6]. Die Onkel-Neffe-Beziehung, durch die die Familie insgesamt Gauvain zugeordnet wird, bleibt davon unberührt.

---

[5] Die Verwendung einer literarischen Tradition ist selbstverständlich nicht auszuschließen.

[6] Ähnliche Familienverbände erscheinen im *Yvain* noch an anderen Stellen.

Sowohl die Neffen- als auch die Vetternbeziehung haben bei Chrétien ihre weibliche Entsprechung. Besondere Bedeutung kommt den weiblichen Verwandten in *Erec et Enide* und in *Perceval* zu. In *Erec et Enide* kommen zwei Kusinen Enides vor, von denen die eine außerdem als Nichte des Grafen von Laluth, des Bruders von Enides Mutter, bezeichnet wird (1337ff) und die andere die Tochter eines Bruders ihres Vaters ist (6207ff). Beide erscheinen jeweils nur in einer Episode und bleiben namenlos. Die erste dieser Kusinen ist bei einem Besuch des Grafen, ihres Onkels, bei Enides Vater anwesend, wo sie ihn ermahnt, für eine angemessene Ausstattung Enides zu sorgen (1344–1348). Er trägt ihr daraufhin auf, dies zu übernehmen. Sie tut es, und als Erec nicht zulassen will, daß sie Enide ein schönes Kleid schenkt, überläßt sie ihr das beste ihrer Pferde. Ihre Funktion ist es offensichtlich, zum Ausdruck zu bringen, was das Interesse aller Verwandten Enides sein muß, besonders der gräflichen mütterlichen Verwandtschaft, daß nämlich Enide ihnen in der Fremde keine Schande macht.

Die andere Kusine ist die Geliebte des Maboagrain. Hier kann keine Rede davon sein, daß die Kusine in irgendeiner Weise die Funktion hätte, die Verwandtschaft zu repräsentieren; die Kusinenbeziehung ist nur ein Hilfsmittel, eine Beziehung zu Enide herzustellen. Chrétien benötigt diese Beziehung zum einen, um auch die über die Niederlage des Geliebten betrübte *amie* in die allgemeine Freude einzugliedern, zum andern, um den Leser zu einem Vergleich dieses Paares mit Erec und Enide anzuregen[7].

In beiden Fällen wird auch eine Nichtenbeziehung erwähnt. Enide selbst wird mehrfach als Nichte des Grafen von Laluth bezeichnet (z. B. 524, 1274), und ihre mütterliche Kusine erhält dieselbe Bezeichnung (1342, 1350). Die Kusine der Maboagrain-Episode nennt Enide eine Nichte ihres Vaters:

> ... Je sui vostre cosine,
> sachiez que c'est veritez fine,
> et vos estes niece mon pere,
> car il et li vostres sont frere ... (6207–6210).

Die mütterliche Kusine ist als Nichte des Grafen eine beliebige Verwandte, die ihrem Onkel untergeordnet ist und von ihm einen Auftrag empfangen kann. Ihre Rolle ist somit der der traditionellen Neffengestalt vergleichbar. Die von Maboagrains *amie* erwähnte Nichtenbeziehung der Enide zu ihrem Vater dient dagegen nur zur Erklärung des Verwandtschaftsverhältnisses.

Bemerkenswert ist, daß in beiden Fällen auf zwei Verwandtschaftsrelationen – eine Kusinen- und eine Nichtenrelation – fast gleichermaßen Wert gelegt wird[8]. Selbst bei diesen Nebenfiguren erscheint die Verwandtschaft also

---

[7] Maboagrain seinerseits wird in eine Beziehung zu Erec gestellt: Er hat als Knabe am Hofe von dessen Vater gelebt (5990f).

[8] Es werden auch beide Relationen gleich bei der ersten Vorstellung zusammen erwähnt, und in keinem Falle verwendet Chrétien hierfür formelhafte Ausdrücke, wie wir sie aus den *chansons de geste* kennen.

nicht mehr als einfache Zuordnung; eine Person ist nicht mehr nur durch eine einzige Verwandtschaftsbeziehung charakterisiert, durch die sie definiert wäre. Die einzelne Person scheint vielmehr in ein System von Verwandtschaftsbeziehungen hineingestellt, die gleich charakteristisch für sie sind.

Generell läßt sich bei Chrétien ein größeres Interesse an den Zwischengliedern, über die indirekte Beziehungen zustandekommen, erkennen. Daß das Zwischenglied überhaupt angegeben wird, ist noch keine Neuerung gegenüber der *chanson de geste*, in der ja bei der Zuordnung von Neffen häufig die Formel «fiz sa seror» verwendet wurde. Nun können solche Zwischenglieder jedoch auch in der Handlung auftreten: So spielen etwa in *Erec et Enide* die Schwester des Grafen von Laluth, die Mutter Enides, und in *Yvain* die Schwester Gauvains und Mutter seiner Neffen und seiner Nichte durchaus eine Rolle als handelnde Personen. Wenn aber die Zwischenglieder doch nur zur Erklärung der Beziehung herangezogen werden, wie es bei den beiden Kusinen Enides der Fall ist, so sind die Angaben erstaunlich präzise. Sie sind dabei noch nicht einmal unbedingt in derselben Richtung eingesetzt wie die Zuordnung, die erklärt werden soll: Maboagrains Geliebte bezeichnet erst sich selbst als «cosine» Enides und nennt dann, als sie diese Bezeichnung rechtfertigt, nicht etwa sich selbst eine Nichte von Enides Vater, sondern umgekehrt Enide eine Nichte ihres eigenen Vaters. Hier zeigt sich ein gestiegenes Interesse an Verwandtschaft als einem System von Beziehungen.

Nur im *Perceval* fehlen solche Angaben. Zwei Figuren sind hier zu erwähnen, die Nichte des Fischerkönigs, die diesem ein Schwert sendet, als Perceval bei ihm weilt (3146), und die Kusine Percevals, der er nach seinem Aufenthalt auf der Gralsburg begegnet. Die Vorstellung der letzteren ist immerhin so formuliert, daß die Verwandtschaftsbeziehung nicht den Charakter einer einseitigen Zuordnung hat: «Je sui ta germaine cousine / Et tu iez mes cousins germains» (3600f)[9]. Wir werden auf die Darstellung des Verwandtschaftskollektivs, zu dem diese Figuren gehören, im nächsten Kapitel näher eingehen.

Es fällt auf, daß Chrétien sich in der Regel auch bei den Nebenfiguren streng an ein festes Generationsschema hält. Zumindest ordnet er den Protagonisten seiner Romane, die als Angehörige der jüngeren Generation charakterisiert sind, niemals einen Neffen oder eine Nichte zu. Erec und Enide haben nur Onkel und Kusinen, Yvain hat einen Vetter, Blancheflor zwei Onkel, Perceval eine Kusine. Bei Figuren, die nicht im Zentrum der Handlung

---

9 Vgl. zu dieser Stelle auch Jean Guy Gouttebroze, *Famille et structures de la parenté dans l'œuvre de Chrétien de Troyes*, Europe 60, Nr. 642, 1982, 77–95, 82, der die doppelte Angabe dadurch erklärt, daß beide Personen jeweils zum Ganzen des *lignage* in Beziehung gesetzt werden, ehe eine direkte Beziehung zwischen ihnen hergestellt wird. Eher könnte man an eine verkürzte Angabe des nach mittelalterlicher Methode berechneten Verwandtschaftsgrades denken, der sich ja stets auf den Abstand vom gemeinsamen Vorfahren bezieht: «Ich bin deine Kusine (im soundsovielten Grad), du bist mein Vetter (im soundsovielten Grad).»

stehen, wendet er dieses Prinzip jedoch nicht so streng an. So kann er Gauvain im *Yvain* Neffen und Nichten zuordnen, obwohl Gauvain eindeutig derselben Generation angehört wie die Hauptfigur des Romans, Yvain. Dasselbe gilt für den Fischerkönig im *Perceval*, dem eine Nichte zugeordnet wird, obwohl er nach den Angaben Chrétiens derselben Generation angehört wie der Titelheld (er ist der Sohn von Percevals Mutterbruder). Doch in diesem Fall kommt noch hinzu, daß er als schon etwas ältere Gestalt mit grauen Haaren stilisiert ist («Qui estoit de chaines mellés», 3087). Sein Vater wird in der Handlung nicht vorgeführt, und er selbst führt bereits den Königstitel. Die Zuordnung einer Nichte unterstützt diese Charakterisierung.

c. Hue de Rotelande

Die bisher angesprochenen Nebenfiguren traten alle nur kurz in einzelnen Episoden des jeweiligen Romans auf. In den beiden Werken des Hue de Rotelande gibt es nun jeweils eine Figur, die dem Helden während eines großen Handlungsabschnitts zugeordnet wird und in ihrer Bedeutung nur wenig hinter diesem zurücktritt. Unsere Entscheidung, diese Figuren der Kategorie der Nebenfiguren zuzuweisen, mag daher willkürlich erscheinen; sie beruht in erster Linie auf ihrer besonderen Funktion.

Auf den ersten Blick fast wie eine traditionelle epische Neffenfigur mutet die Gestalt Melanders in *Protesilaus* an, der als Begleiter und Helfer des Titelhelden in Erscheinung tritt. Von einer epischen Neffengestalt unterscheidet diese Figur jedoch grundsätzlich, daß sie verschiedenen Personen zugeordnet wird. Melander ist nicht Neffe des Helden selbst, sondern Neffe von seinem wichtigsten Gegenspieler Pentalis und dessen Schwester Sibille. Er lebt zunächst als *vallet* am Hof seiner Tante (2263 etc.) und wird später ihr Erbe antreten (7350–7353, 8050f). Meist begleitet er aber Protesilaus, zu dem keine Verwandtschaftsbeziehung besteht. Die Beziehung, die in den *chansons de geste* einen Neffen mit einem Onkel verband, erscheint hier aufgeteilt in zwei Beziehungen zu verschiedenen Personen. Auf diese Weise konnte Hue an die typische epische Neffengestalt im Gefolge des Helden anknüpfen und zugleich die Neffenbeziehung selbst so gestalten, wie es in der Tradition des keltischen Romans üblich war. Hieraus erklärt sich die unklare Zwischenstellung zwischen Haupt- und Nebenfigur, die Melander kennzeichnet: Während er im Verhältnis zu Protesilaus als untergeordnete Nebenfigur erscheint, ist er im Verhältnis zu seiner Tante die Zentralfigur, die wie Tristan, Gauvain oder Cligès durch eine Neffenbeziehung charakterisiert ist.

Der Romantradition entspricht auch, daß die Verwandtschaftsbeziehung nicht mehr als einseitige Zuordnung gestaltet ist. Bei der Begegnung Melanders mit dem Helden, seinem ersten Auftritt in der Handlung, wird nicht er als Neffe vorgestellt, sondern er bezeichnet Pentalis und Sibille als seinen Onkel und seine Tante. Protesilaus, schwer verwundet und allein in einem

Boot an eine unbekannte Küste gelangt, hat ihn gefragt, wo er sich befinde, und Melander erklärt:

> La terre dunt ci est la tur
> Est, dan vassal, a la soror
> Pentalis qui vus ad nafré.
> Ci estes vus a mort livré:
> Cil est mis uncles, ceste m'ante
>
> (*Protesilaus* 2300–2304)[10].

Einen Bruder des Pentalis, den Protesilaus früher getötet hat (1024–1083), erwähnt Melander ebenfalls als seinen Onkel (2307). Erst im späteren Verlauf der Handlung wird auch Melander selbst als Neffe bezeichnet (z. B. 2397, 8742).

Eine besondere Thematisierung der Verwandtschaftsbeziehung ergibt sich daraus, daß Melander gezwungen ist, sich zwischen seinen Verwandten und dem von ihm gewählten Herrn Protesilaus zu entscheiden. In einer wichtigen Schlacht kommt es sogar zum Zweikampf zwischen Melander und seinem Onkel Pentalis, der ihn davon zu überzeugen versucht, daß er um der Solidarität mit den Verwandten willen Protesilaus bekämpfen müsse. Melander weist dies explizit zurück (8060–8073)[11].

Einer ähnlichen Neffengestalt begegnen wir schon in *Ipomedon*, dem ersten Roman des Hue de Rotelande. Dort wird der weiblichen Hauptfigur, der Fiere, ein Neffe, Jason, zugeordnet, der an ihrem Hof zusammen mit dem Helden als *vallet* dient (753 etc.) und der der Fiere Nachrichten überbringt (1400–1455, 4189ff, 5225ff, 6338ff). Er hat also eine typische untergeordnete Neffenfunktion. Außerdem wird er jedoch wie Melander als Begleiter und Freund des Helden geschildert (z. B. 1325–1392, 3815–3842, 3879–3881, 4152, 6304), und er erscheint ebensooft in dessen Gesellschaft wie in der der Fiere. Auch hier ist also die Zuordnung nicht eindeutig.

Diese Gestalt ist noch in anderer Hinsicht interessant. Jason wird nämlich nur zu Beginn als Neffe definiert (753, 862). Später ist von ihm nur noch als einem *cousin* der Fiere die Rede (3697, 3854, 4193, 4690, 5625). Hieraus ergibt sich zwar kein Widerspruch, da *cousin*, wie wir in Teil I gezeigt haben[12], alle lateralen Verwandten bezeichnen kann, doch handelt es sich um verschiedene Arten der Zuordnung, da die *cousin*-Beziehung nicht von vornherein einen Generationsunterschied impliziert. Es ist offensichtlich, daß Hue de Rotelande die beiden Zuordnungsmöglichkeiten nicht mit unterschiedlichen Funktionen verbindet.

Daß Hue die verschiedenen Beziehungstypen im Hinblick auf ihre Funktion als gleichwertig ansieht, zeigt auch eine andere Personengruppe. Als die

---

[10] Dies ist eine der wenigen Stellen, an denen das Wort *ante* in den Romanen des 12. Jahrhunderts Verwendung findet.

[11] Zum Thema der Solidarität des *lignage* s. u. Teil IV, S. 300–312.

[12] S. o. S. 5, Anm. 5.

Fiere in ihrer Burg in Kalabrien von Leonin belagert wird, versucht ihre Vertraute Ismeine am Hof des Königs Meleager, des Onkels der Fiere, Hilfe zu bekommen. Nur Ipomedon folgt ihr, ohne daß sie ihn erkennt. Auf dem Rückweg nach Kalabrien versuchen nacheinander Leonins *cousin* Malgis (8213ff), sein Neffe Creon (8443ff) und sein Bruder Leander (8927ff), Ismeine zu gewinnen, doch Ipomedon besiegt sie alle. Alle drei Episoden sind nach demselben Schema gestaltet. Zwar läßt sich diese Abfolge als Steigerung auffassen, was darauf deutet, daß die Neffenbeziehung als engere Beziehung gilt als die *cousin*-Beziehung, doch eine funktionale Unterscheidung erfolgt nicht. In allen drei Fällen geht es nur darum, eine Beziehung zum Feind Leonin herzustellen. Auch sonst wird sowohl die Neffen- als auch die Vetternbeziehung von Hue de Rotelande zur Motivierung von Kampfhandlungen eingesetzt[13].

Wie Chrétien vermeidet es auch Hue, dem zentralen Helden Neffen oder Nichten zuzuordnen. Ipomedon läßt sich, als er nach Sizilien geht, um dem dortigen König seine Dienste anzubieten, von seiner *cousine* begleiten (2639ff)[14]. Während *neveux* oder *nieces* somit augenscheinlich immer als Angehörige einer jüngeren Generation zu denken sind, impliziert die *cousin*-Beziehung nicht unbedingt die Zugehörigkeit zur selben Generation, selbst dann nicht, wenn sie explizit als Beziehung von *cousins germains* bezeichnet wird. Dies zeigt das Beispiel des Eremiten, der als Verwandter des Protesilaus auftritt und diesem beisteht. Er wird einerseits als älterer Mann geschildert (7237) und redet Protesilaus als «bels niez» an (5131), andererseits bezeichnet er diesen aber auch als seinen «cusin germain» (5124, 7235).

Den weiblichen Zentralfiguren können auch Neffen oder Nichten zugeordnet werden. Jason, den Neffen der Fiere, haben wir bereits erwähnt. In *Protesilaus* kann sich beispielsweise Evein, die das Vertrauen des Helden gewinnen will, als «nece» der von diesem geliebten Königin Medea ausgeben (6426).

Gelegentlich legt Hue wie Chrétien Wert auf besonders exakte Verwandtschaftsangaben. Ein bemerkenswerter Fall findet sich im *Protesilaus*. Dort wird Jason, der in *Ipomedon* als Neffe der Fiere und Begleiter des Helden eine wichtige Rolle spielte, mit folgenden Worten nochmals vorgestellt: «Compain fu ja Ipomedon / Et parent Prothes[e]läus» (780f). Tatsächlich besteht die Verwandtschaftsbeziehung noch nicht für Ipomedon, sondern erst für den Sohn, der aus seiner Ehe mit der Fiere hervorgegangen ist.

---

[13] Z. B. *Ipomedon* 4048, *Protesilaus* 6458–6460, 7037; vgl. auch *Protesilaus* 5099ff.

[14] Der Dichter wollte offensichtlich dem Helden einfach eine *pucele* beigeben, weil die Begleitung einer solchen die typische Beschäftigung eines Ritters im Roman der zweiten Hälfte des 12. Jahrhunderts ist — Hues parodistische Tendenz haben wir bereits erwähnt; s. o. S. 137f mit Anm. 10. Eine Verwandte zu nehmen, war günstig, weil andernfalls hätte erklärt werden müssen, wie Ipomedon zu dem Mädchen gekommen ist, so daß die Begleitung weniger unmotiviert gewesen wäre und ihre parodierende Funktion weniger deutlich.

Zu nennen ist auch der Fall des Encalides im selben Roman, der sich als Vetter des Melander herausstellt. Er kämpft in der entscheidenden Schlacht auf der Seite der Feinde des Protesilaus und begegnet Melander im Kampfgeschehen. Als die beiden Ritter ihre Verwandtschaft erkannt haben, sehen sie von einem Zweikampf ab: «Kar sachez, amys, a estrus / Ke nous sumes enfauntz frerus» (11946f). Der hier für die Vetternbeziehung gewählte Ausdruck «enfauntz frerus» kann nur bedeuten, daß sie Kinder von zwei Brüdern sind.

d. Andere nicht-keltische Romane

In *Partonopeu de Blois* will der König dem Helden eine seiner Nichten zur Frau geben. Diese ist einfach ein Mädchen, über das der König bestimmen kann, weil es zu seinem *lignage* gehört. Es ergibt sich hier jedoch ein Problem. Da Partonopeu selber ein Neffe des Königs ist, müßte dessen Nichte eigentlich mit ihm verwandt sein, so daß er sie nicht heiraten könnte. Der Dichter weist sogar auf dieses Problem hin, indem er Partonopeus Mutter bei der Besprechung des Heiratsplanes sagen läßt, daß die Nichte nicht mit ihr verwandt sei:

> Vos avés une niece bele,
> ...
> Cele ne m'apartient de rien,
> Mes fix i seroit saus molt bien
> (*Partonopeu de Blois* 3963, 3967f).

Wie die Beziehung zu denken ist, wird zwar nicht deutlich (Handelt es sich um eine Nichte der Gattin des Königs?), doch konstatieren wir hier dasselbe Interesse für die Art einer Verwandtschaftsbeziehung und für mit ihr verbundene Probleme wie bei Chrétien und bei Hue. Bemerkenswert ist, daß der Dichter trotz dieser Schwierigkeit nicht darauf verzichtet, das Mädchen als Nichte einzuführen.

Konventionell erscheint die Rolle, die einem Onkel in *Florimont* zugewiesen wird. Als der Held im richtigen Alter ist, um zum Ritter geschlagen zu werden, bricht er von seinem Elternhaus auf, um eine Weile seinem mütterlichen Onkel, dem König von Esclabonie, zu dienen. Dieser macht ihn dann zum Ritter, und Florimont hilft ihm, einen gefährlichen Krieg zu gewinnen (2909–2970). Dies entspricht der Funktion, die Neffen im Epos haben: Begleitung im Kampf. Auch die Ausbildung am Hofe des vornehmen Onkels ist ein traditionelles Element. Doch in *Florimont* ist der Onkel nur noch eine Nebenfigur und das Verhältnis bleibt eine kurze Episode; Florimont kehrt bald nach Hause zurück und begibt sich dann zu König Phelipe, mit dem er nicht verwandt ist.

e. Ergebnisse

Zunächst einmal ist festzustellen, daß es (unabhängig vom Interesse der Autoren an der Kleinfamilie) nach wie vor Beziehungen außerhalb der Kleinfamilie sind, die für die Zuordnung von weniger wichtigen Personen zu einem Helden bevorzugt werden. Dies gilt für beide Typen von Romanen, die keltischen und die nicht-keltischen. Beziehungen zwischen Nebenfiguren können gelegentlich auch Eltern-Kind- oder Geschwisterrelationen sein[15].

Obwohl die Einführung von Nebenfiguren nun auf äußerst vielfältige Weise erfolgt, lassen sich doch einige Beobachtungen machen, die für alle untersuchten Romane gelten.

Nach wie vor gibt es Onkel und Neffen, die mit Funktionen verknüpft sind, die wir aus der traditionellen *chanson de geste* kennen. Neffen können als Begleiter in Erscheinung treten; Onkel können Herrscher sein, in deren Dienst ein Neffe tritt. Eine generelle Verknüpfung eines Verwandtschaftstyps mit einer bestimmten Funktion gibt es jedoch nicht mehr.

Onkel können zentralen Helden als Nebenfiguren zugeordnet werden. Dies entspricht der auf der Ebene der zentralen handelnden Personen konstatierten Verlagerung des Hauptinteresses auf die jüngere Generation. Dagegen findet die Neffenbeziehung für die Zuordnung zum Helden selbst, außer bei Gautier d'Arras, keine Verwendung mehr. Keiner der übrigen hier besprochenen Autoren weist seinem Helden einen Verwandten zu, der einer noch jüngeren Generation angehört[16]. Es wird also darauf geachtet, daß der Held als Angehöriger einer jüngeren Generation erscheint, der noch keine eigenen Neffen oder Nichten haben kann.

Dies ist eine bemerkenswerte Neuerung der höfischen Romane, die fast völlig auf diese Gattung beschränkt bleibt[17]. In der Frühphase des Romans wurde auf diese eindeutige Generationszugehörigkeit noch kein Wert gelegt. So konnte beispielsweise im *Roman de Thèbes* noch einem der wichtigsten Helden der jüngeren Generation, Athon, dem Geliebten Ismenes, ein Neffe zugeordnet werden, der Ismenes Pferd bei der Gesandtschaft zum Griechenlager führt: «Uns nies Athon conduit Ysmaine» (4109).

Nicht so streng durchgehalten wird die Generationszugehörigkeit bei Gestalten, die nicht im Zentrum des Interesses stehen. Gauvain kann im *Yvain* mehrere Neffen und eine Nichte haben, obwohl er der jüngeren Generation angehört. Hue de Rotelande nimmt selbst bei den weiblichen Hauptfiguren seiner Romane keine Rücksicht mehr auf die Generation, der sie angehören,

---

[15] Außer den in Chrétiens *Yvain* vorgeführten Familien ist vor allem der *forestier* im *Protesilaus* mit seinen beiden Söhnen zu nennen.

[16] Selbst bei Gautier wird dem Helden, Ille, kein individueller Neffe zugeordnet. Nur sein Feind, Hoiel, hat individuelle Neffen mit eigenen Namen; s. o. S. 175.

[17] Der einzige epische Text, in dem eine ähnlich genaue Unterscheidung der Generationen vorgenommen wird, ist *Aiol*, wo Nebenfiguren entweder als Neffen des Vaters des Titelhelden oder als *cousins* des Titelhelden selber eingeführt werden.

sondern ordnet ihnen einen Neffen bzw. eine Nichte zu. Wieder stellen wir fest, daß bei den weiblichen Gestalten weniger auf die Generationszugehörigkeit geachtet wird als bei den männlichen.

Wie bei den Hauptfiguren nimmt auch bei den Nebenfiguren die Bedeutung der weiblichen Personen zu. In der frühen Epik gab es Nichten oder Kusinen überhaupt nicht; die wenigen weiblichen Personen, die überhaupt Erwähnung fanden, waren als Ehefrau, Schwester oder Mutter definiert. Dasselbe gilt weitgehend noch für die antikisierenden Romane und die anderen aus dem Lateinischen übertragenen Texte. Obwohl im *Roman de Thèbes*, im *Brut*, im *Eneas* oder im *Roman de Troie* sehr viel mehr weibliche Personen vorkommen als zuvor in den *chansons de geste*, spielen Nichten oder Kusinen in keinem dieser Werke eine Rolle[18].

Es fällt aber auf, daß, obwohl auch weiblichen Personen im höfischen Roman Neffen zugeordnet werden, eine Tante nur ganz selten als solche bezeichnet wird. Eine Ausnahme bildet Sibille, die Tante Melanders, im *Protesilaus*. Daß es die Tante als übliche Romanfigur nicht gibt, ist um so bemerkenswerter, als eine eindeutige Zuordnung der Frauen zu einer jüngeren Generation, wie wir gesehen haben, nicht als besonders wichtig empfunden wird. Eine mögliche Erklärung wäre die, daß der Typus der Tante sich nur in Anlehnung an den Typus des Onkels als Nebenfigur entwickeln konnte, einen Typus, der in der zweiten Hälfte des 12. Jahrhunderts selbst noch eine junge Entwicklung ist. Die Verwendung von Nichten konnte dagegen auf der Tradition der epischen Neffen aufbauen[19].

Im Gegensatz zu den traditionellen Neffenfiguren der *chansons de geste* werden die Nebenfiguren des Romans auch nicht mehr unbedingt in eindeutiger Weise einer bestimmten Person zugeordnet. Die Neffen und die Nichte Gauvains erscheinen überhaupt nicht in dessen Umgebung, sondern bilden mit ihren Eltern eine Familie. Von den Nichten und Kusinen in *Erec et Enide* und in *Perceval* befindet sich nur Enides Kusine mütterlicherseits bei ihrem Onkel, dem Grafen von Laluth. Alle anderen leben für sich allein oder mit ihrem Geliebten zusammen. Der Neffe des Sachsenherzogs in *Cligès* tritt zumindest völlig allein in Erscheinung. Jason in *Ipomedon* und Melander in *Protesilaus* dienen zwar beide als Knappen am Hof ihrer jeweiligen Tante,

---

[18] An einer einzigen Stelle im *Brut* erwähnt Wace auch *cousines*. Es ist dies die Schilderung, wie das heimkehrende Heer des Artus von den zu Hause gebliebenen Angehörigen begrüßt wird (10175–10186). An dieser Stelle geht es Wace darum, möglichst viele verschiedene Typen persönlicher Beziehung, sowohl verwandtschaftlicher als auch anderer Art, aufzuführen, um die Schilderung lebhafter und anschaulicher zu gestalten. Da es die Frauen sind, die zu Hause auf die Männer warten mußten, setzt Wace einfach die weiblichen Entsprechungen zu den üblichen Beziehungstypen ein.

[19] Auch im Epos der zweiten Hälfte des 12. Jahrhunderts bleiben Tanten eine Seltenheit. Eine Ausnahme bildet auch hier *Aiol*, wo eine Tante des Helden eine gewisse Rolle spielt.

verlassen ihn jedoch auch für längere Zeit, um sich dem männlichen Helden anzuschließen.

Bei Chrétien de Troyes und bei Hue de Rotelande konnten wir außerdem feststellen, daß die Verwandtschaftsbeziehung nicht mehr nur als einseitige Zuordnung, sondern auch als reziproke Beziehung und sogar als Bestandteil eines komplexeren Verwandtschaftssystems gesehen wird. Charakteristisch hierfür ist, daß einzelne Personen durch mehrere Verwandtschaftsbeziehungen gleichermaßen definiert sind. Überhaupt ließ sich ein verstärktes Interesse an der präzisen Beschreibung von Verwandtschaftsverhältnissen beobachten.

7. Verwandtschaftssysteme: Chrétien de Troyes, *Perceval*

Chrétiens Roman *Perceval* nimmt in der literarischen Produktion des 12. Jahrhunderts aus vielen Gründen eine Sonderstellung ein. Für uns ist vor allem ein Punkt von Interesse: *Perceval* ist der einzige Roman, in dem, wie in den *chansons de geste*, größere Verwandtschaftskollektive eine Rolle spielen. Diese Verwandtschaftskollektive sind jedoch völlig anders gestaltet. In den epischen Texten konstituieren sich *lignages* stets durch den Bezug auf eine einzelne Heldengestalt, sei es daß sie als Gesamtheit erwähnt werden, sei es daß sie durch einzelne Verwandte wie etwa Neffen repräsentiert werden[1]. Chrétien dagegen setzt einzelne Verwandtschaftsbeziehungen zu komplexen Systemen zusammen. Diese einzelnen Beziehungen sind reziprok, dienen also nicht nur der einseitigen Zuordnung einer Person zu einer anderen. Die beteiligten Personen sind nicht durch eine bestimmte Verwandtschaftsrelation charakterisiert, sondern können mit mehreren Personen durch verschiedene Relationen verbunden sein.

Ein Ansatz zu einem solchen komplexen Verwandtschaftssystem fand sich schon in einem der früheren Werke Chrétiens, in *Erec et Enide*, wo Enide nicht nur im Rahmen ihrer Familie vorgeführt wird, sondern auch zu ihrem Onkel sowie zu zwei Kusinen in Beziehung gesetzt ist. Wir haben im letzten Kapitel gezeigt, wie in diesem Verwandtschaftssystem einzelne Personen durch mehrere Relationen definiert werden. Doch blieb dieses Verwandtschaftssystem Episode und erlangte keine Bedeutung für die Gesamthandlung. Dies ist nun in *Perceval* anders.

a. Forschungsüberblick

Die Verwandtschaftsstrukturen des *Perceval* sind schon häufig untersucht worden. Dabei galt das Hauptinteresse stets den Verwandtschaftsbeziehun-

---

[1] Hierzu s. Teil I, S. 13, 18–27, sowie Teil IV, S. 300–312. Entsprechendes gilt z. B. auch für die Darstellung der Sippe des Hengist im *Brut*.

gen des Titelhelden, während diejenigen der anderen Romanfiguren meist nur am Rande erwähnt wurden.

Ein Teil der Arbeiten setzt Perceval in Beziehung zu von Anthropologen ermittelten, in der ganzen Menschheit verbreiteten Mythen oder einem ebenso allgemeinen Tabu wie dem Inzestverbot. So hat Claude Lévi-Strauss Perceval mit Oedipus verglichen[2], und im Anschluß an ihn erklärt beispielsweise Jean Guy Gouttebroze Perceval als eine Figur im Spannungsfeld von Suche und Bekämpfung des Vaters sowie von Endogamie und Exogamie[3]. Wir wollen auf diese anthropologischen Betrachtungen hier nicht näher eingehen, da sie für unseren Gegenstand, die literarische Verwendung von Verwandtschaft vor dem Hintergrund historischer Realitäten, keinen Nutzen bringen. Daniel Poirion[4] hat klar gezeigt, daß ein solcher Ansatz für die literaturwissenschaftliche Interpretation im allgemeinen und für die Erklärung von Chrétiens *Perceval* im besonderen nicht ausreicht: Selbst wenn Percevals Verwandtschaftsrelationen auf einem universalen Mythos beruhen, wird dieser Mythos von Chrétien verdeckt; statt seiner entsteht ein neuer, literarischer Mythos, der mit anthropologischen Methoden nicht zu erklären ist.

Andere Gelehrte vergleichen die unterschiedlichen Stammbäume der Gralsfamilie in den verschiedenen Fassungen der Grallegende miteinander[5]. Wir können auch diese Untersuchungen hier beiseitelassen, da wir uns auf die Darstellung in Chrétiens Roman konzentrieren wollen.

Für uns interessanter erscheinen Arbeiten, in denen versucht wird, die beobachteten Verwandtschaftsstrukturen mit historischen Gegebenheiten in Verbindung zu bringen.

So möchte beispielsweise Jean Guy Gouttebroze in einem Aufsatz von 1982 beweisen, daß die Verwandtschaftstrukturen des *Perceval* eine Übertragung keltischer Stammes- oder Clanstrukturen auf den hochmittelalterlichen *lignage* darstellen[6]. Seine Darstellung bleibt jedoch zu allgemein, als daß man aus ihr konkrete Anhaltspunkte für eine Erklärung der Strukturen von Percevals *lignage* ableiten könnte.

---

[2] *Anthropologie structurale deux*, Paris 1973, 34.

[3] Jean Guy Gouttebroze, *L'arrière-plan psychique et mythique de l'itinéraire de Perceval dans le Conte du Graal de Chrétien de Troyes*, in: Voyage, quête, pèlerinage dans la littérature et la civilisation médiévales, Senefiance 2, Aix-en-Provence 1976, 339–352.

[4] Daniel Poirion, *L'ombre mythique de Perceval dans le Conte du Graal*, Cahiers de Civilisation Médiévale 16, 1973, 191–198. Poirion nennt noch weitere Gelehrte, die versucht haben, Perceval mit anthropologischen Ansätzen zu erklären.

[5] Zu nennen sind hier insbesondere G. D. West, *Grail Problems, II: The Grail Family in the Old French Verse Romances*, Romance Philology 25, 1971/72, 53–73 (mit weiterer Literatur) sowie Lenora D. Wolfgang, *Perceval's Father: Problems in Medieval Narrative Art*, Romance Philology 34, 1980, 28–47.

[6] *Famille et Structures de la parenté dans l'œuvre de Chrétien de Troyes*, Europe 60, 1982, Nr. 642, 77–95.

Madeleine Blaess versucht in einem Artikel von 1978[7], einen Ansatz von Pierre Gallais[8] aufnehmend, plausibel zu machen, daß Perceval von väterlicher und mütterlicher Seite einer Artus feindlich gesonnenen Sippe entstammt. Perceval mache sich der Verwandtschaft gegenüber schuldig, weil er es versäumt, seinen Vater und seine Brüder zu rächen, und statt dessen ausgerechnet von Artus Waffen erbittet. Chrétien propagiere in diesem Roman die Ablösung des Individuums vom Clan sowie den Verzicht auf das Prinzip der Verwandtenrache, womit er vielleicht die Anschauung seines Auftraggebers Philippe d'Alsace widerspiegele. Letztere Annahme, die eine reine Hypothese bleibt, können wir hier beiseitelassen. Auf die Vorstellung eines dem Artushof feindlich gegenüberstehenden Clans werden wir jedoch kurz eingehen.

Eine ausführliche Untersuchung des Verwandtschaftssystems des *Perceval* hat Elisabeth Schmid vorgenommen[9], die es mit demjenigen anderer französischer und deutscher Gralromane vergleicht. Sie konzentriert sich auf die Analyse der Gralhandlung und geht dabei von einem strukturalistischen Ansatz aus, beschränkt sich aber nicht auf eine Beschreibung der Verwandtschaftsstrukturen, sondern setzt sie zu verschiedenen inhaltlich relevanten Punkten – Schuld, Wissen und Erkenntnis, Identität des Helden, Inzest – in Beziehung. Außerdem versucht Elisabeth Schmid, die Verwandtschaftsschilderung Chrétiens durch Vergleich mit einigen historischen Quellen in die zeitgenössische Mentalität einzuordnen; sie verzichtet jedoch völlig auf eine Einordnung in den literaturgeschichtlichen Zusammenhang. Auf ihre Analyse der Struktur der Gralsfamilie werden wir ebenfalls noch zurückkommen.

Alle diese Untersuchungen berücksichtigen nur die Verwandtschaft Percevals; diejenige Gauvains, die der Dichter ebenso detailliert vorführt wie die des Titelhelden, wird nur in wenigen Arbeiten und dann auch nur am Rande berücksichtigt. So erwähnt etwa Keith Busby, von dem die ausführlichste Studie über Gauvain stammt[10], zwar die Verwandtschaftsrelationen, die den Helden mit den Damen im Wunderschloß verbinden, betrachtet jedoch nicht ihre Verwandtschaftsgruppe als eigenes System.

In keiner der genannten Untersuchungen wird ein Vergleich mit zeitgenössischen oder früheren literarischen Verwandtschaftsdarstellungen vorgenommen, und nur Elisabeth Schmid versucht, eine Beziehung zu histori-

---

[7] Madeleine Blaess, *Perceval et les «Illes de mer»*, in: Mélanges Jeanne Lods, Paris 1978, 69–77.

[8] Pierre Gallais, *Perceval et l'initiation*, Paris 1972, 151; vgl. aber auch 141, wo Gallais das Exil der Mutter nicht als Exil vom Artusreich, sondern als Exil vom Reich der Gralsfamilie interpretiert.

[9] Elisabeth Schmid, *Familiengeschichten und Heilsmythologie. Die Verwandtschaftsstrukturen in den französischen und deutschen Gralromanen des 12. und 13. Jahrhunderts*, Tübingen 1986 (Beihefte zur Zeitschrift für Romanische Philologie 211), 35–77.

[10] Keith Busby, *Gauvain in Old French Literature*, Amsterdam 1980, 83–144. Dort auch weitere Literatur zur Gauvain-Gestalt.

schen Zeugnissen herzustellen. Ziel fast aller Arbeiten ist es, mit Hilfe der Verwandtschaftsstrukturen die Bedeutung des gesamten Romans zu erklären. Wir werden im folgenden die inhaltliche Bedeutung des Werkes zunächst beiseitelassen und uns ganz auf die Darstellung und Verwendung von Verwandtschaft konzentrieren.

b. Die Verwandtschaftssysteme

Sowohl bei Perceval als auch bei Gauvain tritt besonders die mütterliche Verwandtschaft in Erscheinung. Doch finden auch der väterliche *lignage* Percevals, vor allem sein Vater und seine Brüder (412–419, 435–481), sowie Gauvains Vater, König Loth, und Gauvains Brüder (8135–8147) Erwähnung. Kleinere Verwandtschaftssysteme gibt es im Umkreis von Figuren, denen die beiden Helden unterwegs begegnen: Blancheflor wird in einen familiären Rahmen gestellt, und Gauvain trifft auf mehrere in sich geschlossene Verwandtschaftsgruppen, von denen vor allem die Familie des Grafen von Tintaguel mit einer gewissen Ausführlichkeit geschildert wird.

Es ist bekannt, wie wichtig die Verwandtschaft Percevals, die Gralsfamilie, für die Gesamthandlung ist. Perceval verursacht den Tod seiner Mutter und versagt wegen dieses *pechié* gegenüber der Gralsfamilie. Diese Punkte strukturieren die gesamte Percevalhandlung; sie werden mehrmals und von verschiedenen Personen angesprochen. Ob die Verwandtschaft Gauvains eine vergleichbare Bedeutung bekommen sollte, ist nicht zu entscheiden, da der Text gleich nach der Wunderschloßepisode, in der Gauvain auf seine Verwandten trifft, abbricht. Die übrigen Verwandtschaftssysteme scheinen jedenfalls von geringerer Bedeutung für die Gesamthandlung zu sein.

Ein Vergleich von Percevals Verwandtschaft mit derjenigen Gauvains scheint uns auf jeden Fall geboten, da die Begegnungen der beiden Helden mit ihrer jeweiligen Verwandtschaft ganz offensichtlich parallel zueinander gestaltet sind.

Beide Helden brechen von einem Verwandten auf – Perceval von seiner Mutter, Gauvain von seinem Onkel Artus – und treffen im Laufe ihrer *aventures* auf die übrige Verwandtschaft. Bei beiden befinden sich diese Verwandten in einem seltsamen Schloß. Beide versäumen es, nach der Identität der Bewohner zu fragen (3204–3212, 3244–3247, 3292–3303; 8727–8731), und erfahren von dieser erst nachträglich durch einen Außenstehenden außerhalb des Schlosses, Perceval durch seine Kusine sowie später durch seinen Onkel, Gauvain durch Guiromelant.

In anderen Punkten kontrastieren die beiden Handlungsstränge miteinander: So will Perceval nach den seltsamen Vorgängen auf der Gralsburg fragen, traut sich nur nicht, Gauvain dagegen kommt überhaupt nicht auf den Gedanken zu fragen («Onques ... ne m'en sovint», 8730). Während Percevals Aufenthalt auf der Gralsburg ein Fehlschlag ist, erreicht Gauvain offensichtlich die Erlösung der Bewohner des Wunderschlosses Roche de Canguin. Er besteht zumindest die Probe des Lit de la Merveille erfolgreich, wird von allen Schloßbewohnern als Herr anerkannt, und es wird auch angekündigt, daß ein Wiedererkennen zwischen den Damen auf dem Schloß (Gauvains Großmutter, Mutter und Schwester) und ihm stattfinden wird (9070). Während Percevals Verwandte von vornherein zu wissen scheinen, mit wem sie es zu tun haben, wird Gauvain nicht gleich erkannt, sondern erfährt zuvor selbst, wer seine Gastgeber sind. Auch Guiromelant, der ihm das mitteilt, erkennt ihn nicht von selbst.

Interessant ist auch, daß es derselbe Anlaß, nämlich der Tod Utherpendragons, ist, der Percevals Mutter und Gauvains Mutter gezwungen hat, sich an einen abgelegenen Ort zurückzuziehen (444–449, 8740–8743). Im Falle der auf der Gralsburg residierenden Verwandten Percevals wird ein solcher Anlaß allerdings nicht erwähnt.

Die beiden Verwandtschaftsgruppen sind somit schon durch die äußere Inszenierung eindeutig aufeinander bezogen[11]. Dies trifft nun auch auf die Verwandtschaftsstrukturen selbst zu.

Percevals Verwandtschaft setzt sich wie folgt zusammen: Auf der Gralsburg residieren ein König, der durch eine Verwundung fast völlig bewegungsunfähig geworden ist, dessen einziges Vergnügen im Angeln besteht und der deshalb «Roi Pescheor» (Fischerkönig) heißt, sowie dessen Vater, in der Forschung meist als der Alte Gralkönig bezeichnet, der nur durch eine Hostie am Leben erhalten wird. Dieser alte König hat eine Schwester, Percevals Mutter, und einen Bruder, der Priester und Eremit ist. Der Mann der Schwester, Percevals Vater, und zwei seiner Söhne sind bereits tot, Perceval ist das einzige überlebende Kind aus dieser Ehe. Außerdem gibt es noch eine Kusine Percevals (*germaine cousine*) und eine Nichte (*niece*) des Roi Pescheor, über deren Eltern wir nichts erfahren.

Elisabeth Schmid, die die Struktur dieses Verwandtschaftskomplexes am genauesten betrachtet hat, hat vor allem vier Punkte hervorgehoben:

1. Percevals Verwandtschaft mütterlicherseits läßt sich ihrer Meinung nach nicht zu einem (patrilinearen) Geschlecht zusammenschließen, sondern besteht im wesentlichen aus einer Reihe von Geschwistern sowie einer Reihe von Geschwisterkindern und ist somit mehr horizontal orientiert. Elisabeth Schmid sieht hierin einen Reflex der Art und Weise, in der sich in der historischen Realität die mütterliche Verwandtschaft präsentierte, wenn man sie aus dem Blickwinkel eines patrilinearen Geschlechts betrachtete. Zum Vergleich zieht sie die Genealogie des Lambert de Wattrelos heran, der bei der Darstellung seiner mütterlichen Verwandtschaft ebenfalls die horizontale Beziehung betone.

---

[11]   Vgl. hierzu auch Antoinette Saly, *L'itinéraire intérieur dans le Perceval de Chrétien de Troyes et la structure de la quête de Gauvain*, in: Voyage, quête, pèlerinage dans la littérature et la civilisation médiévales, Senefiance 2, Aix-en-Provence 1976, 353–360.

2. In diesem Verwandtschaftskomplex gibt es eine Reihe von Lücken oder unbesetzten Stellen: die Geschwisterkinder haben nur einen Elternteil (so im Falle Percevals), oder es werden gar keine Eltern erwähnt (so bei der *germaine cousine* und bei der *niece*).

3. Auf die väterliche Verwandtschaft wird kaum Wert gelegt. Vater und ältere Brüder Percevals sind tot. Der Vater wird nicht in einen eigenen *lignage* eingebettet. Elisabeth Schmid geht sogar so weit, dem Vater jede eigenständige Qualität abzusprechen, weil er seiner geographischen Herkunft nach nicht von der mütterlichen Verwandtschaft unterschieden sei − beide stammen von den «illes de mer» − und weil er dieselbe Verletzung erlitten habe wie der Fischerkönig auf der Gralsburg.

4. Die Mutter sieht sich selbst nicht mehr als Angehörige ihres *lignage*, sondern als Angehörige der Familie ihres Mannes. Nur von dieser berichtet sie ihrem Sohn.

Auf den ersten Blick scheinen fast alle diese Beobachtungen richtig zu sein. Mit Sicherheit unangemessen ist nur die Interpretation der Herkunftsangabe «illes de mer». Madeleine Blaess hatte diese Angabe als Namen eines Geschlechts oder eines Clans aufgefaßt. Elisabeth Schmid geht nicht ganz so weit, aber auch sie sieht in diesem Ausdruck die Bezeichnung einer konkreten Herkunft, durch die die Eltern Percevals von anderen Personen unterschieden wären. Doch schon der Kontext spricht dagegen, daß es sich um eine solche konkrete Herkunftsangabe handelt. Percevals Mutter berichtet ihrem Sohn über seine Herkunft:

> N'ot chevalier de si haut pris,
> Tant redouté ne tant cremu,
> Biax fix, com vostre peres fu
> En toutes les illes de mer.
> Biax fix, bien vos poëz vanter
> Que vos ne dechaez de rien
> De son lignage ne del mien,
> Que je sui de chevaliers nee,
> Des meillors de ceste contree.
> Es illes de mer n'ot lignage
> Meillor del mien en mon eage,
> Mais li meillor sont decheü ...
>
> (*Perceval* 416−427).

Es ist eindeutig, daß hier mit «illes de mer» ein geographischer Bereich gemeint ist und daß der jeweilige *lignage* nur einer unter mehreren in diesem Bereich ist. Die Formulierung «es gab keinen Besseren in diesem oder jenem Gebiet» erinnert an Formeln, die in anderen Romanen oder in *chansons de geste* dazu verwendet werden, das gesamte Gebiet, das für die Handlung in Frage käme, zu bezeichnen. Man vergleiche zum Beispiel die folgenden Ausdrücke:

De Seint Michel de⟨l⟩ P[e]ri[l] josqu'as Seinz,
Des Besen[ç]un tresqu'as ⟨porz⟩ de Guitsand,
Nen ad recét dunt [li] mur⟨s⟩ ne cravent.
(*Chanson de Roland* 1428–1430);

Car il nen est nez ne de sa mere vis,
Deça la mer, ne dela la rin,
N'en la crestienté, n'entre Arabiz,
Mielz de mei ose grant bataille tenir ...
(*Chanson de Guillaume* 80–84, vgl. 1599–1601);

Il n'out si bon en cel païs
(*Ipomedon* 3808, vgl. 3829);

... Que partout fu de lui la renommée;
Des porz d'Espangne jusqu'a la mer betée
(*Aymeri de Narbonne* 1315f).

Es liegt daher nahe anzunehmen, daß auch die «illes de mer» diese Funktion haben, zumal Percevals Mutter parallel zu dieser Bezeichnung noch die Angabe «de ceste contree» verwendet. Auch an der einzigen anderen Stelle im Roman, an der dieselbe Formulierung auftaucht (4091), handelt es sich offensichtlich um ein, wie auch immer abgegrenztes, Gesamtgebiet, nicht um einen *lignage* oder einen konkreten Herkunftsort. Dem widerspricht nicht, daß an anderen Stellen einzelne Gestalten – von denen zumindest eine, König Rion, Artus feindlich gesinnt ist – mit dem Beinamen «des Illes» versehen werden (852, 2005). «Des Illes» ist nicht dasselbe wie «en (toutes) les illes de mer»[12]. Hinzu kommt, daß das Artusreich tatsächlich aus Inseln besteht und auch so gesehen wird. So heißt es etwa im *Brut*, wenn die Römer behaupten, Artus schulde ihnen Tribut:

Julius Cesar, nostre ancestre,
Mais poi le preises, puet cel estre,
Prist Bretaine, sin out treü
E nostre gent l'ad puis eü.
Des altres illes envirun
Treü lunges eü avum
(*Brut* 10675–10680).

Auch wenn anderswo nur die umliegenden kleineren Inseln als solche bezeichnet werden (z. B. *Brut* 9714), meinen wir, daß der Ausdruck «en (toutes) les illes de mer» keine konkrete Herkunftsangabe sein kann, weder in einem geographischen Sinn, wie Elisabeth Schmid meint, noch als Name für einen bestimmten Clan, wie Madeleine Blaess annimmt. Sie scheint uns vielmehr

---

[12] Es ist auch durchaus möglich, daß die Inseln ursprünglich ein bestimmtes Gebiet bezeichneten, in das nur bestimmte Figuren gehören; dies ändert jedoch nichts daran, daß die genannte Formel von Chrétien in einem allgemeinen Sinn verstanden wird.

den literarischen Bereich anzugeben, in dem der Roman lokalisiert ist, nämlich die britische Inselwelt im Gegensatz zum Festland, auf dem etwa die
Epenhandlungen spielen.

Es ergibt sich hieraus, daß wir aus dem Bericht der Mutter nichts über das
Verhältnis ihres *lignage* zu dem ihres Mannes erfahren; eine zu große Nähe
zwischen den beiden Geschlechtern anzunehmen, die der Ehe einen endoga-
men Charakter verleihen würde, muß Spekulation bleiben.

Doch auch die Analyse der Verwandtschaftsstrukturen der Gralsfamilie
selbst, die Elisabeth Schmid gibt, überzeugt bei näherem Hinsehen nicht völlig. Sie berücksichtigt nur die Verwandtschaftsrelationen, die die Gestalten
miteinander verbinden, ohne zu beachten, in welcher Situation diese vorgeführt werden.

Den Mittelpunkt der Gralsfamilie bilden zwei Könige, Vater und Sohn.
Der alte König lebt zurückgezogen und ist in der Handlung nicht sichtbar;
der Sohn dieses Königs, der ebenfalls als König bezeichnet wird, ist offensichtlich das derzeitige Familienoberhaupt – zumindest fungiert er als Gastgeber auf der Gralsburg. Von den beiden Geschwistern des Vaters lebt keines
bei der Familie oder ist irgendwie an dem Familienbesitz und der dazu gehörigen Herrschaft beteiligt; der Bruder hat eine kirchliche Laufbahn einge-
schlagen, die Schwester ist nach außen, an einen anderen Mann, verheiratet
worden und fühlt sich auch nur diesem Mann und den gemeinsamen Söhnen
zugehörig – nur von ihnen, nicht dagegen von ihren eigenen Verwandten,
erzählt sie ihrem Sohn[13]. Sie lebt in einem *manoir*, das ihrem Mann gehörte
(«Vostre pere cest manoir ot / Ichi en ceste forest gaste», 450). Soweit ist die
Gralsfamilie ein genaues Abbild des idealen patrilinearen Geschlechts, in
dem ein Sohn die Nachfolge des Vaters antritt und alle anderen Kinder vom
Erbe ausgeschlossen sind, in dem Töchter beziehungsweise Schwestern verheiratet werden und die übrigen Söhne oder Brüder nur entweder in der Kirche Karriere machen oder als besitzlose Ritter, als *iuvenes*, ihr Leben fristen
können.

Die vertikale Linie, die vorgeführt wird, ist freilich nur kurz: Wir erfahren
nichts über den Vater der drei Geschwister, und der Sohn, der die Nachfolge
in der Herrschaft angetreten hat, ist offensichtlich unfähig, Kinder zu zeugen. Dies ändert jedoch nichts an der patrilinearen Grundstruktur; zu charakteristisch ist die Ausgrenzung der Geschwister in der Generation des alten
Königs. Bei einer wirklich die Horizontale betonenden Verwandtschaftsauffassung müßten die Geschwister in einer vergleichbaren Situation sein; sie
müßten etwa alle an der Herrschaft Anteil haben. Die Gralsfamilie stellt somit ein typisches patrilineares Geschlecht dar, von dem wir nur einen kleinen
Ausschnitt – zwei Generationen – vorgeführt bekommen. Über frühere Generationen erfahren wir immerhin soviel, daß sie ein vornehmes Geschlecht

---

[13] Dies ist von Elisabeth Schmid richtig gesehen worden, a.a.O., 37–41.

waren: Percevals Mutter erklärt, aus einem *lignage* von *chevaliers* zu stammen (420–426).

Daß eine weitergehende Spezifizierung von Vorfahren nicht erfolgt, ist nicht verwunderlich, wenn man bedenkt, daß die Mutter des Helden und ihre Geschwister schon einer älteren Generation angehören. Die Erwähnung von Personen, die einer Generation vor derjenigen der älteren an der Handlung beteiligten Figuren angehören, ist auch in früheren Romanen – Chrétiens eigene frühere Werke nicht ausgenommen – völlig unüblich. Wir erfahren nichts über die Vorfahren etwa der Eltern oder der Onkel von Erec und Enide. Wenn ein solcher Fall doch einmal – in *Cligès* – vorkommt, so deshalb, weil der eigentlichen Handlung eine Vorgeschichte vorgeschaltet ist, die eine Generation früher spielt als die Haupthandlung. Innerhalb dieser Vorgeschichte gibt es aber wieder nur zwei Generationen. In *Perceval* selbst spielen allerdings in einem Falle drei Generationen eine Rolle: In der Verwandtschaft Gauvains, auf die wir noch zurückkommen werden, wird die Generation vor der älteren Generation durch Igerne und Utherpendragon repräsentiert, die Eltern von König Artus.

Das Fehlen von weiteren Nachkommen in der Gralsfamilie ist durch die Zeugungsunfähigkeit des Königs motiviert. Weitere Nachkommen sind also nicht einfach uninteressant, sondern werden eigentlich als notwendig angesehen; ihr Fehlen ist Teil eines unheilvollen Zustandes. Auch dies spricht dafür, daß der Gralsfamilie eine lineare Verwandtschaftsvorstellung zugrunde liegt.

Nun werden dem hier geschilderten Verwandtschaftssystem aber noch weitere Personen zugeordnet. Zunächst einmal wird eine Nichte des Roi Pescheor, des jüngeren Königs, erwähnt, die ihm ein Schwert sendet, während Perceval sich auf der Gralsburg aufhält (3146). Über diese *niece* erfahren wir nichts Näheres, weder ihren Namen noch ihre Eltern noch ihren Wohnort. Sicher dürfte sein, daß sie nicht auf der Gralsburg wohnt, denn das Schwert wird von einem Boten überbracht, der von außen durch die Tür in die «maison» hereinkommt (3131f), doch ist unklar, ob sie wie Percevals Mutter nach außen verheiratet ist oder ob sie bei ihren Eltern wohnt.

Ferner führt Chrétien noch eine Kusine Percevals ein, der dieser nach seinem Aufenthalt auf der Gralsburg begegnet (3430ff). Sie ist eine «germaine cousine» (3600f), doch wird nicht gesagt, ob mütterlicherseits oder väterlicherseits. Es ist üblich, auch diese Kusine der mütterlichen Verwandtschaft Percevals zuzuordnen, wofür zwei Gründe angeführt werden: Erstens ist sie bei der Mutter Percevals aufgewachsen («Ensamble od toi norrie fui / Chiez ta mere molt lonc termine», 3598f), und zweitens weiß sie über die Situation des Fischerkönigs und die für eine Erlösung erforderliche Handlungsweise Bescheid (3494–3592)[14]. Hiervon scheint uns jedoch nur das zweite Argument einige Beweiskraft zu besitzen. Daß es Percevals Mutter war, die für die Erziehung des Mädchens sorgte, ergibt sich von selbst, wenn es überhaupt im

---

[14] Vgl. z. B. West, a.a.O., 57; Schmid, a.a.O., 36, 65.

Haushalt von Percevals Eltern lebte – auch eine Kusine väterlicherseits würde selbstverständlich der Frau anvertraut.

Doch nehmen wir an, sie gehöre zur Gralsfamilie. Dann gibt es außer Perceval selbst zwei Figuren, die dieser Familie über indirekte Beziehungen zugeordnet werden, und bei beiden Figuren bleiben die Zwischenglieder, über die die diese Zuordnung erfolgt, ungenannt[15]. Dies ist bemerkenswert, wenn man bedenkt, daß Chrétien selbst etwa in *Erec et Enide* besonderen Wert auf die Erklärung solcher indirekter Beziehungen gelegt hat, ist jedoch nicht weiter auffällig, wenn man die sonstige literarische Tradition betrachtet. Wir kennen solche Zuordnungen, bei denen es nicht auf die genaue Beziehung, sondern nur auf eine plausible Zuordnung von Verwandten zu bestimmten Personen ankommt, bereits aus den *chansons de geste*. Chrétien ist in diesem Punkt in *Perceval* einfach traditioneller als in *Erec et Enide*.

Doch könnte der Verzicht auf detailliertere Angaben noch einen anderen Grund haben. Erinnern wir uns an das im ersten Teil aufgezeigte prinzipielle Nebeneinander der verschiedenen Verwandtschaftsvorstellungen. Die Gesamtheit aller lebenden Verwandten, also die horizontale Sippe, hat immer auch neben dem patrilinearen Geschlecht Bedeutung. Die Bezeichnung *cousin*, die alle Verwandten außerhalb der Vater-Sohn-Linie meint, läßt sich überhaupt nur aus diesem Nebeneinander erklären[16]. Vielleicht hat Chrétien daher bewußt auf das traditionelle Element der etwas unbestimmt bleibenden Zuordnung zurückgegriffen, weil sie es ermöglichte, Verwandte außerhalb der Vater-Sohn-Linie deutlich von dieser abzugrenzen. Eine Aufführung der jeweiligen Eltern hätte das Schema verunklärt[17].

Noch ein anderer Punkt ist zu erwähnen: Durch die Einführung von zwei Königen in der Gralsfamilie unterscheidet sich Chrétiens *Perceval* von fast allen anderen Fassungen der Gralsgeschichte. Man hat daher vermutet, daß Chrétien bewußt eine von der Tradition vorgegebene Königsgestalt verdoppelt hat[18]. Die Darstellung eines linearen Geschlechts scheint uns das einzige plausible Motiv für eine solche Verdoppelung zu sein.

---

[15] Zu der unterschiedlichen Art der Zuordnung bei diesen beiden Figuren s. o. S. 179.

[16] S. o. S. 27.

[17] Angesichts der literarischen Tradition einer solchen Zuordnung ohne genauere Erläuterung scheint es uns unangebracht, aus dem Fehlen der Eltern weitergehende Folgerungen ableiten zu wollen, wie dies Elisabeth Schmid tut, die dieses Faktum mit der großen Zahl von Todesfällen, die in Percevals Verwandtschaft vorkommen, in Verbindung bringt. Erst recht führt es in die Irre, wenn man, wie gelegentlich versucht, eine dieser Gestalten mit sonst erwähnten Gestalten zu identifizieren versucht. Es gibt keinerlei Indiz dafür, daß etwa die Nichte mit der Trägerin des Grals in der Prozession identisch wäre, wie Jean Marx, *La légende arthurienne et le Graal*, Paris 1952, Reprint Genève 1981, 202–204, ausgehend von späteren Versionen der Gralsgeschichte, anzunehmen scheint.

[18] Vgl. West, a.a.O., 56, und die dort Anm. 18 genannte Literatur. Vgl. ferner J. Marx, a.a.O., 182ff.

Insgesamt erscheint also die Gralsfamilie als ein geradezu idealtypisches und ganz bewußt gestaltetes patrilineares Geschlecht mit weiteren Verwandten, die sich um die Vater-Sohn-Linie herumgruppieren, ohne deren Vorrangstellung jedoch in Frage zu stellen. Elisabeth Schmid hat daher unseres Erachtens nicht recht, wenn sie die Darstellung dieses Verwandtschaftssystems als perspektivisch verschobene und daher die Horizontale betonende Darstellung interpretiert[19].

Werfen wir noch einen Blick auf Percevals väterliche Verwandtschaft. Der Vater wird genauso wie die Mutter einem nicht näher bestimmten *lignage* zugeordnet (422). Als Individuen erscheinen jedoch nur der Vater selbst und zwei Brüder; alle drei sind tot. Außerdem werden noch «autres amis» erwähnt (415), die offenbar ebenfalls nicht mehr am Leben sind. Auch hier scheint an ein Nebeneinander von Vater-Sohn-Linie und sonstigen mehr oder weniger lose zur Verwandtschaft hinzugehörigen Personen gedacht zu sein. Die Horizontalität ist hier eher stärker ausgeprägt als bei der mütterlichen Verwandtschaft, da Perceval Brüder hat, die alle gleichermaßen Ritter geworden sind. Doch da diese vor dem Vater gestorben sind, ist eine Ausgrenzung zweier der drei Geschwister nicht zu erwarten. Nichts spricht also dagegen, daß der Darstellung dieser Familie dieselbe Verwandtschaftskonzeption zugrundeliegt wie der Darstellung der Gralsfamilie.

Gauvains Verwandtschaftsverhältnisse sehen auf den ersten Blick ganz anders aus. Die drei Personen, die er in dem Wunderschloß antrifft, sind durch Mutter-Kind-Relationen miteinander verbunden und erscheinen von vornherein als vertikale Abstammungslinie:

> ... Que il i a une roïne ,
> Molt haute dame et riche et sage,
> Et si est de molt haut parage,
> ...
> Et si amena avec li
> Une dame qu'ele molt aime,
> Que roïne et fille le claime.
> Et cele i a une autre fille,
> Qui son lignage pas n'avile ...
>
> (7528−7530, 7536−7540).

Erst später erfährt man, daß die ältere Königin die Mutter des Königs Artus, Igerne, ist, die zweite die Mutter Gauvains und ihre Tochter dessen Schwester (8732−8763). Der vertikale Charakter dieser Verwandtengruppe wird somit

---

[19] Es ist auch zweifelhaft, ob die Interpretation der Genealogie Lamberts, derzufolge die Darstellung der mütterlichen Verwandtschaft prinzipiell durch eine starke Betonung der Horizontalität gekennzeichnet ist, angemessen ist. Sicher werden eher als auf väterlicher Seite mehrere Repräsentanten einer Generation, etwa mehrere Geschwister, genannt, doch dürfte dies daran liegen, daß es hier vor allem darauf ankommt, möglichst viele hochrangige oder berühmte Personen anzuführen. Vgl. zu diesem Punkt Teil I, S. 17 mit Anm. 19−21.

in viel deutlicherer Weise hervorgehoben als der der Gralsfamilie, zumal ihr keine Verwandten über indirekte Beziehungen mehr zugeordnet werden.

Doch weist diese Verwandtengruppe eine auffällige Ähnlichkeit mit der Gralsfamilie auf: Auch hier gibt es zwei Gestalten mit Königswürde, von der eine Kind der anderen ist. Im Unterschied zu den Gralkönigen hat die jüngere dieser Königinnen allerdings wiederum eine Tochter, Clarissant genannt, und der *lignage* ist nicht an seinem Ende angelangt.

Beim Vergleich der beiden Verwandtschaftssysteme ergibt sich ein Problem: Die Generationen scheinen gegeneinander verschoben zu sein. Während in der Percevalhandlung überhaupt nur zwei Generationen unterschieden werden und derjenige Verwandte Percevals, der derselben Generation angehört wie der Held, der jüngere der beiden Gralkönige ist, ist die Generation des Helden in der Gauvainhandlung die dritte, die der Tochter der jüngeren Königin. Diese Zuordnung zu der dritten Generation ergibt sich außerdem auch zwangsläufig aus den zu Chrétiens Zeit schon traditionellen Verwandtschaftsbeziehungen zwischen Artus, Gauvain, Utherpendragon und Igerne. Doch ist Gauvain ganz sicher nicht als jünger zu denken als Perceval, denn er ist schon ein anerkannter Ritter, als Perceval an den Hof kommt. Diese Unstimmigkeit ergibt sich daraus, daß Chrétien den Roi Pescheor zu einem Vetter Percevals gemacht hat, obwohl er offensichtlich als ältere Gestalt zu denken ist. Wir haben bereits erwähnt, daß er graue Haare hat und daß ihm eine Nichte zugeordnet wird. Warum Chrétien hier nicht eine Onkel-Neffe-Beziehung verwendet, ist aus dem vorliegenden Text nicht zu ersehen[20]. Trotz dieser Verschiebung scheint uns kein Zweifel daran zu bestehen, daß die beiden Gralkönige den beiden Königinnen entsprechen sollen, so daß der Wunderschloß-*lignage* nicht etwa eine Generation weiter zurückreicht als der *lignage* der Gralsburg, sondern vielmehr eine zusätzliche jüngere Generation aufweist. Dies wird für die Interpretation nicht unwichtig sein.

Trotz seiner ausgeprägteren Vertikalität und seines auf den ersten Blick weniger geheimnisvollen Charakters – alle Gestalten sind sichtbar, fast alle tragen Eigennamen[21] – ist auch der im Wunderschloß residierende *lignage* nicht ohne Merkwürdigkeiten. Besonders auffällig ist, daß er nur aus Frauen ohne Männer besteht. Igernes Mann Utherpendragon ist, wie ausdrücklich gesagt wird, tot (8740f). Über den Ehemann ihrer Tochter, König Loth, erfahren wir nichts Näheres. Doch ist auch er jedenfalls nicht im Wunderschloß anwesend, denn die alte Königin fragt Gauvain nach seinem Ergehen und dem seiner Söhne (8135ff), und letztere leben, wie der Leser bereits weiß, am Artushof. Die Enkelin schließlich ist noch nicht verheiratet; sie hat

---

[20] Vgl. hierzu z. B. D. Poirion, a.a.O., 194. Die Vetternrelation ergibt sich nur aus den Erklärungen, die der Eremitenonkel Perceval gibt (6415–6439).

[21] Diese ‹normalen› Eigenschaften dürften ein Grund dafür sein, daß dieses Verwandtschaftssystem weniger zur Interpretation herausgefordert hat als das von Percevals Familie.

zwar einen Ritter, der sie verehrt, kennt diesen jedoch nur indirekt durch Botschaften (9015–9026). Schon in *Yvain* hatte Chrétien einmal ein typisches literarisches Motiv − dort war es der Bruderkampf − auf weibliche Gestalten übertragen und so verfremdet. Hier wendet er denselben Kunstgriff auf die Vorstellung von der Vater-Sohn-Linie an, die ein Geschlecht ausmacht. Doch dürfte er hier einen anderen Effekt anstreben: Indem er die Frauen nach ihren Männern fragen läßt, betont er deren Fehlen; es scheint ihm somit auf den Eindruck der Unvollständigkeit anzukommen.

Auffällig ist die Beschränkung auf weibliche Verwandte auch aus einem anderen Grund: Die Mutter Gauvains ist hier ihrer eigenen Mutter zugeordnet; sie hat die alte Königin Igerne begleitet, als diese sich nach dem Tod ihres Gatten in das Wunderschloß zurückzog. Eine Frau gehört jedoch nach ihrer Verheiratung eigentlich zur Familie ihres Mannes, wie Elisabeth Schmid deutlich gezeigt hat und wie es sich am Beispiel der Gralsfamilie auch bestätigt hat. Dieses Prinzip ist hier durchbrochen. Zwar stellt Chrétien durch die Fragen der alten Königin nach Gauvains Vater und seinen Brüdern eine Beziehung zu diesen her, doch gelten die Fragen auch König Artus und Königin Guenièvre. Dem Leser wird vor Augen geführt, daß die Königinnen eigentlich zu den Königen und Rittern des Artusreichs gehören. König Loth erscheint dabei nicht als Vertreter eines vom Herrscherhaus unterschiedenen *lignage*, sondern eher als Repräsentant wenn nicht des Hofes, so doch der Artuswelt insgesamt.

Überhaupt tritt Gauvains väterliche Verwandtschaft noch weniger als diejenige Percevals als eigenständiger *lignage* in Erscheinung. Zwar sind offensichtlich sowohl Vater als auch Brüder noch am Leben, und zumindest einer der Brüder taucht auch einmal kurz in der Handlung auf: Als Gauvain des verräterischen Mordes bezichtigt wird, ermahnt er ihn, seinem *lignage* keine Schande zu machen, bietet ihm aber auch an, an seiner Stelle für ihn zu kämpfen, um seine Unschuld zu erweisen (4768–4778). Die gleichberechtigte Stellung der Brüder als Ritter an Artus' Hof läßt die Vorstellung von einem patrilinearen Geschlecht jedoch etwas zurücktreten. Hinzu kommt die selbstverständliche Identifizierung Gauvains als Neffe von König Artus (8834, 9099); hier behält Chrétien einfach die traditionelle Definition der Gestalt bei und ändert sie nicht zugunsten einer bestimmten Verwandtschaftskonzeption[22].

Elisabeth Schmid sieht in dem Gegensatz von Vater- und Mutterwelt ein «spezifisches Ordnungsprinzip» des Romans[23]. Tatsächlich wird sowohl bei Perceval als auch bei Gauvain der Vater mit der Welt der Ritter und damit des Artushofs assoziiert, und diese steht offensichtlich im Gegensatz zur Welt von Percevals Mutter, die verhindern wollte, daß ihr Sohn mit Rittern in Kontakt kommt.

---

[22] Hierzu s. o. S. 131, 135f.
[23] a.a.O., 47; vgl. auch 55.

Die geringe Bedeutung, die sowohl Percevals als auch Gauvains Vater zukommt, läßt es jedoch bedenklich erscheinen, eine Interpretation nur auf diesem Gegensatz aufzubauen. Betrachten wir die Grundstruktur der Handlung: Perceval bricht von seiner Mutter auf und trifft auf den Sohn seines mütterlichen Onkels, Gauvain dagegen bricht von seinem Onkel mütterlicherseits auf, um auf seine Mutter zu stoßen[24]. Der Vater wird in dem einen Fall mehr mit der Mutter, im andern mehr mit dem Onkel in Verbindung gebracht, spielt aber in keinem Fall eine große Rolle. Auch Gornemant, ein typischer Vertreter der Ritterwelt, der Perceval ritterliches Verhalten beibringt und ihn durch Anschnallen des *esperon* zum Ritter macht (1625), ist mindestens ebensosehr eine Onkel- wie eine Vaterfigur. Daß das *adoubement* durch den Vater erfolgt, ist unüblich; diese Aufgabe wird normalerweise von einem Onkel oder einem Lehnsherrn übernommen. Mindestens ebenso wichtig wie der Gegensatz zwischen Vater- und Mutterwelt scheint uns daher der Gegensatz zwischen der Mutter und der übrigen Verwandtschaft zu sein, wobei letztere durch den Onkel oder den Vetter repräsentiert wird[25].

c. Erlösungsbedürftige Gemeinschaften

Soweit unsere Analyse der Verwandtschaftsstrukturen. Kommen wir zu der Frage, wofür Chrétien diese Strukturen verwendet.

Es ist charakteristisch für *Perceval*, daß sich vieles in einem desolaten Zustand befindet. Percevals Mutter wohnt in einer «gaste forest», ihr Mann und zwei ihrer Söhne sind tot, die *germaine cousine* verliert ihren Geliebten, Artus läßt sich von einem fremden Ritter beleidigen, ohne zu reagieren, Blancheflors Verwandte sind erschlagen, und sie selbst wird belagert. Auch die beiden Verwandtschaftsgruppen, die wir vorgeführt haben, befinden sich in einem unheilvollen Zustand. Für beide ist, wie wir festgestellt haben, eine Unvollkommenheit charakteristisch. Das Oberhaupt der Gralsfamilie ist unfähig, Kinder zu zeugen und damit das Fortleben des *lignage* zu sichern, und ist auch sonst zu keiner anderen Aktivität mehr fähig als zum Angeln. Die *laide demoisele*, die Perceval wegen seines Versagens auf der Gralsburg verflucht, kündigt sogar Krieg und weiteres Unheil als Folge dieses Zustandes an (4675–4683).

Chrétien läßt keinen Zweifel daran, daß sich Gauvains Verwandte im Wunderschloß ebenfalls in einem unheilvollen Zustand befinden. Auch bei ihnen ist dieser Zustand durch eine Unvollkommenheit bedingt, doch betrifft diese nicht die vertikale Dimension, wie in der Gralsfamilie, sondern

---

[24] Auf diesen Gegensatz hat schon Antoinette Saly, a.a.O., 357, hingewiesen.
[25] Daß gerade die Rolle der Mutter thematisiert wird, zeigt sich auch etwa daran, daß die Königinnen, auf die Gauvain im Wunderschloß trifft, beide als Mutter charakterisiert werden, die eine als «mere le roi Artu» (8733), die andere als «mere Gavain» (8753), während nicht erwähnt wird, daß letztere auch Artus' Schwester ist.

die horizontale: Keine der Frauen hat einen Ehemann. Es fehlt somit der *seignor*, der das Funktionieren des sozialen Lebens garantiert. So kann keiner der fünfhundert *vallets*, die es im Schloß gibt, Ritter werden, obwohl einige schon angegraut sind (7563–7573), *dames* können ihren Landbesitz nicht verteidigen (7574–7578), und keine der *damoiseles*, die sich in der Gesellschaft der Königinnen befinden, kann heiraten (7579)[26]. Die geschilderte menschliche Gemeinschaft harrt offensichtlich einer Erlösung (7582–7589). Dasselbe gilt für die Gralsfamilie, die Perceval aus ihrem Zustand hätte erlösen können, wenn er nach Wesen und Zweck von Gral und Lanze gefragt hätte. Chrétien verwendet die Verwandtschaftssysteme also zur Darstellung erlösungsbedürftiger menschlicher Gemeinschaften.

Madeleine Blaess hat angenommen, daß Chrétien bei der Verwendung von Verwandtschaftskomplexen eine Feindschaft von Clans und das Streben nach Rache für die Verwandten im Auge hatte[27]. Eines ihrer Argumente ist, daß die Exilierung von Percevals Familie auf den Tod von Artus' Vater Utherpendragon zurückgeht. Die Tatsache, daß Mutter und Schwester des Artus sich zu demselben Zeitpunkt zurückgezogen haben wie Percevals Eltern, spricht jedoch gegen diese Argumentation. Die Erwähnung von Utherpendragons Tod scheint uns nur ein Kunstgriff des Dichters zu sein, der es ermöglicht, erlösungsbedürftige menschliche Gemeinschaften gleichzeitig mit dem Artusreich zu schildern. Der Tod eines Königs ruft immer Wirren hervor und ist daher als solcher Veranlassung genug für eine Exilierung.

Vor allem aber schließt die Thematik des Romans, die offensichtlich mit Erlösung und Hoffnung auf Erlösung zu tun hat, unserer Meinung nach die Verwendung eines rein politischen Themas, wie es verfeindete Sippen oder Clans darstellen, aus[28].

Augenscheinlich sind Verwandtschaftssysteme einfach Beispiele für menschliche Gemeinschaften, Beispiele, an denen sich Unvollständigkeit und Stillstand des sozialen Lebens besonders anschaulich vorführen lassen. Daß hierfür gerade Verwandtschaftssysteme gewählt wurden, könnte damit zusammenhängen, daß, wie wir in Teil I dieser Arbeit angedeutet haben und wie sich in Teil IV noch deutlicher zeigen wird, die Verwandtschaft gegenüber der Feudalbeziehung in der zweiten Hälfte des 12. Jahrhunderts an Bedeutung gewinnt. Dabei ist bezeichnend, daß sowohl Gauvains Verwandtschaft als auch die Gralsfamilie als lineares Geschlecht dargestellt sind. Dieses ist offensichtlich die Form des Verwandtschaftskollektivs, die Chrétien als die ‹Normalform› ansah, an der er Unvollkommenheiten am besten exemplifizieren konnte.

---

[26] Zu der selbstverständlichen Verbindung zwischen Verwaistsein eines Mädchens, Fehlen eines *seignor* und Unmöglichkeit zu heiraten, vgl. etwa *Histoire de Guillaume le Maréchal* 164–166.

[27] *Perceval et les «Illes de mer»*, S. 72–76.

[28] Madeleine Blaess erwägt allerdings auch die Möglichkeit, daß Chrétien eine Vorlage gehabt haben könnte, deren Thema die Sippenfeindschaft war; a.a.O. 76f.

Durch die Schilderung mehrerer Gemeinschaften, die der Erlösung bedürfen, gelingt es Chrétien zum einen, den im ganzen Land herrschenden heillosen Zustand besonders deutlich zu machen, zum andern aber auch, verschiedene Erlösungsversuche exemplarisch vorzuführen, um zu zeigen, wie und woran sie scheitern. Man kann vermuten, daß am Schluß des Romans die gelungene Erlösung gestanden hätte, die zu einer Beendigung des desolaten Zustands führte. Durch die vorangehende Schilderung gescheiterter oder unvollständig gebliebener Erlösungsversuche konnte Chrétien den von ihm propagierten Weg zum Heil besonders hervorheben.

d. Die Rolle der Mutter

Was bezweckt Chrétien mit dem Gegensatz zwischen der Mutter und der übrigen Verwandtschaft, auf den er solchen Wert zu legen scheint? Die folgende Überlegung könnte dazu beitragen, eine Antwort auf diese Frage zu finden.

Perceval wird in der Abgeschiedenheit, fern vom Artushof erzogen, und diese Erziehung bedingt sein späteres Fehlverhalten. Die Mutter möchte ihren letzten Sohn nicht wie die übrigen durch die Aussendung in die Welt der Ritter verlieren und behindert daher seine Sozialisation. Elisabeth Schmid hat dies mit dem Gegensatz von Mutter-und Vaterwelt zu erklären vesucht[29]. Doch die Mutter bringt Perceval auch nicht in Kontakt mit ihrer eigenen Verwandtschaft, sondern möchte ihn für sich allein behalten. Beide Alternativen, die Artuswelt und die Gralsfamilie, sind menschliche Gemeinschaften, und beide Gemeinschaften sind in einem Zustand, in dem sie Hilfe benötigen. Perceval hilft Artus tatsächlich, indem er den Ritter, der ihn beleidigt und bedroht, tötet, scheitert jedoch bei der Erlösung der Gralsfamilie.

Auch in der Wunderschloßepisode wird ein Gegensatz zwischen Individuen und einer menschlichen Gemeinschaft hergestellt. Zwar bilden die Damen in dem Schloß selbst eine Gemeinschaft, die der Hilfe bedarf, doch nachdem Gauvain diese Hilfe gebracht hat, scheint die Möglichkeit zu weiterer Betätigung für andere Menschen verschlossen. Gauvain soll das Wunderschloß eigentlich nicht mehr verlassen (8019f).

Sollte Chrétien den Gegensatz zwischen einem Leben in der menschlichen Gemeinschaft und einem auf sich selbst bezogenen Leben − letzteres durch die enge, ausschließliche Beziehung zwischen Mutter und Sohn dargestellt − thematisiert haben?

Es ergibt sich hieraus ein Widerspruch: Perceval wird schuldig, als er seine Mutter verläßt, denn diese stirbt aus Schmerz über seinen Fortgang. Diese Schuld verhindert, daß er auf der Gralsburg die Frage stellt, die die Gralsfamilie erlöst hätte. Dennoch scheint Chrétien nicht das Leben mit der Mutter als ‹richtig› angesehen zu haben. Hat Chrétien seinen Helden bewußt in die heillose Welt eingeführt, damit er (nach Erreichung der höchstmöglichen

---

[29] Vgl. hierzu besonders Schmid, a.a.O., S. 47ff, 54f.

Perfektion als höfischer und christlicher Ritter) diese nicht durch eigene Schuldlosigkeit, sondern durch die Gnade Gottes erlöst? Ging es Chrétien darum, daß Perceval in die Lage versetzt wird, die ganze Gesellschaft zu erlösen und nicht nur die Gralsfamilie? Dies kann hier ebensowenig beantwortet werden wie die Frage, wie die Erlösung nach Chrétiens Plan hätte aussehen sollen.

e. Einzelprobleme

An *Perceval* wird die Funktion des Romans, Diskussionsstoff für die Zuhörer zu bieten, auf die wir bei der Besprechung der antikisierenden Romane hingewiesen haben, besonders deutlich. Auch sind es wieder Themen aus dem Bereich der Verwandtschaft, die zur Diskussion gestellt werden.

Schon die Erziehung durch die Mutter stellt ein solches zur Diskussion herausforderndes Problem dar. Perceval richtet, den Ratschlägen seiner Mutter folgend, in der ritterlichen Welt zunächst Schaden an. Andererseits hätte er, wenn er nur diese mütterliche Erziehung genossen hätte, sich auf der Gralsburg nicht gescheut, die Fragen zu stellen, die eine Erlösung des Fischerkönigs und seines Landes zur Folge gehabt hätten. Der Leser oder Hörer muß sich also fragen, ob die ritterliche Erziehung, die Gornemant Perceval gibt, wirklich besser ist, oder welche Art der Erziehung überhaupt angemessen wäre. Es ist zu vermuten, daß Chrétien am Schluß des Romans eine Antwort hierauf gegeben hätte. Doch bleibt die Frage zumindest bis zum Abbruch des Textes, also über eine lange Strecke, offen und damit diskussionsfähig.

Außerdem gibt es ein Gegenbild zu der Erziehung Percevals und der Mutter-Sohn-Bindung in der Tintaguel-Episode, in der ebenfalls ein Kind, ein kleines Mädchen, vorgeführt wird, dessen Mutter nirgends auch nur erwähnt wird. Es erscheinen eine ältere Schwester und vor allem der Vater, der auch Verhaltensmaßregeln gibt. Im Gegensatz zu Perceval weiß dieses Kind aber sehr gut, wie man sich in der Ritterwelt zu benehmen hat, und bekommt außerdem Rat und Hilfe vom Vater, wenn dies notwendig wird (so ermahnt der Vater seine Tochter, Gauvain, den sie gebeten hat, für sie zu kämpfen, einen Ärmel zu senden, den er im Kampf tragen könne, und läßt ihr dann einen solchen zurechtmachen, weil ihre eigenen zu klein sind; 5415ff). Diese Gegenüberstellung betont noch den problematischen Charakter der Erziehung Percevals durch die Mutter[30].

---

[30] In dieser Weise wird die Vaterlosigkeit eines Helden im 12. Jahrhundert sonst nicht problematisiert. In den *chansons de geste* (z. B. für Louis im *Couronnement Louis*) oder auch in *Ille et Galeron* ergibt sich aus dem Verlust des Vaters nur eine ganz konkrete Bedrohung durch dessen Feinde, die die Schwäche des Kindes ausnutzen. Hierzu s. u. Teil IV, S. 219–221.

Ein zweites diskussionsfähiges Thema ist das des Inzests. Chrétien deutet die Möglichkeit eines Geschwisterinzests an: Als Gauvain im Wunderschloß mit seiner Schwester Clarissant spricht, nachdem er gerade von Guiromelant von ihrer Verwandtschaft erfahren hat, beobachten Mutter und Großmutter dies und äußern den Wunsch, die beiden möchten heiraten:

> «... Et pleüst Dieu que il l'eüst
> Espousee, et tant li pleüst
> Come a Eneas pleut Lavine.»
> – «Ha! dame, fait l'autre roïne,
> Diex li doinst si metre son cuer
> Qu'il soient come frere et suer
> Et qu'il l'aint tant et ele lui
> Qu'il soient une char andui.»
>
> (9057–9064).

Dieser Vergleich der Ehe mit einer Geschwisterbeziehung suggeriert eine Diskussion über den Charakter der Ehe, zumal die Geschwisterbeziehung im folgenden als eine gleichwertige Beziehung dargestellt wird, die ebenso Freude hervorrufen wird:

> Come frere et suer seront il,
> Que d'autre amor point n'i avra
> Quant li uns de l'autre savra
> Qu'ele est sa suer et il ses frere,
> Et s'en ara joie la mere
> Autre que ele n'en atant
>
> (9068–9073).

Der Erzähler weist auf den Unterschied zwischen der intendierten Bedeutung dieser Worte und der realen Bedeutung hin und stellt sofort klar, daß der Inzest nicht stattfinden wird. Um so auffälliger ist es, daß die Möglichkeit überhaupt vorgeführt wird[31].

Noch ein drittes Thema wird von Chrétien problematisiert: die Solidarität gegenüber Verwandten. Guiromelant, dem Gauvain außerhalb des Wunderschlosses begegnet, behauptet, Clarissant liebe ihn selbst so sehr, daß sie lieber ihren Bruder tot sähe als ihn auch nur leicht verletzt, und bittet Gauvain daher, ihr einen Ring von ihm zu überbringen. Gauvain preist ihm gegenüber die Dame, die so sehr liebe (8803–8807). Clarissant dagegen weist die Behauptung Guiromelants entrüstet zurück und kritisiert seinen Anspruch: «molt me merveil / Coment il dist si grant folie» (9032f). Hier werden zwei verschiedene Thesen zu der Frage, ob man den Geliebten den eigenen Verwandten vorziehen soll, aufgestellt. In den *chansons de geste*, in denen sich

---

31 Zuvor wurde der Inzest nur in den antikisierenden Romanen und den anderen aus dem Lateinischen übertragenen Texten der Jahrhundertmitte als Thema faßbar; weder die Epik der ersten Jahrhunderthälfte noch die früheren höfischen Romane beschäftigten sich mit ihm.

der Konflikt zwischen dem Geliebten oder dem Ehemann einerseits und der Verwandtschaft des Mädchens oder der Frau andererseits häufiger findet[32], wird die Solidarität mit der Verwandtschaft stets abgelehnt. Bei Chrétien wird die Frage dagegen, jedenfalls in dem vorhandenen Text, nicht entschieden; sie bietet sich daher zur Diskussion an.

Zusammenfassung

Die Gattung des Romans stellt eine neue Entwicklung der Zeit um die Jahrhundertmitte dar. Es sind sicher mehrere und verschiedenartige Faktoren, die die Entstehung dieser Gattung begünstigt haben. Ein besonders wichtiger Punkt ergibt sich aus der Thematik der Texte, die um die Jahrhundertmitte aus dem Lateinischen übertragen werden und die die Gattungsentwicklung einleiten: Es bestand offenbar Interesse an spektakulären Problemen, über die man diskutieren konnte. In den *chansons de geste* wurden Probleme immer vom Dichter zugunsten einer Seite entschieden und boten somit keinen Stoff zur Diskussion[1]. Im Roman werden nun Fälle menschlichen Verhaltens vorgestellt, die nicht von vornherein klar zu beurteilen sind; außerdem werden die geschilderten Problemfälle auch, zum ersten Mal in der altfranzösischen narrativen Literatur, zumindest in Ansätzen von theoretischen Überlegungen begleitet. Dabei sind es zunächst gerade auch Probleme aus dem Bereich der Verwandtschaftsrelationen, die dargestellt werden.

Die sich im Anschluß an diese ersten Texte entwickelnde Gattung des höfischen Romans konzentriert sich weitgehend auf die Liebesproblematik, die Verwandtschaft steht meist nicht mehr im Mittelpunkt des Interesses. Doch wenden sich Chrétien in seinem *Perceval* und, in geringerem Maße, auch Hue de Rotelande ihr wieder zu.

Wie die *chansons de geste* entwickeln die Romane eigene feste Schemata für die Verwendung von Verwandtschaftsrelationen. Statt eines einzigen Schemas sind es jedoch zwei konkurrierende, die die Gattung kennzeichnen. Der eine Romantyp, der durch die Tristan- und Artusromane repräsentiert

---

[32] S. u. Teil IV, S. 296–300. Auch dort wird die Verwandtschaft der Frau übrigens immer durch einen Bruder repräsentiert. Zum zweiten Mal (das erste Mal betraf die Zuordnung von Nebenfiguren) stellen wir fest, daß Chrétien im *Perceval* auf ein Element aus den *chansons de geste* zurückgreift. Die epische Tradition scheint ihm in diesem Roman, mit dem er offensichtlich etwas ganz Neues schaffen will, gleichsam als Reservoir zusätzlicher erzähltechnischer Möglichkeiten zu dienen.

[1] Ein typisches Beispiel ist das Problem, das im *Rolandslied* geschildert wird: Durfte Ganelon zur Ausführung einer offensichtlich als berechtigt angesehenen Privatrache Rolands Tod anstreben, obwohl Roland im Dienst des Kaisers stand? Dies ist ein feudalrechtliches Problem, und der Dichter entscheidet eindeutig gegen Ganelon, der als Verräter hingestellt wird.

wird, ist dadurch gekennzeichnet, daß der Held ein Ritter aus der *maisnie* des Königs ist und die Handlung vom Hof dieses Königs ihren Ausgang nimmt. Hierbei ist häufig der Held ein Neffe des Königs. In den meisten anderen Romanen ist der Held als Sohn gekennzeichnet, der von seinem Elternhaus aufbricht und sich auch während der Handlung noch auf dieses als sein Zuhause bezieht. Meist steht am Ende des Romans die Rückkehr dorthin. Die Eltern-Sohn-Beziehung bestimmt hier die gesamte Handlungsstruktur. An beide Traditionen knüpft gegen Ende des Jahrhunderts Hue de Rotelande an.

Das erste Schema ähnelt dem mancher *chansons de geste*, in dem die Handlung ebenfalls vom Hof des Königs ihren Ausgang nimmt, dürfte aber auch von keltischen Vorbildern beeinflußt sein. Das zweite entspricht zum Teil dem der Heiligenlegende; auch ein Heiliger bricht oft aus seinem Elternhaus auf, wenn er sich auch meist im Verlauf der Handlung nicht mehr danach zurücksehnt und nicht am Ende der Handlung dorthin zurückkehrt. Entsprechendes gilt für die verschiedenen Fassungen des *Alexanderromans*. Während die Herkunft des ersten Schemas also nicht eindeutig bestimmt werden kann, fußt das zweite offensichtlich auf der in die Antike zurückreichenden Tradition der legendenhaften Biographie.

In allen Romanen werden einzelne Elemente aus der *chanson de geste* aufgegriffen. Die Einführung von Neffengestalten als Begleiter eines Helden ist zum Beispiel so zu erklären. Solche Elemente verlieren jedoch ihren stereotypen Charakter.

Ohne direktes literarisches Vorbild scheint die Darstellung von weiblichen Verwandten zu sein. Bei ihnen läßt sich eine Anlehnung an die für männliche Personen entwickelten Schemata beobachten, die jedoch weniger streng gehandhabt werden.

Alle wesentlichen Elemente der Verwandtschaftsdarstellung im Roman gehen also auf ältere literarische Traditionen zurück und können daher nicht ohne weiteres als Reflexe realer Vorstellungen aufgefaßt werden, selbst wenn sie nicht im Widerspruch zur Realität stehen. Allenfalls erlaubt die Wahl der Vorlagen Rückschlüsse auf besondere Interessen der Autoren. Doch weist die Gestaltung der Verwandtschaftsbeziehungen im einzelnen Besonderheiten auf, die sich allein aus den in Frage kommenden literarischen Vorlagen nicht erklären lassen und für die Anschauungen und Interessen der Romanautoren und ihres Publikums aufschlußreich sind.

Besonders auffällig ist die große Bedeutung, die der vornehmen Abstammung des Helden beigemessen wird. Diese wird in allen Romanen betont; in den nicht-keltischen Romanen wird sie meist durch einen eigenen Vorspann über die Eltern besonders deutlich gemacht.

Eine wichtige Neuerung ist auch die klare Unterscheidung zwischen zwei Generationen, die die Romanautoren bei ihren handelnden Figuren vornehmen. In den frühen *chansons de geste* waren es im Grunde nur anderthalb Generationen, die an der Handlung beteiligt waren, die Helden und ihre etwas jüngeren Begleiter. In den Romanen wird dagegen die handelnde Generation stets als jüngere Generation von einer älteren abgesetzt, die nicht an den geschilderten Unternehmungen teilnimmt, sondern zu Hause bleibt. Dies gilt für beide Romantypen, ist jedoch im nicht-keltischen Roman besonders ausgeprägt. Besonders streng beachtet wird die Zugehörigkeit zur jüngeren Generation bei den männlichen Haupthelden, weniger bei anderen Personen.

Dabei fällt die starke Idealisierung der jüngeren Generation auf. Sowohl in Onkel-Neffe- als auch in Vater-Sohn-Relationen steht die jüngere Person im Mittelpunkt, sie ist es, die die Handlung bestimmt oder Erfolg hat. Während in den frühen *chansons de geste* noch das besonders hohe Alter von Helden wie Kaiser Karl oder Guillaume d'Orange hervorgehoben werden konnte, wird nun immer die Jugend des Helden betont. In gewisser Weise kehrt sich also das Verhältnis der Altersgruppen zueinander um.

Bemerkenswert ist ferner, daß die Angehörigen dieser jüngeren Generation stets als Einzelpersonen erscheinen. Bruderbeziehungen werden meist nicht dargestellt. Wenn ein Dichter doch zwei Brüder einführt, dann nur, um einen Bruderkampf zu schildern.

Generell konzentrieren sich die Romane auf die Handlungen einzelner Individuen. So erscheinen die Romanfiguren im Gegensatz zu den Epenhelden nicht in ein Verwandtschaftskollektiv eingebettet; Verwandtschaftskollektive werden überhaupt nicht dargestellt. Eine Ausnahme bildet hierin der *Perceval* Chrétiens. Chrétien gestaltet in diesem Roman linear strukturierte Verwandtschaftssysteme, die er zur Darstellung abgeschlossener menschlicher Gemeinschaften nützt.

Durch das Eltern-Sohn-Schema bekommt in den nicht-keltischen Romanen die Kleinfamilie eine besondere Bedeutung. Das private Zuhause spielt eine wichtige Rolle in der Handlung und wird teilweise ausführlich geschildert.

In beiden Gruppen von Romanen werden die einzelnen Verwandtschaftsbeziehungen in weitaus stärkerem Maße als in den *chansons de geste* selbst thematisiert. In der Regel haben sie den bloßen Zuordnungscharakter, den sie in den *chansons de geste* aufwiesen, verloren; sie sind vielmehr für beide beteiligten Personen von Bedeutung. Nur in einzelnen Fällen, insbesondere bei der Einführung von unwichtigeren Nebenfiguren, erscheint die Verwandtschaft noch als einseitige Zuordnung. Chrétien de Troyes greift dieses traditionelle epische Element jedoch in seinem *Perceval* bewußt wieder auf, weil es ihm gestattet, ein lineares Geschlecht von anderen Verwandten abzuheben.

Die Frage nach den Ursachen für diese neuartigen Phänomene konnte bisher nur zum Teil beantwortet werden. Die große Bedeutung der verschiedenen literarischen Traditionen wurde bereits erwähnt. Auf literarischen Vorbildern beruhen jedoch nicht nur die Grundschemata der Romane sondern auch bestimmte Einzelmotive wie zum Beispiel der Bruderkampf. Charakteristisch ist die Bezugnahme auf frühere Werke derselben Gattung:

Chrétien de Troyes greift in *Cligès* die Tristanthematik auf, er und Hue de Rotelande knüpfen an den *Roman de Thèbes* an, und letzterer nimmt offensichtlich auch auf Chrétien und vielleicht andere Autoren arthurischer Romane Bezug.

Sowohl literarische Traditionen als auch Veränderungen im allgemeinen Bewußtsein und Idealvorstellungen einer bestimmten Bevölkerungsgruppe haben wir für die Betonung der Vornehmheit der Helden und für die Art und Weise, einen Helden einzuführen und seinen Rang bzw. seine Vornehmheit anzudeuten, verantwortlich machen können. Charakteristisch war, daß die Autoren sich dann an reale Verhältnisse in einer bestimmten Gruppe, der hohen Feudalaristokratie, anlehnten, wenn sie keine konkreten literarischen Vorbilder hatten. Ein direkter Widerspruch zu den Interessen dieser Gruppe ergab sich aber auch in den anderen Fällen nicht. Das allgemeine Bedürfnis, über Verwandtschaftsbeziehungen zu möglichst hochrangigen Personen zu verfügen, kam in allen Texten zum Ausdruck.

Daß wir für den Roman von einem anders zusammengesetzten Publikum als für die *chanson de geste* ausgehen müssen, ergibt sich auch aus der erwähnten grundsätzlich anderen Art der Rezeption. Während die *chanson de geste* prinzipiell alle Bevölkerungsgruppen ansprechen kann, wendet sich der Roman an ein Publikum, das Zeit und Muße zum Diskutieren hat. Die Betonung der vornehmen Abstammung, die Ausklammerung des Problems der jüngeren Brüder und die Idealisierung der Besitzenden, die wir in allen Romanen des 12. Jahrhunderts feststellen konnten, scheinen darauf hinzudeuten, daß das Zielpublikum des Romans ursprünglich im Umfeld der etablierten Feudalaristokratie zu suchen ist.

Ob sich auch die übrigen beobachteten Phänomene aus den Interessen eines besonderen Publikums erklären und damit gattungsgebunden sind, oder ob sie vielmehr allgemeine gesellschaftliche Entwicklungen widerspiegeln, soll der Vergleich mit den gleichzeitig entstandenen *chansons de geste* zeigen.

Teil IV

Die *chansons de geste* der zweiten Hälfte des 12. Jahrhunderts

Vorbemerkung

Nach der Behandlung der neuen narrativen Gattung, die um die Mitte des 12. Jahrhunderts entsteht, des Romans, wenden wir uns nun wieder der *chanson de geste* zu.

Es ist die große Masse der erhaltenen *chansons de geste*, die in die zweite Hälfte des 12. Jahrhunderts und die Zeit um 1200 gehören. Die ältere narrative Gattung wird also durch das Aufkommen einer neuen keineswegs verdrängt. Die *chanson de geste* existiert aber nicht nur neben dem Roman weiter; sie bewahrt, zumindest in dem uns interessierenden Zeitraum, auch ihren eigenen Charakter. Erst im späteren Verlauf des 13. Jahrhunderts werden in größerem Umfang Romanelemente in die *chansons de geste* aufgenommen (insbesondere in die als «chansons d'aventure» oder «chansons d'errance» bezeichneten Texte wie beispielsweise *Huon de Bordeaux*); in unserem Zeitraum haben wir es noch mit zwei klar unterschiedenen Gattungen zu tun.

Das Ziel dieses vierten Teils ist es, am Beispiel der Verwandtschaftsdarstellung darzulegen, wie sich die traditionelle *chanson de geste* in der neuen Gattungskonstellation nach dem Aufkommen des Romans weiterentwickelt. Aufgrund der Textmenge und des Vorhandenseins von Vergleichstexten aus der ersten Jahrhunderthälfte, bietet sich hierbei erstmals die Möglichkeit, nicht nur bestimmte Motive zu definieren, sondern auch ihre Veränderungen im einzelnen nachzuzeichnen. Wir hoffen, hierdurch zusätzliche Erkenntnisse auch über den gesellschaftlichen Hintergrund zu gewinnen. Bevor wir uns jedoch einzelnen Motiven und Textstellen zuwenden, seien einige allgemeine Erscheinungen angesprochen, die im Zusammenhang mit der Darstellung von Verwandtschaftsbeziehungen wichtig sind.

Die Zyklenbildung

Eines der auffälligsten Phänomene in der epischen Literatur ist die Bildung von Zyklen, die Zusammenstellung von Einzelliedern zu einem inhaltlich zusammenhängenden Ganzen, die offenbar seit der zweiten Hälfte des 12. Jahrhunderts in verstärktem Maße durchgeführt wird. Sie erfolgt auf verschiedene Weise: Es werden entweder Epen über verschiedene Taten eines Helden (oder einer Gruppe zusammengehöriger Helden) oder aber Epen über verschiedene Mitglieder einer Familie miteinander verbunden. In letzterem Falle kann es sich entweder um Repräsentanten eines Geschlechts handeln, die verschiedenen Generationen angehören, also um Vater, Sohn, Enkel usw., oder einfach um beliebige Verwandte, Angehörige einer Sippe, etwa Brüder, Neffen, Vettern usw[1].

Das erste Prinzip, die Zusammenstellung von Liedern über verschiedene Taten eines Helden, finden wir in Ansätzen schon in der ersten Jahrhunderthälfte, zumindest in der Wilhelmsepik: *Charroi de Nîmes*, *Couronnement Louis* und die vorauszusetzende Vorlage der erhaltenen *Prise d'Orange* bildeten eine organische Abfolge von Handlungen Guillaumes[2]. Im *Charroi de Nîmes* wird explizit auf das *Couronnement Louis* Bezug genommen. Selbst wenn es sich dabei um Interpolationen von Kopisten aus späterer Zeit handeln sollte, stellt sich doch das *Couronnement Louis* selbst als eine bewußt vorgenommene Zusammenstellung verschiedener Taten Guillaumes dar. Dem Wilhelmszyklus werden auch später nach diesem Prinzip noch Lieder hinzugefügt (*Moniage Guillaume*, *Enfances Guillaume*).

Dagegen kommen auf Verwandtschaftsbeziehungen beruhende Ordnungsprinzipien erst jetzt, in der zweiten Hälfte des 12. und im beginnenden 13. Jahrhundert, auf. Das erste Beispiel für das Prinzip der Generationenabfolge scheinen die großen Sippenfehdeepen der Lothringer-*Geste* zu sein. Den Kern dieses Zylus bilden zwei Epen aus der zweiten Hälfte des 12. Jahrhunderts, *Garin le Loherain* und *Gerbert de Metz*, deren Titelhelden Vater und Sohn sind. Ihnen werden im 13. Jahrhundert noch ein Epos über den Vater Garins, *Hervis de Metz*, sowie Epen über die Nachkommen Gerberts angefügt. Ein anderer ‹genealogischer› Zyklus ist die *geste de Nanteuil*. Ihren Ausgangspunkt bildet das nur noch in Fragmenten greifbare, wohl noch aus der zweiten Hälfte des 12. Jahrhunderts stammende Epos *Doon de Nanteuil*, an das sich um 1200 eine *chanson* über den Sohn Doons, Garnier, und eine weitere über dessen Sohn, Gui, anschließen (*Aye d'Avignon*, *Gui de Nanteuil*). Im 13. Jahrhundert kommt dann noch ein Epos über eine Tochter Garniers, *Parise la Duchesse*, im 14. eines über einen Sohn Guis, *Tristan de Nanteuil*, hinzu. Dem mit seinem Hauptteil wohl auf die sechziger Jahre des 12. Jahrhunderts zu datierenden Epos *Aiol* wird später eines über den Vater des Titelhelden, Elie, vorgeschaltet[3]. Wann dieses ‹genealogische› Ordnungsprinzip

---

[1] Auch der Zusammenhang der beschriebenen Ereignisse selbst kann einen Zyklus konstituieren. Diese Möglichkeit findet sich jedoch ausschließlich beim ersten Kreuzzugszyklus, der die *Chanson d'Antioche* und die *Conquête de Jérusalem* mit den *Chétifs* verbindet, in denen andere Personen im Mittelpunkt stehen.

[2] Daß diese Lieder zu einem relativ frühen Zeitpunkt zusammengestellt worden sein dürften, hat z. B. M. Tyssens, *La Geste de Guillaume d'Orange dans les manuscrits cycliques*, Paris 1967, 432f, gezeigt.

[3] Hierbei handelte es sich ursprünglich wohl um ein eigenständiges Werk, das mit *Aiol* nichts zu tun hatte.

genau aufkommt, läßt sich nicht mit Sicherheit ermitteln, da die genaue Datierung der Lothringerepen unsicher ist[4].

Noch problematischer ist es, die Bezugnahme auf ‹horizontale› Verwandtschaftsrelationen zur Verknüpfung verschiedener *chansons* zeitlich einzuordnen. Der sogenannte ‹große Wilhelmszyklus›, der außer den Liedern über Guillaume auch diejenigen über Aymeri und seine Söhne, d. h. Vater und Brüder Guillaumes, einschließt, konstituiert sich offensichtlich gegen Ende des Jahrhunderts. Daß es schon sehr viel früher Epen über Brüder Guillaumes gegeben hat, zeigt das *Haager Fragment* aus dem 11. Jahrhundert, in dem Hernaut, Bernart, Bertrand und Guibelin vorkommen. Doch ist aus dem Fragment nicht zu erkennen, ob eine Beziehung zwischen diesen Helden und der Gestalt Guillaumes bestand[5]. In der ersten Hälfte des 12. Jahrhunderts wird eine solche Beziehung zwar vorausgesetzt; ein organischer Zusammenhang zwischen den jeweils geschilderten Handlungen, wie er einen Zyklus ausmacht, wird jedoch erst um die Wende zum 13. Jahrhundert angestrebt, wo etwa *Narbonnais*, *Guibert d'Andrenas* und *Prise de Cordres et de Sebille* einen geschlossenen Handlungszusammenhang ergeben.

Daß es spätestens seit der ersten Hälfte des 12. Jahrhunderts *chansons de geste* gibt, deren Helden Brüder der Helden anderer *chansons* sind, während Lieder, deren Helden eine sich über mehrere Generationen erstreckende Vater-Sohn-Linie bilden, erst in der zweiten Jahrhunderthälfte begegnen, darf nicht dahingehend interpretiert werden, daß Verwandtschaft zunächst nur als horizontal ausgerichtete Sippe gedacht worden wäre. Es liegt einfach näher, ein Lied über eine Person zu dichten, die bereits aus anderen Liedern bekannt ist, als über eine, die noch niemals zusammen mit einem bekannten Helden in Erscheinung getreten ist. Gleichzeitig lebende Verwandte eines Helden kommen aber in den *chansons de geste* dieser Zeit fast immer vor, während eine Differenzierung der Generationen noch nicht üblich ist.

Die Zusammenstellung der Lieder zu Zyklen gegen Ende des 12. Jahrhunderts entspricht augenscheinlich einem Bedürfnis nach Ordnung und Systematisierung des disparaten Materials. Daß diese Zusammenstellung hauptsächlich durch Bezug auf Verwandtschaftsbeziehungen erfolgt und daneben nur noch das alte Prinzip der Aneinanderreihung von Taten eines Helden Verwendung findet, andere Prinzipien aber nicht entwickelt werden, ist ein Indiz für die große Bedeutung von Verwandtschaft in dieser Zeit. Es ist offensichtlich selbstverständlich, daß Verwandtschaftsbeziehungen zusammengehörige Einheiten konstituieren; dabei werden sowohl horizontal als auch vertikal ausgerichtete Verwandtschaftsverbände als Einheiten akzep-

---

[4] J. E. Vallerie, *Garin le Loheren*, 102, hält *Garin le Loherain* für einen Text vom Ende des 12. Jahrhunderts, P. Taylor begnügt sich in ihrer Ausgabe von *Gerbert de Metz*, S. XLIII, mit einer allgemeineren Zuordnung zur zweiten Hälfte des 12. Jahrhunderts.

[5] Hierzu und zum folgenden s. o. Teil II, S. 107f.

tiert. Einheiten, die sich beispielsweise aus Feudalrelationen ergeben, werden hingegen nicht als geeignet angesehen, eine klare Verbindung zwischen mehreren *chansons de geste* herzustellen.

Die Systematisierung der Verwandtschaftsbeziehungen

Dieselbe Tendenz zur Systematisierung können wir in dieser Zeit auch bei den Verwandtschaftsrelationen selbst beobachten. Hierzu zwang schon die Zusammenfügung der *chansons* zu Zyklen mit fortlaufender Handlung. Die Dichter neuer Lieder und die Kopisten der älteren müssen sich bemühen, Verwandtschaftsbeziehungen von Helden, die in mehreren Liedern vorkommen, zu vereinheitlichen. Zu diesem Zweck nehmen sie systematische Aufstellungen von Verwandtschaftsbeziehungen vor, in denen der Vollständigkeit halber auch solche Personen erwähnt werden, die für die Handlung der jeweiligen *chanson* nicht relevant sind.

Erste Systematisierungen hat es schon zu einem früheren Zeitpunkt gegeben. Bereits im *Couronnement Louis* finden wir eine systematische Aufstellung der Eltern und der Brüder des Helden Guillaume (820ff). Sie ist in die Handlung eingebunden: Durch Guillaumes Aufzählung seiner Verwandten, die bekannte Sarazenengegner sind, wird sein Zweikampfgegner Corsolt besonders zum Kampf gereizt[6]. Im zweiten Teil der *Chanson de Guillaume* und in den ersten Texten der zweiten Jahrhunderthälfte ist eine besondere Systematisierungstendenz jedoch nicht zu erkennen. Aufführungen von nicht handlungsrelevanten Verwandtschaftsbeziehungen finden sich nur vereinzelt und nicht an markanter Stelle[7]. Dagegen erfolgen in den Texten, die in den letzten Jahrzehnten des Jahrhunderts und kurz danach entstanden sind, Systematisierungen außerordentlich häufig. Charakteristischerweise finden sich die entsprechenden Aufzählungen nun am Anfang oder Schluß einer *chanson* in exponierter Stellung, außerhalb des eigentlichen Handlungsteils[8]. Dies zeigt deutlich, daß sie nur noch der Systematisierung dienen, die zum Selbstzweck geworden ist.

Verwendet werden dabei zwei verschiedene Darstellungsweisen: die Aufstellung der Nachkommen eines Mannes oder eines Paares einerseits und die Aufführung der Vorfahren eines Mannes andererseits. In dem einen Fall werden meist alle Nachkommen in ein oder zwei Generationen genannt, etwa die Nachkommen Aymeris am Schluß von *Aymeri de Narbonne* oder

---

6   Zu dieser Stelle s. o. Teil II, S. 108. Die Angaben könnten auch bei der Zusammenstellung der zyklischen Handschriften in den Text eingefügt oder zumindest ergänzt worden sein.

7   Z. B. *Girart de Roussillon* 4147ff.

8   Typische Beispiele sind der Prolog von *Girart de Vienne*, der Schluß von *Aymeri de Narbonne* und *Enfances Guillaume*, der Überblick über die Töchter des Hervis de Metz zu Beginn von *Garin le Loherain*, oder der Prolog der *Saisnes*.

Enfances Guillaume oder diejenigen des Hervis de Metz zu Beginn von *Garin le Loherain*. Im anderen Fall wird eine lineare Verwandtschaftsauffassung bevorzugt. So ist zumindest der Prolog der *Saisnes* gestaltet, in dem es allerdings darauf ankommt, daß die Vorfahrenlinie – es handelt sich um die Könige von Frankreich – unterbrochen ist und die Kontinuität nur auf dem Königsamt beruht (Karl der Große ist hier der Nachkomme eines mit einer Kuhhirtentochter gezeugten Bastards). Mit der Systematisierung ist also nicht von vornherein eine bestimmte Form des Verwandtschaftskollektivs verknüpft; welche Form dargestellt wird, ergibt sich vielmehr aus der Personenkonstellation der jeweiligen *chanson* und den Intentionen des Autors oder seiner Vorlage.

Altersstufen und Generationen

Ein weiteres Phänomen, das wir hervorheben möchten, betrifft die Zyklen, die die Taten eines bestimmten Helden zusammenfassen. Hier entstehen zwei charakteristische Typen von Liedern, die es vorher nicht gegeben hatte, die sogenannten *Enfances* und *Moniages*, Lieder also über die Kindheit und die ersten Taten eines Helden beziehungsweise über seine letzten Taten nach dem Rückzug aus der Welt und dem Eintritt in ein Kloster. Während in der ersten Hälfte des 12. Jahrhunderts auch in einer Serie von *chansons* über einen Helden die Reihenfolge der beschriebenen Taten fast beliebig war, der Held jedenfalls keine nennenswerte Entwicklung durchmachte, sondern immer dieselbe bekannte Epengestalt war, werden nun verschiedene Epen zu einer vollständigen Lebensbeschreibung zusammengesetzt, die uns den Helden als Kind, jungen Mann, erwachsenen und verheirateten Mann und schließlich als Greis zeigt[9].

Die meisten und wohl auch die ältesten Texte dieser Art finden sich im Wilhelmszyklus: Noch im 12. Jahrhundert entstehen *Moniage Guillaume* und *Enfances Vivien*, aus der Zeit um 1200 stammen der *Moniage Rainouart* und vielleicht auch die *Narbonnais* (über die Söhne Aymeris), vom Anfang des 13. Jahrhunderts die *Enfances Guillaume*. Doch auch über Kaiser Karl hat es ein Kindheitsepos gegeben, das unter dem Titel *Mainet* bekannt und nur fragmentarisch erhalten ist. Seine Entstehungszeit ist umstritten, doch eine Version dieses Epos muß gegen Ende des 12. Jahrhunderts bekannt gewesen sein[10].

Auch innerhalb einzelner Werke – sei es daß sie als Ganzes neu gedichtet werden, sei es daß einem bereits vorhandenen Kern neue Teile hinzugefügt

---

[9] Vgl. hierzu und zum folgenden Friedrich Wolfzettel, *Zur Stellung und Bedeutung der Enfances in der altfranzösischen Epik*, Zeitschrift für französische Sprache und Literatur 83, 1973, 317–348 und 84, 1974, 1–32 (mit weiterer Literatur).

[10] In dem kurz vor Ende des Jahrhunderts entstandenen *Aspremont* erinnert sich Karl an seine Jugend (7461ff).

oder mehrere ältere Texte miteinander verknüpft werden – wird nun oft eine vollständige Lebensbeschreibung angestrebt. Aus verschiedenen Teilen dürfte zum Beispiel *Girart de Vienne* bestehen. In diesem Werk wird zunächst geschildert, wie Girart und seine Brüder noch als Kinder zu Hause ihren Eltern beistehen und dann aufbrechen, um in der Fremde beziehungsweise am Hof Kaiser Karls zu dienen und sich zum Ritter schlagen zu lassen. Erst danach folgt der Hauptteil über den Krieg des erwachsenen Girart gegen den Kaiser. Doch auch in *Garin le Loherain*, einem Werk, das vermutlich von vornherein als zusammengehöriger Text konzipiert wurde, finden wir nach einer Vorgeschichte über den Vater des Helden einen kurzen Bericht über dessen Geburt und Kindheit sowie eine ausführliche Schilderung seiner Taten als junger Ritter im Dienste Pepins, bevor die zentrale Handlung, der Kampf gegen die feindliche Sippe von Bordeaux, einsetzt.

Es fällt jedoch auf, daß die Neigung, die vorhandenen Lieder über einen Helden zu vereinigen und zu ergänzen, sich nicht an allen Stellen in demselben Maße auswirkt. Es läßt sich vielmehr eine deutliche Vorliebe für die Jugend erkennen. Die *Enfances*-Epen übertreffen an Zahl deutlich die Epen über das Alter. Und innerhalb von Einzelliedern und zu genealogischen Zyklen gehörigen Liedern ist eine Beschreibung der Jugend fast immer vorhanden, während das Alter nur in einzelnen Fällen eine Rolle spielt. Es gibt sogar Einzellieder, die nur die Jugend eines Helden schildern und deren Handlungsschema ganz dem der *Enfances* entspricht, ohne daß sie sich einem Zyklus zurechnen ließen. So ist *Floovant* zwar lose mit anderen Liedern über den königlichen *lignage* verbunden, jedoch nicht direkt mit einem anderen Lied verknüpft. Daß im Anschluß an diese *chanson* keine weitere zu erwarten ist, bringt der Dichter sogar explizit zum Ausdruck. Am Schluß des Textes heißt es nämlich:

> ... Et Floovanz fut rois de France lou regné.
> Asez avoit apris, gran maus [ai] anduré.
> Jemais avant de plus n'an orrez [nul] parler,
> S'i ne vos veut mançonge ou novales conter
> (*Floovant* 2529–2532).

In dieser *chanson* wird erzählt, wie sich der Sohn des Königs Clovis, für sieben Jahre in die Verbannung geschickt, in verschiedenen Kämpfen hervortut, wie er eine Sarazenenprinzessin zur Frau gewinnt und schließlich seinem von den Sarazenen bedrängten Vater zu Hilfe kommt. Den Abschluß der Handlung bildet ein knapper Bericht über seine Krönung[11]. Entsprechende Einzellieder über alte Helden gibt es nicht.

Wenn in einem Zyklus das Alter eines Helden beschrieben wird, dann wird dieser zum Heiligen, in den *Moniage*-Epen mit einer deutlichen Tendenz

---

[11] Vgl. auch *Orson de Beauvais*. Dieses Werk endet noch vor der Heirat des Helden Milon, doch hat es vielleicht eine Fortsetzung gegeben.

zur Komik, sonst, etwa in *Girart de Roussillon* oder in *Renaut de Montauban*, unter Verzicht auf den Charakter eines ritterlichen Helden. Eine gewisse Ausnahme stellen die Lieder über den alten Aymeri dar – *Guibert d'Andrenas*, *Prise de Cordres et de Sebille* und *Mort Aymeri*, alle wohl Anfang des 13. Jahrhundert entstanden –, aber in den beiden ersten Liedern wird das Alter kaum besonders hervorgehoben, und in der *Mort Aymeri*, in der der alte Held als solcher vorgeführt wird, erscheint er vor allem in mitleiderweckenden Situationen. Er wird beispielsweise von den Sarazenen gefangengenommen und auf einem Lastpferd gefesselt abgeführt (1598f). Die Gestalt des ehrwürdigen alten Helden, wie sie Karl der Große im *Rolandslied* oder Guillaume im *Wilhelmslied* verkörperten, gibt es nicht mehr. Hinter dieser Entwicklung könnte derselbe ‹Jugendkult› stehen, den wir in den Romanen beobachtet haben.

1. Der Held als Sohn

In einer großen Zahl von *chansons de geste* aus der zweiten Jahrhunderthälfte wird die Erzählung in einer Weise eingeleitet, die bis dahin den Heiligenlegenden und dem *Alexanderroman* vorbehalten war, die der gleichzeitig entstehende Roman aber ebenfalls entwickelt: Bevor der Held selbst in Erscheinung tritt, wird mit den Eltern des Helden eine ältere Generation vorgestellt, so daß der Held von vornherein als Angehöriger einer jüngeren Generation erscheint. Daß die Handlung nicht gleich bei der Person des Helden einsetzt, ist in den *chansons de geste* schon immer üblich gewesen, doch waren es bisher stets der Hof oder die Ratsversammlung eines Königs oder eines Vasallen, die beschrieben wurden, bevor der Held selbst auftrat. Es wurde also das soziale und politische Umfeld des Helden geschildert, nicht jedoch eine Zuordnung zu einem bestimmten Elternhaus oder zu einer bestimmten Generation vorgenommen.

Diese Art, den Helden einzuführen, ist keineswegs auf die *Enfances*-Texte beschränkt, die sich mit den Jugendtaten eines Helden beschäftigen, sondern findet sich ebenso in Liedern, die den Helden später als erwachsenen Mann zeigen. Außerdem ist die Einführung eines Helden als Sohn in den *chansons de geste* weitgehend unabhängig vom weiteren Handlungsverlauf. Die Beziehung zu den Eltern ist nicht mit einem bestimmten Handlungsschema verknüpft; in vielen Fällen spielt sie außerhalb der Einführungspassage keine oder nur eine untergeordnete Rolle. Beides unterscheidet die *chanson de geste* grundsätzlich vom Roman.

Ausgenommen von dieser Entwicklung bleiben allerdings diejenigen Epen, die zu einem Zyklus über die Taten eines Helden gehören, aber nicht dessen Jugend schildern (also zum Beispiel *Moniage Guillaume*, *Aliscans* oder *Moniage Rainouart*), die Lieder des ersten Kreuzzugszyklus sowie einige wenige andere Texte wie *Aiquin* oder *Simon de Pouille*. Einige von ihnen wie *Aliscans* oder die Kreuzzugsepen sind Neubearbeitungen von älteren *chansons*, die den ‹generationsneutralen› erwachsenen Helden aus ihren Vorlagen übernehmen. In diesen *chansons* finden sich in der Regel keine besonderen Passagen zur Einführung des Helden.

Im einzelnen kann die Einführung des Helden als Sohn in den *chansons de geste* sehr verschiedene Formen annehmen. Es kann sich um eine Vorgeschichte handeln, in der der Vater des Helden die zentrale Rolle spielt und in der berichtet wird, wie er heiratet und Kinder zeugt. Dies ist etwa in *Garin le Loherain* der Fall. Die Einführung kann aber auch auf einen knappen Bericht über die Geburt und die Taufe reduziert werden (*Ami et Amile*) oder sogar auf eine bloße Angabe über die Abstammung, die primär dazu dient, die *chanson* an eine vorangehende anzuschließen (*Gui de Nanteuil*). In anderen Fällen finden sich umfangreiche, die Handlung einleitende Episoden, die den Helden in einem jugendlichen Stadium zeigen (*Narbonnais, Enfances Guillaume, Girart de Vienne*) und die sogar, wie in *Aiol*, für das Verständnis der Handlung grundlegend sein können.

Die möglichen Variationen der Einführung des Helden sind somit viel zahlreicher als im Roman. Die große Variationsbreite deutet schon an, daß wir es tatsächlich mit einer generellen Veränderung in der Auffassung vom Helden zu tun haben und nicht nur mit der Übernahme eines beliebten literarischen Motivs aus einer anderen Gattung.

a. Typische Motive: Einführung des Helden

Bei aller Verschiedenheit der einzelnen *chansons de geste* hinsichtlich der Einführung des Helden fallen doch einige wiederkehrende Motive auf, die wir einzeln besprechen wollen.

Zeugung, Geburt, Taufe und Erziehung

Das auffälligste Motiv im Zusammenhang mit der Einführung des Helden ist der Bericht über Zeugung, Geburt, Taufe und Erziehung. Er taucht in der *chanson de geste* erst in dem hier behandelten Zeitraum auf. Zuvor fand sich Entsprechendes nur in der Heiligenlegende und im *Alexanderroman*. Im *Alexiuslied* wurde beispielsweise zu Beginn nicht nur über die Geburt des künftigen Heiligen berichtet, sondern es wurden auch Einzelheiten über seine Erziehung mitgeteilt. Im *Alexanderroman* folgte auf die Schilderung der Geburt ein detaillierter Bericht über die Erziehung und den Unterricht, die dem Helden zuteil wurden.

In dem wohl frühesten der epischen Texte, in denen das Motiv begegnet, *Aiol*, umfaßt es alle in Frage kommenden Elemente: Aiols Eltern Elie und Avisse, von König Louis, Avisses Bruder, aus Frankreich vertrieben, finden in einer Einsiedelei in der Gascogne Aufnahme, wo Aiol geboren wird. Er wird von dem Eremiten getauft (57–68), und als er alt genug ist, wird er von seinem Vater zu König Louis geschickt, um sich Ruhm zu erwerben und die Rehabilitierung des Vaters zu erlangen (118ff). Anläßlich dieses Aufbruchs wird ausführlich berichtet, daß Aiol von dem Eremiten Lesen und Schreiben gelernt hat, von seiner Mutter in die Sternenkunde eingeführt wurde und von seinem Vater in den Fähigkeiten des Ritters unterwiesen wurde:

> Il n'ot valet en France mieus dotriné(s),
> Ne mieus a .i. preudome seust parler.
> Del ceval et des armes seut il assés,
> Si vos dirai comment, se vous volés:
> Car ses peres l'ot fait sovent monter
> Par la dedens le bos ens en .i. pré
> Et le boin ceval core et trestorner,
> De dit et de parolle l'en a moustré,
> Aiols le retient bien comme senés;
> Et des cours des estoiles, del remuer,
> Del refait de la lune, del rafermer,
> De chou par savoit il quant qu'il en ert:
> Avise la ducoise l'en ot moustré;
> Il n'ot plus sage feme en .x. chités.
> Et Moisès l'ermite l'ot doctriné,
> De letres de gramaire l'ot escolé:
> Bien savoit Aiols lire et enbriever,
> Et latin et romans savoit parler,
> Ne en tere u il sache ja tant esrer
>
> (*Aiol* 259−277).

In keiner anderen *chanson de geste* wird in dieser Weise auf die Einzelheiten der Ausbildung Wert gelegt. Nur in Einzelfällen wird erwähnt, daß ein Held lesen gelernt hat, doch bleibt es jeweils bei einer knappen Bemerkung, die von der Einführung des Helden völlig unabhängig ist[1]. Der Fall *Aiol* ist deshalb besonders interessant, weil diese wohl in den sechziger Jahren entstandene *chanson* noch kaum vom Roman beeinflußt sein kann. Die *chanson de geste* hat hier also ein Motiv direkt aus der Heiligenlegende oder dem *Alexanderroman* übernommen (der Unterricht über die Bewegungen der Sterne deutet eher auf letzteren), läßt sich aber von der Form, die dasselbe Motiv etwas später in den Romanen annimmt, nicht mehr beeinflussen, sondern bewahrt ihre Eigenständigkeit gegenüber dieser Gattung[2].

Ohne den Bericht über die Erziehung findet sich das Motiv der Zeugung oder Geburt jedoch noch in mehreren anderen *chansons de geste*. So wird in *Garin le Loherain* geschildert, wie Hervis de Metz nach verschiedenen Kämp-

---

[1] Eine entsprechende Bemerkung über Kaiser Karl findet sich an einer Stelle in *Renaut de Montauban* (6116). In *Gerbert de Metz* läßt der Titelheld seinen Sohn in den *lettres* unterrichten (14027f). − Zwar ist auch in anderen *chansons* häufig von einem *maistre* die Rede, doch wird nicht mitgeteilt, worin seine Funktion besteht.

[2] Zur Ausformung, die das Motiv in den Romanen erfährt und die ebenfalls von *Aiol* unabhängig sein dürfte, s. o. S. 147−150.

fen Aeliz von Köln heiratet und mit ihr zwei Söhne und sieben Töchter bekommt:

> ... Et dedenz Mes la pucelle amena.
> A molt grant joie li vassax l'espousa.
> Premiere nuit qu'avoec li se coucha,
> L'ore fu bonne; .i. fil engendré a;
> Garin ot non ensi apellé l'a;
> A son vivant grant painne souferra,
> Et a l'autre an Begonet engendra.
> ...
> .VII. filles ot li Loherenz Herviz ...
> *(Garin le Loherain* 783−789, 799).

In dieser einfachen, nur Heirat und Zeugung umfassenden Form ist das Motiv auch außerhalb der Einführung des Helden verbreitet. Es bildet den üblichen Abschluß der Schilderung einer Heirat.

Heirat der Eltern, Geburt und Taufe werden in *Orson de Beauvais* erwähnt:

> Li dus Ours prit molier de molt jante façon:
> Aceline la jante ot la pucelle a nnon,
> Niece fu Giboïn, fille au conte Huon.
> Lonc tans la tint li dus, s'an out un fil, Milon;
> Celui leva de fons Huges au cuer felon;
> Mout ama la duchece coemant a laron
> *(Orson de Beauvais* 13−18).

Diese Gestaltung des Motivs ist auf die folgende Handlung abgestimmt: Die Tatsache, daß der Verräter Hugon der Pate des Kindes ist, wird zu Komplikationen in der Handlung führen, da er trotzdem die Mutter des Kindes, seine Gevatterin, heiraten will.

Die Zuordnung zu einer Generation ist sicher nicht die wichtigste Funktion dieser Stellen. Vor allem dienen sie dazu, die vornehme Abkunft der Helden darzustellen. Dennoch haben sie auch den Effekt, daß sie den Helden von einer älteren Generation absetzen.

Auch in *Ami et Amile* bereitet die Schilderung von Geburt und Taufe der beiden Helden die eigentliche Handlung vor, indem sie zeigt, daß deren Freundschaft von Gott gewollt und vorherbestimmt ist:

> Ansoiz qu'Amiles et Amis fussent né,
> Si ot uns angres de par Deu devisé
> La compaingnie par moult grant loiauté.
> En une nuit furent il engendré
> Et en un jor baptizié et levé ...
> *(Ami et Amile* 19−23).

In dieser sich stark an Heiligenlegenden anlehnenden *chanson* hat das Motiv die Funktion der Zuordnung zu einer jüngeren Generation wieder völlig verloren: Die Eltern werden hier überhaupt nicht mehr erwähnt.

Ein aus der Legendentradition übernommenes Motiv wird also in der zweiten Jahrhunderthälfte selbstverständlicher Bestandteil der *chansons de geste*. Dabei verliert es jedoch die Elemente, die zur kriegerischen Thematik des Epos nicht passen und wird außerdem in hohem Maße der jeweiligen Handlung angepaßt. Nur der Dichter von *Aiol* übernimmt es in seiner vollen Form, mit der Unterweisung des Helden in Lesen, Schreiben und wissenschaftlichen Kenntnissen, die auch in diesem Text für die Handlung ohne Belang sind. Dies zeigt deutlich, daß der Dichter von *Aiol* das Motiv noch nicht in der epischen Gattung vorfand, sondern mit der Übernahme ins Epos eigenständig experimentierte.

Geburt, Taufe und Erziehung gehören in den privaten Lebensbereich, der mit dem hier besprochenen Motiv nun auch in der *chanson de geste* häufiger zur Darstellung kommt. Doch werden das Zuhause des Helden und seine familiäre Umgebung, abgesehen von *Aiol*, nirgends so detailliert geschildert wie in manchen Romanen. Wenn eine Schilderung persönlicher Beziehungen im Rahmen der Kleinfamilie erfolgt, dann ist sie stets mit einem politischen oder militärischen Aspekt verknüpft.

Verlust des Vaters, Bedrohung durch einen Verräter und Flucht mit einem treuen Begleiter

Dieses Motiv kam, wenn auch noch nicht in derselben ausgeprägten Form, bereits im *Couronnement Louis* vor, wo Louis, Karls Nachfolger, nach dem Tode seines Vaters durch Verräter bedroht war und von einem treuen *abbé* in Sicherheit gebracht werden mußte (1382–1385, 1444–1453). Doch handelte es sich dabei nicht um die Geschichte des Helden, Guillaume, sondern nur um die Gelegenheit, die es diesem ermöglichte, seine Tapferkeit und Loyalität unter Beweis zu stellen.

In der zweiten Hälfte des Jahrhunderts wird dieses in der *chanson de geste* schon vorhandene Motiv nun mit einem neuen Sinngehalt versehen. Statt wie bisher primär Schwäche anzuzeigen, dient es nunmehr hauptsächlich dazu, die Jugend zu betonen, und wird ausschließlich im Rahmen der Einführung des Helden zu Beginn der Handlung eingesetzt.

In *Orson de Beauvais* droht der Verräter Hugon, der Milons Vater Orson anläßlich einer gemeinsamen Pilgerfahrt verkauft und seine Mutter Aceline gegen deren Willen geheiratet hat, den Sohn zu töten (642f). Dieser flieht daraufhin mit seinem *maistre* Guinemant (656ff). Als Hugon sie verfolgt, überredet Milon Guinemant, ihn gegen Hugon kämpfen zu lassen, und es gelingt ihm, diesen so schwer zu verletzen, daß er mit seinen Rittern umkehrt (713–724).

Durch Verrat dürfte auch Karl in *Mainet* ins Exil getrieben worden sein, wo er sich im Dienste des Sarazenenkönigs Galafre auszeichnet.

Daß die durch die Notwendigkeit der Flucht eigentlich zum Ausdruck gebrachte Schwäche nicht mehr als prinzipielle Eigenschaft gedacht ist, ergibt sich in beiden Fällen daraus, daß die fliehenden jungen Helden gleich nach ihrer Flucht Heldentaten vollbringen (*Mainet*) oder sogar schon während der Flucht einzelne Kämpfe bestehen (*Orson de Beauvais*). Dennoch zeigt sich natürlich in der Tatsache, daß sie überhaupt fliehen müssen, eine gewisse Begrenztheit ihrer Fähigkeiten: Sie sind noch nicht imstande, mit den Verrätern vor Ort fertig zu werden, wodurch ihr geringes Alter betont wird. Im Falle Milons wird die Jugendlichkeit durch das Vorhandensein eines *maistre* noch besonders verdeutlicht.

In *Floovant* erscheint das Motiv in abgewandelter Form. Es ist keine reale Bedrohung durch Verräter, die den Helden hier mit einem Begleiter ins Exil treibt, er wird vielmehr vom Vater wegen einer kindlichen Untat – er hatte seinem Lehrer, als dieser schlief, den Bart abgeschnitten – exiliert. Das Motiv ist hier also mit einer deutlichen Betonung des jugendlichen Alters verknüpft. Von wirklicher Schwäche kann dagegen überhaupt keine Rede mehr sein; noch unterwegs befreit Floovant die Tochter des Königs Flore aus der Hand dreier Sarazenen (275–291).

Weniger weit fortgeschritten scheint diese Verschiebung in der Bedeutung des Motivs in *Garin le Loherain*. Nachdem der Vater der Helden, Hervis, in einer Schlacht gefallen ist, besetzt einer seiner vormaligen Verbündeten die Stadt Metz. Der *maistre* flieht mit den jungen Helden zu ihrem Onkel, dem Bischof von Châlons:

> Berengiers l'oit, qui fu maistre Garin;
> Le danzel monte sor .i. cheval de pris
> Et Begonet a sor .i. autre mis.
> De la vile issent, que il ne soient pris.
> Vers Chaelons qui en Chanpagne sist
> Vont a l'evesque qui fu freres Hervil.
> Molt bel a fait les enfans recoillir;
> Adés furent o li bien .vii. ans et demi
> (*Garin le Loherain* 1007–1014).

Erst nach einem längeren Aufenthalt bei diesem Onkel und am Hofe Pepins (1014–1016, 1043ff) vollbringen Garin und Begon ihre ersten Kampfestaten. Diese ‹realistischere› Schilderung entspricht zwar einerseits der Darstellungsweise der ganzen *chanson*, die mit ihrem politischen und militärischen Hin und Her stärker historische Zustände widerspiegelt als die idealisierenden Texte, die die Loyalität zum König und den Sarazenenkampf preisen, doch scheint sie auch eine ältere Entwicklungsstufe in der Geschichte des Motivs zu repräsentieren. Dieses wird hier zwar primär dazu verwendet, die Helden als besonders jung einzuführen, ist jedoch nicht Bestandteil der Haupthandlung, in der Garin und Begon Heldentaten vollbringen. Es ist somit noch nicht notwendigerweise von der Schilderung realer Schwäche unterschieden. Die Datierung von *Garin le Loherain* ist umstritten, doch dürfte diese *chanson* tatsächlich älter sein als die übrigen erwähnten Texte, die allesamt auf die Zeit um 1200 zu datieren sind.

Wir können also beobachten, wie ein altes episches Motiv, das ursprünglich zur Darstellung von Hilflosigkeit und Schwäche verwendet wurde, umgewandelt wird, um der neuen Mode, der Betonung der Jugend des Helden, zu dienen.

Der Aufbruch von zu Hause und die Ankunft am Königshof

Wieder anders verhält es sich mit dem dritten Motiv, dem Aufbruch zum Hof des Königs mit der Absicht, in dessen Dienste zu treten. Es findet sich erst seit *Aiol* in den *chansons de geste* und ist von vornherein mit dem Beginn der Handlung verbunden. Doch kann die Reise zum Hof selbst schon einen wesentlichen Teil der Handlung ausmachen.

In *Aiol* ist das Motiv des Aufbruchs zum Königshof ganz Bestandteil einer individuellen Handlung: Aiol will in die Dienste des Königs treten, um seinem Vater Elie sein Lehen wieder zu verschaffen, aus dem er zu Unrecht vertrieben worden ist.

In allen anderen Texten wird der Aufbruch zum Königshof dagegen als selbstverständliches Ereignis im Leben eines vornehmen jungen Mannes geschildert. Die Helden brechen entweder auf, um vom König die ritterlichen Waffen zu erhalten, oder um sich in seinem Dienst ein Lehen zu erwerben.

So erhält der Titelheld von *Raoul de Cambrai* das *adoubement* vom König (460–519). Es ist allerdings unklar, ob und wie hier der Aufbruch des Helden von zu Hause, wo er sich zu Beginn der *chanson* aufhielt, geschildert war, da die einzige erhaltene Handschrift an dieser Stelle eine Lücke aufweist.

In *Girart de Vienne* brechen die vier Söhne des Garin de Monglane gemeinsam von zu Hause auf, um teils bei fremden Herrschern, teils im Dienste Kaiser Karls den Ritterschlag zu empfangen und sich ein Lehen zu erwerben: «Ore en irons, pere, s'il vos agree, / conquerre ennor en estrange contree» (302f).

In den *Narbonnais* begegnet das Motiv in einer besonders ausgestalteten Form. Der Vater, Aymeri von Narbonne, schickt sechs von seinen sieben Söhnen fort, damit sie sich selbst ein Lehen erwerben (36–301): Er nennt dann jedem einzelnen von ihnen, welches Amt oder Lehen er anstreben soll. Bueve soll zu König Yon in die Gascogne gehen, Garin nach Pavia zu seinem Onkel, König Boniface, die übrigen sollen sich zu Kaiser Karl nach Paris begeben. Nach einigen vergeblichen Versuchen von seiten der Mutter, des jüngsten Bruders und der Bürger der Stadt Narbonne, den Vater davon abzuhalten, die Söhne fortzuschicken, brechen diese auf. Sie verweigern auch die Annahme von Geld, das ihnen die Mutter noch mitgeben will. Es folgt eine Schilderung der Reise und der Ankunft aller Söhne an ihrem jeweiligen Ziel[3]. Stark abgewandelt erscheint das Motiv in den *Enfances Guillaume*, wo zusammen mit den Söhnen auch der Vater zum König aufbricht.

---

[3] Wir werden auf diese Passage u. S. 236–238 näher eingehen.

Auch sonst gibt es Fälle, in denen der Vater sich mit den Söhnen zum Hof begibt, doch dann wird meist nur die Ankunft geschildert, nicht aber der Aufbruch. So beginnt die Handlung des ersten Hauptteils von *Renaut de Montauban* mit einer Beschreibung der Ankunft Aymons und seiner vier Söhne am Hofe Kaiser Karls (1734–1740).

Eine weitere Ankunftsschilderung findet sich in *Garin le Loherain*. Hier sind es Garin und Begon, die zum ersten Mal bei Hofe erscheinen, um in den Dienst König Pepins zu treten. Da ihr Vater jedoch bereits tot ist, werden sie von ihrem Onkel, dem Bischof von Châlons, begleitet. Das Motiv der Ankunft beim König wird hier an das bereits besprochene Motiv der Flucht nach dem Tod des Vaters angeschlossen. Doch werden die Helden nicht direkt nach ihrer Flucht von ihrem Begleiter zum König gebracht; der Dichter fügt vielmehr einen neuen Aufbruch und eine neue Begleitperson ein. Die beiden Motive bleiben also klar voneinander getrennt. Dies scheint anzudeuten, daß der Dichter von *Garin le Loherain* die beiden Motive schon als fixierte Einheiten kannte, die er nicht beliebig abändern konnte.

Das Motiv des ersten Auftretens eines jungen Helden am Hofe des Herrschers, in dessen Dienste er treten möchte und von dem er sich als Lohn für seine Dienste die Übertragung eines Lehens erhofft, gehört seinem Ursprung nach durchaus in den feudalen Bereich der *chansons de geste* und ist in dieser Form auch auf diese Gattung beschränkt. Zwar gibt es auch in den Romanen Helden, die zu einem König aufbrechen, um in dessen Dienste zu treten, doch bildet sich dort kein einheitliches Motiv heraus, und in der Regel besteht auch kein Zusammenhang mit der Einführung des Helden. Vergleichbar ist nur der Beginn von *Ille et Galeron*, wo sich außer dem Motiv des Aufbruchs zum Königshof und des Ritterschlags durch den König auch dasjenige der Flucht vor Feinden nach dem Tode des Vaters findet (93–117). Daß sich der Anfang dieses Romans stark an die *chanson de geste* anlehnt, haben wir bereits in anderem Zusammenhang festgestellt[4].

Trotz dieses ausgesprochen ‹epischen› Charakters ist das Motiv in den frühen *chansons de geste* noch nicht vorhanden. Der Dichter des *Aiol* kannte es in seiner für die späteren Epen typischen Ausformung offenbar noch nicht. Der Grund für das Fehlen des Motivs in der ersten Jahrhunderthälfte dürfte darin zu suchen sein, daß es, wie das Motiv der Geburt und Erziehung, wesentlich mit der Vater-Sohn-Beziehung und dem Wechsel der Generationen verbunden ist. Es ist der Vater, der dafür sorgt, daß seine Kinder durch das *adoubement* und den Dienst bei einem König in die Welt der Ritter aufgenommen werden. Nur in *Garin le Loherain* wird der Vater, bedingt durch die Verknüpfung mit dem Motiv der Flucht, das den Verlust des Vaters voraussetzt, durch einen väterlichen Onkel vertreten[5]. Offensichtlich bildet

---

4 s. o. S. 175f.
5 Eine Ausnahme bildet auch *Girart de Vienne*, wo die Kinder aus eigenem Antrieb aufbrechen. Der Autor, Bertrand de Bar-sur-Aube, der die Girart-Gestalt bewußt

sich das Motiv mit der neuen literarischen Mode, die im Helden den Angehörigen einer jungen Generation sieht, innerhalb der epischen Gattung heraus. Es betont die Jugendlichkeit des Helden und ermöglicht es außerdem, die Handlung trotz der Zuordnung der Helden zu einem Elternhaus vom feudalen Machtzentrum ihren Ausgang nehmen zu lassen, wie es die politisch-militärische Thematik meist erfordert.

Belehrung durch den Vater

Der Aufbruch von zu Hause ist in *Aiol* und in den *Narbonnais* mit einer mehr oder weniger ausführlichen Maßregelung des Sohnes oder der Söhne durch den Vater verbunden, in der es um das richtige Verhalten geht. Das Motiv der Belehrung ist das einzige der hier besprochenen vier Einführungsmotive, das bereits eine nähere Untersuchung erfahren hat; Sandra Ch. Obergfell hat es 1974 in ihrer Dissertation über die Vater-Sohn-Beziehung in altfranzösischen *chansons de geste* und Romanen eingehend behandelt[6]. Sie betrachtet es allerdings nicht unter dem Gesichtspunkt der Einführung des Helden, sondern nur in seiner Funktion für die Gesamthandlung, weist jedoch darauf hin, daß es sich oft am Beginn einer Handlung findet.

In unserem Untersuchungszeitraum findet sich das Motiv nur in *Aiol* in Reinform: Aiols Vater gibt dem Sohn Verhaltensmaßregeln, die dieser sich anhört und akzeptiert und die sich in seinen späteren Handlungen widerspiegeln. Dieser Fall ist von Obergfell genau analysiert worden, so daß wir hier auf eine Besprechung verzichten können[7].

In den *Narbonnais* spielt dagegen ein anderes Motiv mit hinein, das der Unzufriedenheit des Vaters mit dem Sohn. Dieses Motiv ist nicht unbedingt mit der Einführung des Helden verbunden, sondern findet sich auch an anderen Stellen der Handlung; wir wollen es daher zusammen mit den übrigen im Handlungsverlauf vorkommenden Vater-Sohn-Motiven im folgenden Kapitel besprechen.

Erläuterungen

Alle typische Motive, die bei der Einführung des Helden Verwendung finden, stellen diesen dem Vater oder den Eltern gegenüber, setzen ihn so von einer älteren Generation ab und ordnen ihn einer jüngeren zu.

---

in die Sippe Aymeris eingliedern wollte, hat hier offensichtlich die Nachahmung des in dieser Sippe herrschenden Prinzips, daß die jungen Helden sich ihr Lehen selbst erobern, etwas weit getrieben. Doch konfrontiert auch er seine Helden mit ihrem Vater.

[6] Sandra Cheshire Obergfell, *Aspects of the Father-Son Relationship in Old French Chanson de geste and Romance*, Diss. Indiana Univ. 1974.

[7] Vgl. *Aspects of the Father-Son Relationship*, 18−32. Wir werden bei der Besprechung der Vater-Sohn-Beziehung in der Gesamthandlung auf diesen Fall zurückkommen; s. u. S. 250−252.

Für die Einführung von Helden als Neffen, die es ebenfalls gibt[8], haben sich keine derartigen Motive herausgebildet. Neffen erscheinen nach wie vor einfach als dem Onkel zugeordnete Gestalten, die beispielsweise in seinem Gefolge auftreten. In Einzelfällen – zu nennen sind *Aspremont* und *Gui de Bourgogne* – kann jedoch auch durch eine Neffenbeziehung eine Einordnung des Helden in das Generationsschema erfolgen. In beiden Fällen ist der Neffe jedoch von anderen Gestalten umgeben, die als Söhne definiert sind und das Generationsverhältnis verdeutlichen. So kann der junge Roland in *Aspremont* die anderen Knappen, die mit ihm den Rittern nachgeritten sind, um am Kampf teilzunehmen, mit folgenden Worten antreiben: «Querés vos peres par cel grant destorbier: / S'il ont mestier, bien lor devés aidier» (5560f). In *Gui de Bourgogne* werden die jungen Ritter, die in Abwesenheit Karls, der in Spanien gegen die Sarazenen kämpft, aus ihrer Mitte einen neuen König wählen wollen, von vornherein als Söhne definiert. Bertrand, der Sohn Naimes, formuliert es so:

> Karles est an Espaigne, o lui son grant barné;
> Il a .XXVII. anz acomplis et passez
> Qu'il anmena les peres qui nos ont angendrez
> (*Gui de Bourgogne* 196–198).

Der Held, Karls Neffe Gui, ist außerdem selbst zusätzlich als Sohn definiert: Sein Vater ist Sanson, Herzog von Burgund, der in derselben Weise mit ihm konfrontiert wird wie die anderen Barone Karls mit ihren Söhnen.

Hervorzuheben ist noch, daß konkrete Altersangaben in den *chansons de geste* der zweiten Jahrhunderthälfte bei der Einführung des Helden nur selten vorkommen. Dabei kannten schon die frühen *chansons de geste* solche Altersangaben; so wird in der *Chanson de Guillaume* erwähnt, daß der kleine Gui, Viviens Bruder, noch nicht (oder gerade erst) fünfzehn Jahre alt ist (680, 1000), und im *Charroi de Nîmes*, daß Guielin, Bertrands Bruder erst zwanzig Jahre zählt (610). Nun aber sind ungefähre Angaben häufiger. So sagt etwa die Mutter Aiols über ihren Sohn:

> Mes enfes est si jovenes n'a point de vides:
> Molt tost le torneront Franc a folie;
>
> ...
>
> Mes enfes est si jovenes, s'a poi d'aé,
> Que il ne set encore querre .I. ostel
> Ne a un gentil home ne set parler
> (*Aiol* 132f, 144–146).

Über Aymeri sagt sein Vater in *Aymeri de Narbonne*:

> Novelement a porté ses conrois:
> N'a pas encore .ij. et .iiij. mois,
> Que l'adouba Girars de Viennois
> (*Aymeri de Narbonne* 633–635).

---

[8] Hierzu s. u. S. 262–277.

Ganz ähnlich heißt es auch etwa über Gui de Bourgogne: «N'a pas encore .i. an que il fu adobé» (219). Offensichtlich entfällt durch die Zuordnung zu einer jüngeren Generation in den *chansons de geste* die Notwendigkeit zu exakten Altersangaben. Hierin unterscheidet sich die epische Gattung vom Roman, in dem absolute Altersangaben eine wichtige Rolle spielen[9].

Es hat sich gezeigt, daß die typischen Motive, die bei der Einführung des Helden verwendet werden, eine ganz unterschiedliche Geschichte haben: Wir können die Übernahme von Motiven aus anderen Gattungen ebenso beobachten wie die Umdeutung eines bereits vorhandenen Motivs und die Herausbildung eines neuen. Die aufkommende Idealisierung der Jugend bedeutet also nicht einfach eine Anlehnung an eine neue, moderne Gattung (den Roman), sondern ist ganz offensichtlich eine übergeordnete Entwicklung, die Auswirkungen verschiedenen Typs hervorruft.

b. Typische Motive: Weiterer Handlungsverlauf

Die Vater-Sohn-Beziehung spielt in der zweiten Hälfte des 12. Jahrhunderts nicht nur bei der Einführung des Helden eine wichtige Rolle, sie wird nun auch häufig im Verlauf der eigentlichen Handlung eingesetzt. Auch dort ist sie mit klar umrissenen typischen Motiven verknüpft. Über diese Motive hat Sandra Ch. Obergfell einen guten Überblick gegeben[10]. Ihre Arbeit zielt jedoch hauptsächlich darauf, überhaupt einmal aufzuzeigen, daß die Vater-Sohn-Beziehung in der altfranzösischen narrativen Literatur große Bedeutung besitzt, und vernachlässigt dabei den chronologischen und den literarisch-technischen Aspekt. Auch sind einige besonders interessante Textstellen nicht berücksichtigt. Obergfells Behauptung, daß die Verwendung der Vater-Sohn-Beziehung weder in verschiedenen Epochen noch in verschiedenen Gattungen wesentliche Unterschiede aufweise[11], ist, wie wir im folgenden zeigen wollen, nicht haltbar.

Kampf zwischen Vater und Sohn

Wir beginnen mit dem in der Weltliteratur verbreiteten Motiv des Kampfes zwischen Vater und Sohn[12], das auch den Dichtern des 12. Jahrhunderts bereits aus der Literatur bekannt sein mußte. Die antike Tradition bot etwa den

---

9 S. o. Teil III, S. 147, Anm. 9. Kleine Kinder werden allerdings nach wie vor mit einer Altersangabe eingeführt.
10 S. Ch. Obergfell, *Aspects of the Father-Son Relationship.*
11 *Aspects of the Father-Son Relationship*, 280.
12 Vgl. zum folgenden S. Ch.Obergfell, *Aspects of the Father-Son Relationship*, 186– 222, sowie dies., *The Father-Son Combat Motif as Didactic Theme in Old French Literature*, Kentucky Romance Quarterly 36, 1979, 333–348.

Kampf zwischen Oedipus und Laius[13]; im *Alten Testament* fand sich zum Beispiel der Krieg zwischen David und Absalom.

In der epischen Literatur der ersten Hälfte des 12. Jahrhunderts begegnete das Motiv bereits einmal in *Gormont et Isembart*[14]. In einem ähnlichen Zusammenhang wie dort, im Rahmen einer kriegerischen Auseinandersetzung zwischen Christen und Heiden, findet sich der Kampf zwischen Vater und Sohn in der zweiten Jahrhunderthälfte in *Aliscans* wieder[15]. Dort trifft Rainouart in der Schlacht auf seinen Vater, den Sarazenenkönig Desramé. Im Gegensatz zu der erwähnten Szene in *Gormont et Isembart* erkennen sich die beiden Kontrahenten vor dem Kampf. Beide versuchen zunächst, den anderen von seinem Glauben abzubringen, doch als dies nicht gelingt, kommt es zum Zweikampf, in dem der Sohn dem Vater drei Rippen brechen kann (6585ff). Obwohl Rainouart als Vertreter des Christentums im Recht ist, sagt er sich vorher formal von seinem Vater los: «Ne sui vos fius, certes, ne vos amis» (6615). Trotzdem wird der Kampf noch als *pechié* angesehen. Rainouart beschuldigt sich nach dem Kampf:

> «A las,» dist il, «tant sui maleürés!
> Or ai ge mors tos mes amis charnés
> Et a mon pere ai brisié les costés.
> Icist pechié ne m'iert ja pardonnés ...»
> *(Aliscans* 6657–6660).

Und selbst der heidnische Vater sagt es:

> Se je t'oci, jel ferai a envis;
> Peciés sera, si com dit li escris
>
> (ebd. 6603f).

Die Bewertung des Vorfalls erinnert noch stark an diejenige in *Gormont et Isembart*. Dennoch ist die Entwicklung, die sich seit jener *chanson* vollzogen hat, erstaunlich. Der Sohn kann jetzt, wenn auch nicht unter Bezug auf seine eigene Person, sondern nur auf seine Waffe, den Vater bewußt zum Kampf herausfordern:

> Rainouars sui; engendrés sui de toi.
> Hom sui Guillaume, si l'aim en bone foi.
> Se mal li fais, je le ferai a toi!
> Cil te deffie qui n'a soing de ta loi:
> C'est mes tinels que je tieng et paumoi
> (ebd. 6592–6596).

---

[13] Hierzu s. o. S. 122, Anm. 12.
[14] S. o. S. 103f.
[15] Eine detaillierte Analyse dieser Szene findet sich bei S. Ch.Obergfell, *Aspects of the Father-Son Relationship*, 194–198.

Der Dichter des zweiten Teils des *Wilhelmsliedes*, der eine ältere Fassung desselben Stoffes bietet, hatte diesen Zweikampf zwischen Vater und Sohn noch vermieden und Rainouart nur mit anderen Verwandten konfrontiert[16].

In dem wohl gegen Ende des Jahrhunderts entstandenen Schlußteil von *Raoul de Cambrai*, den Obergfell nicht behandelt, begegnet das Motiv noch einmal in einem vergleichbaren Kontext: Der Zweikampf findet innerhalb einer Schlacht statt, an der Christen und Heiden beteiligt sind, und der Christ, Bernier, besiegt den Champion der Heiden, seinen Sohn Julien. Doch geht es hier überhaupt nicht mehr um den Gegensatz der Religionen. Auch der Vater kämpft für einen heidnischen König, und der Sohn wird zwar für einen Heiden gehalten und hält sich auch selbst dafür, ist jedoch eigentlich ein Christ, der nach der Wiedererkennung nicht einmal mehr getauft werden muß. Außerdem erfolgt der Kampf nur, weil Vater und Sohn sich nicht kennen, während es zur Unterstreichung des Glaubensgegensatzes wie in *Aliscans* sinnvoller wäre, den Kampf trotz gegenseitigen Erkennens stattfinden zu lassen. Da es der Vater ist, der siegt, spiegelt der Kampf aber auch nicht etwa die Idealisierung der jüngeren Generation, wie es bei den noch zu besprechenden Beispielen der Fall sein wird. Die Funktion dieses Kampfes liegt vielmehr ausschließlich darin, die Handlung vorwärtszutragen: Das Staunen über die große Tapferkeit des scheinbaren Heiden Julien ist der erste Schritt auf dem Weg zur Wiedererkennung, die dann durch die Gefangennahme Juliens ermöglicht wird. Außerdem steigert der Kampf die Spannung, denn der Hörer oder Leser weiß, daß die Kontrahenten Vater und Sohn sind, und muß befürchten, daß durch die Begegnung im Kampf mindestens einer der beiden zu Schaden kommen könnte. Der Vater war aber nur in den Krieg gezogen, um von dem König, für den er kämpft, seinen Sohn wiederzubekommen. Dadurch, daß der Sohn nun auf der Gegenseite steht und sich als gefährlicher Gegner erweist, wird die Situation zusätzlich kompliziert.

Der Kampf zwischen Vater und Sohn ist hier zu einem banalen, spannungssteigernden Motiv abgesunken. Es ist deutlich, daß er jetzt einfach zu einem Reservoir fixierter literarischer Motive gehört, die ein Dichter beliebig einsetzen kann[17].

---

[16] S. o. Teil II, S. 104f.

[17] Wo es, wie hier, nicht um die Illustration eines prinzipiellen Gegensatzes ging, sondern nur um die Erzeugung eines besonderen Effekts, hatten es die Dichter bisher vorgezogen, andere Verwandte miteinander zu konfrontieren. So trifft Guillaume in *Aliscans* auf seinem Weg nach Laon auf seinen Bruder Hernaut, den er nicht erkennt und im Kampf vom Pferd stößt (2180ff). Auf ein weiteres Beispiel in der *Chevalerie Vivien* werden wir u. S. 269 eingehen. – Eine ausgestaltete Zweikampfszene, an der andere Verwandte als Vater und Sohn beteiligt sind und der auch eine übergeordnete Bedeutung zukommt, findet sich nur in *Aiol*. Dort stößt der Held in der Schlacht gegen den Grafen von Bourges, in der er für seinen Onkel, König Louis, kämpft, eben diesen vom Pferd, weil er ihn für einen Feind hält. Louis gibt sich zu erkennen und Aiol bittet sofort um Verzeihung. Der Kampf dient dazu,

Nicht immer geht jedoch die Entwicklung des Motivs in diese Richtung. In anderen Fällen wird der Kampf von Vater und Sohn mit einer neuen zusätzlichen Bedeutung versehen, die an die Stelle der Illustration des Gegensatzes von Christen und Heiden tritt. Es sind dies die Fälle, die in *Renaut de Montauban* und *Floovant* geschildert werden.

Floovant wird zu Beginn der Handlung von seinem Vater, König Clovis, aus Frankreich verbannt, zeichnet sich im Dienste König Flores im Kampf gegen die Sarazenen aus und wird schließlich, nach Ablauf der festgesetzten Zeit, von seinem Vater zurückgerufen, der in Laon von den Sarazenen belagert wird. Seine anderen Söhne haben das Christentum verleugnet und sind zu den Sarazenen übergegangen. Als Floovant mit den Truppen Flores zu Hilfe kommt und von außen das Belagerungsheer angreift, trifft er im Kampf auf Clovis, der von innen einen Ausfall gemacht hat. Er hält ihn für einen Feind, stößt ihn vom Pferd und hätte ihn beinahe getötet, doch sein treuer Begleiter Richier, der Clovis zuvor die Ankunft seines Sohnes gemeldet hatte und ihn daher an seiner Rüstung erkennen kann, kommt noch rechtzeitig hinzu und klärt ihn über die Identität seines Gegners auf. Floovant bittet den Vater sofort um Vergebung:

> Li bons rois Cloovis i feri conme bers;
> Et lui et Floovanz se sont antrecontrez.
> Li uns ne quenuit l'autre, granz cous se sont donez;
> Li escuz de lor cous sont fraiz i estrouez.
> Floovanz fit son pere a la terre verser,
> Sor lui s'est arestez li gantis bachilers.
> Il li eüst la teste fors dou bu desservrer,
> Quant Richeirs li escrie: «Que faiz tu, forsenez?
> Ja est ce Cloovis, ton pere l'andurez.»
> Quant l'antant Floovanz, es piez li est aulez,
> Venuz est a son pere, merci li a crïé:
> «Merci, baus sire peres, por Deu de maïsté!
> C'est Floovanz tes fiz qui a toi ai goté:
> Je ne vos quenus mie, ce saichiez de verté.»
> — «Bauz fiz, ce dit li peres, tot vos soit pordonez! ...»
> 						(*Floovant* 2464−2478).

Dieser Kampf Floovants gegen seinen Vater ist von Obergfell eingehend untersucht worden[18]. Sie zeigt insbesondere, wie hier einerseits Floovants Recht demonstriert wird und er einen Ausgleich für die ungerechtfertigt harte Strafe erhält, die zu seinem Aufbruch von zu Hause führte, und wie andererseits

---

Aiols ritterliche Fähigkeiten zu betonen, nachdem alle Welt einschließlich des Königs selbst ihn wegen seiner ärmlichen Ausstattung verachtet hatte, als er an den Hof gekommen war (3365−3430). Wieder erweist sich der Verfasser des *Aiol* als ein Dichter, der eigenständig von traditionellen epischen Schemata abweicht.

[18] S. Ch. Obergfell, *Aspects of the Father-Son Relationship*, 198−203, sowie dies., *The Father-Son Combat Motif*.

Jugend und Alter einander gegenübergestellt werden. Der Sohn stellt seine Befähigung, aber auch seinen Anspruch auf die Nachfolge seines Vaters unter Beweis – kurz darauf, am Schluß der *chanson*, wird er zum König gekrönt. Obergfell hat unseres Erachtens nur darin Unrecht, daß sie den letztgenannten Punkt als gleichberechtigt mit dem generellen Gegensatz von Christen und Heiden ansieht und beides unter dem Begriff der didaktischen Funktion zusammenfaßt. Es handelt sich hier nicht um die Gegenüberstellung eines richtigen und eines falschen Prinzips wie bei dem Gegensatz zwischen den beiden Religionen. Didaktisch ist die Szene nur insofern, als jemand, der sich nichts Schwerwiegendes hat zuschulden kommen lassen und seinem Glauben treu geblieben ist, einen Erfolg erringt. Doch die durch den Sieg über den Vater angedeutete Überlegenheit des Sohnes, die schließlich auch zur Übernahme des Königsamtes führt, ist einfach ein an sich selbstverständlicher Vorgang, die Ablösung einer Generation durch die nächste. Da das Interesse des Dichters dabei dem Angehörigen der jüngeren Generation gilt, dessen berechtigter Anspruch auf die Stellung des Älteren betont wird, ist es auch konsequent, daß die Handlung nach diesem Kampf zum Abschluß kommt. Mit der Übernahme des Königsamtes (und der damit verbundenen Heirat) hört Floovant auf, ein Repräsentant der jüngeren Generation zu sein.

Zu erwähnen ist noch der Fall von *Renaut de Montauban*. In dieser *chanson* müssen Renaut und seine Brüder, die Söhne des Herzogs Aymon, gleich nachdem Karl sie zu Rittern gemacht hat, vom Hof fliehen, da Renaut einen Neffen des Kaisers anläßlich eines Schachspiels, dessen Ausgang dieser nicht akzeptieren wollte, erschlägt. Karl bietet ein Heer auf, verfolgt die Brüder und belagert sie schließlich in der Burg Montessor, die sie sich errichtet haben. Der Vater muß als loyaler Vasall im Heer Karls gegen seine eigenen Söhne kämpfen. Doch vermeidet der Dichter offensichtlich die konkrete Schilderung eines Kampfes des Vaters gegen einen seiner Söhne. Einzelkämpfe Aymons richten sich immer nur gegen einzelne andere Ritter, und Angriffe auf Aymon werden nur von einer unbestimmten Menge von Renauts Getreuen ausgeführt. Nur auf der abstrakteren Ebene der Schlacht wird der Vater als Gegner seiner Söhne vorgeführt. Als er sie in den Ardennen antrifft, wohin sie nach dem Verlassen ihrer Burg Montessor geflohen sind, greift er sie an («Adonc a li dus Aymes ses enfans desfiés. / Il broche le destrier, es les vos assemblés», 3022f) und besiegt sie. Sie müssen fliehen, nachdem sie viele ihrer Ritter verloren haben.

Wie in den anderen Fällen ist der Vater-Sohn-Konflikt auch hier Bestandteil eines größeren Kriegsgeschehens, doch beruht dieses nicht mehr auf dem Gegensatz von Christen und Heiden, sondern ausschließlich auf einer privaten Fehde zwischen Karl einerseits und Renaut und seinen Brüdern andererseits. Außerdem ist der Konflikt, der sich hieraus zwischen dem Vater und seinen Söhnen entwickelt, nicht mehr identisch mit dem übergeordneten Konflikt. Es geht vielmehr um eine Entscheidung zwischen Loyalität dem

Feudalherrn gegenüber und Solidarität mit den eigenen Söhnen. Mehrfach werfen die Söhne dem Vater, wenn sie ihm im Kampf begegnen, vor, daß er sie zu Unrecht im Stich gelassen habe:

> Quant Renaus vit son père, molt ot le cuer mari;
> Il en a apelé à loi d'ome hardi;
> Si li dist par contraire: «Que quesistes vos ci?
> Verrai je ja la terre où nos soions gari?
> Molt nos cuidions estre eslongié et fuï;
> Forjuré nos aves, je le sai tot de fi.
> Ja n'auromes del vostre la monte d'un espi,
> Et à vos herités avons del tot failli.
> . . .
> Ja ne me deüssies tenir por anemi;
> No mere nos desirre, qui soef nos norri.
> Onques de son corage ne fumes jor ahi . . .»
> (*Renaut de Montauban* 2290–2297, 2301–2303)[19].

Der Vater selbst gerät häufig in Gewissenskonflikte, die er auch artikuliert. So klagt er etwa, als er in den Ardennen auf sie stößt:

> Helas, ce dist li dus, con m'ont cist malbailli!
> Se je lais ces glotons, puis que je les voi ci,
> Parjuré sui vers Charle, ma foi li sui menti.
> Dame Dex me confonde, se il en vont issi.
> Las, pechieres, dolans! por coi n'en sunt fuï?
> Ja en iert la bataille, je le sai tot de fi,
> Et se mi fil i muerent, molt aurai cuer mari.
> (ebd. 2967–2973; vgl. 3125–3132).

Später duldet er einmal, daß sie zu Hause ihre Mutter besuchen und von ihr auch materielle Unterstützung bekommen (3456ff). Ganz aufgehoben wird seine Entscheidung für Kaiser Karl in einer späteren Schlacht, als er seinen fast ausgehungerten Söhnen heimlich Lebensmittel zukommen läßt (13484ff). An beiden Stellen gehen der Entscheidung des Vaters Auseinandersetzungen mit Renaut voran, in denen der Vater die Söhne zunächst heftig kritisiert und erklärt, sie nicht unterstützen zu können, ohne Karl gegenüber eidbrüchig zu werden. Besonders heftige Wortwechsel werden an der ersten Stelle geschildert (3475–3481, 3500–3523)[20]. Renaut gerät in Zorn, zieht beinahe das Schwert gegen Aymon und wirft ihm schließlich vor, daß er sie als Vater in jedem Fall unterstützen müßte, selbst wenn er deshalb einen Eid brechen sollte:

---

[19] In der von Jacques Thomas edierten Oxforder Handschrift Douce 121 (D), die vielleicht einen etwas älteren Textzustand wiedergibt, wird das Verhalten des Vaters stärker emotional charakterisiert und so deutlicher als unnatürlich gekennzeichnet: «... beau sire pere, por quoi nos haez si? / Bien sai que il vos poise que nos somes gari» (2566f).

[20] Die Handschrift D hat nur an dieser Stelle eine solche Auseinandersetzung. Diese entspricht jedoch der Version von L.

Baron, ce dist Renaus, bien puis [je] forsener
Quant je voi ci celui qui nos deüst garder
Et encontre tous homes maintenir et tenser
Et au bien et au mal le bon conseil doner.
Or s'est tornés au roi por nos deseriter,
Et si nos chace et hue, quant il nos puet trover.
Es Espaus, en Ardane, nos a fait molt ester.
Si nos i covint molt mesaises endurer;
Nos n'en porrïons pas la moitié aconter.
Nel feïsse de lui, por les membres coper,
Ains me laisasse ardoir et la poudre vanter;
Meis se Jhesus me laise de çaiens eschaper,
Ne li lairai de terre demi pié à gaster,
Por tant comme je puisse desor cheval monter;
Car bien set que por nos se deüst parjurer.

(ebd. 3543–3557)[21].

Renaut bezieht sich dabei offensichtlich nicht einfach auf die Pflicht zur Solidarität allen Sippenmitgliedern gegenüber, sondern vielmehr auf die besondere Schutzpflicht des Vaters seinen Kindern gegenüber, die, wie wir in Teil I
dargelegt haben, die absoluteste Schutzpflicht überhaupt ist. Der Vater akzeptiert diese Argumentation auch:

Quand li dus l'entendi, si commence à plorer.
«Helas! ce dist li dus, com or puis forsener,
Quant plus jones de moi me puet conseil doner;
Car ja por sairement nes deüsse grever.
Se je l'avoir deüsse comme leres embler,
Si lor deüsse jou departir et doner
Et à tot mon pooir essaucier et monter.»

(ebd. 3558–3564)[22].

Er entfernt sich dann, damit seine Gattin die Söhne in seiner Abwesenheit
versorgen kann.

Der Vater-Sohn-Konflikt wird also zum Vehikel eines neuen übergeordneten Gegensatzes, und zwar eines dem Entscheidungsraum des Individuums angehörigen Gegensatzes. Das traditionelle Motiv des Vater-Sohn-
Kampfes wird somit auch hier neuen Interessen angepaßt.

Eine ähnliche Personenkonstellation wie hier war schon in *Gormont et
Isembart* gegeben; auch dort kämpfte ein Vater auf der Seite seines Königs
gegen den eigenen Sohn. Dabei spielte vielleicht ebenfalls die Frage der
Loyalität zum König eine gewisse Rolle[23]. Doch soweit wir das aufgrund des

---

[21] In der Handschrift D fehlt der Vers 3557, doch ist der hier zum Ausdruck gebrachte Gedanke, daß der Vater einen Eidbruch in Kauf nehmen müsse, in der folgenden Erwiderung des Vaters ebenfalls vorhanden.
[22] In der Handschrift D wird in einem zusätzlichen Vers nach 3558 sogar explizit gesagt, daß Aymon die Worte des Sohnes für richtig hält: «Bien set que il li ot verité
aconter» (3749).
[23] S. o. Teil II, S. 104.

erhaltenen Fragments beurteilen können, wurde ein Konflikt zwischen Loyalität und familiärer Solidarität nicht geschildert. Auch dort wäre es der Vater, der sich zwischen seinem Sohn und seinem König entscheiden müßte. Gewissenskonflikte des Vaters haben den Dichter aber zumindest bei der Kampfszene nicht interessiert. Er weist noch nicht einmal darauf hin, daß der Zweikampf nicht nur deshalb zustande kommen kann, weil Isembart seinen Vater nicht erkennt, sondern auch deshalb, weil dieser seinen Sohn nicht erkennt. Dieser Befund scheint zunächst der von uns sonst konstatierten Verschiebung des Interesses auf die jüngere Generation zuwiderzulaufen. Tatsächlich konzentriert sich der spätere Dichter bei der Beschreibung des Vater-Sohn-Konflikts − und nur dort − auf die Gestalt des Vaters, der frühe Dichter auf die des Sohnes. Doch das, worauf es in beiden Fällen ankommt, ist der Verstoß gegen herrschende Wertvorstellungen. In *Gormont et Isembart* wird die Norm, daß dem Vater unbedingt Respekt zu erweisen ist, mißachtet, in *Renaut de Montauban* das Recht der Söhne, Unterstützung vom Vater zu bekommen, auch wenn dieser ihre politische Haltung nicht teilt. Der Gewissenskonflikt des Vaters setzt einen berechtigten Anspruch der Söhne voraus, wie er vorher nicht dargestellt wurde.

In keinem Fall führt in der *chanson de geste* der Zweikampf zwischen Vater und Sohn zum Tod eines der Beteiligten. Der Sieger stößt den Besiegten höchstens vom Pferd (*Gormont et Isembart, Floovant*), fügt ihm eine nicht lebensgefährliche Verletzung zu (*Aliscans*) oder nimmt ihn gefangen (*Raoul de Cambrai*). Die Dichter der *Chanson de Guillaume* und des *Renaut de Montauban* vermeiden es ganz, Vater und Sohn in einem Kampf direkt miteinander zu konfrontieren. Sandra Cheshire Obergfell hat, im Anschluß an Kurt Wais, diese Hemmung der Dichter, die Möglichkeiten des Motivs voll auszuschöpfen, mit der mittelalterlichen Ethik zu erklären versucht. Die mittelalterlichen Dichter scheuten sich, die Sünde eines Vater- oder Kindesmordes darzustellen[24]. Sie hat dabei übersehen, daß in anderen Gattungen durchaus geschildert werden kann, wie ein Vater vom Sohn oder ein Sohn vom Vater getötet wird; man denke etwa an den Totschlag des Laius durch Oedipus im *Roman de Thèbes* oder den Zweikampf von Artus und Mordred am Ende der *Mort le roi Artu*. Das Fehlen eines solchen Falles in den *chansons de geste* des 12. Jahrhunderts scheint vielmehr mit dem prinzipiell untragischen Charakter des Heldenepos zusammenzuhängen. Das Epos, das sich an ein weites Publikum richtet, ist in der Regel von einem ausgeprägten Harmoniebedürfnis bestimmt, das unverhältnismäßige Schicksalsschläge und Bestrafungen ausschließt[25].

---

[24] *Aspects of the Father-Son Relationship*, 281 mit Anm. 5.
[25] Nur einzelne Meisterwerke, die sich von der Erwartung des Publikums emanzipieren, können eine Ausnahme bilden. So ist es mit dem *Rolandslied*, und so ist es mit der *Ilias* im Vergleich zur *Odyssee* und zu den sogenannten kyklischen Epen.

Verbale Auseinandersetzungen

Noch häufiger als der Kampf zwischen Vater und Sohn ist in den *chansons de geste* die verbale Auseinandersetzung. Schon in dem eben besprochenen Beispiel *Renaut de Montauban* spielten Vorwürfe der Söhne an den Vater eine große Rolle. Sie waren dort allerdings mit Kampfhandlungen verknüpft. Dies ist in der Regel nicht der Fall; es handelt sich vielmehr um ein vom Kampfmotiv deutlich unterschiedenes Motiv, das, im Gegensatz zu jenem, auf die *chansons de geste* beschränkt ist[26].

Auch dieses Motiv ist von Sandra Ch. Obergfell anhand einiger Beispiele untersucht worden[27]. Für die *chansons* des Wilhelmszyklus hat außerdem Marie-Gabrielle Garnier-Hausfater dieses Phänomen behandelt[28]. Während erstere sich ganz auf die Vater-Sohn-Beziehung konzentriert, verzichtet Garnier-Hausfater auf eine Differenzierung zwischen den verschieden Verwandtschaftstypen und faßt so völlig verschiedene Formen von ‹Auseinandersetzungen› zu einem Phänomen zusammen. Wie Obergfell berücksichtigt auch sie nicht ausreichend die chronologische Entwicklung, obwohl sie einmal einen Unterschied zwischen frühen und späten Texten hervorhebt[29]. Die Entwicklung dieses Motivs ist jedoch noch aufschlußreicher als die des offensichtlich von vornherein als solchen vorhandenen Kampfmotives. Die Beschränkung der Untersuchung auf den Wilhelmszyklus erscheint gerade dann bedenklich, wenn man, wie Garnier-Hausfater es tut, versucht, Beziehungen zur realen Mentalität der Ritter des 12. Jahrhunderts herzustellen, denn die Helden des Wilhelmszyklus sind besonders stark idealisiert, und ihre Wertvorstellungen sind keineswegs repräsentativ für die gesamte Epik. Keine der beiden Arbeiten berücksichtigt innerliterarische Bezüge.

In der zweiten Jahrhunderthälfte sind Szenen, in denen ein Vater seine Unzufriedenheit mit dem Sohn zum Ausdruck bringt, ohne Ausnahme mit einer Auseinandersetzung zwischen Vater und Sohn verbunden. Hierin liegt bereits eine Entwicklung gegenüber den ersten Ausformungen des Motivs, die im *Couronnement Louis* und im *Charroi de Nîmes* vorliegen und die wir in Teil II besprochen haben[30]. Dort ärgerte sich der Vater über das Verhalten des Sohnes und kritisierte es, während der Sohn passiv blieb und den Aufforderungen des Vaters Folge leistete.

Eine ähnliche Szene wie in *Couronnement Louis* und *Charroi de Nîmes* finden wir bereits im ersten Teil von *Raoul de Cambrai* wieder. Als Bernier sich

---

[26] Zum Verhältnis von Vater und Sohn im Roman s. o. S. 147–158.

[27] *Aspects of the Father-Son Relationship*, 102–149.

[28] Marie-Gabrielle Garnier-Hausfater, *Mentalités épiques et conflits de générations dans le cycle de Guillaume d'Orange*, Le Moyen Age 93, 1987, 17–40.

[29] *Mentalités épiques*, 36f. Ausführlicher geht sie auf diesen Punkt in ihrer unveröffentlichten *thèse* ein: *Les conflits de générations dans les chansons de geste du cycle de Guillaume d'Orange*, thèse pour le doctorat du 3e cycle, Paris III, 1984, s. besonders 307–316.

[30] s. o. S. 99–103.

von seinem Herrn Raoul getrennt hat, weil dieser das Kloster, in dem sich seine, Berniers, Mutter aufhielt, niedergebrannt und ihn selbst außerdem noch blutig geschlagen hat, kommt er zu seinem Vater, Ybert. Dieser wirft ihm als erstes vor, daß er sich überhaupt mit Raoul eingelassen hat, und droht sogar, ihn von seinem Besitz, seiner «manantie», auszuschließen (1866–1882). Bernier rechtfertigt sich darauf durch einen ausführlichen Bericht über die von Raoul verübten Untaten (1884–1895), und der Vater verzichtet sofort auf weitere Kritik an dem Verhalten seines Sohnes und droht Raoul Rache an (1896–1914). Der Kontext macht deutlich, daß auch der zuerst geäußerte Tadel nicht ganz wörtlich zu nehmen ist; Ybert hat den Sohn bereits erfreut begrüßt (1843) und war bekümmert über seine Verwundung (1844–1846). Bernier scheint die drohenden Worte des Vaters zunächst ernst zu nehmen, denn er erwidert auf die väterliche Drohung: «Merci! biax pere, por Dieu le fil Marie, / Reteneis moi en la vostre baillie» (1884f). Er widerspricht dem Vater nicht, aber er versucht doch zu erreichen, daß dieser seinen augenblicklichen Zorn zurücknimmt, und verhält sich nicht passiv. Dies wäre für die Weiterführung der Handlung, d. h. die Vorbereitung der Verteidigung und Rache, nicht nötig gewesen; der Dichter hat ja bereits die Zuneigung des Vaters zu seinem Sohn zum Ausdruck gebracht, und auch die notwendigen Informationen über das Niederbrennen des Klosters und den Tod von Berniers Mutter sind bereits gegeben worden.

Daß der Sohn auf eine tadelnde Rede des Vaters überhaupt etwas erwidert, ist neu und paßt zu der Verlagerung des Interesses auf den jungen Helden. Der Tonfall, in dem der Sohn spricht, ist hier jedoch noch respektvoll.

Wichtig ist auch, wie der Vater seinen Tadel motiviert. Er bezieht sich auf vergangenes Verhalten des Sohnes, das in der konkreten Situation ohne Belang ist, und wirft ihm *orgueil* und *folie* vor. Diese hätten ihn, als er dem Kindesalter entwachsen war, in seiner «bachelerie», dazu gebracht, das väterliche Haus zu verlassen und sich Raoul anzuschließen. Er meint offensichtlich das leichtsinnige und undankbare Verhalten eines Jugendlichen oder jungen Mannes, kritisiert den Sohn also explizit wegen Handlungen, die in seinem jugendlichen Alter bedingt waren. Dies war im *Couronnement Louis* und im *Charroi de Nîmes* noch nicht der Fall, wo die Kritik des Vaters einem Verhalten galt, das von ihm nicht als spezifisch jugendlich, sondern als schwächlich qualifiziert wurde. Den eigentlichen Konfliktstoff liefert allerdings auch hier nicht der Altersunterschied, sondern nur die Tatsache, daß der Sohn unklug gehandelt hat. Das Alter des Vaters wird überhaupt nicht thematisiert.

Ganz anders sieht das schon in *Garin le Loherain* aus. Dort findet sich ziemlich am Anfang der Handlung eine Szene, die in diesem Zusammenhang interessant ist. Noch während sich Garin am Hofe des Königs Pepin aufhält, wird König Thierri von Moriane, einer von Pepins Vasallen, von den Sarazenen bedrängt und bittet um Unterstützung. Hardré, Oberhaupt der Sippe, die Garin später bekämpfen wird, und Berater Pepins, rät diesem vom Feldzug ab, Garin und andere junge Ritter, darunter auch Fromont, Hardrés

Sohn, können Pepin aber überzeugen, daß er Thierri unterstützen muß. Hardré tadelt sie (1383–1390). Ihm erwidert erst Garin, dann auch Fromont. Garin weist nur den Tadel zurück:

> Respont Garins: ie cuis vos me gabeis;
> Jai n'iert li ans acomplis ne passeis
> Que ne secoure dant Thieri l'adurei
> *(Garin le Loherain*, BN fr. 1442, f.12^{R}a 2–4;
> vgl. éd. Vallerie 1391, 1399f)[31].

Fromonts Rede hingegen ist kritischer. Er fordert den Vater auf, er solle den Hof verlassen, wo er überflüssig sei; es sei an der Zeit, daß die junge Generation die aktive Rolle übernehme, zumal auch der König jung sei:

> Peires, ce dit Fromons, et car vos repouseis!
> Dit en aveis dont vos estes blameis.
> Laissies la cort que mestier n'i aveis.
> Nous remanrons cui aveis enianrei;
> Li rois est iones, cel servirons asseis.
> Bien le puis faire je et mes paranteis
> (ebd., BN fr. 1442, f.12^{R}a 5–10;
> vgl. éd. Vallerie 1402–1407).

Während in *Raoul de Cambrai* nach Berniers Bericht noch der Vater die Initiative ergreift und die Vorbereitungen zur Verteidigung trifft, setzen sich hier die jungen Leute gegen den Willen des Alten durch. Zwar bleibt dessen Widerstand gegen den Feldzug nicht völlig erfolglos, er kann zumindest den König selbst, als dieser krank wird, davon überzeugen, daß er zurückbleiben müsse, doch erreichen die jungen Ritter es, daß Thierri überhaupt königliche Hilfstruppen bekommt[32]. Allerdings ist der Hauptopponent Hardrés nicht sein Sohn Fromont, sondern Garin. Um so bemerkenswerter ist es, daß dem Helden in dieser Szene noch Fromont an die Seite gestellt wird. Dies dürfte sich nicht nur daraus erklären, daß die Unbeständigkeit der Eintracht zwischen diesen beiden (Fromont wird Garin beim ersten Anblick der Sarazenen zusammen mit seinen Verwandten verlassen, 1756ff) auf die Unbeständigkeit späterer Abmachungen vorausweisen soll; der Dichter hat außerdem offenbar bewußt die Gegenüberstellung der beiden Generationen angestrebt. Zumindest fällt auf, daß es in dem Gespräch nicht um die Opportunität des Feldzugs geht; auf diese weist Garin erst später, Pepin gegenüber, hin

---

[31] Da der von J. E. Vallerie herausgegebene Text der Handschrift Ars. 2983 Zusätze enthält, die sich nur in dieser Handschrift finden und die offensichtlich sekundär sind, zitieren wir hier nach der Handschrift BN fr.1442. In einigen Handschriften fügt Garin noch hinzu, wieviel Ritter er aufbieten will, und sagt, daß er keine Kosten scheuen würde (z. B. BN N.a.fr. 10051, BN fr. 1582, BN fr. 4988).

[32] Man beachte den Unterschied zu der Laon-Szene im zweiten Teil des Wilhelmsliedes, wo es die Brüder, der Vater und ein gleichrangiger Vasall durchsetzen, daß der König Guillaume Truppen zur Verfügung stellt.

(1412ff). Hier wird Hardré nur unterstellt, daß es das Alter sei, das ihn vor einem Krieg zurückschrecken lasse[33]. Durch den Konflikt zwischen Vater und Sohn konnte der Gegensatz der Generationen wirkungsvoller verdeutlicht werden als durch einen Streit zwischen zwei nicht verwandten Rittern, wie es Hardré und Garin sind.

Bezeichnenderweise wird in der Handschrift Arsenal 2983, die vom Beginn des 13. Jahrhunderts stammen dürfte, die Rede Garins verändert. Garin weist hier noch zusätzlich darauf hin, daß er und seine Gefährten jung seien. Vor allem beginnt er nun mit einer ziemlich unhöflichen Anrede:

> ... Viellars, voz i mentez!
> Por moi le dites, qui ai avant parlé,
> Et por ces autres que ci veez ester,
> Qui tuit sons jone de novel adoubé.
> Or devons quere honor et honesté.
> Se li rois faut, noz somes apresté
> De lui aidier vers la gent al maufé.
> Se voz l'aviez et plevi et juré,
> Ja n'iert li mois aconpli ne passé,
> Que ne secoure dant Tierri l'aduré,
> Et ne li mainne .lx. mil armez
> (*Garin le Loherain* 1391–1401).

Hier deutet sich eine Entwicklung zu einer stärkeren Betonung des Generationsunterschiedes und zu einer Abwertung der älteren Generation an, die wir in anderen Texten noch mehrfach beobachten werden.

Die nächste hier zu behandelnde Stelle ist der Anfang der *Narbonnais*. Es handelt sich um eine längere Passage, die wir nur in Ausschnitten wiedergeben können.

Aymeri hält Hof in Narbonne. Seine Söhne sind fast alle erwachsen. Er wirft ihnen vor, untätig in Narbonne herumzusitzen und auf das Erbe zu warten, anstatt, wie er selbst es einst getan habe, auszuziehen, um sich aus eigener Kraft ein Lehen zu erwerben. Er schickt sie daher ohne weitere Umstände fort, die drei ältesten an den Hof Karls, Bueve in die Gascogne, Aÿmer nach Spanien und Garin nach Pavia zu seinem Onkel. Dabei wirft er ihnen mehrmals *folie* vor (41, 73, 153, 162, 202). Der Erzähler bezeichnet die Kritik selbst als heftig: «durement lor escrie» (107). Aymeri unterstellt seinen Söhnen sogar, nur den Mädchen und Frauen von Narbonne nachstellen zu wollen:

> ... Qu'atandez vos en ma cité garnie?
> Volez i fere oltraje ne folie
> Ne les puceles prandre par estoutie
> Ne les borjoises honir par vilanie?
> (*Narbonnais* 282–285).

---

[33] Garin erwähnt diesen Punkt auch später noch einmal Pepin gegenüber: «N'en creez mie les viex ne les floris» (1416).

Er fordert sie schließlich zum sofortigen Verlassen der Stadt auf. Von einer Erwiderung der Söhne ist zunächst nicht die Rede. Soweit entspricht die Passage ganz der in Teil II besprochenen Szene aus dem *Charroi de Nîmes*, wenn man einmal von den folgenden Einsprüchen der Bürger gegen Aymeris Beschluß und den Warnungen und Klagen von Aymeris Gattin Hermengart absieht, die beide in der ersten Hälfte des 12. Jahrhunderts noch nicht möglich gewesen wären (304ff). Bernart, einer der Brüder, gibt seinem Vater sogar recht (342–353). Er verwendet dabei jedoch das Argument vom Generationswechsel, das wir aus *Garin le Loherain* kennen: Die Alten sollen das Kämpfen den Jüngeren überlassen. Und als Aymeri Hermengart, die ihn kritisiert, geschlagen hat, reagieren die Söhne zornig, Hernaut bedroht den Vater, und sie reiten schließlich davon (455–489). Hernaut spricht den Vater als «vellart» an (460, 472), meint, er sei rasend geworden («o cors avez la rage», 472, vgl. 486), und wünscht ihm Unheil (487–489)[34]. Ganz ungewöhnlich ist, daß Hernaut fast das Schwert gegen den Vater zieht; normalerweise wird der Sohn dem Vater gegenüber nie handgreiflich[35]. Die Respektlosigkeit ist hier besonders weit getrieben.

Dies ist deshalb besonders auffällig, weil es gar keine wirkliche Meinungsverschiedenheit, nicht einmal eine momentane, zwischen den Söhnen und dem Vater gibt. Im Gegensatz zu den bisher besprochenen Stellen, insbesondere auch zu derjenigen im *Charroi de Nîmes*, die als Vorbild gedient haben dürfte, liegt kein wirklicher Anlaß für den Tadel des Vaters mehr vor. Aymeris Vorwürfe dienen lediglich der Provokation und werden auch so verstanden. Während es im *Charroi* primär darum ging, die große Tapferkeit und Leistungsbereitschaft der Sippe Guillaumes am Beispiel eines ihrer Mitglieder, das diese Eigenschaften zunächst nicht zeigte, zu veranschaulichen, werden hier nur noch von vornherein vorhandene Eigenschaften der Helden verdeutlicht.

Der Dichter greift offensichtlich bewußt auf ein traditionelles Motiv zurück, das für ihn mit der Illustration der Kampfbereitschaft des *lignage Aymeri* verknüpft war, um seine Helden wirkungsvoll einzuführen und seine Handlung einzuleiten. Dabei paßt er dieses Motiv zwar der neuen Entwicklung an und fügt Erwiderungen der jungen Helden und despektierliche Anreden ein; der Bezug auf die Tradition (und die etablierte Stellung Aymeris als

---

[34] Diese Beschimpfungen fehlen allerdings in der heute meist als B bezeichneten Handschriftengruppe. Dies ist nur zum Teil aus der Streichung einiger Passagen zu erklären, die der Kompilator von B vornahm, um die *Enfances Guillaume* in den Text der *Narbonnais* einzufügen. Die Anrede als *vieillart* fehlt auch in der beibehaltenen Laisse XIV (460). Es ist somit nicht auszuschließen, daß wir es hier wie in *Garin le Loherain* mit einer sekundären Verschärfung in der Abwertung der älteren Generation zu tun haben.

[35] Ein ähnlicher Fall fand sich allerdings in *Renaut de Montauban*; s. o. S. 230. Sonst begnügt sich der Sohn stets mit Beschimpfungen, während der Vater häufig versucht, den Sohn zu schlagen, aber von seinen Leuten zurückgehalten wird.

eigenständiger epischer Held) verhinderte jedoch, daß die junge Generation von vornherein die Überlegenheit an den Tag legte, die sie in anderen Ausformungen des Motivs inzwischen hatte.

Typische Beispiele für die Ausgestaltung des Motivs am Ende des 12. Jahrhunderts sind jeweils eine Szene im *Moniage Rainouart* und im *Siège de Barbastre*.

Im *Moniage Rainouart* muß Guillaume entscheiden, wer den gefährlichen Zweikampf gegen den Heiden Gadifer ausführen soll. Als erster meldet sich Rainouarts Sohn Maillefer. Guillaume gesteht ihm den Kampf zu, doch Rainouart ist beleidigt, daß man ihn anscheinend für zu alt hält:

> ... Or sai jou de piech'a
> por ma vielleche me tenés vous vil ja.
> Diex! quel damage quant mes pris decarra!
> (*Moniage Rainouart* 5982–5984).

Er seinerseits meint, sein Sohn sei noch zu jung: «Mes fiex est jonnes, nel porroit endurer!» (6004). Darüber wird Maillefer wütend und bringt dies auch deutlich zum Ausdruck:

> ... mout ai oï conter,
> puis que li hom prent son poil a müer,
> ne devroit mais de bataille parler,
> ains se devroit seoir et reposer;
> les jovenes gens lor barnage esprover,
> et les puceles lor amor demander,
> et chevalier ferir et encontrer.
> Li viels wadiaus vauroit toudis uller
> (ebd. 6009–6016).

Eine handgreifliche Reaktion Rainouarts wird von Guillaume und anderen verhindert (6017–6023), doch die Versöhnung gelingt zunächst nicht, und Maillefer will davonsegeln (6029–6034). Erst durch flehentliche Bitten seines Vaters läßt er sich umstimmen (6059–6072).

Wie in den anderen Fällen ist es auch hier der Vater, der über den Sohn verärgert ist. Doch ist es nun nicht eine wirkliche oder angenommene Äußerung der Schwäche oder unangemessenes Verhalten des Sohnes, das der Vater zum Anlaß seiner Kritik nimmt, sondern vielmehr die Entscheidung Guillaumes, dem Sohn und nicht ihm selbst den gefährlichen Kampf zu übertragen. Der Vater erwähnt dabei von sich aus die Möglichkeit, er könne zu alt sein, ein Gedanke, der bisher immer nur in der Replik des Sohnes auftauchte. Außerdem bezieht sich die Forderung, die er stellt, nicht auf das Verhalten des Sohnes, sondern auf sich selbst. Danach folgt die Szene dem bekannten Schema, und Maillefer meint, die Alten sollten sich vom Kampfgeschehen zurückziehen und den Jungen das Feld überlassen.

Wie schon im *Couronnement Louis*, in *Garin le Loherain* und in den *Narbonnais* wird hier die Ablösung der einen Generation durch die andere thematisiert. Wir stellen dabei dieselben wenig respektvollen Anreden des Sohnes an den Vater fest wie in den anderen Texten vom Ende des Jahrhunderts. Doch erscheint das Motiv in origineller Weise abgewandelt: Es ist nicht mehr der Sohn, der sich rechtfertigen muß, sondern es ist von vornherein der Vater, der seine Ansprüche auf Tapferkeit verteidigen muß. Zum ersten Mal beobachten wir hier, daß Vater und Sohn direkt miteinander in bezug auf ihre Tapferkeit und Kampfkraft verglichen werden. Bisher wurde nur entweder von seiten der Alten gefordert, daß die Jungen es ihnen gleichtun sollten, oder von seiten der Jungen, daß die Alten sich zurückziehen sollten. Zwar setzt sich Rainouart letztlich durch, doch nur durch freiwilliges Nachgeben des Sohnes. Der Eindruck, der erzielt wird, ist der von Gleichwertigkeit. Der Dichter löst so das Problem, wie Guillaume einem der beiden das Recht zusprechen kann, den Kampf gegen Gadifer auszuführen, ohne den anderen minderwertig erscheinen zu lassen.

Ein ähnlicher Konflikt zwischen Vater und Sohn findet sich im *Siège de Barbastre*. Girart ist ohne Erlaubnis seines Vaters Bueve aus dem belagerten Barbastre hinausgeritten, um sich mit Libanor zu messen und die schöne Malatrie zu erobern. Danach ist er so von den Heiden bedrängt worden, daß sein Vater ihm zu Hilfe kommen muß. Hinterher wird er deshalb von diesem getadelt (2240–2248). Dabei spielt die Jugend Girarts eine wichtige Rolle:

> Fol garçon orgueilleus, qui nului ne prisiez,
> Conme osates issir de ceanz sanz congié?
> Mes chacon fol garçon, con il est chevalier,
> Si cuide tot le mont par son cors jotissier
> (*Siège de Barbastre* 2245–2248).

Girart versucht, sich zu verteidigen, indem er seine Motive darlegt (2249–2280), doch als der Vater erfährt, daß er Malatrie in der Hand der Sarazenen gelassen hat, schimpft er ihn einen Feigling und rühmt sich dagegen selbst (2287–2294). Girart bestreitet, daß es möglich gewesen wäre, Malatrie zu verteidigen (2296–2299), Bueve erzählt von seinen eigenen tapferen Taten (2300–2309) und Girart erwidert:

> … Mes ce est la coutume a veillart chevalier,
> Con il voient as armes un jovencel legier,
> Qui est preuz et hardiz a l'espee d'acier,
> Si redit ensement: «Autretel refu gié.»
> Tel le dit ne valut la monte d'un denier
> (ebd. 2318–2322).

Bueve will ihn daraufhin schlagen, wird aber von seinen Leuten daran gehindert (2323–2326). Girart rechtfertigt seine Worte gegenüber seinem Bruder:

> Frere, … bien le sai, par mon chief,
> Que preuz est et hardiz en fort estor plenier;
> Mes ill a trop fous diz et de mal enpregniez,
> Li viellarz de pute aire
> (ebd. 2333–2336).

Wie Rainouart im *Moniage Rainouart* behauptet auch Bueve, immer noch tapferer und leistungsfähiger zu sein als der Sohn, was wie dort dessen empörten und wenig respektvollen Widerspruch auslöst. Ungewöhnlich ist, daß zwar das Alter des Vaters und die Jugend des Sohnes angesprochen und sogar generalisierende Bemerkungen über dieses Verhältnis gemacht werden, daß aber jegliche Anspielung auf die Ablösung einer Generation durch die nächste vermieden ist. Hierdurch unterscheidet sich die Passage von fast allen anderen, die wir besprochen haben, selbst von derjenigen im *Moniage Rainouart*, in der es auf die Gleichwertigkeit der beiden beteiligten Figuren ankam.

Hervorzuheben ist auch, daß die Kritik des Vaters auf vergangenes Verhalten des Sohnes zielt und nicht auf einen bevorstehenden Kampf oder eine andere noch zu erbringende Leistung. Das konkrete kritisierte Verhalten bildet dabei nur den Anlaß für einen ganz allgemeinen Vergleich der Tapferkeit der beiden Helden.

Der Gedanke an einen bloßen Wettbewerb zwischen Vater und Sohn taucht im *Siège de Barbastre* auch später noch auf, etwa wenn schließlich Bueve und nicht Girart die heidnische Prinzessin in der Schlacht erobert. Das Motiv, das seit dem *Couronnement Louis* fast durchgehend dafür verwendet wurde, den Generationswechsel zu illustrieren, verliert hier diese Bedeutung. Dies geschieht jedoch nicht zu Lasten der jüngeren Generation, vielmehr erlangt diese schon dadurch, daß die ältere sich auch rechtfertigen muß, eine besondere Bedeutung[36].

Eine Auseinandersetzung zwischen Vater und Sohn wird auch zu Beginn von *Guibert d'Andrenas* geschildert, einer wohl schon ins 13. Jahrhundert gehörenden *chanson*[37]. Die Szene gleicht der in den *Narbonnais* geschilderten, insofern überhaupt kein Anlaß vorliegt, den Sohn zu tadeln. Doch unterscheidet sie sich dadurch wesentlich von allen bisher behandelten Fällen, daß der Konflikt nicht mehr vom Ärger über den Sohn, und sei er noch so ungerechtfertigt, ausgeht, sondern der Sohn gleich den Vater kritisiert, wie er es sonst nur als Entgegnung auf einen Tadel tut. Aymeri verkündet seinem gerade aus einer Schlacht heimkehrenden Sohn Guibert, daß er seine Lehen nicht ihm, sondern seinem Patenkind Aymeriet vermachen wolle. Guibert nimmt dies nicht hin:

> Non ferez, pere, par Deu lo fil Marie!
> Deseriter me volez par folie,
> S'estranges hon a ma terre sesie.

---

36 Ein ganz entsprechender Konflikt bahnt sich im zweiten Teil der Handlung zwischen Aymeri und seinem Sohn Guibert an (6050–6066). Doch dort verhindert Guielin, daß es zu einem schärferen Wortwechsel wie bei Girart kommt, indem er seinen Onkel Guibert wegzieht (6067–6071).

37 Zu dieser Passage vgl. die eingehende Analyse von S. Ch. Obergfell, *Aspects of the Father-Son Relationship*, 105–113.

Biau sire pere, se Dex me beneïe,
Ce cuit q'avez veü de l'endormie;
Songié avez a nuit après conplie,
Mes vostre songes est tornez a folie,
Que ce senble mençonje
(Guibert d'Andrenas 150–157).

Er provoziert eine zornige Antwort des Vaters, der dem Sohn droht, ihm seine Zuneigung und Unterstützung zu entziehen. Guibert weigert sich nachzugeben und schiebt die Entscheidung des Vaters auf dessen Alter:

… Velz est mes peres, si a son tens usé,
Mien esciënt .vii.xx. anz a passé.
De son palès ne se puet remuer,
Sor .iiii. coutes le covient reposer,
Et oreilliers de soie et de cendez
Desoz son chief covient toz jorz poser,
Et covertoirs, qui sont de gris forrez;
Tant de cousins covient soz lui dobler,
Nes porroit en de .xx. mars acheter.
Par devant soi fet il messe chanter;
Et puis se fet a mangier aporter
Grues et cinnes et poons enpevrez;
Tan en manjue, toz a gras les costez,
Tot por son cuer qui est resvigorez.
Si dit mes peres, guerre vodra mener
Tel que paien ne porront endurer
(ebd. 177–192).

Die Respektlosigkeit des Sohnes ist hier eher noch größer als in den letzten Beispielen. Aymeri verweist darauf, daß er sich den Luxus durch die in seiner Jugend gemachten Eroberungen redlich verdient habe:

… Se je m'aaise et faz mes richetez,
Ge lo conquis dedenz mon juene aé,
Se volez fere ausi, sel conquerez
(ebd. 196–198).

Der Vater wird gezwungen, sich zu rechtfertigen und seine eigene Tapferkeit und Leistungsfähigkeit zu betonen. Er will sogar den Feldzug zur Eroberung von Andrenas unter anderem zu dem Zweck unternehmen, die Kritik des Sohnes zu widerlegen («Et por ice, dant glot, que dit avez / Me verrez vos sus de mon lit lever, / Ceindre l'espee …», 199–201)[38].

---

[38] Entsprechendes gilt für eine weitere Auseinandersetzung zwischen Vater und Sohn in dieser *chanson*, an der Aymeri und Guillaume beteiligt sind. Aymeri wirft seinem Sohn vor, aus einer Schlacht keine Gefangenen mitzubringen, und Guillaume meint daraufhin, Aymeri wäre an seiner Stelle, anstatt Gefangene zu machen, selbst in Bedrängnis geraten. Um seine Tapferkeit zu beweisen, kämpft Aymeri am nächsten Morgen allein gegen fünf Sarazenen *(Guibert d'Andrenas* 1700ff).

Abschließend sei der Vater-Sohn-Konflikt erwähnt, der an einer Stelle in der *Prise de Cordres et de Sebille* beschrieben wird. Vorausgegangen ist bereits ein Wortwechsel zwischen Aymeri und seinem Sohn Aÿmer, der die anderen Ritter aufgefordert hatte, sich zurückzuhalten, während er selbst einen Zweikampf mit dem heidnischen König Butor ausführe, und Aymeri um sein Einverständnis hierzu bat. Aymeri war ungehalten, daß Aÿmer ihn überhaupt fragte, statt sofort zu kämpfen (274–308). In der eigentlichen Konfliktszene nimmt der Tadel des Vaters seinen Ausgang von einer kühnen Tat des Sohnes. Aÿmer hat Butor gefangengenommen. Um auch noch dessen hervorragendes Streitroß zu erobern, reitet er noch einmal los und muß auf seinem eigenen Pferd ein reißendes Gewässer durchqueren, wobei er fast untergeht und von der Strömung fortgerissen wird. Der Vater, Aymeri, der schon meint, seinen Sohn verloren zu haben (356f), ruft ihm zu, was er tun solle, doch dieser kann ihn natürlich nicht hören und reagiert deshalb nicht (358–361). Als Aÿmer schließlich erfolgreich zurückkehrt, wirft Aymeri ihm diese ‹Respektlosigkeit› vor (406–410) und kritisiert dann sein Verhalten überhaupt als unbedacht (414f). Aÿmer kontert mit dem bekannten Argument, die Alten sollten sich ausruhen und die ruhmreichen Taten den Jungen überlassen (425–429). Außerdem wirft er Aymeri seine eigenen unbedachten Taten vor («Enten en fustes folement porpansés», 417). Aymeri wird zornig, will am liebsten gegen den Sohn kämpfen und geht, als dieser ihn auffordert, das doch zu tun, tatsächlich auf ihn los. Die Umstehenden müssen ihn davon zurückhalten (430–441).

Hier wird weniger die Tapferkeit der Beteiligten thematisiert als vielmehr die auf übertriebener Tapferkeit beruhende *folie*. Diese wurde gelegentlich schon in anderen Texten angesprochen, insbesondere in *Raoul de Cambrai*, wo sie als Kennzeichen der Jugend galt. Doch nun kann auch der Sohn dem Vater *folie* vorwerfen[39]. Dabei ist bemerkenswert, daß die Kritik nicht einmal mehr unberechtigt ist; die unbedachten Taten Aymeris, auf die angespielt wird, wurden in *Guibert d'Andrenas* geschildert[40]. Aymeri war dort in die Gefangenschaft der Sarazenen geraten. Insgesamt erscheint der Vater in dieser Auseinandersetzung geradezu lächerlich.

Dieser Überblick über das Motiv der Auseinandersetzung zeigt deutlich eine Entwicklung hin zu einem immer selbstsichereren und respektloserem Auftreten der Söhne dem alten Vater gegenüber. Während in den Texten der ersten Jahrhunderthälfte nur der Sohn kritisiert wurde, entwickelt sich in den späteren Texten mehr und mehr die Möglichkeit, daß der Sohn sich auch rechtfertigt und seinerseits den Vater kritisiert. In Einzelfällen erfolgt sogar nur noch eine Kritik des Sohnes am Vater. Dieser muß sich immer häufiger selbst rechtfertigen; gelegentlich wird er durch die Kritik sogar veranlaßt, seine Tapferkeit durch Taten unter Beweis zu stellen. Zugleich verleihen die

---

[39] In Ansätzen geschah dies auch im *Siège de Barbastre*; s. o. S. 239.
[40] S. o. S. 241, Anm. 38.

Jüngeren immer deutlicher ihrem Anspruch Ausdruck, an die Stelle der Älteren zu treten[41].

Während zunächst nur die konkreten Fähigkeiten des Sohnes mit denen des Vaters verglichen werden, wird in der zweiten Jahrhunderthälfte ein genereller Vergleich zwischen der gesamten vom Vater repräsentierten älteren Generation und der jüngeren Generation, zu der der Sohn gehört, üblich. Schon in *Raoul de Cambrai* findet sich eine erste Andeutung dieser Thematik, die dann alle übrigen Stellen kennzeichnet[42]. Parallel hierzu verschiebt sich auch das Vergleichskriterium: Im *Couronnement Louis* betraf der Vergleich noch konkret die Befähigung für das Herrscheramt, dessen Anforderungen in einer ausführlichen Unterweisung dargelegt wurden. Auf sie kam es in der konkreten Situation an, und sie spielte in der gesamten *chanson* eine wichtige Rolle. In den späteren Texten geht es hingegen mehr und mehr um bloße Tapferkeit. Diese ist zunächst noch für eine bestimmte zu erbringende Leistung erforderlich, wird aber schließlich zum Selbstzweck und kann sich an einer beliebigen, auch vergangenen, Handlung zeigen. Daneben kann der Vorwurf der *folie* eine Rolle spielen. Auch dieser verändert jedoch seinen Charakter: Während es in *Raoul de Cambrai* um eine aus jugendlichem Leichtsinn getroffene Entscheidung geht, die sich aufgrund der politischen Entwicklung als unklug erwiesen hat, sind es in späteren Texten beliebige tollkühne Aktionen, die kritisiert werden.

Abgesehen von einigen Fällen, in denen es zur Einleitung der Gesamthandlung verwendet wird und daher funktional auf diese ausgerichtet ist (*Narbonnais, Guibert d'Andrenas*), wird das Motiv zunehmend stereotyp. Wir können hier die allmähliche Ausformung eines typischen Motivs innerhalb der *chanson de geste* verfolgen.

Belehrung durch den Vater

Die Belehrung durch den Vater ist wie der Kampf zwischen Vater und Sohn ein in der Weltliteratur sehr verbreitetes Motiv. Es begegnet in der *chanson de geste* ausgesprochen häufig, findet sich aber auch in manchen Romanen[43].

Eine ausführliche Unterweisung des Sohnes durch den Vater haben wir bereits im *Couronnement Louis* anläßlich der Krönung von Karls Sohn Louis

---

[41] Daß die Jungen immer selbstverständlicher ihren Anspruch auf einen Platz in der Gesellschaft vorbringen, konstatiert auch M.-G. Garnier-Hausfater in ihrer *thèse*; vgl. *Les conflits de générations*, 307f, 311. Sie beläßt es allerdings bei der Feststellung dieser allgemeinen Entwicklungstendenz und geht nicht näher auf die unterschiedlichen Aspekte dieser Entwicklung ein.

[42] Auch in der mit einer wirklichen Gegnerschaft verbundenen Auseinandersetzung in *Renaut de Montauban* wurde dieser Punkt erwähnt; vgl. Vers 3560 und s. o. S. 231.

[43] Einen Überblick, der auch andersgeartete Fälle umfaßt, gibt S. Ch.Obergfell, *Aspects of the Father-Son Relationship*, 11–45, 290f.

kennengelernt. Sie war dort gekoppelt mit der Äußerung des Ärgers über den Sohn, der auf die Unterweisung nicht so reagierte, wie es von einem Nachfolger Karls zu erwarten wäre[44]. Weitere Unterweisungen durch den Vater fanden sich in *Aiol* und in den *Narbonnais*, beide Male anläßlich des Aufbruchs der Helden von zu Hause[45]. In *Aiol* war außerdem das *adoubement* des Helden mit dem Aufbruch verbunden, in den *Narbonnais* diente der Aufbruch zumindest dem Erwerb der ritterlichen Waffen im Dienste Karls.

Auch sonst finden sich solche Belehrungsszenen häufig anläßlich des *adoubement*, das dem Sohn die eigenständige Teilnahme am ritterlichen Leben ermöglichte. Meist handelt es sich jedoch nur um kurze Belehrungen, die zum Ritual des *adoubement* gehören. So fügt in *Aspremont* Girart den guten Wünschen, die er seinen Söhnen und seinen Neffen beim Ritterschlag gibt, in drei Fällen noch knappe Lehren hinzu:

> ... Le don t'en faç par itel oquoison
> Que tu ne maignes en consel de garçon
> Ne en nul priestre, se de tes peciés non ...
> (*Aspremont* 1542–1544);

> ... Garde tu soies molt loial chevalier
> Et si te croi en ton bon conseiller
> Et en tel home qu'avoir te puist mestier,
> Ne ja ne croire nul home novelier
> (ebd. 1561–1564);

> Le prodome aime u tu as foi trové.
> N'aies pas trop ton avoir ensieré,
> Ne le povre home ne tien ja en vilté;
> Ja por avoir ne faire malvaisté
> (ebd. 1572–1575).

Wie hier beziehen sich die meisten Belehrungsszenen auf die Erfüllung der Pflichten eines Ritters bzw. Feudalherrn; Variationen ergeben sich nur aus den Veränderungen, denen die Idealvorstellung vom Ritter und Feudalherrn unterworfen ist. Wenn eine Belehrung im Rahmen einer Kritik des Sohnes erfolgt, paßt sie sich allerdings der Thematik dieser Kritik an, so etwa wenn Mitglieder des *lignage Aymeri* ihre Söhne auffordern, sich selber Lehen zu erobern[46] anstatt auf das Erbe zu warten. Sonst aber sind personenspezifische Belehrungen selten. Sie finden sich vor allem im Umkreis von Rebellen-

---

[44] s. o. S. 100.
[45] s. o. S. 217, S. 221. Vgl. auch S. Ch.Obergfell, *Aspects of the Father-Son Relationship*, 11–13, 18–32.
[46] Es ist in dieser Sippe üblich, sich vom König ein Land als Lehen zu erbitten, das erst noch erobert werden muß, und dabei auch auf den Beistand des Königs, der seinem Vasallen den Besitz seines Lehens eigentlich garantieren müßte, zu verzichten. Feudalrechtlich ist dies absurd, doch kann so die Tapferkeit und Loyalität, durch die sich die Sippe Aymeris auszeichnet, besonders deutlich gemacht werden.

gestalten und sind dann meist nur kurz. Der schon erwähnte Girart in *Aspremont* etwa fordert kurz vor den oben zitierten Stellen dazu auf, auch nach seinem Tode nicht in ein Vasallenverhältnis zu Karl zu treten:

> ... Jo vos comant, quant jo serai fenis,
> Ne tenés rien de Carlon al fier vis.
> Ses pere fu uns dolans nains caitis ...
> (ebd. 1433–1435).

Doch richtet sich diese Aufforderung nicht nur an seine Söhne, sondern auch an seine Neffen und seine Barone (1428f).

Aus der Verknüpfung mit den typischen Szenen des Aufbruchs und des *adoubement* ergibt sich, daß Belehrungen häufig am Beginn, wenn nicht der Gesamthandlung, so doch der zentralen Aktion stehen. Darin entspricht die *chanson de geste* ganz Roman und Heiligenlegende, die solche Belehrungsszenen ebenfalls mit dem Beginn der Handlung verbinden. Doch ist das Handlungsschema der *chansons de geste* weniger streng. Die Lehren, die in einem Teil der Handschriften von *Renaut de Montauban* Renaut seinen beiden Söhnen mit auf den Weg gibt, als diese zum Hof des Königs aufbrechen, markieren den Schluß der zentralen Handlung und den Übergang zur letzten Episode, dem Rückzug Renauts aus dem ritterlichen Leben. Renaut gibt nicht nur die allgemeine Anweisung, freigebig zu sein, sondern regelt auch das Verhältnis der beiden Brüder untereinander: Der jüngere soll dem älteren dienen (16631–16650). Anschließend warnt er sie noch vor den Feinden, die sie am Hof antreffen werden, und fordert sie auf, stets ihre Ehre zu verteidigen (16659–16665).

Eine ausführliche Belehrung findet sich auch am Schluß von *Aspremont*. Girart richtet sie an seinen Neffen Florent, als er ihm die Frau des besiegten Königs gibt und ihn selbst von Karl als König bestätigen läßt (11180ff). Wieder wendet der Dichter von *Aspremont* das Vater-Sohn-Motiv auf einen Neffen an[47].

Insgesamt gesehen bleibt die Auffassung und Verwendungsweise dieses Szenentyps erstaunlich konstant. Zwar läßt sich auch bei der Belehrung durch den Vater an einigen Stellen die zunehmende Bedeutung des Sohnes feststellen, die wir an den anderen Motiven beobachtet haben: Es kommt nun vor, daß die Söhne auf die Lehren des Vaters antworten. Dies geschieht zum Beispiel an der erwähnten Stelle in *Renaut de Montauban*. Doch, wie die Beispiele aus *Aspremont* zeigen, ist dies durchaus nicht immer der Fall.

---

[47] Sonst sind Belehrungen, die nicht an einen Sohn, sondern an einen Neffen gerichtet sind, ausgesprochen selten. Ein Beispiel findet sich zu Beginn der *Chevalerie Vivien*, wo Guillaume seinen Neffen Vivien anläßlich seines *adoubement* darüber belehrt, wie man sich im Kampf zu verhalten habe (22–36). Zur Übertragung eines typischen Vater-Sohn-Motivs auf ein Onkel-Neffe-Paar durch den Dichter der *Saisnes*-Fortsetzung s. u. S. 276.

Opferung des Sohnes

Ein weiteres für die Vater-Sohn-Beziehung spezifisches Motiv ist das der Opferung[48].

Im Wilhelmszyklus kommt mehrmals der Fall vor, daß ein Sohn eines christlichen Helden, der in einer Stadt belagert wird, in die Hand der Heiden gerät und hingerichtet werden soll, wenn der Vater seine Stadt nicht übergibt. Dieser gibt der Forderung selbstverständlich nicht nach, rettet aber den Sohn in letzter Minute durch einen Ausfall.

Im *Siège de Barbastre* handelt es sich um Guielin, den jüngeren Sohn Bueves, dem es nach einem Ausfall aus der belagerten Stadt Barbastre nicht mehr gelingt, rechtzeitig das Stadttor zu erreichen. Er wird gefangengenommen (2936–2943). Der sarazenische *amirant* will durch ihn Barbastre wiederbekommen, doch Guielin meint, daß sein Vater ihn lieber opfern würde:

> Sire, dit Guielin, vos parlez en pardon.
> Pou connoisiez encore le preuz conte baron,
> Que, s'il avoit ceanz cent fiz en vo prison,
> N'en randroit il por aus certes une meson
> (*Siège de Barbastre* 2975–2978).

Als der *amirant* ihn daraufhin sofort töten will, bittet er ihn aber doch, am nächsten Morgen die Erpressung seines Vaters zu versuchen und einen Scheiterhaufen in der Nähe des Stadttors zu errichten. Der Sarazenenherrscher stimmt zu und ermöglicht so die Rettung, die hier durch den Bruder Girart erfolgt (2979–3068).

In den *Narbonnais* läßt es Aymeri sogar so weit kommen, daß sein jüngster Sohn Guibert, der ebenfalls einem sarazenischen Belagerungsheer in die Hände gefallen ist, ans Kreuz geschlagen wird und mehrfach das Bewußtsein verliert, ehe er seinem Enkel Roman die Erlaubnis gibt, eine Rettungsaktion zu versuchen, die natürlich erfolgreich ist (4949–5209). Er selbst beteiligt sich an der Aktion durch einen gut gezielten Schuß von der Mauer (5165–5183). Die Situation ist hier durch die Gebete, die Guibert am Kreuz spricht, und durch die Klagen seiner Mutter auf der Stadtmauer pathetisch übersteigert, entspricht aber sonst derjenigen im *Siège de Barbastre*.

Wie bei der Notwendigkeit, sich, statt das väterliche Erbe zu übernehmen, selbst ein Lehen zu erobern[49], handelt es sich hier um eine Besonderheit des Wilhelmszyklus, die die traditionelle Unnachgiebigkeit der Sippe Aymeris im Kampf gegen die Sarazenen und das unbedingte Festhalten an dem Verteidigungsauftrag, den ein Vasall in der Grenzregion hat, widerspiegelt. Schon die Tatsache, daß eine solche ‹Opferung› nur in dieser idealisierten Sippe vorkommt, deutet auf den literarischen Charakter des Motivs. Dem

---

[48] Vgl. zum folgenden S. Ch.Obergfell, *Aspects of the Father-Son-Relationship*, 260–278, sowie M.-G. Garnier-Hausfater, *Mentalités épiques*, 18–20.
[49] Hierzu s. o. S. 244, Anm. 46.

muß auch die Verwendung desselben Motivs in der Lebensbeschreibung des Guillaume le Maréchal nicht widersprechen, aus der man hat schließen wollen, daß die geschilderte Haltung des Vaters eine in der Realität übliche Einstellung widerspiegele[50]. Dort liefert der Vater Guillaumes diesen, seinen zweiten Sohn, den Gegnern als Geisel aus und verletzt dann die getroffenen Abmachungen, geht also das Risiko ein, den Sohn zu verlieren. Als man droht, den Jungen zu töten, behauptet er, sich nicht darum zu kümmern, er könne weitere Kinder zeugen. Doch wer hätte sich zu Beginn des 13. Jahrhunderts, als die Lebensbeschreibung entstanden sein muß, genau genug an die Ereignisse um die Mitte des 12. Jahrhunderts erinnert, um den Vater wörtlich zitieren zu können? Wahrscheinlicher ist es, daß die Episode in Anlehnung an die zeitgenössischen Epen stilisiert ist.

Nur in zwei der untersuchten Texte kommt es vor, daß ein Sohn, der sich vorher in Sicherheit befindet, im Austausch gegen eine andere Person bewußt geopfert wird[51]: in den *Enfances Vivien* und in *Ami et Amile*[52].

In den *Enfances Vivien* befindet sich Garin, der Vater Viviens, in der Gewalt der Sarazenen, die ihn nur im Austausch gegen seinen Sohn freigeben wollen. Garin schickt einen Boten an seine Frau, der ihr dies mitteilen soll (20–144). Die Botschaft wird übermittelt, der kleine Vivien, der sie hört, ist bereit, sich für seinen Vater zu opfern, und die Mutter, ratlos, wie sie sich verhalten soll, begibt sich nach Paris, um sich mit der übrigen Verwandtschaft zu beraten (145–319). Guillaume fällt schließlich die Entscheidung, daß das Kind auszuliefern ist (320–365). Die Mutter klagt zwar, doch sie bringt Vivien zu den Sarazenen, und Garin wird freigelassen (366–485).

Es ist nicht ganz klar, ob Garin wollte, daß sein Sohn ausgeliefert wird. Er sagt zu dem Boten: «mes par la foy que doi sainte Marie / ainz me lairoie livrer a descepline / traire le cuer par desouz la poitrine» (134–136), doch dies könnte auch als Formel verstanden werden, die nur die Ausweglosigkeit der Situation ausdrücken soll, die ihn zur Auslieferung des Sohnes veranlaßt. Der Bote richtet der Mutter jedenfalls nicht aus, daß sie Vivien nicht ausliefern solle. Von anderen Mitteilungen – etwa der Bitte, ihn durch einen militärischen *secours* zu befreien – ist überhaupt nicht die Rede. Als Garin frei ist, klagt er:

---

[50] *Histoire de Guillaume le Maréchal* 512–516. Vgl. Garnier-Hausfater, *Mentalités épiques*, 18, Anm. 9.

[51] Wir sehen von den Söhnen ab, die in der *Chanson de Roland* auf Anraten Blancandrins den Christen als Geiseln gegeben werden sollen, um das Friedensangebot Marsilies glaubwürdig erscheinen zu lassen, das von vornherein als Betrug gedacht ist (40–46). Die Auslieferung wird nicht vorgeführt, und andere Personen zu wählen, wäre nicht möglich gewesen, da Geiseln, zumindest im Epos, traditionellerweise immer Söhne sind.

[52] S. Ch. Obergfell, *Aspects of the Father-Son Relationship*, 260–266, bringt zwei weitere Beispiele aus etwas späteren Texten. Sie analysiert auch den Fall von *Ami et Amile*, a.a.O, 266–275.

Or m'en irai, biax filz, ce dist Garins,
tous sui deliures la Damedieu merci.
Mandai ta mere & tes autres amis;
ne cuidai mie que deussiez uenir.
Or t'occirront li paien malei.
Tel penitance me couuendra souffrir
com se t'eusse a mes .ii. mains murtri
(Enfances Vivien 473–479).

Auch hier wird nicht deutlich, ob Garin die Auslieferung wollte oder nicht. Er fühlt sich offenbar schuldig. Der Dichter, der auch die Angst des Kindes nach seiner anfänglichen Tapferkeit schildert (493–497), scheint bemüht, die Problematik des Falles besonders anschaulich vor Augen zu führen. Daß er ein Maß für die Buße angibt – dieselbe wie für einen Mord an dem eigenen Kind –, zeigt, daß er dem Fall ein gewisses theoretisches Interesse entgegenbringt. Hierauf deuten auch die Betrachtungen Guillaumes über das Recht der Eltern, über ihr Kind zu verfügen:

Pus que hons & femme sunt an.ii. assemblez
& l'en les a beneis et sacrez,
nus clers ne puet tant en liure esgarder
que plus grant foi puisse nus hons trouver
de[53] ce qu'il ont de leur char engendre
se doivent il garir & respasser.
Mal soit de l'arbre qu'est ou vergier plante
qui son seignor ne fet ombre en este.
Neueus & oncles parens sunt il assez,
mes de tel frere ne puet l'en recouurer
(ebd. 328–338).

Selbstverständlich entgeht Vivien schließlich doch dem Tod.

In *Ami et Amile* tötet Amile seine beiden Söhne, weil ein Engel seinem an Aussatz erkrankten Freund Ami mitgeteilt hat, daß er geheilt werden könne, wenn er mit dem Blut der beiden Kinder gewaschen würde. Auch hier wird eingehend der Gewissenskonflikt des Vaters geschildert. Dabei spielen sowohl der emotionale als auch der rechtliche und religiöse Aspekt eine Rolle:

Li cuens l'entent, si conmence a plorer,
Ne sot que faire, ne pot un mot sonner.
Moult li est dur et au cuer trop amer
De ses douz fiuls qe il ot engendréz,
Com les porra ocirre et afoler!
Se gens le sevent, nus nel porroit tenser
C'on nel feïst et panre et vergonder.
Mais d'autre part se prent a porpanser
Dou conte Ami que il pot tant amer
Que lui meïsmez en lairoit afoler

---

53 Die Handschriftenfamilie B hat an dieser Stelle ein «que», das den Sinn umkehrt. Der folgende Satz spricht jedoch dafür, daß die Lesart «de» ursprünglich ist.

Ne por riens nulle ne le porroit veer,
Quant ses compains puet santé recouvrer.
C'est moult grant chose d'omme mort restorer
Et si est maus des douz anfans tuer,
Nus n'en porroit le pechié pardonner,
Fors Dex de gloire, qui se laissa pener
(*Ami et Amile* 2917–2932).

Eindringlich wird beschrieben, wie Amile vor dem Schlag zögert und welche Überwindung die Tat ihn kostet (2963ff). Nach erfolgter Heilung des Freundes beschuldigt sich Amile selbst des Mordes, sagt aber auch, daß er ihn nur auf Befehl von «Jhesu le Pere» ausgeführt habe (3153–3167). Die gesamte Bevölkerung, allen voran die Mutter, eilen zum Schloß, um die ermordeten Kinder zu sehen, doch Gott hat die beiden wieder zum Leben erweckt (3190ff).

In den *Enfances Vivien* ist die Entscheidung über die Auslieferung des Kindes von theoretischen Betrachtungen begleitet, in *Ami et Amile* ist die Opferung völlig in einen christlichen Kontext gestellt und erinnert an das Isaakopfer, das ebenfalls auf göttlichen Befehl erfolgt. Dies und die Verschiedenheit der beiden Stellen zeigt, daß es sich hier nicht um ein innerhalb der epischen Gattung entwickeltes Motiv handelt, sondern um eines, das der gelehrten Literatur entstammt[54]. *Ami et Amile* ist ein Werk, das Züge einer in die Gattung der *chanson de geste* übersetzten Heiligenlegende besitzt[55]. Es ist nicht verwunderlich, wenn der Verfasser gerade dieser *chanson* einzelne Motive aus der religiös-gelehrten Tradition verwendet.

Die Opferung des Sohnes bedeutet in allen Fällen die Opferung dessen, was einem besonders lieb ist. Wie beim Motiv des Kampfes zwischen Vater und Sohn wird auch hier die besondere Qualität der Vater-Sohn-Beziehung, die normalerweise den sichersten Beistand impliziert, zur Unterstreichung der Größe des gebrachten Opfers und zur Steigerung der Spannung verwendet. Wie beim Kampfmotiv kommt es jedoch auch hier nie dazu, daß der Sohn wirklich endgültig ums Leben kommt[56].

Erläuterungen

Wie die bei der Einführung der Helden verwendeten typischen Motive sind auch die im Handungsverlauf vorkommenden unterschiedlicher Herkunft.

---

[54] In etwas anderer Form findet sich das Motiv auch bei Hartmann von Aue in seinem legendenhaften Werk *Der arme Heinrich*. Dort wird dem Titelhelden verkündet, er könne durch das Herzblut einer Jungfrau vom Aussatz geheilt werden. Das Mädchen ist zum Opfer bereit. Heinrich nimmt das Opfer nach langem Zögern an. Im letzen Augenblick besinnt er sich aber angesichts der Schönheit des Mädchens eines besseren und wird daraufhin durch die Gnade Gottes geheilt.

[55] Der Stoff hat auch legendenartige Bearbeitungen erfahren; vgl. Peter F. Dembowski in der Einleitung zu seiner Ausgabe, S. IXf.

[56] Hierzu s. o. S. 232.

Nur das Motiv der Auseinandersetzung ist eine eigene Entwicklung der *chanson de geste*. Es scheint seinen Ursprung in der Belehrungsszene im *Couronnement Louis* zu haben. Seine große Verbreitung in der zweiten Jahrhunderthälfte dürfte sich daraus erklären, daß es sich als besonders geeignet erwies, die Bedeutung der jungen Generation hervorzuheben. Aber auch das traditionelle Kampfmotiv paßte sich der von uns nun schon mehrfach festgestellten generellen Verschiebung des Generationsverhältnisses an. Geringere Veränderungen erfährt das Belehrungsmotiv. Das Motiv der Opferung des Sohnes ist zu selten vertreten, als daß sich Entwicklungen beobachten ließen; es wird in der *chanson de geste* nie selbstverständlich.

c. Vater und Sohn in der Gesamthandlung

Nicht in allen Epen, deren Helden als Söhne charakterisiert sind, ist die Vater-Sohn-Beziehung wirklich für die ganze Handlung bestimmend. Oft kommt sie nur in einzelnen, meist einem typischen Schema folgenden Szenen zur Darstellung. So verhält es sich zum Beispiel in *Renaut de Montauban*, obwohl in dieser *chanson* die Haltung des Vaters für die Söhne teilweise existentiell wichtig ist. Entsprechendes gilt für *Floovant*, wo der Vater den Sohn zu Beginn ins Exil schickt und am Ende zurückruft, sonst aber höchstens in einer Namensangabe erwähnt wird.

Doch kann die Vater-Sohn-Beziehung auch außerhalb von typischen Szenen, in der Gesamthandlung, Bedeutung gewinnen. Die Handlung von *Orson de Beauvais* beruht größtenteils auf dem Wunsch, das vom Vater erlittene Unrecht zu rächen. Als Milon im Dienste des Königs Basile einen heidnischen König besiegt hat, findet er seinen Vater in dessen Kerker wieder, und beide kehren nach Hause zurück, wo sie schließlich durch einen Zweikampf mit Gottesurteil die Schuld des Verräters Hugon beweisen können. In der *Chevalerie Ogier* geht es um die Rache für Ogiers Sohn Bertolai, den der Sohn Kaiser Karls erschlagen hat[57].

Es sind jedoch in unserem Untersuchungszeitraum nur drei Texte, in denen das Interesse durchgehend oder zumindest über weite Strecken der Handlung der Vater-Sohn-Beziehung gilt. Schon mehrfach beschrieben worden ist der Fall von *Aiol*[58]. Er ist dadurch charakterisiert, daß der Held während der gesamten Handlung von den Lehren bestimmt ist, die ihm sein Vater zu Beginn der Handlung erteilt hatte. So wünscht er, als er auf dem Weg

---

57 Zu diesen beiden Texten vgl. S. Ch.Obergfell, *Aspects of the Father-Son Relationship*, 233–251.
58 Vgl. außer der bereits zitierten Arbeit Obergfells besonders Mario Mancini, *Aiol et l'ombre du père*, in: Carlos Alvar, Victoria Cirlot (Hrsg.), VIII° Congreso de la Société Rencesvals, Pamplona 1981, 305–311, sowie ders., *Aiol, dal clan al lignaggio*, in: Carlo Bordoni (Hrsg.), La pratica sociale del testo. Scritti di sociologia della letteratura in onore di Erich Köhler, Bologna 1982 (I Studi di Arti e Scienze umane 2), 173–187.

einen der Brüder des Verräters Makaire erschlagen hat, sein Vater wüßte dies: «Hai! c'or nel savés, Elies pere!» (1523). Auch auf einzelne der väterlichen Lehren bezieht er sich häufig. So heißt es, als Aiol einmal morgens die Messe besucht:

> Isnelement se cauche quant fu vesti[s],
> Et vait a Sainte Crois le messe oir
> Et sieut porsession jusc'au midi;
> Quar Elies ses peres li avoit dit
> Qu'il se penast toudis de Dé(x) servir:
> Chil cui Dex vieut aidier n'ert ja honis[s]
>
> (*Aiol* 2224–2229).

Als Aiol wegen seines ärmlichen Äußeren verhöhnt wird, verzichtet er in Erinnerung an die Lehren seines Vaters auf eine heftige Antwort:

> Quant Aiol[s] l'entendi, s'en fu maris
> Quant il set et entent qu'il l'escarnist:
> Talent ot de l'espee l'alast ferir,
> Quant li menbre del sens et des boins dis
> Que Elies ses peres li avoit dit
> El bois en Mongaiant quant s'en parti
> Que li hon qui plus tenche plus est honi[s]:
> Il rebati el feure le branc forbi ...
>
> (ebd. 2790–2797)[59].

Als sich Lusiane, die Tochter seiner Gastgeberin, die sich später als seine Kusine herausstellen wird, in ihn verliebt und mit ihm schlafen möchte, ist es ebenfalls der Gedanke an seinen Vater, der ihn zurückhält:

> Li gentiex chevalier[s] pensoit a el;
> Ançois rendra son pere ses iretés
> Que amisté de feme voille user.
> Il set tout a fianche par verité
> Que il poroit son pere tost oublier:
> Car amistet de feme fait tout muer
> Le corage de l'home et trestorner
>
> (ebd. 2215–2221).

Beide Regeln, die Aiol hier so vorbildlich befolgt, entsprechen nicht den allgemeinen Vorstellungen vom Verhalten eines epischen Ritters, sondern gehören zu einem von der Kirche vertretenen Ideal. Das an der ersten Stelle propagierte Ideal der *humilitas* steht sogar in direktem Widerspruch zu dem Verhalten, das man von einem großen Helden erwartet; man denke nur daran, wie Guillaume im *Charroi de Nîmes* auf den Spott der Sarazenen und des Königs Harpin (1310–1378) und in *Aliscans* auf die Belästigung des *chastelain* von Orléans reagiert (2100–2120): Nach anfänglicher Geduld erschlägt er sie. Aiol dagegen verspürt zuerst den Drang, zum Schwert zu greifen,

---

59 Vgl. auch 2757–2764, 2828–2838.

überwindet sich dann aber. Der Dichter wendet sich offenbar bewußt gegen das übliche Heldenideal. Die Warnung vor den verderblichen Wirkungen der Liebe ist Allgemeingut der kirchlichen Lehre seit der Patristik.

Ganz anders ist die Vater-Sohn-Beziehung in *Aspremont* gestaltet[60]. Der Heidenkönig Agolant hat schon zu Lebzeiten seinen Sohn Aumont zum König gekrönt, der ihn daraufhin, auch durch schlechte Ratgeber verleitet, seines Einflusses weitgehend beraubt und seinen Rat verschmäht hat. Der Sohn hat auch den Feldzug gegen die Christen angeregt, der zum Untergang von Vater und Sohn führt (vgl. z. B. 6699–6723). Durch den Verlauf der Ereignisse kommen sowohl der Vater als auch der Sohn zu der Erkenntnis, daß die Krönung des Sohnes verderblich war und daß es überhaupt nicht richtig ist, dem Sohn zuviel Macht einzuräumen. So gesteht Aumont bei seiner Niederlage:

> Malvaisement m'est hui aparissant
> A si grant tort aloie cels blasmant
> Qui desloérent a mon pere Agolant
> Que coronés ne fusse a son vivant.
> Fols est li om qui trop creit son enfant
> (ebd. 5630–5634).

Nach Aumonts Tod klagt sein Vater:

> Fils, ... molt ai le cuer dolent,
> Par vos ving je en cest conquerement.
> Mon sens laisçai por le vostre escïent.
> Coronai vos, bels fils, molt ricement.
> Vers moi ovrastes molt orgellosement:
> Onques aprés vostre coronement
> De mon conseil ne feïstes noient,
> Ains vos laiastes consellier a tel gent
> C'onques n'amerent le mien avancement
> (ebd. 8295–8303).

Hier ist deutlich die Absicht erkennbar, gegen die herrschende Begünstigung der Jugend vorzugehen, die in den Romanen, wie wir gesehen haben, ja beispielsweise dazu führen kann, daß der Sohn ohne Einspruch des Vaters über dessen Land bestimmt. Die verfrühte Krönung scheint eine historische Anspielung auf die Gestalt des Jeune Roi, des Sohnes Heinrichs II. von England, zu sein, dessen Rebellion seinen Vater und sein Reich in große Gefahr brachte.

Interessant ist auch der Fall von *Gui de Bourgogne*. In dieser *chanson* befindet sich Karl mit seinem Heer schon seit 27 Jahren auf dem Feldzug in Spanien. Die Kampfkraft ist dahin, einige Städte hat Karl trotz langer Belagerung nicht einnehmen können, und sogar die Lebensmittel sind knapp ge-

---

[60] Vgl. zu diesem Fall S. Ch.Obergfell, *Aspects of the Father-Son Relationship*, 39–43.

worden. In Frankreich wird Gui de Bourgogne, Karls Neffe, von den erwachsen gewordenen Söhnen der in Spanien kämpfenden Ritter zum Ersatzkönig gewählt. Statt aber Frankreich zu regieren, führt er die gesamte junge
Rittergeneration nach Spanien, nimmt die Städte, an denen Karl gescheitert
war, binnen kürzester Frist ein, schickt dem Heer der Väter Lebensmittel und
vereinigt sich schließlich mit ihm. Die ganze Zeit über besteht Gui zumindest
in Gegenwart der älteren Ritter auf seinem Anspruch, König zu sein, und
verbirgt seine Identität. Auch die übrigen geben sich selbst in Gegenwart ihrer Väter nicht zu erkennen. All dies führt dazu, daß Karl und seine Ritter
einerseits über die jungen Ritter verärgert sind, die ihre Stellung usurpieren
und dort Erfolg haben, wo sie selbst gescheitert sind, andererseits aber auch
erkennen, daß sie auf sie angewiesen sind und sich immer mehr darum bemühen, ihre Hilfe zu gewinnen. Hier wird in der Handlung einer gesamten
chanson und an einer großen Masse von Personen vorgeführt, was in vielen
einzelnen Vater-Sohn-Szenen thematisiert wird und offensichtlich eines der
hauptsächlichsten Anliegen der Dichter der letzten Jahrzehnte des 12. Jahrhunderts und der Zeit um 1200 war: der Anspruch der jüngeren Generation,
die ältere abzulösen.

Wo die Dichter also eine Vater-Sohn-Beziehung in den Mittelpunkt stellen, verfolgen sie jeweils ganz spezielle Intentionen. In einem Fall, *Aiol*, ist
deutlich ein gelehrter, kirchlich bestimmter Hintergrund erkennbar. Eine
einheitliche typische Funktion des Sohnes an der Seite seines Vaters oder in
Beziehung zum Vater, die sich nicht direkt aus der Verwandtschaftsbeziehung ergäbe, gibt es in den *chansons de geste* nicht. Hierdurch unterscheidet
sich die Vater-Sohn-Beziehung grundsätzlich von der Onkel-Neffe-Beziehung. Auch ein einheitlicher Bezug der Vater-Sohn-Beziehung zum Handlungsverlauf, wie er im Roman gegeben war, ist nicht vorhanden.

2. Kinder und Familie

In einem Artikel von 1978 beklagt Jean Subrenat, daß die Literatur des 12.
und 13. Jahrhunderts sich für kleine Kinder als solche kaum zu interessieren
scheine[1]. Weder in Romanen noch in *chansons de geste* noch in *fabliaux* finden sich seiner Meinung nach kleine Kinder, die mehr als nur Objekte in einer Handlungsintrige sind, ohne schon mit der Tätigkeit in Verbindung gebracht zu werden, die in der jeweiligen Gattung erwachsene Personen ausüben. Diese geringe Häufigkeit von Kindern in den literarischen Texten ist

---

[1] Jean Subrenat, *La place de quelques petits enfants dans la littérature médiévale*, in
Mélanges Jeanne Lods, Paris 1978 (Collection de l'Ecole Normale Supérieure de
Jeunes Filles 10), I, 547–557.

für ihn deshalb so erstaunlich, weil es in der Realität natürlich Kinder gab und das Kind auch in der kirchlichen Lehre eine wichtige Rolle spielte[2].

Die *fabliaux*, für die Subrenat immerhin eine Ausnahme anführt[3], sind für unseren Untersuchungszeitraum noch nicht relevant. Auch eine weitere Ausnahme, die in Romanen und *chansons de geste* des 13. Jahrhunderts vorkommende typische Szene, bei der dem Neugeborenen durch Feen bestimmte Gaben verliehen werden, spielt in den *chansons de geste* bis um 1200 noch keine Rolle. In den von uns untersuchten Texten sind kleine Kinder tatsächlich keine Selbstverständlichkeit. Daß Subrenat trotzdem nicht ganz recht hat, soll im folgenden deutlich werden[4].

Eine Gelegenheit, Kleinkinder zu beschreiben, ist die Einführung der Helden selbst. In *Raoul de Cambrai* heißt es etwa:

> L'enfant amaine[n]t en la place devant.
> Il ot .iij. ans, par le mien esciant:
> S'ert acesmez d'un paile escarimant,
> Et ot bliaut d'un vermel bougerant;
> En tot le mont n'avoit plus bel enfant
> (*Raoul de Cambrai* 343–347)[5].

An die Beschreibung schließt sich hier ein kurzes Gespräch zwischen Raouls Onkel Guerri und seinem kleinen Neffen an, in dem dieser versichert, daß er

---

[2] a.a.O., 548f. Er schlägt zwei Erklärungsmöglichkeiten für diesen Befund vor: Es könnte sich zum einen um eine Flucht aus der Realität handeln, in der Kinder als lästig empfunden wurden. Es könnte zum andern die Auffassung dahinter stehen, daß das Leben erst beim Eintritt in die Welt der Erwachsenen interessant wird; a.a.O., 557. Beides scheint uns unangemessen. Zum Verhältnis der literarischen Texte zur Realität s. u. S. 259, Anm. 10. – Zur Rolle des Kindes in der Lehre der Kirche vgl. David Herlihy, *Medieval Children*, in: Essays on Medieval Civilization, Austin-London 1978 (The Walter Prescott Webb Memorial Lectures 12), 109–141.

[3] a.a.O., 555f.

[4] Daß Subrenats Darstellung zu relativieren ist, deutete sich bereits in zwei Artikeln von Régine Colliot an: Régine Colliot, *Perspective sur la condition familiale de l'enfant dans la littérature médiévale*, in: Morale pratique et vie quotidienne dans la littérature française du Moyen-Age, Senefiance 1, Aix-en-Provence 1976, 17–33; dies., *Enfants et enfance dans Raoul de Cambrai*, in: L'Enfant au Moyen-Age, Senefiance 9, Aix-en-Provence 1980, 233–252. Colliot geht jedoch auf Kinder, die nicht schon als spätere Helden geschildert werden, nicht näher ein. Außerdem berücksichtigt sie weder den Unterschied zwischen *chanson de geste* und Roman noch die Entwicklung beider Gattungen im Laufe des 12. und 13. Jahrhunderts. Die Darstellung von Kindern als solchen ist von Doris Desclais Berkvam, *Enfance et maternité dans la littérature française des XIIᵉ et XIIIᵉ siècles*, Paris 1981, behandelt worden, der es jedoch nur um die dargestellte Realität und nicht um den literarisch-technischen Aspekt geht. Auch sie unterscheidet nicht zwischen verschiedenen Gattungen und vernachlässigt die Chronologie.

[5] Teile der Verse dieses und des folgenden Zitats beruhen auf Konjektur, da die einzige erhaltene Handschrift von *Raoul de Cambrai* an dieser Stelle beschädigt ist. Doch kann über ihren Inhalt kein Zweifel bestehen.

später das Land seines Vaters, das der König einem andern zugesprochen hat, schon zurückerobern werde:

> «Enfes,» dist il, «ne vos voi gaires grant,
> Et li Manciaus a vers vos mautalant
> Qi de vo terre vos va deseritant.
> – Oncles,» dist l'enfes, «or le laissiez atant:
> Je la ravrai, se je puis vivre tant
> Qe je port armes desor mon auferant»
> (ebd. 350–355).

Durch die Schilderung Raouls als hilfloses Kleinkind wird es möglich, das Unrecht des Königs, der das Lehen des Vaters einem anderen übergibt, besonders zu betonen. Zugleich wird aber auch Raouls heldenhafter Charakter angedeutet, der sich schon in so frühen Jahren zeigt.

In ähnlicher Weise werden auch andere Helden eingeführt. Zu nennen ist zum Beispiel Vivien in den *Enfances Vivien* (208ff). Er soll den Sarazenen im Austausch gegen seinen Vater ausgeliefert werden. Dadurch, daß er als kleines, kampfunfähiges Kind beschrieben wird, wird die Größe der Bedrohung besonders betont; daß er sich trotz seines geringen Alters zu dem Opfer bereit erklärt, zeigt die Tapferkeit des zukünftigen Helden.

Diese Szenen entsprechen der bereits besprochenen Tendenz, Helden in ihrem Elternhaus vorzuführen. Das spezifisch Kindliche der Beschreibungen soll offensichtlich Mitleid hervorrufen, ist jedoch stets auf die Handlung und die späteren Heldentaten des Kindes bezogen.

Interessanter scheinen uns Erwähnungen von Kindern, die nicht mit den zentralen Helden identisch sind, sondern diesen im Verlauf der Handlung zugeordnet werden; nur sie versprechen Aufschluß über die übliche Einstellung des erwachsenen Ritters zum Kind. Die erste derartige Schilderung eines Kleinkinds innerhalb der Handlung finden wir in *Girart de Roussillon*. Dort freut sich Girart am Anblick seines kleinen Sohnes:

> Lai vit venir son fil qu'a molt amat,
> Blondet, vestit bliaut nue de cendat;
> Non a mais ke cinc anz enquer passat.
> Ainc om(e) ne vit tan bel de son eat;
> Tot semblant de Girart del vis format.
> E pres l'entre sses braz e l'at baisat
> (*Girart de Roussillon* 9115–9120).

Er verspricht dem Sohn, dafür zu kämpfen, daß er sein Erbe nicht verliere:

> Estait li cons Girarz en son palaz,
> E tient son petit fil entre ses braz;
> E juret Damlideu e sas bontaz:
> «Ja ne seras nul die desiretaz.
> E qui monges devent, molt est malvaz.
> Eu aim molt chevaliers e ai amaz,
> E fe(ra)rai quant viu(e)rai lor volentaz,

255

E donrai volunters, car ai assaz.
Trop me sui longement humiliaz;
Nen ert mes ainemis per mei preiaz;
Ains comfundrai glotons oltrecuidaz!»
...
E per joi de son fil s'es alegraz...
(ebd. 9122–9132, 9135).

Einer von Girarts Baronen, der das hört, befürchtet, der Krieg könne deshalb wieder ausbrechen, lockt das Kind in den Garten und tötet es (9137–9147).

Das Kind erscheint hier als Hoffnungsträger für den Vater, als potentieller Nachfolger. Die Freude, die der Vater an ihm hat, wird jedoch vom Dichter problematisiert. Zwar bewertet er den Mord an dem Kind nicht positiv; er läßt den Mörder sich sogar selbst als Verräter und als schlechter als Kain bezeichnen (9152–9154). Doch ist dieser offensichtlich das Werkzeug, das Girart von seiner Überheblichkeit wieder abbringt, die mit seiner Vaterfreude verbunden ist: Beim Anblick des Sohnes hatte er beschlossen, seine Habe an die Ritter zu verteilen und weiter Krieg zu führen, nach seinem Tod beschließt er, es zum großen Teil der Kirche zu geben (9185–9188, 9229f). Die Darstellung des Kindes erklärt sich somit aus einer besonderen Absicht des Dichters.

In späteren Texten erscheint die Vaterfreude nicht mehr als problematisch. So wird etwa die Erziehung, die Gerbert in *Gerbert de Metz* seinem Sohn gibt, folgendermaßen geschildert:

Bien fait l'enfant et norrir et garder.
Tant le norrisent que il sot bien parler,
Parmi la sale as chevaliers juer.
Li rois Gerbers li a maistre doné
Qui l'a des letres apris et dotriné.
Tant l'ont norri qu'il ot .vii. anz passé;
Et il fu tez, sachiez par verité,
N'ot nul plus bel en la crestïenté,
Et a chascun se faisoit bien amer.
Gerbers, ses pere, grant joie en a mené...
(*Gerbert de Metz* 14024–14033)[6].

Schon an den bisher angeführten Beispielen dürfte die typisierende Tendenz der Beschreibungen von Kindern deutlich geworden sein. Es entwickelt sich in der zweiten Hälfte des 12. Jahrhunderts eine typische kindliche Schönheitsbeschreibung, die auch ohne Bezug auf die Eltern Verwendung finden kann[7].

Doch auch außerhalb solcher Beschreibungen können Kinder in der Handlung eine Rolle spielen. In *Gerbert de Metz* besetzt beispielsweise Fro-

---

[6] Vgl. auch ebd. 11531.
[7] Vgl. beispielsweise *Bataille Loquifer* 2575ff.

mondin die Burg seines Schwagers Hernaut, eines Mitglieds der Lothringer-
sippe, weil die Feindschaft der beiden Sippen erneut ausgebrochen ist. Er findet dort nur seine Schwester Ludie, Hernauts Gattin, die von seinen feindlichen Absichten nichts ahnte, sowie seine beiden kleinen Neffen vor. Als er
einmal besonders erregt ist, weil er einen nahen Verwandten im Kampf verloren hat, ergreift er die beiden Kinder, tötet sie und wirft sie aus der Burg
(13681–13692).

Größere eigenständige Bedeutung erlangen Kinder in *Renaut de Montauban*. König Yon, bei dem Renaut und seine Brüder Zuflucht gefunden haben
und dessen Schwester Renaut geheiratet hat, hat sie, durch schlechten Rat
verleitet, an Karl verraten. Nur mit Mühe können sie entkommen. Renaut
will daraufhin seine Frau als die Schwester des Königs verstoßen. Er läßt seinen Zorn aber auch an seinen zwei kleinen Söhnen aus (8523–8535). Als bei
der Belagerung von Renauts Burg Montauban durch Kaiser Karl die Lebensmittel knapp werden, sind es vor allem die Kinder, die unter Hunger leiden. Ihretwegen fordert Renauts Gattin zuerst dazu auf, die Pferde zu
schlachten:

> ... Por Deu, tuez en .i., sel manjons erranment.
> S'en auront mi enfant por qu'ai le cuer dolent.
> .ii. jorz a ne maugierent, sel demandent sovent
> (*Renaut de Montauban* 13325–13327).

Einer der Söhne ist es, der den jüngsten der vier Brüder durch guten Rat
dazu bringt, sein Pferd zu opfern (13359–13378). Um der Kinder willen fleht
Renaut schließlich seinen Vater, der sich im Heer Karls befindet, um Hilfe an
(13497–13550). Als dessen heimliche Unterstützung von Karl entdeckt wird
und er das Heer verlassen muß (13557–13641), zapft Renaut sogar dem letzten verbliebenen Pferd, seinem Wunderroß Bayart, Blut ab, weil seine Kinder den Hunger nicht mehr ertragen können (13652–13721). Dabei ist es
meist die Mutter, die ihren Mann anfleht, mit den Kindern Mitleid zu haben.
So klagt sie zum Beispiel einmal, als Renaut sich weigert, Bayart zu töten:

> Sire Renaus, dist ele, por Deu ki tot avoie,
> Ja morront mi enfant, vez com cascuns coloie.
> Tierc jor a, ne mangierent qui volsist une soie.
> Ja lor faura l'alaine, vez com cascuns tornoie.
> Je mangerai mes mains, car li cuers me desvoie
> (ebd. 13433–13437).

In *Aye d'Avignon* wird geschildert, wie der heidnische König Ganor Gui, den
kleinen Sohn der von ihm geliebten Aye, aus Avignon raubt, um ihn an seinem eigenen Hof zu erziehen. Der Kleine weint auf der Flucht und möchte
zu seiner Mutter zurück:

> L'enfez fu bien vestu d'un hermin peliçon,
> Par desus .i. bliaut d'un vermell ciglaton.

> L'enfes dist en plorant: «Portez moi en maison,
> Ma dame pesera que nous tant demoron.»
> E li rois le conforte par .i. esmerillon
> *(Aye d'Avignon* 2510–2514).

In fast allen Fällen sind Kinder in der einen oder anderen Weise mit der Mutter assoziiert. Selbst diesen sehr unterschiedlichen Szenen liegt also die Vorstellung zugrunde, daß Frau und Kinder zusammengehören und eine Gruppe bilden[8]. Nur so ist auch die folgende Szene verständlich. Die Gattin Gerberts, des Helden von *Gerbert de Metz*, stirbt in seiner Abwesenheit im Kindbett. Der Dichter schildert, wie Gerbert bei seiner Heimkehr seinen mutterlosen Sohn mitleidig betrachtet:

> Gerbers le voit, s'a de pitié ploré,
> Por ce qu'il est sanz mere demoré
> *(Gerbert de Metz* 14015f).

Die Kinder in den zuletzt angeführten Beispielen sind Kinder des Helden. Sie widersprechen insofern unserer oben aufgestellten Behauptung, daß die Generation des Helden selbst als eine jüngere Generation charakterisiert sei, die einer älteren gegenübergestellt werde. Hier ist die Heldengeneration schon eine Elterngeneration. Die *chansons de geste* wenden das ‹moderne› Generationenschema offensichtlich nicht so streng an wie der Roman, in dem Szenen wie die beschriebenen nicht vorkommen. Dies verwundert nicht, wenn man bedenkt, daß ganze Epen und Epenteile auch alten Helden gewidmet sind und überhaupt die Neigung besteht, durch zyklische Ergänzungen Lebensläufe zu vervollständigen. Zu beachten ist aber auch, daß die Kinder in diesen Szenen durch verschiedene Hilfsmittel – die Neigung zum Weinen, die Unfähigkeit, Hunger zu ertragen – deutlich als Kleinkinder charakterisiert sind[9]. Es sind also nicht annähernd kampffähige Söhne, die dem Vater Konkurrenz machen könnten. Wenn das Vorhandensein solcher Kleinkinder auch sicher nicht die Jugend des Helden betont, so macht es diesen doch noch nicht zu einem Mann der älteren Generation, die der jüngeren den Platz räumen müßte. Von ihrer Generationszugehörigkeit her entspricht eine Figur wie Renaut vielmehr der traditionellen Gestalt des Ritters, der Frau und Kinder zu Hause hat. Neu ist, daß diese Familie, die traditionellerweise als Gegensatz zum Kampfgeschehen fungiert, hier in der eigentlichen Hand-

---

[8] Vgl. hierzu auch Doris Desclais Berkvam, a.a.O., besonders 54, 119ff. Wieder bestätigt sich die Selbstverständlichkeit der Kleinfamilie als Bezugsgruppe; s. o. Teil I, S. 35–46.

[9] An anderen Stellen spielt noch das freundliche Anlachen der anwesenden Personen als Eigenschaft von Kleinkindern eine Rolle. Vgl. z. B. *Bataille Loquifer* 4021ff. Schon Jeanne Lods, *Le thème de l'enfance dans l'épopée française*, Cahiers de Civilisation Médiévale 3, 1960, 58–62, weist auf die Existenz typisch kindlicher Verhaltensweisen im Epos hin. Ihr kommt es zwar darauf an zu zeigen, daß auch jüngere Erwachsene als mehr oder weniger kindlich gezeichnet sein können, doch beziehen sich die meisten ihrer Beispiele tatsächlich auf kleine Kinder.

lung dargestellt und sogar mit dem Kriegsgeschehen in Verbindung gebracht wird.

Insgesamt kann man feststellen, daß Kinder als solche in der zweiten Jahrhunderthälfte für die Dichter deutlich interessanter geworden sind. Der kleine Gui in der *Chanson de Guillaume* oder Louis im *Couronnement Louis* wurden zwar als Kinder geschildert, jedoch erst in dem Augenblick, als sie in die Welt der Erwachsenen eintraten (im einen Fall durch ritterliche Teilnahme am Kampf, im anderen durch die Krönung), und ihr kindliches Verhalten diente dazu zu unterstreichen, daß dieser Eintritt außergewöhnlich früh erfolgte. Im Falle Guis wurde so seine besondere Befähigung zum Ritter, im Falle Louis' dagegen seine Schwäche und Unfähigkeit hervorgehoben. Nun aber werden Kinder mehr und mehr auch, bevor sie in die Welt der erwachsenen Ritter eintreten, vorgeführt, und zwar nicht nur als zukünftige Helden, sondern in einigen Fällen auch ohne jeden Bezug auf heldische Taten.

Man könnte zunächst daran denken, das gestiegene Interesse für das Kind mit der schon mehrfach konstatierten Idealisierung der Jugend in Beziehung zu bringen. Diese bezog sich jedoch immer nur auf den jungen Ritter oder angehenden Ritter, der aktiv an der Handlung teilnahm und diese wesentlich bestimmte. Das tun die geschilderten Kleinkinder sicher noch nicht. Daß die Kinder stets zusammen mit der Mutter vorgeführt werden, zeigt, daß es sich vor allem um ein größeres Interesse für die Familie, also das private Zuhause des Helden, handelt. Selbst bei der Darstellung der Familie verlieren die Dichter jedoch die kriegerische Welt der Heldenepik nicht völlig aus den Augen: Nicht nur, daß die Familie etwa in *Renaut de Montauban* in die Kriegshandlung mit einbezogen wird, es wird auch von zur Handlung nicht passenden Details abgesehen. So sind alle Kinder, die wir gefunden haben, männlichen Geschlechts. Auch die Kleinkinder werden somit offensichtlich immer als potentielle spätere Helden gesehen, was bei der Tendenz zur Ausweitung und Zyklusbildung, die die epische Gattung kennzeichnet, nicht verwunderlich ist.

Mit diesem verstärkten Interesse für die Privatsphäre folgt die *chanson de geste* derselben Tendenz, die wir schon für die Gattung des Romans konstatiert haben. Doch zeitigt diese Hinwendung zum privaten Bereich in der *chanson de geste* ein etwas anderes Ergebnis. Die traditionelle Gestalt des erwachsenen Helden bleibt nach wie vor bestimmend, der Charakter des Heldenepos geht nicht verloren[10].

---

[10] Es scheint uns daher unangemessen, wenn man das insgesamt doch relativ geringe Interesse für kleine Kinder als einen Mangel in der Wiedergabe der gesellschaftlichen Verhältnisse interpretiert und daraus Schlüsse über die Einstellung zur Kindheit oder zur Familie ziehen will. Es gibt keinen Grund, warum eine altfranzösische *chanson de geste* ein vollständiges Bild der zeitgenössischen Gesellschaft oder auch nur einer gesellschaftlichen Gruppe bieten sollte. Hinter solchen Erwartungen scheint ein Literaturverständnis zu stehen, das durch den realistischen Roman des 19. Jahrhunderts mit seinen umfassenden Gesellschaftsbildern geprägt ist.

3. Die Mutter

Wie im Roman kann die Mutter auch in der *chanson de geste* eine wesentliche Rolle bei der Einführung des Helden und dem Handlungsbeginn spielen. Doch fällt auf, daß sie hier, trotz der generell geringeren Bedeutung von Frauen in epischen Texten, größeres Gewicht als eigenständige handelnde Person erlangen kann. Auch ist ihr Verhältnis zum Sohn nicht dasselbe wie im Roman.

In einer großen Gruppe von *chansons* − *Aiol, Narbonnais, Siège de Barbastre, Floovant* und einigen anderen − erscheint die Mutter an der Seite des Vaters. Doch im Gegensatz zu Romanen mit entsprechender Personenkonstellation, in denen Vater und Mutter stets eine Einheit bildeten, ist die Mutter hier vor allem dadurch gekennzeichnet, daß sie aus Angst um ihren Sohn oder ihre Söhne den Vater davon abzubringen versucht, diese von zu Hause fortzuschicken. Gelegentlich bemüht sie sich auch, die Söhne materiell zu unterstützen. Ihre Versuche werden vom Dichter immer positiv bewertet, führen aber trotzdem in keinem Fall zum Erfolg, sondern dienen nur dazu, die Größe der Gefahr oder die Tapferkeit der Söhne zu unterstreichen.

Auch in den Fällen, in denen die Mutter der einzige vorhandene Elternteil ist, versucht sie, den Sohn zu Hause zu halten. In *Raoul de Cambrai* rät die Mutter dem schon erwachsenen Helden davon ab, in den Krieg gegen die Söhne Herberts zu ziehen. Raoul gibt nichts auf ihren Rat und meint sogar, man solle überhaupt nicht auf den Rat einer Frau hören:

> R. l'oï, le sens quida changier,
> Et jure Dieu qi tot a a jugier,
> Q'il nel feroit por l'or de Monpeslier.
> «Maldehait ait, je le taing por lanier,
> Le gentil homme, qant il doit tornoier,
> A gentil dame qant se va consellier!
> Dedens vos chambres vos alez aasier ...»
> *(Raoul de Cambrai* 1097−1103).

Die Mutter wünscht ihm daraufhin Unheil:

> Or viex aler tel terre chalengier
> Ou tres ancestres ne prist ainz .j. denier;
> Et qant por moi ne le viex or laisier,
> Cil Damerdiex qi tout a a jugier,
> Ne t'en ramaint sain ne sauf ne entier!
> (ebd. 1129−1133).

Das Motiv der Angst der Mutter um den Sohn wird hier zusätzlich problematisiert: Selbst wenn der Sohn sich nicht so verhält, wie sie das möchte, ist es nicht richtig, die an sich selbstverständliche Mutterliebe auch nur einen Augenblick zu vergessen. Raouls Mutter bereut ihren Fluch sofort, doch wird dieser den Sohn vernichten (1134f).

260

Als Viviens Verwandtschaft in den *Enfances Vivien* beschlossen hat, daß seine Mutter ihn den Sarazenen ausliefern soll, heißt es:

> Tuit li baron molt merueillie en furent;
> dist l'un a l'autre: ceste foi es molt dure.
> Fu onc mes fame en cest siecle nes une
> qui son enfant amenast et conduie
> ou il fust morz ne liurez a martire?
>
> (*Enfances Vivien* 373–378).

Die Klagen der Mutter werden nicht nur als berechtigt anerkannt, sondern auch durch eine theoretische Bemerkung in einen allgemeinen Rahmen gestellt.

Auch diese spezielle Form der Einführung des Helden, bei der nur die Mutter vorhanden ist, hat Parallelen in anderen Werken, die in der Tradition der Legende stehen; man denke nur an die bereits besprochenen Romane *Perceval* und *Partonopeu de Blois*[1]. Auf den ersten Blick könnte man meinen, daß die Funktion der Mutter hier dieselbe ist wie in jenen Texten. Doch ist es in der *chanson de geste* immer nur die Sorge um das Leben des Sohnes, die das Verhalten der Mutter bestimmt, und diese wird, anders als etwa in *Partonopeu de Blois*, nicht abgewertet. Die Besorgtheit der Mutter erscheint vielmehr als ein selbstverständlich gegebenes Element, das sich zur effektvollen Schilderung eines Abschieds oder einer anderen Situation nutzen läßt[2]. In *Raoul de Cambrai* erscheint die Mutter außerdem als gute Ratgeberin, eine Rolle, die sonst der Ehefrau zukommt[3].

Auch außerhalb der Einführungsepisoden kann die Mutter in den *chansons de geste* der zweiten Hälfte des 12. Jahrhunderts gelegentlich eine Rolle spielen. So versucht die Mutter Renauts und seiner Brüder in *Renaut de Montauban*, zwischen ihnen und dem Vater zu vermitteln, als sie nach ihrer Flucht aus den Ardennen einmal nach Hause kommen. Außerdem unterstützt sie sie materiell. Ihre Funktionen entsprechen somit denen, die einer Mutter sonst zu Beginn der Handlung zukommen.

Diese typische Funktion der Mutter in den *chansons de geste* hängt natürlich mit der besonderen Darstellung der Vater-Sohn-Beziehung in dieser Gattung zusammen, insbesondere mit dem Motiv der Auseinandersetzung. Aus einem typischen Element einer anderen Tradition, derjenigen der Legende, ist so in der *chanson de geste* ein völlig neuartiges typisches Element geworden.

---

[1] S. o. S. 148. Auch der lateinische *Ruodlieb* ist hier zu erwähnen.

[2] Vgl. auch z. B. das oben, S. 246, angeführte Beispiel aus den *Narbonnais*.

[3] Vgl. z. B. die Rolle Guibourcs in der *Chanson de Guillaume* und in *Aliscans* oder diejenige Bertes in *Girart de Roussillon*. Eine weitere Mutter mit der Funktion einer Ratgeberin ist Calabre in den *Chétifs*.

4. Onkel und Neffe

Trotz des vermehrten Vorkommens von Vater-Sohn-Beziehungen wird die traditionelle Onkel-Neffen-Relation in der *chanson de geste* der zweiten Jahrhunderthälfte keineswegs verdrängt; sie spielt nach wie vor in vielen *chansons* bei den Hauptpersonen eine wichtige Rolle. Dabei sind zwei Gruppen von Texten zu unterscheiden. Zu der einen Gruppe gehören diejenigen *chansons*, in denen Onkel- und Neffengestalten im Mittelpunkt stehen, wobei es sich in der Regel entweder um Neubearbeitungen schon traditioneller Stoffe handelt oder um neue Episoden aus dem Leben traditioneller Figuren. Eine ganz neue Neffengestalt könnte eventuell Gui de Bourgogne sein. Die andere Gruppe bilden Epen, deren Helden vor allem als Söhne definiert sind, denen aber daneben auch Onkel oder Neffen zugeordnet werden. Solche Epen finden wir in der ersten Jahrhunderthälfte noch nicht, aber es sind zwei der ersten in der zweiten Jahrhunderthälfte entstandenen Epen, *Aiol* und *Raoul de Cambrai*, die hierzu gehören.

Wegen der großen Masse der Texte müssen wir uns darauf beschränken, jeweils nur einzelne Beispiele vorzustellen. Um bei der ungefähren chronologischen Reihenfolge zu bleiben, beginnen wir mit der zweiten Gruppe.

Der Held von *Aiol* erscheint zwar vor allem als Sohn eines Elternpaares, doch wird von vornherein auch deutlich gemacht, daß er ein Neffe von König Louis ist, der Sohn einer Schwester, die dieser zusammen mit ihrem Gatten verbannt hatte. Das Verhältnis von Louis und Aiol ist dennoch fast während der gesamten Handlung nur als Verhältnis von Feudalherr und Vasall charakterisiert. Obwohl einige väterliche Verwandte Aiols für die Rehabilitierung von Aiols Vater kämpfen, unterstützt Aiol sie nicht, sondern bemüht sich um Aufnahme in den Dienst des Königs, ohne dabei seine Identität als Königsneffe preiszugeben. Trotz des Unrechts, das Louis Aiols Eltern angetan hat, wird er als der rechtmäßige Feudalherr angesehen (z. B. 493). Er belohnt Aiol für seine Taten, entsendet ihn als Gesandten zum Heidenkönig Mibrien und gewährt ihm schließlich die Länder als Lehen, die seinem Vater Elie gehört hatten. Erst zu diesem Zeitpunkt enthüllt Aiol seine Identität und seine verwandtschaftliche Beziehung zum König. Zwar war bei Louis schon zuvor einmal die Vermutung aufgetaucht, Aiol könne ein Verwandter von ihm sein (3833), doch blieb dies ohne Konsequenzen für sein Handeln.

Raoul de Cambrai bietet dieselbe Konstellation wie *Aiol*. Auch Raoul ist ein Schwestersohn von König Louis. Wie in *Aiol* entzieht Louis dem Helden den Anspruch auf ein Lehen, auch wenn hier der Anlaß etwas anders ist: Nach dem Tod von Raouls Vater, des bisherigen Inhabers, verfügt der König darüber zugunsten eines anderen Ritters, der ihm gute Dienste geleistet hat. Raoul empfängt vom König das *adoubement* (440, 46off), wird von ihm zum Seneschall ernannt (521ff) und dient ihm dann eine Weile. Eines Tages fordert er das Land seines Vaters zurück, das der König, so gern er es möchte, ihm nicht mehr geben kann (68off). Louis bietet ihm an, statt dessen das

Land zu übernehmen, dessen Graf als nächster sterben werde und Raoul willigt ein. Auch in diesem Text ist Louis also vor allem der Feudalherr. Zwar wird er als solcher kritisiert und in Frage gestellt, doch sind alle seine Handlungen aus dieser Rolle heraus motiviert.

Allerdings wird in beiden Texten, *Aiol* und *Raoul de Cambrai*, auch die Verwandtschaftsbeziehung gelegentlich erwähnt. So rechnet etwa Aiols Vater damit, daß der König den Neffen besonders freundlich aufnehmen werde:

> ... Car vos estes li niés l'enperreour,
> Je[l] sai bien a fiance, fiex sa serour.
> ...
> Quant li rois le sara si arés prous
>
> (*Aiol* 189f, 194).

In *Raoul de Cambrai* wird von einem Rivalen Raouls der Verdacht geäußert, Louis könne den Neffen besonders begünstigen:

> Vés ci .j. conte qi est de grant boufois:
> R. a non; molt a riche harnois:
> Vostre niés est, ce sevent li François;
> Li sors G. est ces amis molt prois.
> En cest païs n'ai ami si cortois
> Qe vers ces .ij. me valsist .j. balois
> (*Raoul de Cambrai* 716–721).

Doch geschieht dies offensichtlich nicht. In keinem der beiden Texte erfolgt eine Begünstigung des Neffen aufgrund der Verwandtschaftsbeziehung. Es geht ausschließlich um Louis' Verhalten als König und Feudalherr, das aus der Sicht der Feudalaristokratie kritisiert wird. Die Onkel-Neffe-Beziehung scheint nur dazu zu dienen, die feudalrechtlich als Unrecht hingestellten Entscheidungen des Königs durch einen Appell an gefühlsmäßige Bindungen als besonders hart erscheinen zu lassen – es ist der Sohn der eigenen Schwester, dessen Rechte er mißachtet! Raouls zweiter Onkel Guerri wirft dem König, als er von der Vergabe von Raouls väterlichem Lehen an einen anderen erfährt, zuerst vor, den Sohn des Grafen von Cambrai zu enterben, nur weil er noch zu klein sei, sich zu wehren – das traditionelle Vergehen des Königs, vor dem schon Karl im *Couronnement Louis* seinen Sohn gewarnt hatte –, und fügt dann hinzu:

> Et vos, fox rois, on vos en doit blasmer:
> Vos niés est l'enfes, nel deüssiés penser,
> Ne sa grant terre vers autrui delivrer
> (*Raoul de Cambrai* 304–306).

Dieser Onkel, Guerri «le Sor» von Arras, ist für uns aus anderem Grunde besonders interessant. Er ist ein Bruder von Raouls Vater (3589) und spielt während der gesamten Handlung eine wichtige Rolle. Er setzt sich nicht nur, wie erwähnt, für das Recht Raouls auf die Nachfolge seines Vaters ein, sondern unterstützt ihn auch mit Hilfstruppen im Kampf gegen die Söhne Herberts. Vor allem aber bestimmt sein Rat die Entscheidungen Raouls. Schon in einer Ankündigung der späteren Kriegshandlung heißt es:

> Par le concel au riche sor G.
> Commença puis tel noise et tel hustin
> Dont maint baron furent mort et traï
> (ebd. 535–537).

Als die Söhne Herberts vor Beginn der Schlacht Boten mit Friedensangeboten an Raoul senden, ist dessen erste Reaktion, sich mit Guerri zu beraten:

> R. l'oï, si commence a penser:
> «Par foi!» dist il, «bien le doi creanter;
> Mais a mon oncle en vuel ançois parler.»
> Vait s'en R. a G. consellier:
> Tout le mesaige dant G. le Poihier
> Li a conté, ne l'en vost plus laisier.
> Oit le Gueris, Dieu prist a mercier:
> «Biax niés,» dist il, «bien te dois faire fier,
> Qant .iiij. conte se vuele[n]t apaier.
> Niés, car le fai, por Dieu t'en vuel proier:
> Laisse lor terre, ne la te chaut baillier.»
> (ebd. 2163–2173)[1].

Außerdem ist Guerri Raouls Begleiter im Kampf selbst; er wird häufig mit diesem zusammen genannt. So heißt es zum Beispiel:

> Li quens R. sist desor l'auferrant;
> Il et ces oncles vont lor gent ordenant
> (ebd. 2410f)[2].

Der Onkel hat hier also dieselben Funktionen, wie sie die Neffen in den frühen Wilhelmsepen hatten.

Ein ganz traditionelles Onkel-Neffe-Verhältnis findet sich dagegen im letzten, später entstandenen Teil dieser *chanson*. Dort wird Savari als «niers» Berniers bezeichnet (6724, 7125). Savari fungiert als Ratgeber Berniers (6586ff), nimmt seine Aufträge entgegen (7151–7154) oder kommt ihm mit Truppen zu Hilfe (7562–7566). Er begleitet Bernier, als dieser auszieht, um seinen Sohn Julien zu suchen (7635), und als er später auf Pilgerfahrt geht (8332), und wird dabei oft mit ihm zusammen genannt: «Vait s'an B. et Savaris li frans» (7652, vgl. 7655, 7718). Diesem Neffen vertraut Bernier auch seine Eindrücke und Gefühle an. Als er zum Beispiel in der Schlacht seinem noch nicht wiedererkannten Sohn Julien begegnet und seine Tapferkeit bestaunt, ruft er Savari zu:

---

[1] Vgl. auch 2286–2304.
[2] Vgl. auch 2491f, 2528f.

Biax niers, ..., vees con bel chevallier!
C'il est si bon com il monstre le fier,
Il n'a si bon soz la chape del ciel.
Pleüst a Dieu, le pere droiturier,
Conquis l'eüsse a l'espee d'acier,
Si qu'il ne fust navrés ne enpiriés;
Si se laissast lever et baptisier!
Plus l'ameroie que nulle rien del ciel ...
(ebd. 7762—7769).

Savari hat somit genau dieselben Funktionen, wie sie etwa Bertrand und Guielin im *Couronnement Louis* oder im *Charroi de Nîmes* hatten[3].

Traditionell erscheint auf den ersten Blick auch die Verwendung des Onkel-Neffe-Verhältnisses in *Garin le Loherain*. Den Helden Garin und Begon werden mehrere Neffen zugeordnet, die sie im Kampf gegen die feindliche Sippe von Bordeaux unterstützen: Auberi le Bourguignon, Orri l'Alemant, Hernais d'Orléans, Gerart du Liège, Huon de Cambrésis, Gautier de Hainaut, Joifroi d'Anjou, Huon du Mans und Garnier de Paris, allesamt Schwestersöhne der Helden.

Bei einem allgemeinen Aufruf zum Krieg bittet Garin den König, alle diese Neffen zu Rittern zu machen (1444ff). Sie begleiten ihn dann in den Kampf gegen die Sarazenen, die Moriane eingenommen haben, und werden dabei häufig mit ihm zusammen erwähnt (1566f, 1823—1826, 2053—2058). Entsprechendes gilt für spätere Feldzüge. Insbesondere Auberi kann einzeln als Begleiter Garins (8191) oder Begons (4268, 8249) in Erscheinung treten, doch werden auch immer wieder mehrere von den Neffen zusammen mit Garin und Begon erwähnt (2084f, 5049—5052, 5575ff, 5814—5826, 6022—6027, 6090—6093, 6244—6246, 9390f, 14920—14931). Die Neffen leisten Hilfsdienste, indem sie etwa einem Onkel Waffen herbeibringen (6347f). Sie übernehmen auch konkrete militärische Aufträge. So schickt beispielsweise Begon Auberi zum Furagieren (5088—5098). Auberi übernimmt einmal das Kommando der Nachhut, während Huon de Cambrésis die Vorhut anführt (8699f).

Auch die Rolle des Vertrauten, dem man seine Gedanken oder Gefühle anvertraut, kann Auberi übernehmen. Begon, Garins Bruder, meint beispielsweise einmal beim Anblick eines Reitertrupps zu ihm:

Esgardez, niers, con belle gent a ci;
Bien ait la terre ou il furent norrri.
Dieus ne fist home qui les peüst soufrir
(ebd. 3738—3740).

Anderswo fungiert er als Ratgeber (z. B. 14648—14673, 14800—14811).

Doch besteht ein wesentlicher Unterschied zu den traditionellen Neffenfiguren: In *Garin le Loherain* halten sich die Neffen nicht auf Dauer bei Garin

---

3 Vgl. oben Teil II, S. 76—83.

oder Begon auf, sondern nur während eines Krieges. Alle haben sie ein eigenes Zuhause, zu dem sie auch jedesmal nach Beendigung eines Feldzuges zurückkehren. So heißt es nach dem Sieg über die Sarazenen in Moriane:

> ... Et en Borgoigne est alez Auberis;
> Et a Orliens s'en reva Hernaïs;
> En Alemaingne s'en est alez Orris,
> A Canbrai Hues, en Hainnau Gauterins;
> Chascuns des princes s'en va en son païs
> (*Garin le Loherain* 2179–2183)[4].

Mehrfach ist von dem Land Auberis («la terre Auberi», z. B. 3360) die Rede[5]. Auch sonst erscheinen diese Neffen viel eigenständiger als die traditionellen Begleiter der Helden. In vielen Kampfszenen werden sie gleichberechtigt neben ihren Onkeln erwähnt. Charakteristisch ist etwa die folgende Formulierung, in der der Onkel nur als zweiter zwischen zwei Neffen aufgeführt ist:

> Qui dont veïst le Borguignon Aubri,
> Lui et Begon, Hüon de Canbresi ...
> (ebd. 9619f)[6].

In anderen Passagen sind die Neffen völlig selbständig handelnde Helden.

Bei der den Lothringern feindlichen Bordelaiser Sippe gibt es ebenfalls Onkel-Neffe-Verhältnisse. Dem wichtigsten Gegenspieler Garins und Begons, Fromont, werden − neben einigen weniger wichtigen Figuren − vor allem ein Neffe, Isoré, und ein Onkel, Bernart de Naisil, zugeordnet.

Die Eigenständigkeit des Neffen ist bei Isoré nicht ganz so deutlich wie bei Garins Neffen. Isoré führt zwar den Beinamen «de Bouloigne», doch ist konkret von seinem Land nie die Rede; er hat auch noch einen Vater. Doch auch er agiert wie Auberi oder Huon de Cambrésis relativ selbständig im Kampf (z. B. 4005ff). Er kann auch in eigener Verantwortung Befehle erteilen, beispielsweise einen Boten entsenden, obwohl Fromont selbst zugegen ist (5033–5035). Daneben erfüllt auch er traditionelle Neffenfunktionen, leistet etwa seinem Onkel Hilfe beim Anlegen der Rüstung (4459), erteilt einen Rat (3987–3989, 4230) und übernimmt einzelne militärische Aufgaben wie das Tragen des Banners (2940) oder den Befehl über die Nachhut (3997f).

Bernart de Naisil ist zwar über weite Strecken eindeutig seinem Neffen Fromont als dem Hauptvertreter der Sippe von Bordeaux zugeordnet, doch erscheint er noch häufiger als der Neffe Isoré als völlig eigenständig handelnde Person und wird auch im Kampf meist alleine erwähnt («Qui dont veïst Bernart au brant forbi», z. B. 15016). Fromont schickt oft nach seinem Onkel, wenn ein Kriegszug unternommen werden soll (z. B. 2916, 3295f), doch

---

4 Vgl. auch 5516–5521.
5 Vgl. auch etwa 3651–3653, 3680f, 3742ff (wo Auberi als Herzog angesprochen wird).
6 Vgl. auch 9804f, 12613f.

unternimmt Bernart auch eigene Aktionen gegen die Lothringer (z. B. 3331–3339). Er besitzt eine eigene Burg, Naisil, die zeitweise eine wichtige Rolle in den Kämpfen spielt. Häufig wird Bernart in der Begleitung seines Neffen erwähnt, zum Teil zusammen mit dessen anderen Onkeln (z. B. 1827–1830, 1966f, 1982–1985, 5788, 6039f); nicht immer ist dabei jedoch klar, wer als zentrale Figur gedacht ist (1946, 1961f). Gelegentlich erscheint der Onkel als Ratgeber seines Neffen (1745, 1970), und häufig ist er es, der ihn zu bestimmten Aktionen anstiftet oder anstiften will (5795–5805, 6045–6051). Somit ist zwar bei Bernart de Naisil die Verschiebung in der Auffassung des Onkel-Neffe-Verhältnisses nicht so klar zu erkennen wie bei Guerri, dem Onkel Raouls in *Raoul de Cambrai*, doch finden sich auch hier Stellen, an denen sie deutlich wird.

Konkrete Lehensverhältnisse zwischen diesen wichtigeren Helden werden in *Garin le Loherain* nicht hervorgehoben; der Beistand im Krieg – Stellung von Truppen und eigene Teilnahme – beruht hier fast ausschließlich auf der Zugehörigkeit zu dem jeweiligen *lignage*[7]. Auch die Onkel-Neffe-Beziehungen erscheinen somit nicht eigentlich mit einer Beziehung zwischen einem Unter- und einem Übergeordneten innerhalb des Feudalsystems gekoppelt, sondern nur mit einem politisch-militärischen Bündnis.

Die Texte der ersten Gruppe, deren Helden eigentlich als Söhne definiert sind, zeigen also auch in bezug auf die Onkel-Neffe-Relation auffällige Veränderungen gegenüber den traditionellen *chansons de geste*: Die Zentralfigur ist nun oft der Neffe, dem der Onkel nur zugeordnet wird. Die allgemeine Tendenz, die Onkel-Neffe-Relation mit einer Feudalbeziehung zu verknüpfen, bleibt dabei zum Teil erhalten. Typische Neffenfunktionen wie die des Beraters können auf den Onkel übergehen. Im Falle Guerris in *Raoul de Cambrai* kann man geradezu von einer Umkehrung des Verhältnisses sprechen, in den anderen Fällen bleibt die Beziehung loser. Neben den neuen Formen der Beziehung finden sich jedoch nach wie vor auch bei zentralen Figuren traditionell gestaltete Onkel-Neffe-Verhältnisse, bei denen der Onkel Zentralfigur ist. Doch auch in diesen Fällen zeigen die Neffen oft eine größere Unabhängigkeit als im traditionellen Schema.

In den Texten, die traditionelle Stoffe gestalten oder zumindest traditionelle Personenkonstellationen verwenden, hält sich die traditionelle Form des Onkel-Neffe-Verhältnisses grundsätzlich immer. Dennoch gibt es auch hier interessante Neuerungen.

Auf den ersten Blick ganz nach traditionellem Schema sind die Onkel-Neffe-Beziehungen in den Neubearbeitungen des Stoffes des *Wilhelmsliedes*, der Schlacht auf dem Archamp, gestaltet, in *Aliscans* und der *Chevalerie Vivien*.

In *Aliscans* hat Guillaume ganz wie im zweiten Teil des *Wilhelmsliedes* mehrere Neffen: Vivien, Bertrand, Guielin, Guichart, Gerart und Gaudin.

---

[7] Hierzu s. u. S. 303f, 309f.

Keine dieser Neffengestalten spielt jedoch im Handlungsverlauf eine so wichtige Rolle, daß die Onkel-Neffen-Beziehung näher charakterisiert wäre. Vivien fällt bereits zu Beginn der Handlung in der Schlacht und wird dann sterbend von Guillaume gefunden, der ihm noch vor seinem Tod die Kommunion erteilen kann und ihn beklagt. Die anderen Neffen erscheinen ebenfalls zu Beginn in der Schlacht, werden dann von den Sarazenen gefangengenommen, bis sie in der letzten Schlacht von Rainouart befreit werden und sich noch einmal an den Kämpfen beteiligen. Dies entspricht dem Handlungsaufbau des zweiten Teils des *Wilhelmsliedes*.

Ganz wie in den frühen Texten sind die Neffengestalten auch noch gleichsam durch die Neffenbeziehung definiert. Bertrand stellt sich beispielsweise Rainouart, der ihn gefesselt auf einem der Schiffe der Sarazenen findet, nur als Neffe Guillaumes vor:

> Se li demande: «Amis, dont estes nes?»
> Bertrans respont, ki tos ert esfreés:
> «Sire, de France, niés Guillame au cort nes ...»
> (*Aliscans* 5367–5369).

Dennoch gibt es eine charakteristische Veränderung: In den Kampfszenen, die dem Tod Viviens und der Gefangennahme der übrigen Neffen vorausgehen, wird mehrmals der *secours* Guillaumes erfleht. Nie wird hierbei jedoch Guillaume als der *seignor* angesprochen, wie es im ersten Teil des *Wilhelmsliedes* meist der Fall war (im zweiten Teil gibt es keine Entsprechung zu diesen Szenen); er erscheint ausnahmslos als Onkel (z. B. 123: «Oncles Guillaumes, car me venés aidier»)[8]. Auch als die Neffen nach der Befreiung durch Rainouart Guillaume zu Hilfe kommen und wieder am Kampf teilnehmen wollen, wird Guillaume nur als Onkel bezeichnet:

> Dist Bertrans: «Sire, s'or avoie auferrant,
> D'aidier mon oncle seroie desirant ...»
> (*Aliscans* 5395f)[9].

Von größerer Bedeutung ist die Onkel-Neffe-Beziehung in der *Chevalerie Vivien*, die die Vorgeschichte zu *Aliscans* bildet. Der Hauptteil der Handlung stellt eine Neubearbeitung des Stoffes des ersten Teils des *Wilhelmsliedes* dar: Vivien kämpft gegen die Sarazenen, ist ihrer Übermacht nicht gewachsen und schickt schließlich Girart, einen Neffen Guillaumes, als Boten zu diesem mit der Bitte um *secours*. Guillaume kommt zu spät, um Vivien noch zu retten. Im Gegensatz zur *Chanson de Guillaume* wird Guillaume allerdings noch von seinem anderen Neffen Bertrand begleitet.

Wie in *Aliscans* wird auch hier nur das Verwandtschaftsverhältnis erwähnt, wenn Vivien klagt, daß er Guillaume nicht mehr wiedersehen werde,

---

[8] Vgl. auch 187, 199, 299.
[9] Vgl. auch 5427f, 5658.

oder wenn er einen Boten ausschickt, um ihn zu Hilfe zu holen (606, 867). Gelegentlich steht nur der Name (752), doch nie wird Guillaume in diesem Zusammenhang als *seignor* bezeichnet. Viviens Bruder Guichardet verwendet sogar bei der direkten Anrede nur die Bezeichnung *oncle* (1205, 1354). Und auch Vivien selbst nennt Guillaume, als er ihm in der Annahme, er sei ein Feind, einen Schlag versetzt hat und ihn um Vergebung bittet, nur «Hon-cle[s] Guillelmes» (1859).

Besonders deutlich wird die Veränderung der Auffassung des Onkel-Nef-fe-Verhältnisse in der Anfangspassage, die keine Entsprechung in der alten *Chanson de Guillaume* hat. Hier gelobt Vivien, niemals vor den Sarazenen fliehen zu wollen (7–47). Guillaume versucht ihm als erfahrener Krieger klarzumachen, daß dies eine Torheit («foletés», 29) ist, doch kann er das Ge-löbnis nicht verhindern. Während sich Vivien in der *Chanson de Guillaume* rühmte, so zu handeln, wie Guillaume es ihn gelehrt habe (166), handelt er in dieser Passage der *Chevalerie Vivien* also bewußt gegen den Rat und den Wil-len Guillaumes. Genauso verhält er sich gegen Ende der *chanson*, wo er, zu Tode verwundet, durchsetzt, daß Guillaume ihn wieder auf sein Pferd setzt und in die Schlacht reiten läßt (1879–1921).

Auch gegenüber Viviens jüngerem Bruder Guichardet kann Guillaume seine Autorität nicht durchsetzen. Guichardet möchte zum Ritter geschlagen werden, um Guillaume in die Schlacht begleiten zu können. Guillaume lehnt dies ab, aber als er mit dem Heer aufgebrochen ist, kann Guichardet seinen Bewachern entkommen, das *adoubement* von Guillaumes Gattin erzwingen und – nachdem er unterwegs zwei sarazenische Räuber getötet hat – zum Heer stoßen. Als Guillaume ihn erkennt, begrüßt er ihn freudig. Die Hand-lung entspricht derjenigen des kleinen Gui in der *Chanson de Guillaume*, doch versucht Guillaume nun nicht einmal mehr, Guichardet zu kritisieren oder die Probleme, die seine Teilnahme am Krieg aufwerfen könnte, darzule-gen (1199–1357). Die eigenmächtige Handlung des Neffen erscheint schon als selbstverständlich.

Im selben Sinn zu interpretieren ist die Bemerkung des Erzählers vor dem Zusammentreffen der Heere, daß Vivien aus «fierté» nicht sofort Guillaume um Hilfe bittet (271–279). In der *Chanson de Guillaume* hatte Vivien zumin-dest vor dem Aufbruch in die Schlacht dafür plädiert, Guillaume zu Hilfe zu rufen, und erst im Angesicht des Feindes zog er den sofortigen Angriff vor. Vivien ist hier nicht mehr der vorbildliche Anführer, der sich einerseits die größtmögliche Siegeschance zu verschaffen sucht, andererseits aber auch die Schande der Christen in den Augen der Feinde vermeidet; in der *Chevalerie Vivien* steht vielmehr seine persönliche, individuelle Ehre im Mittelpunkt. Nur diese ist es, die ihm verbietet, Unterstützung zu erbitten, bevor er tödlich verwundet ist.

Dagegen ist Bertrand eine ganz traditionelle Neffengestalt. Er befindet sich in der Gesellschaft seines Onkels in Orange, als der Bote von Vivien ein-trifft (1024, 1043ff) und ihm teilt Guillaume es mit, als er des Boten ansichtig wird (1049–1055). Ihm vertraut er auch die Vorhut an, als man sich mit den Hilfstruppen dem Schlachtfeld nähert (1519, 1536ff).

Obwohl die Personenkonstellation äußerlich erhalten bleibt, zeigen *Aliscans* und *Chevalerie Vivien* also einige charakteristische Veränderungen: Die Feudalbeziehung zwischen Onkel und Neffe ist gegenüber der reinen Verwandtschaftsbeziehung unwichtig geworden. Die wichtigsten Neffenfiguren erscheinen in zunehmendem Maße als eigenständige Helden. Sie sind nicht mehr nur dem Onkel zugeordnete Figuren. Daneben hält sich allerdings auch hier noch das traditionelle Schema.

Auch die *Prise d'Orange* beruht sicher auf einer älteren Vorlage, die vielleicht noch in die erste Hälfte des Jahrhunderts gehörte und sich inhaltlich an den *Charroi de Nîmes* anschloß. Es ist daher nicht verwunderlich, daß die zentrale Verwandtschaftskonstellation dieselbe ist wie dort: Guillaume als Zentralfigur mit seinen beiden Neffen Bertrand und Guielin. Daran, daß der zentrale Held Guillaume ist, gibt es keinen Zweifel. Auch die beiden Neffenfiguren sind auf den ersten Blick völlig traditionell geschildert. Bertrand ist zum Beispiel der Vertraute, dem Guillaume zu Beginn seine Langeweile klagt:

> Bertran apele: «Sire niés, ça venez.
> De France issimes par mout grant povreté,
> N'en amenames harpeor ne jugler
> Ne damoisele por noz cors deporter.
> …
> Et Dex confonde Sarrazins et Esclers,
> Qui tant nos lessent dormir et reposer,
> Quant par efforz n'ont passee la mer
> Si que chascuns s'i peüst esprover!
> Que trop m'enuist ici a sejorner;
> Ensement somes ça dedenz enserré
> Comme li hom qui est enprisonné.»
> (*Prise d'Orange* 54–57, 63–69)[10].

Als er dann den Plan gefaßt hat, verkleidet nach Orange zu gehen, um sich die Stadt und die Königin Orable anzusehen, versucht Bertrand, ihn durch seinen Rat davon abzubringen (334–350, 362–364). Guielin begleitet den Onkel (387f, 397f etc.) und verläßt ihn auch bei den Kämpfen in Orange und dem Aufenthalt im Gefängnis nicht. Wie bei Bertrand im *Charroi de Nîmes* gibt es auch hier Neckereien. Als sie von den Sarazenen belagert werden, meint Guielin zum Beispiel:

> Oncle Guillelmes, vos parlez de neant.
> Par amistiez entrastes vos ceanz;
> Vez la Orable, la dame d'Aufriqant,
> Il n'a si bele en cest siecle vivant;

---

10 Vgl. auch 83–100, wo beide Neffen angesprochen werden.

Ales seoir delez li sor cel banc,
Endeus vos braz li lanciez par les flans
Ne de besier ne soiez mie lenz ...

(ebd. 910−916)[11].

Bertrand kommt schließlich mit einem Heer zur Hilfe. Trotz dieser Übereinstimmungen mit dem traditionellen Schema gibt es doch einige Punkte, die nicht ganz dazu passen. Beide Neffen legen eine bemerkenswerte Eigenständigkeit an den Tag: Bertrand bleibt in Nîmes, statt seinen Onkel zu begleiten, und dies nicht etwa auf Befehl Guillaumes, um die Stadt zu schützen, sondern offensichtlich aus eigenem Antrieb, weil er von dem Vorhaben nichts hält (392−396, 399). Guielins Entscheidung, Guillaume zu begleiten, ist ebenfalls eine völlig freie Entscheidung:

«... Mes, par l'apostre qu'en a Rome requiert,
Ge ne leroie, por les membres tranchier,
N'aille avec vos, si verrai comment iert.»
(ebd. 386−388).

Auch die Worte, mit denen sich Guielin über seinen Onkel mokiert, sind schärfer, als es in den frühen Texten üblich war. In dieser Weise konnte dort nur Guillaume selbst sprechen. Hier erscheint der Held manchmal geradezu lächerlich. Schließlich ist auffällig, daß Guielin den expliziten Auftrag zu einem Botengang zurückweisen kann (1412−1429).

Es scheint somit, daß der Bearbeiter der *Prise d'Orange*, ohne auf die traditionelle Personenkonstellation zu verzichten, die Stellung der Neffen ihrem Onkel gegenüber den veränderten Vorstellungen seiner Zeit angeglichen hat[12].

In *Aspremont* wird geschildert, wie der junge Roland seine ersten Heldentaten vollbringt. Das Verhältnis Karl-Roland bestimmt zwar nicht die gesamte Handlung, ist jedoch ein wesentliches Element.

Um an dem Feldzug gegen die Sarazenen teilnehmen zu können, tötet Roland den *portier*, der ihn und andere junge Helden bewachen sollte, und folgt dem Heer ohne Erlaubnis (1308ff). Als er mit den anderen *meschins* in den Kampf reitet, um Karl Hilfe zu bringen, geschieht dies ebenfalls aus eigenem Antrieb. Er trifft den Onkel mitten im Zweikampf gegen den feindlichen König Aumont in äußerst gefährlicher Situation. Nur durch sein Eingreifen wird Karl gerettet (6010ff). Später erzwingt er das *adoubement* durch Karl (7331ff). In der letzten großen Schlacht gegen Agolant, den Vater Aumonts, erhält er den ersten Schlag und zeichnet sich im Kampf aus − mit Unterstützung des heiligen Georg.

---

[11] Vgl. auch 1337−1339, 1553−1555, 1579−1583.
[12] Vgl. auch Claude Lachet, *La Prise d'Orange ou la parodie courtoise d'une épopée*, Paris 1986 (Nouvelle Bibliothèque du Moyen Age 10).

Der Dichter von *Aspremont* hat natürlich die Verhältnisse des *Rolandsliedes* vor Augen, dessen Vorgeschichte er schildern will. Dabei geht es ihm offensichtlich nur darum, Rolands heldenhaften Charakter in seiner frühreifen Ausprägung zu zeigen. Die Tatsache, daß Roland Karl dient, wird nur nebenbei erwähnt: Um seinen Onkel dazu zu bringen, ihn zum Ritter zu schlagen, droht Roland, er und sein Gefährte würden ihn hinfort nicht mehr bei Tisch bedienen:

> J'ai or servi de la cope al mangier;
> Estols de Lengres sielt devant vos trenchier;
> Se moi et lui ne faites chevalier,
> Altres servans vos estuet porcacier
> (*Aspremont* 7364−7367)[13].

Ganz im Gegensatz zum *Rolandslied* erteilt Karl in *Aspremont* seinem Neffen keinen Befehl oder Auftrag; sämtliche Handlungen des kleinen Roland beruhen auf dessen eigenen Entscheidungen. Trotz der Beibehaltung einer traditionellen Personenkonstellation hat sich hier also die Darstellung des Neffen radikal gewandelt. Zwar war Roland auch im *Rolandslied* schon ein sehr selbstbewußter Held, der keinen Widerspruch duldete, doch nahm er von Karl den Auftrag zur Übernahme der Nachhut entgegen und trat in seinen Ratsversammlungen auf. Nur wo er auf sich gestellt war, traf er auch Entscheidungen, die gegen das Interesse Karls sein mußten und ausschließlich persönlichen Zwecken dienten. Um so auffälliger ist die Eigenständigkeit des Neffen hier.

Neben Karl und Roland gibt es in *Aspremont* noch ein anderes Onkel-Neffe-Verhältnis, das erwähnt werden muß: Girart d'Eufraite, der Karl im Kampf gegen die Sarazenen nur widerwillig unterstützt, hat nicht nur vier Söhne, Ernalt, Renier, Milon und Girardet, sondern auch zwei Neffen, Clairon und Boson (Bueve). Meist werden sie vor den Söhnen, aber mit diesen zusammen angeführt. So heißt es bei ihrem ersten Auftreten:

> Devant le duc servent quatre baron:
> L'uns ot non Bues et li altres Clairon,
> Li tiers Ernals et li quars fu Milon
> (ebd. 1106−1108).

Als Girart sich aufgrund der Mahnungen seiner Frau entschlossen hat, doch am Feldzug gegen den Sarazenenkönig Agolant teilzunehmen, macht er gleichzeitig die beiden Neffen und zwei seiner Söhne zu Rittern. Auch hier stehen die Neffen an erster Stelle (1528−1575). Als Girarts Heer nach Südita-

---

[13] Zu berücksichtigen ist auch die Stelle, wo Karl vor dem Feldzug den kleinen Roland mit seinen Gefährten dem Erzbischof Turpin anvertraut: «Je vos comant Rollandin e Haton, / Si vos comant et Estolt et Guion. / Jo ai ces quatre noris en ma maison» (*Aspremont* 1058−1060). Roland erscheint hier schon als Mitglied von Karls *maisnie*.

lien aufbricht, sind es die Neffen und zwei Söhne, die zusammen sein Banner tragen:

> Boves et Claires et Ernals et Renier,
> De l'orieflanbe furent cofanonier
>
> (ebd. 3481f)[14].

Auch im Kampf treten sie gemeinsam auf (z. B. 3527–3540). Im allgemeinen werden so Söhne und Neffen völlig gleichgestellt.

Während die Söhne sonst keine besondere Rolle haben, finden die Neffen in einzelnen Kampfszenen auch gesondert Erwähnung (3553–3575, 4496–4506, 5601f, 7398f, 8650). Dabei werden ihnen gelegentlich Funktionen zugeordnet, die für die traditionelle Neffengestalt typisch sind. So haben sie das Kommando über einen Teil von Girarts Truppen:

> ... Les quinse mile que dus Girars parti,
> Qu'il ot cargié a Claire, son ami,
> Et au duc Bose, que il soëf nori ...
>
> (ebd. 9239–9241).

Clairon wird von seinem Onkel als Bote zu Karl geschickt und muß ihm das Haupt des erschlagenen Sarazenenkönigs überbringen:

> Claires, biax niés, or montés sor Ferrant;
> Vos et Gautiers et Antelme et Morant,
> Prendés le cief atot l'elme luisant.
> Alés a Karle, dites que je li mant
> Molt li ai bien atendu covenant;
> ...
> Je li envoi la teste d'Agolant
> (ebd. 10647–10651, 10656).

Ganz im Gegensatz zu Roland sind die Handlungen der Neffen Girarts nicht von ihrem eigenen Willen bestimmt, und sie erscheinen stets als Gestalten, die Girart zugeordnet sind.

In *Aspremont* wird also einerseits die traditionelle Neffenauffassung weitergeführt, andererseits aber die Differenzierung zwischen Vater-Sohn- und Onkel-Neffe-Beziehung aufgegeben[15]. Girarts Söhne sind wie seine Neffen einfach Begleiter ihres Vaters. Während das Prinzip der Zuordnung zu einer Heldengestalt bei Girarts Neffen noch weitgehend erhalten ist, wird der Neffe bei dem zentralen Onkel-Neffe-Paar zu einer weitgehend selbständigen Gestalt. Dies wird natürlich dadurch ermöglicht, daß Roland bereits eine

---

[14] In ähnlicher Weise zusammen genannt werden Neffen und Söhne auch an den folgenden Stellen: 3510f, 4062f, 4765, 5009f, 5043f, 5080f, 5615, 8895f, 9871f, 9966, 10331f.

[15] Weitere Beispiele für die fehlende Differenzierung zwischen Söhnen und Neffen in *Aspremont* haben wir bereits bei der Besprechung des Motivs der Belehrung durch den Vater kennengelernt; s. o. S. 244f.

etablierte epische Gestalt ist. Dennoch ist bemerkenswert, wie ausgeprägt die Unabhängigkeit des Neffen hier ist.

In Jean Bodels *Saisnes* gibt es ebenfalls eine zentrale Onkel-Neffe-Beziehung, die zwischen Kaiser Karl und Baudouin. Baudouin ist Sohn von Karls Schwester und Bruder des bereits toten Roland. Wie der Dichter von *Aspremont* bezieht auch Jean Bodel die Onkel-Neffe-Beziehung seiner zentralen Figuren auf diejenige von Karl und Roland im *Rolandslied*.

Wie die Identität Rolands im *Rolandslied* ist diejenige Baudouins ganz von der Neffenbeziehung bestimmt, er ist «Baudoïns li niés Charle» (z.B. 1524, 1552, 1575) oder einfach nur der «niés Charlon» (2012, vgl. z.B. 1562, 1701, 1762). Zu Beginn erscheint er in der Begleitung Karls (1262), und Karl gibt ihm auch Aufträge, etwa einen Wachtposten zu übernehmen (2081– 2084). Es gibt keinen Zweifel daran, daß er als einer der Heerführer Karls diesem unterstellt ist.

Doch zeichnet sich auch Baudouin wie die anderen Neffen in den späteren Texten durch seine Eigenständigkeit aus. Die Situation, in der sich der größte Teil der Handlung abspielt, ist die folgende: Die Heere Karls und des Sachsenkönigs Guiteclin liegen sich an den beiden Ufern der Rune gegenüber, eines reißenden Stromes, den zu überqueren sehr schwierig ist. Die Gattin Guiteclins, die Königin Sebile, verliebt sich in den Neffen Karls und läßt ihn auffordern, über den Fluß zu kommen, was er auch tut. Er gerät dabei in große Gefahr, als einige der Sachsen in die Nähe kommen, er tötet aber den ersten Gegner und kann sich auch allein wieder über den Fluß retten (1557–1701). Der Kaiser, der ihn bei seiner Rückkehr trifft, bringt nur seine Freude über die Tat zum Ausdruck:

> Grant joie ot l'emperere quant son neveu en maine;
> A son cors desarmer fu la premiere paine ...
> (*Saisnes* 1759f).

Von Berart, einem der anderen Barone, provoziert, überquert Baudouin die Rune ein zweites Male, um Sebile zu treffen, obwohl Karl dies inzwischen untersagt hat (3089ff). Als seine Abwesenheit entdeckt wird und dann auch noch sein Pferd allein zurückkehrt, glauben alle, er sei tot und wollen ihn rächen (3257–3285). Auch diesmal herrscht nur Freude, als Baudouin doch wieder unversehrt zurückkehrt (3304–3307).

Noch stärkere Veränderungen am traditionellen Onkel-Neffe-Schema nimmt der Verfasser der Redaktion LT vor, der die *Saisnes* an dieser Stelle fortsetzt[16]. Bei ihm zeigt der Kaiser die Freude, die er empfindet, nicht, sondern gibt vor, zornig zu sein:

---

[16] Nach Annette Brasseur, *Etude linguistique et littéraire de la Chanson des Saisnes de Jehan Bodel*, Genève 1990 (Publications romanes et françaises 190), 262, entstanden die Fortsetzungen mehrere Jahrzehnte nach Jean Bodels Text, also wohl im Laufe des 13. Jahrhunderts.

> Sor toz an fu li rois et joianz et haitiez;
> Nequedant samblant fist que il fust mout iriez.
> A lui s'an va tot droit, ja sera araisniez
>> (ebd., réd. LT 3002–3004).

Er wiederholt sein Verbot, den Fluß zu überqueren, das diesmal eingehalten wird. Doch nach einer gewissen Zeit provoziert er selbst seinen Neffen und macht sich über dessen Untätigkeit lustig:

> Baudoïns, dit li rois, bien poëz avillier,
> De vantance sans fait, s'en estes costumier.
> Alastes vos Sebile bien pieç'a donoier?
>> (ebd., réd. LT 3091–3093).

Baudouin, verärgert, wirft Karl vor, daß er nichts gegen den Feind unternehme, sagt, der Kaiser habe kein Recht, seine Ritter zu verspotten, und behauptet schließlich sogar, er, Baudouin, würde ihn in einem Zweikampf jederzeit besiegen:

> Sire, lonc tans avez ceste fiere ost banie,
> Sor Rune estes toz jorz au vant et a la bise;
> N'i avez conquesté la monte d'une alie,
> Chastel, viele ne borc ne autre menantie.
> Volentiers veez Rune, mout vos doit estre amie;
> ...
> Vos n'estes c'uns sox hom a voz armes baillier,
> Et nos somes ancor .c. m. chevalier;
> Por ce, se nos laissons a vos sol justisier,
> N'avez droit ne raison an nos contralïer.
> S'or avenoit que tuit vos vossissiens laissier,
> Guiteclins avroit pais a vos, au mien cuidier;
> «Sox hom toz sox chemine,» ce dit an reprovier.
> A tort i fui clamez par anvie paumier;
> S'or estoie adobez sor mon corrant destrier
> Que toli au joster a Caanin l'autrier,
> Et vos fussiez montez sor Flori le corsier,
> L'escu a vostre col, vestu l'auberc doblier,
> Lacié vostre heaume a or et ceint le branc d'acier,
> Dedanz vostre poig destre la hante de pomier,
> Ne m'atandrïez mie por .c. livres d'or mier,
> Por coi parceüssiez que me vossisse aidier.
> Alez vos reposer, trop poëz enuier!
>> (ebd., réd. LT 3104–3108, 3125–3141).

Karl ist daraufhin natürlich seinerseits zornig und beleidigt. Nicht überraschend ist hier der leicht reizbare und auffahrende Charakter Baudouins, der dem Charakter Rolands im *Rolandslied* nachgebildet ist. Die Bemerkung über die Grenzen der kaiserlichen Rechte und die Anmaßung, den Kaiser im Zweikampf besiegen zu können, gehen dagegen weiter als alles, was andere Helden dem Kaiser gegenüber behaupten können. Hier wird das Prinzip der feudalen Abhängigkeit in Frage gestellt.

Außerdem fällt auf, daß diese Auseinandersetzung den Auseinandersetzungen zwischen Vätern und Söhnen gleicht, die wir im letzten Kapitel besprochen haben. Wie dort behaupten beide Seiten, tapferer und stärker zu sein. Auch Baudouin fordert Karl auf, sich auszuruhen («Alez vos reposer», 3141). Allerdings verbindet sich damit nicht mehr die Vorstellung einer Ablösung durch die jüngere Generation.

Besonders auffällig ist jedoch, daß Karl weder mit einem Zornesausbruch noch mit einer Strafandrohung reagiert, sondern statt dessen heimlich früh am nächsten Morgen selbst die Rune überquert, um seine eigene Tapferkeit unter Beweis zu stellen, auf der anderen Seite allein gegen sieben Könige kämpft und sie besiegt, fünf von ihnen tötet und die übrigen zwei in die Flucht schlägt (3164–3344). Hier ist es also der Ärger Baudouins über seinen Onkel, der dessen Handlungen bestimmt, wie Karl auch selbst sagt:

> ... s'a fait ses volantez
> De ce dom Baudoïns par ses granz folestez
> L'avoit a son mangier oiant toz ramponez,
> Dou passage de Rune semont et avivez
> (ebd., réd. LT 3353–3356).

Statt dem Neffen zu vergeben, fordert er ihn auf, es ihm gleichzutun und im Angesicht der Feinde noch einmal den Fluß zu überqueren, Sebile zu küssen und ihm ihren Ring zu bringen. Nun ist wieder Baudouin über den gefährlichen Auftrag verärgert. Als dieser unerwarteterweise gelingt und er in der Rüstung eines getöteten Feindes zurückkehrt, läßt er es absichtlich zu, daß es zum Zweikampf zwischen ihm und Karl kommt, der ihn nicht erkennt. Er betet allerdings zu Gott, daß der Kampf auch seinem Onkel nicht zur Schande gereiche. Und tatsächlich versetzt dann jeder dem anderen einen gefährlichen Schlag, ohne daß jedoch einer verletzt oder vom Pferd gestoßen würde. Danach gibt Baudouin sich zu erkennen und bittet um Gnade, die ihm auch sofort gewährt wird (3386–4188).

Während Jean Bodel sich noch damit begnügt, dem Neffen eine größere Eigenständigkeit dem Onkel gegenüber zuzugestehen, zeichnet sich das Onkel-Neffe-Verhältnis bei dem späteren Fortsetzer der *Saisnes* also vor allem dadurch aus, daß die feudale Abhängigkeit des Neffen vom Onkel zwar nicht negiert, aber in Frage gestellt wird und daß der Onkel sich mit dem Neffen in Tapferkeit messen muß. Wie in *Aspremont* läßt sich eine gewisse Annäherung an das Vater-Sohn-Verhältnis feststellen, dem bisher Auseinandersetzung und Kampf vorbehalten waren. Ein typisches Vater-Sohn-Motiv wird auf Onkel und Neffe übertragen, wobei allerdings nur die Handlungsstruktur des Motivs erhalten bleibt, seine Bedeutung jedoch verloren geht[17].

---

[17] Auch in *Gui de Bourgogne* wird kein Unterschied zwischen den beiden Verwandtschaftstypen mehr gemacht. Gui wird nicht nur seinem Vater, Sanson de Bourgogne, als jüngere Entsprechung gegenübergestellt, sondern durch seine Wahl zum

Auch an der Onkel-Neffe-Beziehung läßt sich also die Privilegierung der Jüngeren ablesen. Besonders deutlich ist diese Veränderung bei den Neffengestalten, die eigentlich als Söhne definiert sind. Ihnen werden Onkel zugeordnet. Doch auch in den Texten, in denen die Onkel-Neffe-Beziehung selbst im Mittelpunkt steht, läßt sich eine Verschiebung zugunsten des Neffen feststellen. Dies gilt selbst für schon traditionelle Onkel-Neffe-Relationen. Dabei sind die angewandten Möglichkeiten, der Neffenfigur größeres Gewicht oder größere Selbständigkeit von der Onkelfigur zu verleihen, sehr unterschiedlich, und auch ganz traditionelle Neffengestalten kommen vereinzelt weiterhin vor. Bemerkenswert ist, daß die zentralen Onkel-Neffe-Paare von der Veränderung oft stärker betroffen sind als weniger wichtige Figuren.

Obwohl sich die Onkel-Neffe-Beziehung von dem festen Schema der frühen Texte löst, bleibt der grundsätzliche Unterschied in der Verwendung von Onkel-Neffe-Beziehung und Vater-Sohn-Beziehung auch in der zweiten Jahrhunderthälfte in den meisten Texten bestehen. Bis auf wenige Ausnahmen (jeweils einzelne Fälle in *Aspremont, Gui de Bourgogne* und der Fortsetzung der *Saisnes*) dient die Onkel-Neffe-Beziehung nach wie vor nur als ein Mittel, Personen, die gemeinsam an der epischen Handlung teilnehmen, einander zuzuordnen, während die Vater-Sohn-Beziehung nach wie vor von typischen Einzelmotiven bestimmt ist, die eine besondere Bedeutung haben und an bestimmte Intentionen geknüpft sind.

5. Brüder

In der ersten Hälfte des Jahrhunderts erschienen Brüderkollektive in den *chansons de geste* noch nicht auf der Ebene der selbständig handelnden Personen. Doch wurde in der *Chanson de Guillaume* und im *Charroi de Nîmes* die Bruderbeziehung jeweils an einem Paar von Brüdern näher geschildert. Auch diese waren nicht zentrale Helden, sondern nur dem Helden zugeordnete Personen. In der zweiten Hälfte des Jahrhunderts finden sich nun beide Möglichkeiten, Brüder zu präsentieren, innerhalb der eigentlichen Handlung und sogar bei den Helden selbst.

a. Brüderkollektive

Das erste Brüderkollektiv, das in der Handlung eine Rolle spielt, findet sich in *Girart de Roussillon*. Es handelt sich um Girarts Vettern Folcon, Boson, Seguin, Bernart und Gilbert, die Söhne seines Onkels Odilon. Diese agieren

---

Ersatzkönig auch seinem Onkel, Kaiser Karl. Hier scheint die feudale Abhängigkeit nicht nur in Frage gestellt, sondern geradezu negiert, da Gui ja Karls Königswürde usurpiert. Die Neffenbeziehung wird als Mittel gesehen, den zu erwartenden Zorn Karls abzumildern (221–223). Allerdings ergibt sich in *Gui de Bourgogne* keine Auseinandersetzung.

zwar nicht immer alle zusammen, und vor allem Folcon und Boson sind auch als Einzelhelden wichtig. Dennoch ist deutlich, daß sie als Kollektiv verstanden werden. So faßt Girart sie ausdrücklich zu einer Gruppe zusammen, als er auf die Hilfe hinweist, die sie ihm gewähren können: «Catre nebous ai proz qui tuit sunt fraire» (841). Auffällig ist, daß, obwohl insgesamt fünf Namen genannt werden, es doch immer nur vier sind, die das Kollektiv bilden.

Diese Brüder sind, obwohl einzelne von ihnen eigenständig handeln, während des größten Teils der Handlung Personen, die Girart als dem zentralen Helden zugeordnet sind. Sie sehen ihn als ihren *seignor* an, unterstützen ihn militärisch und gehören zusammen mit anderen Vasallen zu seinem *conseil des barons*. Dabei sind sie durchaus unterschiedlich charakterisiert. Folcon rät stets zu Zurückhaltung und Verhandlungen, Boson hingegen ist immer dafür, sofort zum Kampf zu schreiten. Als Girart beispielsweise einmal erfährt, daß Karl Truppen gegen ihn zusammenzieht (1458–1471), rät Folcon, zunächst einen Boten zu schicken, um die Absichten des Kaisers zu erkunden (1472–1490). Nachdem sich auch ein anderer Baron in diesem Sinne geäußert hat, fordert Boson Girart empört zum Kampf auf (1503–1515). An einer anderen Stelle werden in einer ähnlichen Situation – es ist gerade ein Bote mit der Nachricht gekommen, daß Karl Girart die Gascogne fortnehmen will – die beiden Positionen besonders prägnant zum Ausdruck gebracht:

> «Bataille en ert», dis Bos, «eu l'en esper.
> – Vos en au(e)rez», (co) dist Folco, «tot lezer;
> Car vos i gaanez tant l'autre ser,
> E pout Girarz e vos a uelz veer
> Que non est jous de gerre a to[r]t mover.»
> (*Girart de Roussillon* 5416–5420)[1].

Gelegentlich wird auch das Verhältnis der Brüder untereinander angesprochen. Es kommt vor, daß Folcon nicht nur Girart, sondern auch Boson von einer unvernünftigen Handlung zurückhält. So verhindert er beispielsweise, daß dieser einen Boten, über dessen Worte er sich ärgert, tätlich angreift (4371–4375). Außerdem wird zwischen den älteren Brüdern und dem jüngsten differenziert. Odilon, der Vater der Brüder, überträgt, als er im Sterben liegt, seinen älteren Söhnen die Aufgabe, für den jüngsten zu sorgen:

> Bos e Folche e Segin, enant venez;
> Par aiquest covinent le m'autreiez.
> Gilbert de Senesgart lui i metez;
> Bernart mon petit fil n'i oblidez,
> E gardaz le me bien e nuirissez
> (*Girart de Roussillon* 3067–3071).

---

[1] Vgl. auch die *conseil*-Szenen 4102–4241, 5445–5467.

Weitere Gruppen von Brüdern gibt es in dieser *chanson* bei den Nebenfiguren. Inbesondere sind die Neffen Thierris, des Feindes von Girart und seiner Sippe, zu nennen, die einander sogar durch ihre alliterierenden Namen zugeordnet sind: Andefrei, Aimes und Aimeric. Zwischen ihnen wird jedoch nicht weiter unterschieden; sie erscheinen nur als eine Thierri zugeordnete Gruppe (z. B. 1708ff)[2].

Ein Kollektiv von Brüdern findet sich auch in *Raoul de Cambrai*. Auch hier handelt es sich nicht um die zentralen Helden, aber doch um wesentlich an der Handlung beteiligte Figuren: die Söhne Herberts, deren Lehen Raoul erobern will, den Vater und die Onkel Berniers. Wie die bisherigen Brüderkollektive definiert sich dieses durch den Bezug auf eine andere Gestalt: die Brüder werden gewöhnlich als «li fil Herbert» bezeichnet (10, 17 etc.). Im Gegensatz zu Girarts Vettern spielt die Bezugsperson jedoch in der eigentlichen Handlung keine Rolle; diese setzt nach dem Tode Herberts ein. Doch ist die Beziehung nicht ohne Bedeutung für die Konstitution des Brüderkollektivs, dessen Zusammenhalt wesentlich auf der Notwendigkeit beruht, das väterliche Lehen zu verteidigen.

Das Lehen, um das der Streit geht, wird stets als dasjenige des Brüderkollektivs insgesamt bezeichnet. So formuliert der König seine Weigerung, Raoul das Lehen zu übertragen, folgendermaßen:

> Del gentil conte dont je t'oi ci parler,
> Sont .iiij. fill qi molt font a loer;
> Tex chevaliers ne porroit nus trover.
> S'or vos aloie lor terre abandonner,
> Tuit gentill home m'en devroient blasmer ...
> (*Raoul de Cambrai* 845–849).

Bernier spricht, als er die Rechte seines Vaters und seiner Onkel zu verteidigen sucht, zwar von «terres» im Plural, macht aber ebenfalls keinen Unterschied zwischen den Brüdern:

> Li fil Herbert n'ont pas fait qe felon,
> N'en vostre cort forgugier nes doit on.
> Por quoi donnez lor terres a bandon?
> (ebd. 925–927).

Wie man sich die Besitzverhältnisse im einzelnen vorzustellen hat, wird nicht ganz deutlich. Alle vier Söhne scheinen im Besitz von eigenen *fiefs* zu sein; sie werden von ihren jeweiligen Burgen herbeigeholt, wobei jeweils angegeben wird, über wieviele Ritter sie verfügen können:

> «... Mandons H., ja est siens Ireçons,
> Et de Tieraisse tient les plus fors maisons;
> Il tient bien .xxx. qe chastiax qe donjons.

---

[2] Entsprechendes gilt für die Söhne Folcons. Bemerkenswert ist, daß es sich bei ihnen wieder um vier Brüder handelt (9939).

> Il est nos freres: trés bien nos i fions.»
> Il le manderent, s'i ala Berneçons.
> Cil lor amaine .M. gentis compaignons
> (ebd. 2029–2034);

> Puis fu mandez li menres Loeys;
> Ce fu li mendres des .iiij. H. fix.
> O lui amainne .M. chevalier[s] de pris
> (ebd. 2076–2078).

Ganz entsprechend wird auch bei anderen, nicht zu den Brüdern gehörenden Personen formuliert (z. B. 2054–2056).

Auch abgesehen von ihrem jeweiligen feudalrechtlichen Status ist die Beziehung zwischen den einzelnen Brüdern weitgehend unklar. Berniers Vater Ybert wird einmal als der Älteste bezeichnet (2088). Er ist auch derjenige, der die Verteidigung gegen Raoul in die Wege leitet (1927ff), und er ist durch die Vater-Sohn-Beziehung zu der einen Zentralfigur ohnehin hervorgehoben. Andererseits scheint auch dem Bruder Wedon eine besondere Bedeutung zuzukommen; zu ihm reitet Ybert selbst als erstes (1946ff), ihn fordert er auf, alle ihre *amis* herbeizurufen (2006), mit ihm berät er, was zu tun ist (2026ff). Wedon hält auch die erste Rede, mit der die versammelten Barone über die Lage und die zu ergreifenden Maßnahmen informiert werden (2102–2123). Ein weiterer Bruder, Louis, wird als der Jüngste bezeichnet (2076f, 4133), ohne daß hierzu eine besondere Charakterisierung käme.

Obwohl die vier Brüder nicht die zentralen Personen der *chanson* sind, die den Verlauf der Handlung bestimmen, haben sie doch eine weitaus größere Eigenständigkeit als die Brüder in *Girart de Roussillon*. Sie kämpfen in eigener Sache, für die Verteidigung ihres Landes, treffen dabei die notwendigen Entscheidungen selbst und erteilen auch Bernier, einem der beiden zentralen Helden, Aufträge (z. B. 2213ff).

Dagegen gehört in allen späteren Texten der Held selbst zu den Brüdern. In *Renaut de Montauban* handelt es sich wieder um vier Brüder, deren Zusammengehörigkeit wesentlich durch die Beziehung zum Vater bestimmt ist. Der zentrale Held ist dabei durchgehend Renaut. Er ist derjenige, den Karl zuerst zum Ritter schlägt, als die Brüder von ihrem Vater an den Hof gebracht werden, und dem er das Wunderroß Bayart gibt (1793–1819). Er löst den weiteren Handlungsverlauf aus, indem er beim Schachspiel mit dem Neffen des Kaisers, Bertolai, in Streit gerät und diesen tötet (1910–1941). Bei der sich anschließenden Flucht der Brüder und der Verteidigung ihrer Burg Montessor fungiert immer Renaut als Anführer. Renaut ist auch derjenige, an den sich die Boten Karls wenden und der für alle Brüder spricht:

> Sire, ce dist dus Naimes, nos somes mesagier;
> Si volons à Renaut parler et conseillier.
> Charles nos i envoie, ki France a à baillier.

...

Renaus, li fius Aimon, lai ester le noisier.
Le mesage Charlon te vodrion noncier.
...
Le mesage li rendent li baron chevalier,
Ce que Renaus manda ne volrent pas laisier ...
            (ebd. 2205–2207, 2215f, 2232f).

Die Ritter, die für die Brüder kämpfen, werden als Renauts *chevaliers* oder *homes* bezeichnet (z. B. 2476, 2888, 2905). Die Burg Montessor ist ebenfalls diejenige Renauts, der auch darüber klagt, daß er sie verlassen muß:

Renaus se regarda qui fu preus et senés;
Son manoir a veü, sel beneï asses.
«Chastiaus, ce dist Renaus, vos soies honorés.
.v. ans a acomplis que vos fustes fermés.
Molt ai eüs en vos richeces et plantés;
Or m'en estuet issir, quant vos estes gastés.
Certes tant sui je plus correciés et irés.»
            (ebd. 2795–2801).

Renaut erteilt die notwendigen militärischen Befehle, die anderen gehorchen ihm ohne weiteres (z. B. 2828–2837). Wenn die Brüder nicht als «li fil Aymon» (z. B. 2821) bezeichnet werden, dann als «Renaus et si frere» (z. B. 2763, 3194). Eine entsprechende Stellung hat Renaut auch in den folgenden Episoden.

Zwischen den Brüdern besteht ein regelrechtes feudales Dienstverhältnis. Allerdings unterscheiden sich in diesem Punkt die verschiedenen Fassungen der *chanson* deutlich voneinander. In der Handschrift L gehören die Brüder zu den Baronen von Renauts *maisnie*, und Renaut kann sie zu einem formellen *conseil* zusammenrufen, auf ihren Rat hin eine Entscheidung treffen und ihnen dann einen Auftrag geben (z. B. 14752–14767). Daß die Funktion der Brüder der anderer Barone entspricht, geht auch aus Formulierungen wie der folgenden hervor: «[Renaus] apele ses freres et son autre consoil» (12873). Die Version der Handschrift D vermeidet dagegen Hinweise auf ein reguläres Feudalverhältnis[3]. Im Gegensatz zu dem Herausgeber von D, Jacques Thomas, halten wir es für wahrscheinlich, daß es sich hierbei um eine nachträgliche Vereinfachung handelt[4].

Als König Yon die vier Brüder an Karl verraten hat und sie sich plötzlich unbewaffnet einem Hinterhalt gegenüber sehen, glauben Aalart, Guichart und Richart, daß der Verrat von Renaut ausgegangen sei, weil er sie überre-

---

[3] Einzelne Hinweise auf eine Abhängigkeit finden sich aber auch hier; vgl. z. B. éd. Thomas 11151.
[4] Wir werden im folgenden auf wesentliche Unterschiede zwischen diesen Handschriften hinweisen.

det hatte, mitzukommen. Sie werfen ihm unter anderem vor, daß er sich nicht so verhalten habe, wie er es als ihr *seignor* hätte tun müssen:

> Sire, dist Aallars, ki les cevels ot blons,
> Por coi nos a[s] traïs, jantis fix à baron?
> Ja n'estions nos mie Normant ne Borgenon
> Ne Flamenc ne Englois, Poitevin ne Breton;
> Ançois somes [tuit frere], pres nos apertenon,
> D'un pere et d'une mere, molt nos entramion.
> Vos estes nostre sire et nostre confanon.
> Por Deu, sire Renaus, dont vint la traïson? ...
>   (ebd. 6773–6780).

Obwohl natürlich nicht er es ist, der sie verraten hat, erkennt Renaut doch an, daß er seiner Fürsorgepflicht nicht nachgekommen ist, indem er sie in diese Situation gebracht hat:

> Segnor, ce dist Renaus, jo ai pecié de vos.
> Jo vos i amenai ou volsissies ou non;
> Se Deu plaist et sa mere, si vos en ramenron
>   (ebd. 6785–6787)[5].

Gegen Ende der Handlung weist Renaut, von seiner Fahrt ins Heilige Land zurückgekehrt, den Brüdern als ihr Feudalherr Lehen zu:

> Renaus lor dona terre en Gascoigne sor Loire.
> Asené sont li conte, s'ot cascun son manoir ...
>   (ebd. 16601f)[6].

---

[5] In der Handschrift D fehlt die Bezeichnung von Renauts Handlungsweise als «pecié» im zweiten Halbvers von 6785. Doch scheint uns der Halbvers «grant pitié en avon», der sich in D an dieser Stelle findet (éd. Thomas, 6966), auf jeden Fall sekundär zu sein. Er ersetzt die Assonanz durch einen regulären Reim und stellt inhaltlich nur eine Verlegenheitslösung dar. Auch eine Verwechslung der Buchstaben c und t durch einen Kopisten scheint denkbar. Im übrigen ist das Gespräch in D aber ganz entsprechend gestaltet.

[6] Es ist nicht unwichtig, daß sich dies nur auf die von Renaut durch seine Heirat mit der Schwester König Yons erworbene Gascogne bezieht, nicht auf das väterliche Erbe, in dem Renaut offensichtlich keine besonderen Vorrechte hat. Dieses bleibt aber in der Handlung ohne Bedeutung; es wird nur einmal kurz an dieser Stelle erwähnt: «S'ont la terre [lor pere] del tot à [lor] voloir, / Car il ert trespassés ...» (16603f; in der Handschrift D fehlt der Hinweis auf das Land des Vaters völlig). Hieran wird deutlich, daß die Art der Beziehung zwischen Renaut und seinen Brüdern durchaus nicht als ein Reflex der tatsächlich üblichen Besitzverteilung zwischen mehreren Söhnen eines Mannes zu verstehen ist. Renaut ist vielmehr ein Ritter, der sich durch den Dienst bei einem fremden König aus eigener Kraft ein Lehen erwirbt und dem sich seine Brüder anschließen.
Die Handschrift D vermeidet auch hier ein eindeutiges Feudalverhältnis zwischen den Brüdern: Renaut teilt in dieser Version seinen gesamten Besitz unter seinen Söhnen und seinen Brüdern auf, aber erst zu dem Zeitpunkt, da er sich selbst aus der Welt zurückzieht (vgl. éd. Thomas, 14100ff).

Diese Darstellung ist um so bemerkenswerter, als Renaut eindeutig nicht der älteste der Brüder ist. Als der älteste wird immer Aalart bezeichnet (z. B. 3295, 11794, 12650)[7]. Zumindest in der Handschrift L weist Aalart einmal explizit darauf hin, um seinem Rat größeres Gewicht zu verleihen: Als die Brüder von König Yon an Karl verraten und nur mit Mühe davongekommen sind, will Renaut seine Frau, Yons Schwester, und seine eigenen Söhne verstoßen, weil sie Yons Verwandte sind. Die Brüder wollen ihn davon abhalten, und Aalart sagt: «Sire ... ne soies si iros. / N'estes pas li ainés, par mon cief, de nos tos ...» (8563f). Der Älteste genießt also ein gewisses Prestige, ohne daß dies jedoch Auswirkungen auf die realen Abhängigkeitsverhältnisse hätte.

Vor allem aber tritt Aalart als Ratgeber in Erscheinung. So sagt er, als Renaut über den Verlust seiner Burg Montessor klagt:

> Sire, ..., par mon chief, tort aves.
> Ja por chastel bastart grant duel ne demenes.
> Ja ne verres .ii. mois acomplis et passés,
> S'en aures vos .i. tel qui miols valra asses.
> .I. conseil vos donrai se croire me voles;
> De çou ne faites duel k'amender ne poes,
> Mais chevauchies à force, se vos achemines
> (ebd. 2803–2809).

Ebenso ist es Aalart, der Renaut einen Rat zu geben weiß, wie sie dem Umherirren in den Ardennen ein Ende setzen könnten:

> «Seignor, ce dist Renaus, se vos plaist, entendes.
> Molt avons en Ardane sofert grans povretés:
> Ainc n'ot plus de mesaise nus hon de mere nés.
> ...
> Ki bon conseil saura, por Deu me soit donés.»
> «En la moie foi, sire, dist Aalars l'ainés,
> Se il ne vos pesoit, je dirai mes pensés ...»
> (ebd. 3277–3279, 3294–3296)[8].

Aalart ist es auch, der Renaut davon abhält, das Schwert gegen seinen Vater zu ziehen (3535–3542).

Eine besondere Charakterisierung erfährt noch Richart, der jüngste der Brüder. Er reagiert stets heftiger und weniger besonnen als die anderen. Als beispielsweise Kaiser Karl selbst in die Gewalt Renauts geraten ist, plädiert er dafür, ihn zu töten, während die anderen meinen, man müsse ihn trotz al-

---

[7] Vgl. z. B. éd. Thomas, 3514, 7412.
[8] Vgl. auch z. B. 3375–3378, wo Renaut zumindest in der Version von L und den meisten anderen Handschriften den älteren Bruder fragt, wie er sich seiner Mutter gegenüber verhalten solle. Doch spielt auch in der anderen Version (DAO) Aalart eine Rolle: Er weist Renaut auf das Erscheinen der Mutter hin. Vgl. hierzu Jacques Thomas, *L'épisode ardennais de «Renaut de Montauban»*, Brugge 1962, I, 276.

lem als rechtmäßigen Herrn respektieren (12622–12652, 12748–12753, 12891–12908)[9].

Nur der letzte der Brüder, Guichart, offensichtlich als der zweitjüngste zu denken (6948), zeigt keine besonderen, charakteristischen Eigenschaften.

Die Art und Weise der Zuordnung der Brüder entspricht im Prinzip derjenigen, die schon in *Girart de Roussillon* angewendet wurde. Doch während dort der *seignor*, dem die Brüder unterstellt waren und dessen Handlungen sie mit ihren jeweiligen Charaktereigenschaften zu beeinflussen suchten, ein Vetter war, ist er nun ein Teil des Brüderkollektivs selbst.

Ein Kollektiv von vier Brüdern wird auch im Vorspann zu *Renaut de Montauban* konstruiert, der von den Auseinandersetzungen zwischen Kaiser Karl und Beuve d'Aigremont handelt. Diesem Beuve d'Aigremont werden Aymon, Doon de Nanteuil und Girart de Roussillon als Brüder zugeordnet. Diese Zusammenstellung dient offenbar dem Zweck, die verschiedenen Rebellengestalten der französischen Epik zusammenzufassen. Daß es sich nicht um ein traditionelles Brüderkollektiv handelt, wird auch durch das Fehlen einer Kollektivbezeichnung («li fil ...») nahegelegt. Bemerkenswert ist, daß trotzdem die Vierzahl gewählt wird; diese wurde offensichtlich als die ‹normale› Zahl für Gruppen von Brüdern angesehen. Es wird jedoch nicht erklärt, wer der Älteste und wer der Jüngste ist. Auch für eine andere Charakterisierung ist die Erzählung nicht ausführlich genug.

In *Girart de Vienne* werden zunächst die vier Söhne des Garin de Monglane in ihrem Elternhaus vorgeführt. Als Monglane von den Sarazenen eingeschlossen ist, gelingt es ihnen, eine für die Belagerer bestimmte Maultierkarawane zu überfallen und zu erobern. Danach trennen sich die Brüder, nur zwei von ihnen ziehen an Karls Hof. Alle Brüder kommen wieder zusammen, als man Vorbereitungen für den Kampf gegen Kaiser Karl trifft. Auch bei der Versöhnung mit Karl am Ende der *chanson* sind sie alle zugegen.

Im Gegensatz zu den meisten hier zu besprechenden Brüderkollektiven wird dieses nur einmal zu Beginn in einer systematischen Aufstellung durch Zuordnung zum Vater als Kollektiv definiert: «.IIII. fiz ot cil Garins au vis fier» (58). Bezeichnungen wie «li fil Garin» oder «Girarz et si frere» kommen nicht vor. Dies deutet darauf hin, daß wir es hier, wie bei dem Brüderkollektiv in der Vorgeschichte von *Renaut de Montauban*, nicht mit einem traditionellen Kollektiv zu tun haben, sondern mit einer vom Dichter, Bertrand de Bar-sur-Aube, selbst zusammengestellten Gruppe.

Die unterschiedliche Charakterisierung der Brüder ist sehr ausgeprägt. Zu Beginn der *chanson* wird ihre Reihenfolge genau angegeben: Der älteste ist Hernaut, dann folgen Milon und Renier; Girart, der eigentliche Held im Hauptteil der *chanson*, ist der jüngste (62–67). Hernaut, der älteste Bruder,

---

[9] Obwohl der betreffende Abschnitt in D ganz anders gestaltet ist, entspricht die Charakterisierung Richarts doch derjenigen von L; vgl. éd. Thomas, 10879, 11129–11138, 11148–11151.

ist derjenige, der zu Beginn die Initiative ergreift, seinen Vater, der über seine verzweifelte Lage weint, tadelt und ihm guten Rat gibt:

> Hernaut le voit, toz li sans li fremie,
> ne puet tenir que fierement ne die:
> «C'avez vos, pere, por Deu le fiz Marie?
> Plorer vos voi, ce resanble folie;
> dites le moi, nel me celez vos mie...»
> *(Girart de Vienne* 131–135).

Der Vater weiß den Rat auch zu würdigen:

> «Fiz,» dit li peres, «molt par estes sachant,
> un arcevesque n'en deïst hui autant.
> Deus me confonde se mes hui me dement!»
> (ebd. 184–186).

Auch sonst wird Hernaut als «sachant» bezeichnet (190, 2091). Er ist es, der die Eltern von dem Plan der Brüder, ihr Zuhause zu verlassen, in Kenntnis setzt (287–303). Als die Sippe später zusammenkommt, um zu beraten, wie man die Girart von der Königin zugefügte Schande rächen solle, ergreift er als einziger von den Brüdern das Wort (2134–2141).

Im Verhältnis zu Girart nimmt sein nächstälterer Bruder Renier eine privilegierte Stellung ein. Dies gilt schon für den Überfall der Kinder auf die Maultierkarawane, die Girart entdeckt und auf die er zuerst Renier hinweist (208)[10]. Auch später, als er von der Beleidigung durch die Königin erfahren hat, begibt sich Girart zuerst zu Renier, um mit ihm über das weitere Vorgehen zu beraten (1941ff)[11].

Renier übernimmt während des Handlungsteils, der an Karls Hof spielt und in dem nur er und Girart in Erscheinung treten, die Anführerrolle. Er ist es, der bei seiner und Girarts Ankunft zuerst einen Seneschall, dann einen Türwächter erschlägt, um sich Einlaß bei Hofe zu verschaffen (505ff, 615ff). Nach einer gewissen Zeit fordert er von Karl die Überlassung eines Lehens zur Belohnung für seine Dienste (972–1100). Girart dagegen zeigt sich immer etwas vorsichtiger. So bringt er beispielsweise seinem Bruder gegenüber seine Befürchtungen zum Ausdruck, als dieser nach der Tötung des Seneschalls am nächsten Morgen wieder an den Hof gehen will:

---

[10] Es ist auffällig, daß Girart in den meisten Handschriften zu Renier spricht, aber eine Antwort von Hernaut bekommt. Es ist möglich, daß der Dichter aus seiner Vorlage andere Verwandtschaftsverhältnisse kannte, die hier noch durchschimmern.

[11] Hier liegt dasselbe Handlungsschema vor wie in *Raoul de Cambrai*, wo der erste Schritt des Bruders, der von dem Angriff Raouls erfahren hat, darin besteht, zu einem anderen Bruder, Wedon, zu reiten und diesen zu informieren, während die übrigen beiden Brüder nur durch Boten herbeigerufen werden.

Renier apele son frere Girardin:
«Frere,» fet il, «por amor Deu merci,
alons a cort, trop avons esté ci,
s'orrons noveles q'an i fet ne ne dit.
- En non Deu, sire,» Girart li respondi,
«je me dout molt del gloton maleï
qui ersoir fu au grenier si laidi.
Se il est morz, nos somes mal bailli,
car de la boche le sanc raier li vi;
le col brisié jesoit tot estordi.
Je me criem molt que n'en soions honni,
q'an cest païs n'avomes nul ami»

                    (ebd. 559−570).

Auch in der Auseinandersetzung zwischen dem Kaiser und Renier um die fällige Belohnung für seine Dienste versucht Girart, den Kaiser zu besänftigen und Buße für ihre angeblichen Untaten anzubieten (1005−1008, 1078−1088), doch Renier verhindert dies. Aber obwohl Renier Girart gegenüber die Rolle des älteren Bruders einnimmt, ist er keine Ratgeberfigur. Der Dichter scheint hier, wo nur zwei Brüder auftreten, eine andere Darstellungsform der Bruderbeziehung zu verwenden: das Brüderpaar, bei dem der jüngere Bruder ängstlicher ist als der ältere. Wir kennen diese Form bereits aus dem *Charroi de Nîmes*.

Ganz im Gegensatz hierzu handelt Girart in der folgenden Episode, in der ihm keine Brüder zugeordnet werden, unüberlegt und vor allem hochmütig. Die Witwe des Herzogs von Burgund erbittet vom Kaiser einen neuen Ehemann. Dieser verspricht, sie an Girart zu verheiraten, begehrt sie dann aber für sich selbst. Die Witwe bittet daraufhin Girart von sich aus, sie schnell zu heiraten, was der Held als Anmaßung empfindet. Er weist sie zurück, woraus letztlich der Krieg gegen Karl entsteht (1326−1363). Hier erscheint Girart als der hochmütige rebellische Vasall, der er in älteren Fassungen des Stoffes war[12].

Ohne besondere Charakteristika bleibt nur der zweite Bruder, Milon de Pouille, der in der Handlung keine eigenständige Rolle spielt. Darin entspricht er der ebenso farblos bleibenden Gestalt des Guichart in *Renaut de Montauban*. Daß diese Gestalten überhaupt existieren, zeigt, daß eine Gruppe von vier Brüdern als normal erachtet und bewußt angestrebt wurde.

Eine eigentliche Feudalhierarchie besteht zwischen den Brüdern nicht, jeder ist für sich Vasall des Kaisers. In der Handlung hat zunächst Renier die beherrschende Stellung, dann Girart. Doch auf einer rein ideellen Ebene kommt dem Ältesten doch eine gewisse Vorrangstellung zu. So sagt etwa Girart bei der Versöhnung am Ende der *chanson* zu Karl, der sich an ihn gewendet hat, um ein Friedensangebot zu machen:

---

[12] Vgl. hierzu insbesondere Wolfgang van Emden in der Einleitung zu seiner Ausgabe, S. XXIIIf.

Hernaut mes freres, qui est ainnez de moi,
doit estre sires en toz leus desor moi   (ebd. 6449f).

Bertrand de Bar-sur-Aube, der wohl eine oder mehrere Vorlagen mit
einem neu gestalteten Handlungsaufbau in Übereinstimmung bringen mußte, stellt verschiedene Formen der Bruderbeziehung dar. Von den traditionellen, fixierten Schemata kann sich jedoch auch dieser eigenständige Dichter
nicht lösen.

Ein besonders wichtiges Brüderkollektiv bilden die Söhne Aymeris, Guillaume und seine Brüder. Sie kommen in einer ganzen Reihe von Texten des
Wilhelmszyklus vor. Allein für unseren Untersuchungszeitraum (bis Anfang
des 13. Jahrhunderts) sind sechs *chansons* zu nennen, in denen mehrere dieser Brüder zu den zentralen Figuren gehören: *Narbonnais*, *Siège de Barbastre*, *Enfances Guillaume*, *Guibert d'Andrenas*, *Prise de Cordres et de Sebille*,
Mort Aymeri. Als der größte Held gilt stets Guillaume[13], doch bedeutet dies
nicht, daß er immer die Zentralfigur ist; im *Siège de Barbastre* steht beispielsweise Bueve mit seinen beiden Söhnen im Mittelpunkt.

Wir werden uns im folgenden darauf beschränken, einen Blick auf die
beiden Texte zu werfen, in denen die Brüder während des größten Teils der
Handlung als Kollektiv in Erscheinung treten: die *Narbonnais* und die *Enfances Guillaume*. Beide *chansons* haben den Aufbruch von Aymeris Söhnen von
zu Hause, die Ankunft eines Teils der Söhne am Hofe Karls und ihren Aufenthalt dort zum Inhalt sowie die anschließende Befreiung Narbonnes von
einer sarazenischen Belagerung. Betrachten wir zunächst die *Narbonnais*,
die, zumindest was den eigentlichen Handlungsverlauf angeht, sicher die ältere Fassung des Stoffes wiedergeben.

Es fällt sofort auf, daß, obwohl Aymeri sieben Söhne hat, ein wesentlicher
Teil der Handlung, die Reise nach Paris, nur vier von ihnen betrifft. Der
jüngste Sohn, Guibert, bleibt zu Hause, was mit seinem geringen Alter begründet wird (263–269, 390f). Daß aber zwei andere Söhne, Bueve und Garin, nicht zu Karl geschickt werden, sondern zu König Yon von der Gascogne bzw. König Boniface von der Lombardei, wird nur damit begründet,
daß diese gar keinen bzw. keinen männlichen Erben haben (178–184, 208–
215), im übrigen wird ihre Sonderbehandlung nicht motiviert. Die übrigen
vier Söhne ziehen gemeinsam nach Paris, obwohl nur drei von ihnen in Karls
Dienste treten sollen. Wieder begegnen wir also der charakteristische Gruppe von vier Brüdern, die sich offensichtlich zu einem typischen Element entwickelt hat.

Ebensowenig wie in den bereits besprochenen Fällen ist das Brüderkollektiv in den *Narbonnais* eine homogene Gruppe. Bernart wird als ältester
Sohn bezeichnet (85), Guibert als der jüngste (57 etc.). Anläßlich des *adoube-*

---

[13] Vgl. z. B. *Siège de Barbastre* 2331, *Enfances Guillaume* 104.

ment durch Karl wird sogar die Reihenfolge der sechs älteren Brüder angegeben: Bernart, Guillaume, Garin, Hernaut, Bueve, Aÿmer.

Gleich zu Beginn tritt Hernaut als Anführer auf: Er ist es, der seinen Vater beschimpft, als dieser die Mutter schlägt, und der die anderen zum sofortigen Aufbruch auffordert (455–485). Auch im folgenden sagt er meistens, was zu tun ist. Später besorgt er im überfüllten Paris mit Gewalt Unterkünfte. In dieser Episode werden die Brüder als «Hernaut ... et si .iii. frere» bezeichnet (2082f, 2288f)[14].

Bernart, der älteste Bruder, erscheint ebenfalls gelegentlich als die leitende Figur. An ihn wendet sich die Mutter, als sie die Gefahr beklagt, in die Narbonne durch die Abwesenheit der Söhne geraten wird; er verspricht ihr daraufhin, daß die Brüder jederzeit *secours* bringen würden, wenn sie von einer Bedrohung Narbonnes erführen (681–712). Doch ist er vor allem derjenige, der vernünftig für alle sprechen kann. Er spricht zum Beispiel den Kaiser an, als die Brüder an den Hof kommen:

> Bernart parla, l'aîné, le plus sachant;
> Le roi salue bel et cortoissement
>
> > (ebd. 2787f).

An ihn wendet sich der Kaiser auch mit seiner Antwort (2798).

Nun werden die unterschiedlichen Eigenschaften und Handlungsweisen der einzelnen Brüder vom Dichter der *Narbonnais* noch zusätzlich motiviert. Aymeri spricht seinen Söhnen im voraus bestimmte Ämter des königlichen Hofes zu, und die Söhne verhalten sich so, als ob sie diese schon innehätten. Hernauts Verhalten wird mehrmals explizit mit der Funktion des Seneschalls in Verbindung gebracht, die er für sich beanspruchen soll (139, vgl. z. B. 847–852, 2175). Bernart soll Ratgeber des Kaisers werden (136). Guillaumes zukünftige Funktion ist die des Bannerträgers, des militärischen Anführers (137f), und so ruft er auch die Brüder zum Kampf auf, wenn Hernaut bei der Vertreibung anderer Leute aus ihren Unterkünften einmal in Bedrängnis gerät (z. B. 2173–2175).

Trotz dieses Kunstgriffes des Dichters ist aber das Brüderkollektiv ganz entsprechend zusammengesetzt wie in den bisher besprochenen Fällen: Der älteste ist der vernünftige Ratgeber, und einer der mittleren Brüder fungiert als Anführer.

Durch die von vornherein gegebene Identifizierung der Helden mit bestimmten Funktionen entfällt allerdings die Möglichkeit, ein feudales Ab-

---

[14] Es handelt sich bei den Hernaut-Episoden, wie Hermann Suchier (in der Einleitung zu seiner Ausgabe, S. LXIII) gezeigt hat, wohl um Zusätze des *Narbonnais*-Dichters, die nicht ursprünglich zum Stoff gehören. Die ursprüngliche Rollenverteilung können wir nicht ermitteln. Doch selbst, wenn sie von derjenigen, die wir in den *Narbonnais* vorfinden, verschieden gewesen sein sollte, ist es bemerkenswert, daß der Dichter dieser *chanson* einem der mittleren Brüder eine hervorgehobene Stellung geben konnte.

hängigkeitsverhältnis zwischen ihnen zu konstruieren. Wenn Hernaut durch seine Seneschallfunktion auch besonders hervorgehoben scheint, so sind doch alle Brüder im Prinzip als gleichrangig dargestellt.

Auch in den *Enfances Guillaume* sind es vier der sieben Söhne Aymeris, die sich zu Karl begeben, doch handelt es sich hier statt um Bernart, Hernaut, Guillaume und Aÿmer um Bernart, Garin, Hernaut und Guillaume. Dieses Schwanken in der Tradition zeigt, daß es weniger auf die konkreten Namen als auf die Vierzahl ankommt. Die vier Brüder, die zu Karl ziehen, werden als die ältesten bezeichnet; der allerälteste ist auch hier Bernart (36 etc.). Guibert, der auch hier zu Hause bleibt, wird «der Kleine» genannt (30, 94: «Guibers li petis»), ist also wohl der jüngste.

Im Unterschied zu den *Narbonnais* wird in den *Enfances* allerdings eindeutig Guillaume als Anführer herausgestellt, und das obwohl in dieser Fassung sogar der Vater Aymeri seine Söhne begleitet. Guillaume ist es, der nun der Mutter den *secours* für den Notfall verspricht (150–155). Er ist es, der nach ersten Kämpfen unterwegs dazu auffordert, den Weg nach Paris fortzusetzen (705–709), er gibt die notwendigen Befehle, als er erfährt, daß die Sarazenen ihn mit einem großen Heer zu überfallen gedenken (854–870, 967), und er verfügt auch über seine Brüder:

> Vait s'an Antiaumes a la barbe meslee,
> L'eschac an moine, ke vait une contree;
> L'anfes Guillames li commanda ses freires
> (*Enfances Guillaume* 877–879).

Er tritt sogar schon als Heerführer auf:

> Les quatre eschieles premeraines josterent,
> les autres sis per un pui devallerent.
> L'anfes Guillames les conduit et chaele …
> (ebd. 998–1000).

Auch in der Schlacht selbst ist es Guillaume, der die Befehle erteilt (1297) oder den *escuiers* Waffen verspricht (1278–1282). Guillaumes Stellung entspricht hier somit fast derjenigen Renauts in *Renaut de Montauban*; er beansprucht die Rechte eines Feudalherrn.

Neu ist, daß der Dichter der *Enfances* die Stellung des Helden, der die Rolle des Feudalherrn auch älteren Brüdern gegenüber einnimmt, thematisiert. Als Bernart, der älteste, sagt, er werde die Brüder bei einem Feldzug gegen die Heiden anführen, behauptet Guillaume:

> … Vos n'aveis mi voir di
> Per cel apostre que kieirent pelerins,
> Se vos estiés trois cens et quatre vins,
> S'esteriés vos trestut a moi anclins
> (*Enfances Guillaume* 101–104).

Der Dichter scheint sich dessen bewußt zu sein, daß dies nicht den normalen Verhältnissen entspricht, sondern nur aus der besonderen Qualität Guillaumes als des großen epischen Helden zu erklären ist, die er augenscheinlich noch besonders herausstellen möchte.

Trotz der Verschiedenartigkeit der Fälle lassen sich einige gemeinsame Punkte festhalten. Auffällig ist zunächst einmal die Zahl vier, die seit den ersten Texten der zweiten Jahrhunderthälfte als die typische Zahl für ein Brüderkollektiv fixiert zu sein scheint. Es ist nicht ausgeschlossen, daß diese Festlegung auf vier Brüder auf einem literarischen Vorbild fußt, das wir nicht mehr fassen können[15]. In unseren Texten haben wir es schon mit einem verfestigten typischen Element zu tun.

Ferner ist festzuhalten, daß Gruppen von Brüdern, die zunächst immer als anderen zugeordnete Figuren erscheinen, mit der zunehmenden Verlagerung auf die Ebene der eigenständig handelnden Personen ihre Homogenetät verlieren. Dies kann zu unterschiedlichen Ergebnissen führen: ein Bruder kann entweder einfach als der größere Held erscheinen, der alle Taten einleitet und sich dabei besonders auszeichnet, oder er kann regelrecht als Feudalherr seiner Brüder fungieren.

Nur in *Raoul de Cambrai*, wo die Brüder noch nicht selbst die zentralen Helden sind, wird derjenige Bruder, der die Anführerrolle übernimmt, einmal als der älteste bezeichnet, doch ist die Rollenverteilung dort noch nicht sehr deutlich. In allen anderen Texten besitzt der älteste Bruder zwar ein gewisses Prestige, doch ergibt sich hieraus keine reale Macht- oder Führungsposition. Er entwickelt sich vielmehr zu einer typischen, dem zentralen Helden zugeordneten Gestalt mit der besonderen Funktion des vernünftigen Ratgebers. Da eine Ratgeberfigur traditionellerweise zu einem Helden gehört und der Prototyp aller Ratgeberfiguren, Karls Ratgeber Naime, alt ist, könnte dies schon erklären, warum nicht der Hauptheld selbst der älteste ist.

Zu berücksichtigen ist jedoch noch eine andere, historische Erklärungsmöglichkeit. Es fällt auf, daß sich die Vorrangstellung eines der jüngeren Brüder in keinem Fall auf die Übernahme eines väterlichen Erbes bezieht, sondern immer nur auf Unternehmungen, die von zu Hause wegführen, bzw. auf Besitztümer oder Lehen, die bei solchen Unternehmungen erworben werden. An den wenigen Stellen, an denen eine Gruppe von Brüdern ein Erbe antritt (*Raoul de Cambrai*, *Renaut de Montauban*), wird nicht deutlich, ob und wie dieses verteilt wird. Das Prinzip der *indivisio* zwischen Brüdern ist also vielleicht bekannt, wird aber nicht als für epische Helden geeignet erachtet. Nun haben wir bereits in Teil III die soziale Gruppe der *iuvenes* erwähnt, der jüngeren Söhne, die kein eigenes Erbe zu erwarten hatten und darauf an-

---

[15] Man könnte an eine ältere Form des Kollektivs der Söhne Aymeris denken. Es ist uns nicht gelungen, ein mögliches literarisches Vorbild außerhalb der französischen Epik auszumachen; weder in der antiken Literatur noch in der *Bibel* spielen Gruppen von vier Brüdern eine besondere Rolle.

gewiesen waren, sich im Dienste fremder Herren ihren Lebensunterhalt und, wenn möglich, ein Lehen zu erwerben. Erich Köhler hat die Entstehung der höfischen Literatur mit dieser sozialen Gruppe in Verbindung gebracht[16]. Wir haben auch gesehen, daß die höfischen Romane keinen Bezug auf diese Gruppe mehr erkennen lassen. Doch scheint es uns möglich, die in den *chansons de geste* beobachtete Herausstellung eines beliebigen Sohnes, der nicht der älteste ist, als zentraler Held mit den Wunschvorstellungen jüngerer Söhne in Verbindung zu bringen. Es wäre dann gerade nicht die neu entstandene, sondern die traditionelle Literaturgattung, die sich auf dieses Publikum einstellte. Auf jeden Fall ist der Unterschied in der Behandlung von Brüdern zwischen den beiden großen narrativen Gattungen bemerkenswert: Während im Roman die Darstellung von Brüdern überhaupt vermieden wird und somit auch jüngere Brüder fast gar nicht vorkommen, sind Brüder in der *chanson de geste* ein häufiges Phänomen, und es sind fast immer jüngere Brüder, die privilegiert werden.

Es ist jedoch auch nie der allerjüngste Bruder. Der jüngste Bruder ist wie der älteste eine typische Gestalt, die dem Helden zugeordnet wird.

Die Charakterisierung der Brüder durch Funktionen, wie sie Personen haben, die selbst nicht eigenständige Helden sind, sondern anderen Helden zugeordnet werden, ist um so bemerkenswerter, als sich bei einigen der Brüderkollektive in den untersuchten Texten nachweisen läßt, daß sie als Kollektive schon traditionell sind und keinesfalls erst als Ergänzung zu Einzelhelden geschaffen wurden[17]. Offenbar verlangt die Gattung auf der Ebene der selbständig handelnden Helden aber herausgehobene Einzelgestalten.

Eine besondere Art von Brüderkollektiven kommt bei den Sarazenen vor. Im *Charroi de Nîmes* wird die Stadt Nîmes, die Guillaume erobern will, von zwei Sarazenenkönigen, die Brüder sind, gleichzeitig beherrscht, ohne daß von einer Unterordnung des einen unter den anderen oder einer Aufteilung der Macht die Rede wäre:

> Li rois Otrans qui en oï parler,
> Il et Harpins avalent les degrez:
> Freres estoient, molt se durent amer,
> Segnor estoient de la bone cité
> (*Charroi de Nîmes* 1079–1082)[18].

In späteren, gegen Ende des 12. und zu Beginn des 13. Jahrhunderts entstandenen *chansons* des Wilhelmszyklus begegnet dieses Motiv noch mehrmals; nun aber gibt es auch Kollektive von vier Brüdern, die in einer Stadt herrschen. Ein typisches Beispiel bietet *Aymeri de Narbonne*, wo es über die Herrscher der zu erobernden Stadt Narbonne heißt:

---

[16] S. o. S. 160.
[17] S. o. S. 107f.
[18] Vgl. auch 1256–1258, 1312–1314.

Et li paien qant se virent sorpris,
Dedanz Nerbone el palais seignoris,
.IIII. roi furent qui ont lor conseil pris.
Tuit furent frere, si com je l'ai apris:
Rois Baufumez ot l'un non, ce m'est vis,
Et Agolanz qui fu preuz et gentis,
Et Desramez et Drumanz au fier vis
                    (*Aymeri de Narbonne* 972−978)[19].

Andere Zahlen finden sich allerdings in der Kreuzzugsepik. So ist in der *Chanson d'Antioche* von drei Königen von Mekka die Rede, die Brüder seien[20]:

Li amirals Soudans ne se valt atargier,
tot droitement a Miecque tramist un mesagier
A .III. rois qu'il i ot, freres, qui molt sont fier ...
                    (*Chanson d'Antioche* 5269−5271).

Spätere Kreuzzugslieder kennen fünf Könige von Mekka[21]. In allen Fällen handelt es sich um Herrscher von Städten, die großen Oberherren der Sarazenen sind stets Einzelpersonen[22].

Nun ist die Vielzahl sarazenischer Könige generell in den *chansons de geste* seit dem *Rolandslied* eine Selbstverständlichkeit, und die Vorstellung findet sich beispielsweise auch in der, allerdings vom *Rolandslied* abhängigen, lateinischen Chronik des Pseudo-Turpin. Sie dürfte auf die historische Zersplitterung des moslemischen Spanien nach dem Zerfall des Kalifats von Córdoba im Jahr 1031 zurückgehen. Damals entstand eine Vielzahl kleiner Königreiche, die *reinos de taifas*, deren Herrscher die ehemaligen Kalifen nachzuahmen suchten[23]. Diese kleinen Königreiche, zum Teil wohl nicht mehr als Stadtstaaten[24], verschwanden selbst durch die Eroberung der Almoraviden gegen Ende des 11. Jahrhunderts nicht völlig. Um 1143−44, als auch die Almoravidenherrschaft zusammenbricht, manifestiert sich die Zersplitterung noch einmal deutlich in den sogenannten *taifas segundos*. Wie

---

[19] Vgl. *Prise d'Orange* 575, *Guibert d'Andrenas* 484−486, *Enfances Guillaume* 724−727.

[20] Suzanne Duparc-Quioc, *La Chanson d'Antioche*, I, 266, hält diese Stelle für eine Hinzufügung des Bearbeiters der zweiten Jahrhunderthälfte.

[21] Vgl. Suzanne Duparc-Quioc, a.a.O., I, 269, zu Vers 5271.

[22] Eine mögliche Ausnahme bildet *Aliscans*, wo die beiden Anführer des sarazenischen Heers, Aerofle und Desramé, als Brüder bezeichnet werden (vgl. z. B. 1198), doch sind sie vermutlich nicht Beherrscher desselben Landes. Dasselbe gilt für *Chevalerie Vivien* 258.

[23] Vgl. z. B. Anwar G. Chejne, *Muslim Spain. Its History and Culture*, Minneapolis 1974, 52, sowie Reinhart Dozy, *Histoire des Musulmans d'Espagne jusqu'à la conquête de l'Andalousie par les Almoravides*. Nouvelle édition revue et mise à jour par E. Lévi-Provençal, III, Leiden 1932, und besonders die dort in Übersetzung abgedruckte Chronik der Muluk at-tawa'if.

[24] Vgl. Ramón Menéndez Pidal, *Das Spanien des Cid*, I, München 1936, 31.

selbstverständlich sich mit den spanischen Moslems die Vorstellung einer Vielzahl von Königen verband, zeigen die nach dem Ende des Kalifats in Spanien entstandenen christlichen Chroniken, in denen die Sarazenenherrscher fast immer zu mehreren auftreten und oft überhaupt nur von «reges» im Plural die Rede ist[25].

Doch stützten zwar alle moslemischen Herrscher in Spanien, auch die Könige der *reinos de taifas*, ihre Herrschaft in hohem Maße auf ihren jeweiligen Stamm oder Clan[26]; die Vorstellung, daß mehrere Könige zusammen in einer Stadt herrschen und daß diese Könige Brüder sind, läuft der islamischen Realität jedoch völlig zuwider.

Sicher beruhen die Vorstellungen, die man sich in dieser Zeit auf christlicher Seite vom Islam macht, auf äußerst lückenhaften Kenntnissen und sind teilweise durch die Kreuzzugspropaganda noch zusätzlich verfälscht[27]; doch findet sich sonst auch bei christlichen Autoren, die sich mit dem Islam befassen, nichts derartiges. Hildebert von Le Mans etwa läßt in seiner in Versen geschriebenen *Historia de Mahumete* einen der Anhänger Mahomets eigens auf die Notwendigkeit strenger Monarchie hinweisen[28]:

> Sed regni munus mos exigit ut ferat unus;
> Una domus geminos non patitur dominos.
> Nam socio regi rex est quod crimina legi,
> Concordem socium non habet imperium.

Andere Versionen der Mohammed-Legende gehen ebensowenig auf die Herrschaftsform der Moslems ein wie die gelehrten Darstellungen eines Petrus Alphonsi oder Petrus Venerabilis[29].

Das Motiv der Brüder als Könige in einer Stadt scheint somit auf die epische Literatur beschränkt zu sein. Es läßt sich aber auch nicht, wie manche anderen Details der epischen Darstellung der Moslems, als negatives Spiegel-

---

[25] Charakteristisch sind z. B. die folgenden Stellen: «Fecit ergo magna cede in sarracenos, et per unum quemque annum accepit constituta tributa a Regibus eorum.» (*Crónica del Obispo Don Pelayo*, ed. Sánchez Alonso, 73); «Factum est autem in diebus reginae dominae Urracae, rex Sibiliae et rex Cordubae et caeteri reges et principes Moabitarum, qui erant in terra Agarenorum, congregata magna multitudine militum et peditum et ballistorum, venerunt in terram Toleti…» (*Chronica Adefonsi Imp.* 107, ed. Sánchez Belda, 84).

[26] Vgl. etwa Chejne, a.a.O., 51, und besonders Pierre Guichard, *Structures sociales «orientales» et «occidentales» dans l'Espagne musulmane*, Paris-Den Haag 1977, 316, 321.

[27] Vgl. insbesondere Marie Thérèse d'Alverny, *La connaissance de l'Islam en Occident du IXe au milieu du XIIe siècle*, in: L'Occidente e l'Islam nell'alto medioevo, Spoleto 1965 (Settimane di studio del centro italiano di studi sull'alto medioevo 12), II, 577−602, mit weiterer Literatur.

[28] *Historia Hildeberti Cenomanensis episcopi de Mahumete*, in: Migne, Patrologia latina 171, 1343−1366, dort 1353.

[29] Neben den eigentlichen religiösen Fragen interessiert diese Autoren fast nur die Polygamie der Moslems.

bild christlicher Verhältnisse interpretieren. Die nächstliegende Erklärung scheint uns daher zu sein, daß sich hier eine episch vereinfachende Darstellung im Laufe der Gattungsgeschichte immer mehr verfestigt hat. Am Anfang hätte dann der Wunsch gestanden, die Vielzahl der Könige auch in einem Lied darzustellen, das nur die Eroberung einer Stadt schilderte. Die Verwendung der Bruderbeziehung könnte der Erklärung des Faktums gedient haben, daß es in einer Stadt überhaupt zwei Herrscher geben kann. Sie könnte jedoch auch einfach aus einer der in längeren Aufzählungen zur Auflockerung eingesetzten Verwandtschaftsbeziehungen hervorgegangen sein[30].

Vielleicht haben auch Formulierungen lateinischer Texte eine Rolle gespielt, in denen ein König andere Könige als seine Brüder bezeichnet, auch wenn keine Blutsverwandtschaft vorliegt. Man vergleiche etwa folgende Stelle aus der *Chronica Adefonsi Imperatoris*, wo der Almoravidenherrscher Texufinus Abengania beauftragt, die Nachfolge der von den Christen getöteten Könige von Córdoba und Sevilla anzutreten und diese zu rächen:

> … vade in terram christianorum, et accipe vindictam regum fratrum nostrorum, qui occisi sunt … (*Chronica Adefonsi Imperatoris* 175, ed. Sánchez Belda 136).

Eine Stelle in der Chronik des Pseudo-Turpin kann vielleicht zeigen, wie ein Dichter dazu angeregt werden kann, mehrere Könige in einer Stadt zusammen auftreten zu lassen. Hier wählen zwei moslemische Herrscher im Krieg gegen Karl eine Stadt als gemeinsame Ausgangsbasis:

> Post exiguum vero tempus revelatum est imperatori nostro quod apud Cordubam Ebraum, rex Sibiliae, et Altumaior, qui de bello fugerant Pampiloniae, expectabant eum causa pugnandi; … Tunc disposuit Karolus ire ad bellum contra illos. Cumque itaque Cordubam cum exercitibus suis appropinquaret, exierunt reges praefati cum exercitibus suis contra eum …
>
> (Ps.-Turpin XVIII, ed. Meredith-Jones 162–164).

Die Verwendung der Zahlen zwei und vier scheint einfach eine Anpassung an in der epischen Tradition bereits übliche Kollektivgrößen zu sein. Es ist bezeichnend, daß gerade in der Kreuzzugsepik, die ja eine neue Erscheinung ist und traditionelle epische Elemente nur zum Teil übernimmt, andere Zahlen vorkommen. Gruppen von vier Königen finden sich übrigens auch, wenn nicht expliziert wird, daß es sich um Brüder handelt. So handelt es sich beispielsweise bei den Sarazenen, die in *Garin le Loherain* König Thierri von Moriane bedrohen, um vier Könige (1259, 1361).

b. Brüderpaare

Brüderpaare kennen wir bereits aus den frühen Epen. In der *Chanson de Guillaume* erschien der kleine Gui vor allem als Ersatz für seinen gefallenen

---

[30] Hierzu s. o. Teil I, S. 31, und das dort angeführte Beispiel aus dem *Charroi de Nîmes*.

Bruder Vivien. Im *Charroi de Nîmes* wurde am Beispiel der Brüder Bertrand und Guielin die Ängstlichkeit des jüngeren Bruders herausgestellt[31]. Ähnliche Darstellungen von Brüderpaaren finden wir auch noch in der zweiten Hälfte des 12. Jahrhunderts.

Daß in der Episode des *Girart de Vienne*, an der nur zwei Brüder, Renier und Girart, beteiligt sind, das Schema des *Charroi de Nîmes* wieder aufgegriffen wird, haben wir bereits gesehen. Der jüngere Bruder, Girart, wird hier – und nur hier – als vorsichtig und ängstlich geschildert, während der ältere, Renier, ihn deswegen tadelt.

Ein ähnliches Verhältnis findet sich noch einmal im *Siège de Barbastre*, wo die beiden Söhne Bueves, Girart und Guielin, gemeinsam auftreten. Guielin hält seinen älteren Bruder vor allzu heftigen Urteilen gegen seinen Vater zurück:

> Frere, ce dit li cuens, ne fetes mie bien,
> Qant vos le duc Buevon avez contraloié . . .
> 　　　　　(*Siège de Barbastre* 2329f).

Doch entspricht die Charakterisierung nicht mehr ganz den beiden eben genannten Fällen: Guielin ist keinesfalls ängstlich. Als Girart einmal allein ausgeritten ist, um die Sarazenenprinzessin Malatrie zu erobern, und von den Sarazenen bedrängt wird, kommt der Vater mit seinen Baronen und Guielin ihm zu Hilfe, und Guielin beschwert sich bei seinem Bruder, daß er ihn nicht gleich mitgenommen habe (2173–2176). Der traditionellen Auffassung des jüngeren Bruders geradezu entgegengesetzt ist die Darstellung Guielins als Ratgeber seines Bruders. So heißt es etwa bei der Ankunft eines Boten der Sarazenenprinzessin:

> «Malaquin, dit Girart, bien entanz ma reson.
> Qui ça vos envoia ne vos tint a bricon;
> Lesiez moi conseiller a mon frere Guion:
> Se li cuens le me loe, volentiers i iron,
> 　　　As dames sarrazines.»
> De l'autre part del gué, lez un palés plenier,
> Dit Girart a son frere: «Savez moi conseillier? . . .»
> 　　　　　(ebd. 2468–2474).

Dem Dichter dieser *chanson* geht es in erster Linie um die Darstellung des Zusammenhalts unter den Brüdern und ihr gemeinsames eigenständiges Handeln ohne die Zustimmung ihres Vaters.

Den jüngeren Bruder als Ersatz für den älteren finden wir in den *Saisnes* wieder, wo Baudouin als Ersatz für den in Roncevaux gefallenen Roland bezeichnet wird (z. B. 1545–1548 sowie réd. LT 7098f).

Keine besondere Charakterisierung der Beziehung zwischen zwei Brüdern erfolgt dagegen in der *Chevalerie Vivien*. Der Gedanke, daß der jüngere

---

[31] S. o. S. 108–111.

Bruder einen Ersatz für den älteren darstellt, der für die *Chanson de Guillaume* charakteristisch war, wird nicht mehr verwendet. Es heißt lediglich, daß Guichart seinen Bruder unterstützen möchte (z. B. 1206), die Beziehung wird aber vom Dichter nicht weiter genutzt.

Zwei Brüder gibt es auch in *Garin le Loherain*. Doch treten Garin und Begon vor allem als Einzelhelden in Erscheinung. An einigen Stellen wird jedoch deutlich, daß Zurückhaltung und Vorsicht mit dem älteren Bruder, Draufgängertum und Heftigkeit mit dem jüngeren in Verbindung gebracht werden, wie es sonst bei Brüderkollektiven der Fall ist. Als beispielsweise die Hochzeit Garins mit der Tochter des Königs von Moriane, Blancheflor, in letzter Minute dadurch verhindert wird, daß ein Mönch eine verwandtschaftliche Bindung zwischen den beiden feststellt, da ist es Begon, der sofort wütend reagiert, den Mönch angreift und ihn fast tötet, während Garin zunächst gar nicht reagiert:

> Begues l'entent, a poi n'enrage vis.
> Le moine prent, a terre le flati,
> Aprés li dist, si que bien fu oï:
> «Fiz a putain, ou avez voz ce pris?»
> Ja l'eüst mort, cant l'en li retoli
> (*Garin le Loherain* 5886−5890).

Bei den Vettern Gerberts in *Gerbert de Metz*, den Brüdern Hernaut und Gerin, tritt die Bruderbeziehung völlig hinter der Beziehung zu Gerbert zurück. Damit dient sie hier wie in den frühen Texten nur als Multiplikator einer anderen Relation.

In *Renaut de Montauban* hat Renaut selbst zwei Söhne. Zumindest in einem Teil der Handschriften fordert er seinen jüngeren Sohn auf, dem älteren immer Ehre zu erweisen und ihn als seinen Herrn anzuerkennen (16635−16639). Eine solche Feudalrelation zwischen zwei Brüdern findet sich jedoch nur hier.

Während die Darstellung des Brüderkollektivs einem festen Schema folgt, weist diejenige von Brüderpaaren größere Unterschiede auf. Doch gibt es auch hier wiederkehrende Vorstellungen: die von einem etwas ängstlichen jüngeren Bruder und die von einer zeitlichen Abfolge, bei der der jüngere an die Stelle des älteren tritt und diesen ersetzt.

Anders als in Gruppen von zweien oder vieren begegnen Brüder nur selten; jedenfalls hat sich keine andere Zahl zu einem typischen Element verfestigt.

c. Bruder und Schwester

Werfen wir noch einen Blick auf die Beziehung von Bruder und Schwester. Eine Schwester erscheint als solche nur, wenn sie von ihrem Bruder verheiratet wird oder wenn sie bereits verheiratet ist. Paare oder gar Gruppen von Schwestern kommen nicht vor.

Als erstes sind hier Guillaumes Ehefrau Guibourc und ihr Bruder Rainouart in *Aliscans* zu nennen. Rainouart schließt sich Guillaume an, als dieser mit den königlichen Hilfstruppen gegen die Sarazenen auszieht. Wie in der entsprechenden Szene der *Chanson de Guillaume*[32] ahnt Guibourc schon vor dem endgültigen Aufbruch in die Schlacht, daß Rainouart ihr Bruder ist, und stattet ihn deshalb mit ritterlichen Waffen aus (4543ff). Bemerkenswert ist allerdings, daß die Fürsorge Guibourcs für Rainouart hier im Gegensatz zur *Chanson de Guillaume* explizit mit der Geschwisterbeziehung in Zusammenhang gebracht wird:

> ... Et Guibors ouevre son mantel de porprine
> Si l'afubla, car li cuers li destine
> Ke c'est ses freres, mais n'en fait nule sine
> (*Aliscans* 4474–4476).

Auch am Schluß der Handlung wird die enge Beziehung zwischen Guibourc und Rainouart stärker betont als in der *Chanson de Guillaume*. Wie dort ist Rainouart beim Festmahl vergessen worden und will beleidigt davonziehen, und nur Guibourc gelingt es, ihn zum Zurückkommen zu bewegen. Doch hier traut sich Guillaume gar nicht, ohne Guibourc zu Rainouart zu gehen, um seine Verzeihung zu erlangen und ihn zurückzuholen (7736). Die Funktion der Schwester als Vermittlerin zwischen ihrem Bruder und ihrem Mann entspricht jedoch der alten Fassung der Szene. Auch als die Geschwisterbeziehung am Ende der Handlung allen offenbart wird, wird vor allem auf die Tatsache hingewiesen, daß sie eine Bindung zwischen Guillaume und Rainouart herstellt[33].

Auf die Stellung zwischen den eigenen Verwandten und dem Ehemann kommt es bei der Bruder-Schwester-Beziehung auch in den übrigen vier hier zu besprechenden Fällen an. Es handelt sich um Szenen in *Aliscans*, *Gerbert de Metz*, *Renaut de Montauban* und *Fierabras*, die – im Gegensatz zu den Passagen, die von Guibourc und Rainouart handeln – alle den problematischen Charakter dieser Stellung zeigen. Sie stehen in unterschiedlichem Zusammenhang und sind auch sehr unterschiedlich gestaltet, doch geht es ausschließlich um dieses Thema.

Die Szene in *Aliscans* ist eine Neubearbeitung der sogenannten Laon-Szene der *Chanson de Guillaume*, in der Guillaume nach seiner Niederlage von König Louis Hilfstruppen zu bekommen versucht[34]. Als der König nachgibt, versucht die Königin, Guillaumes Schwester Blancheflor, wie in der *Chanson*

---

[32] Zu dieser s. o. S. 111.

[33] Eine interessante Veränderung gegenüber der *Chanson de Guillaume* ergibt sich daraus, daß sich jetzt Guillaume über den neu gewonnenen, starken Schwager freut (CLXXXIVᶜ 81f), während es in dem älteren Text noch Rainouart war, der sich darüber freute, in einer verwandtschaftlichen Beziehung zu Guillaume zu stehen.

[34] Zu der Szene dort s. o. S. 111.

de Guillaume zu verhindern, daß Louis Hilfe gewährt, weil sie befürchtet, Guillaume könne zuviel Macht gewinnen und sie selbst könne so ihre Stellung als Königin verlieren (2768–2770). Wie in dem älteren Text beschimpft Guillaume sie heftig (2772–2798) und geht mit dem Schwert auf sie los (2799ff). Seine Mutter muß ihn davor zurückhalten, sie umzubringen (2805f). Die Szene weist einige Veränderungen gegenüber der alten Fassung auf, die wir hier vernachlässigen können[35]. Interessant ist jedoch ein Punkt, der sich in der *Chanson de Guillaume* noch nicht fand: Das Verhalten der Königin Guillaume gegenüber wird deshalb als unrecht bezeichnet, weil es sich um ihren Bruder handelt. Wie bei Guibourc und Rainouart wird also auch hier die Verwandtschaftsbeziehung selbst stärker hervorgehoben als in dem älteren Text. Die Königin entschuldigt sich bei Guillaume mit folgenden Worten:

> Mes freres estes, molt m'en sui repentie,
> Se j'ai dit cose, dont m'aiés enhaïe ...
>
> *(Aliscans* 2971).

Hier wird von der verheirateten Frau erwartet, daß sie ihre eigenen Verwandten unterstützt. Sie verdankt diesen Verwandten ihre Stellung als Königin, wie betont wird (2834–2836, 2842f). Man beachte aber, daß sich das von der Frau geforderte Verhalten nicht gegen den Ehemann, König Louis, richtet.

In den übrigen drei Fällen liegt tatsächlich ein Konflikt zwischen den Interessen des Ehemannes und denen der eigenen Sippe vor.

In *Gerbert de Metz* sind es Fromondin und seine Schwester Ludie, die einander gegenübergestellt werden. Fromondin, Oberhaupt der Feinde der Lothringer, hat mit diesen Frieden geschlossen und einem von ihnen, Begons Sohn Hernaut, seine Schwester zur Frau gegeben. Als die Kämpfe wieder ausbrechen, begibt er sich zur Burg seines Schwagers, wo nur die Schwester und ihre kleinen Söhne anwesend sind. Die Schwester weiß noch nichts von der neuerlich aufgeflammten Feindschaft und empfängt ihren Bruder ohne weiteres. Dieser besetzt die Burg mit seinen Rittern. Als Ludie erfährt, warum er das tut, versucht sie, für die Rechte ihres Mannes einzutreten, ohne sich darum zu kümmern, daß Fromondins Haß auf diesen und seine Sippe nicht ganz unbegründet ist. Ihr Bruder weist sie jedoch zurück (13213–13220). Schließlich tötet er ihre beiden Söhne, und als sie schreit, droht er ihr selbst mit dem Tod (13684–13697). Der Dichter läßt keinen Zweifel daran, daß Ludie ihrem Gatten und seiner Sippe treu bleibt, Fromondin dies aber nicht respektiert.

In *Renaut de Montauban* wird König Yon von seinen Baronen überredet, seinen Schwager Renaut und dessen Brüder an Kaiser Karl auszuliefern.

---

[35] Einen detaillierten Vergleich der beiden Fassungen gibt Jeanne Wathelet-Willem, *Le roi et la reine dans la Chanson de Guillaume et dans Aliscans: Analyse de la «scène de Laon»*, in: Mélanges Jeanne Lods, Paris 1978, I, 558–570.

Dies ist schon aufgrund der Feudalrelation, die Yon und Renaut verbindet, ein Unrecht; die Tatsache, daß Renauts Frau Yons Schwester ist, läßt dieses Unrecht jedoch als besonders schwerwiegend erscheinen (5737–6586). Im Gegensatz zu Fromondin empfindet das Yon auch selbst so; er bringt es beispielsweise nicht fertig, seine Schwester zur Begrüßung zu küssen, als er nach Montauban kommt, um den Verrat in die Wege zu leiten (6267–6272). Auf eine weitere Konfrontation von Bruder und Schwester verzichtet der Dichter; bei der Schilderung des Verrats wird die Schwester nicht mehr erwähnt.

Unabhängig von der Eheproblematik ist die Bruder-Schwester-Relation nicht einmal in *Fierabras*, wo sowohl der Sohn als auch die Tochter des Heidenkönigs Balant während der gesamten Handlung eine wichtige Rolle spielen, die Heirat der Schwester aber erst am Schluß erfolgt. Floripas verliebt sich in Gui de Bourgogne, einen der christlichen Barone, die ihren Vater bekämpfen. Als der Vater schließlich gefangen ist und sich weigert, sich taufen zu lassen, nachdem er zunächst zugestimmt hatte, fordert Floripas den Kaiser dazu auf, ihn doch endlich zu töten. Ihr Bruder tadelt sie deswegen:

> Et Floripas s'escrie: «Karles, que demourés?
> Ce est .i. vis diable; pour coi ne l'ociés?
> Moi ne caut se il muert, mais que Gui me donnés;
> Je le plourai moult peu, se j'ai mes volentés.
> – Bele, dist Fierabras, moult grant tort en avés;
> Ja est il nostre pere, qui nous a engerrés;
> Trop estes felenesse, se pité n'en avés.
> Par icel saint sepucre où Jhesus fu posés,
> Je voroie ore avoir tous les menbres caupez,
> mais k'il fust en sains fons baptiziés et levés.»
> (*Fierabras* 5955–5964)[36].

Floripas gibt für ihren Geliebten, den sie heiraten will – und auch tatsächlich heiraten wird –, Religion und Familienbande auf. Der Bruder fordert von ihr, trotz der Bindung an den christlichen Geliebten ihre eigene Verwandtschaft weiter zu unterstützen. Wir haben hier also dieselbe Situation wie in den bereits behandelten Fällen, die nur dadurch noch kompliziert wird, daß einerseits die Heirat der Schwester noch nicht erfolgt ist und daß andererseits der Bruder ebenso wie die Schwester seinen Glauben aufgegeben und somit die Verbindung zum eigenen *lignage* eigentlich schon abgebrochen hat.

In den beiden zuvor angeführten Fällen wird die feindliche Handlungsweise des Bruders dem Schwager gegenüber vom Dichter verurteilt und die Haltung der Frau gepriesen. Hier in *Fierabras* wird ihre Haltung zumindest nicht verurteilt, selbst wenn Fierabras' Worte nicht kritisierend kommentiert werden. Doch Fierabras' letzter Versuch, seinen Vater umzustimmen, bleibt erfolglos, und Floripas heiratet Gui.

---

36 Vgl. auch 5914–5918.

Die Bruder-Schwester-Beziehung dient also in den *chansons de geste* der zweiten Hälfte des 12. Jahrhunderts ausschließlich der Darstellung des Interessenkonflikts zwischen zwei *lignages*, der sich an ihrer Kontaktstelle, der verheirateten Schwester, entlädt. Bemerkenswert ist, daß dabei immer die Loyalität dem Ehemann gegenüber als richtig gilt. Selbst in *Aliscans*, einer *chanson*, die wie die gesamte Wilhelmsepik die Sippe glorifiziert, wird nicht propagiert, daß die Frau ihren Mann zugunsten ihrer eigenen Verwandten schädigen soll. Die *lignage*-Problematik scheint jedoch erst in dieser Zeit von den *chansons de geste* aufgegriffen worden zu sein, obwohl das Motiv der Auseinandersetzung zwischen dem Bruder und seiner verheirateten Schwester schon in der ersten Jahrhunderthälfte vorhanden war. Daneben ist auch das Interesse für die einzelne Verwandtschaftsbeziehung deutlich größer geworden. Wie wir noch sehen werden, werden Verwandtschaftsbeziehungen und speziell der *lignage* auch sonst in dieser Zeit für die Dichter immer wichtiger.

Außerhalb des Zusammenhangs von Verheiratung und von hieraus resultierenden Interessenkonflikten kommt die Bruder-Schwester-Beziehung, außer bei Rainouart und Guibourc, nicht vor. Die Gestalt des Bruders als Vertrauten, wie wir sie aus *Athis et Prophilias* kennen, gibt es in der gleichzeitigen *chanson de geste* nicht. Auch hier stellen wir wieder fest, daß die Hinwendung zum privaten, innerfamiliären Bereich in der *chanson de geste* nicht so weit geht wie im Roman.

6. Die Rolle des *lignage*

In Teil I haben wir gesehen, welche Formen des Verwandtschaftskollektivs es im Denken von Dichtern und Publikum der *chansons de geste* des 12. Jahrhunderts gegeben haben muß. In diesem Kapitel wollen wir die Rolle des Verwandtschaftskollektivs in der Handlung dieser Texte etwas genauer betrachten.

Vorweg eine Beobachtung zu Einzelpersonen, die den Helden als Verwandte zugeordnet werden. In den frühesten *chansons de geste*, der *Chanson de Roland*, dem ersten Teil der *Chanson de Guillaume* und *Gormont et Isembart*, und auch noch im *Charroi de Nîmes*, gehören Verwandte entweder zum Gefolge des Helden oder kämpfen in dessen Heer, sei es daß sie in seinen Diensten stehen oder daß sie als Verbündete gemeinsam mit ihm einen Krieg führen. Dies betrifft nicht nur die typisierten Neffenfiguren, sondern auch alle anderen männlichen Verwandten, die in der Handlung in Erscheinung treten. Im *Haager Fragment* wird ebenfalls eine Gruppe von Verwandten im Kampf vorgeführt[1]. Daß Verwandte zusammen an einem Krieg teilnehmen, wird auch in Kampfaufrufen vorausgesetzt, in denen ein Heerführer seine

---

[1] S. o. S. 107.

Ritter auffordert, ihre Verwandten zu rächen (z. B. *Chanson de Guillaume* 541f)[2].

Im Laufe der ersten Hälfte des 12. Jahrhunderts entwickelt sich eine weitere Möglichkeit, dem Helden einen Verwandten zuzuordnen. Wir meinen die Gestalt des von außen kommenden Helfers, der, ohne von vornherein zur Begleitung des Helden zu gehören, diesem bei einer gefährlichen Unternehmung oder am Königshof beisteht oder ihm ein Übernachtungsquartier und materielle Unterstützung gewährt.

Zum ersten Mal tauchen solche Helfergestalten im *Couronnement Louis* und im zweiten Teil der *Chanson de Guillaume* auf: Als Guillaume im *Couronnement* nach Tours reitet, um dem bedrängten jungen König Louis beizustehen, trifft er auf zwei seiner Neffen, die mit Truppen ebenfalls auf dem Weg nach Tours sind (1471ff). Im zweiten Teil der *Chanson de Guillaume* unterstützen Guillaumes Vater Aymeri, seine Brüder und ein Neffe, der uns anderweitig nicht bekannte Rainalt de Peiters, den Helden am Königshof. Die Neffen sind hier offensichtlich als beliebige Verwandte zu verstehen[3]. In beiden Fällen schließen sich die Helfer nach ihrer Intervention dem Helden an und kämpfen mit ihm zusammen.

In den späteren Texten werden derartige von außen kommende Helfer meist als *cousins* definiert. Sie trennen sich nun in der Regel nach ihrer Intervention wieder vom Helden. Ein typisches Beispiel bieten die *Narbonnais*. Dort stoßen die Brüder zweimal auf einen von außen kommenden Helfer, der in einer *cousin*-Beziehung zu ihnen steht: Auf ihrem Ritt nach Paris begegnen sie einem Bischof namens Amauri, den sie nach dem Weg fragen (1674ff) und der ihre Mutter Hermengart als seine *cousine* bezeichnet (1731f). In Paris, wo die Brüder durch die gewaltsame Beschaffung von Unterkünften und einen von ihrem Wirt verübten Totschlag unangenehm aufgefallen sind, finden sie einen Fürsprecher in der Person des *abbé* von Saint-Denis, der ebenfalls ein *cousin* Hermengarts ist (2611ff). Im zweiten, jüngeren Teil von *Aiol* übernimmt der Held für König Louis einen Botengang zum Sarazenenkönig Mibrien. Auf dem Hinweg gerät er in einen Hinterhalt Macaires und wird dabei von drei Vettern unterstützt, die ihn beim Aufbruch von Orléans als *escuiers* begleitet hatten (4647ff). Bei seiner Rückkehr treten Geraume, ein Neffe von Aiols Vater Elie, und seine vier Söhne als Helfer in Erscheinung (6441ff).

Gelegentlich werden einem Helden sogar bereits bekannte epische Gestalten, die ihn unterstützen, traditionellerweise aber nicht mit ihm verwandt sind, als *cousins* zugeordnet. Beispiele finden sich etwa in *Renaut de Montauban* und in der *Chevalerie Ogier*. In *Renaut de Montauban* will Kaiser Karl

---

[2] Auch Vivien erinnert in seiner Bitte um *secours* in der *Chanson de Guillaume* an eine frühere Schlacht, in der er zusammen mit anderen Verwandten für Guillaume gekämpft habe (670, 672).

[3] S. o. Teil II, S. 82f, 104, 108.

Renauts Bruder Richart, den er gefangengenommen hat, hängen lassen, doch findet er niemanden, der sich bereiterklärt, die Exekution auszuführen. Die meisten der Barone, die er aufruft, lehnen mit der Begründung ab, sie seien mit Richart verwandt (9960, 9979, 10004, 10194). Besonders bemerkenswert ist die Ausdrucksweise, die Ogier benutzt, als er sämtliche Parteigänger Richarts auffordert, sich bei ihm zu versammeln, und allen anderen seine Feindschaft androht:

> Hui montrera l'enfant, qui le volra amer.
> Son linage en covient à une part torner,
> Et cil qui remanra, de moi soit desfiés
> (*Renaut de Montauban* 10236–10238).

Hier wird die Gruppe derjenigen, die Richart unterstützen wollen, einfach mit seiner Verwandtschaft gleichgesetzt. Ähnlich verhält es sich in der *Chevalerie Ogier*, in der die Verwandtschaftsrelationen für eine solche Fürsprache eigens konstruiert werden (9420–9429) – Ogier war vorher gerade dadurch gekennzeichnet, daß er keine Verwandten in Frankreich hatte.

Die Verwandtschaft bekommt offenbar im Laufe des 12. Jahrhunderts eine neue Qualität: sie erscheint nicht mehr nur als ein zusammenhängender, gemeinsam Krieg führender Clan, sondern auch als ein Netz von Parteigängern und Vertretern gemeinsamer Interessen.

In den zitierten Stellen aus *Renaut de Montauban* und der *Chevalerie Ogier* deutet sich noch eine andere Tendenz in der Behandlung der Verwandtschaft an: Begriffe aus dem Bereich der Feudalbeziehungen werden zunehmend durch Verwandtschaftsbegriffe verdrängt. Die Barone, die als Verwandte für Richart und für Ogier eintreten, könnten dies im Prinzip auch tun, weil sie demselben Stand angehören wie diese.

Noch deutlicher wird diese Tendenz an Stellen, an denen ein Abhängigkeitsverhältnis anzunehmen ist. Charakteristisch sind etwa die folgenden Stellen. Im Prolog des ersten Teils des *Wilhelmsliedes* wird angekündigt, daß Guillaume in der zu beschreibenden Schlacht seine Mannen verlieren wird, und der Neffe Vivien, dessen Tod den größten Verlust darstellt, wird nur in Zusammenhang mit diesen genannt:

> Si perdi de ses homes les meillurs,
> E sun nevou, dan Vivien le preuz,
> pur qui il out tut tens al quor grant dolur
> (*Chanson de Guillaume* 7–9)[4].

Man beachte, daß das Wort «homes» nicht aufgrund der Assonanz gewählt wurde. Dagegen klagt Guillaume schon im zweiten Teil des *Wilhelmsliedes* über die Vernichtung seiner Sippe:

---

4 Vgl. auch ebd. 1019, 1371f, wo der Verlust des *barné*, also der Ritterschaft, beklagt wird, nicht aber der der Verwandtschaft. Zum *Rolandslied* s. o. S. 66.

302

> Cum se vait declinant ma gran nobilité,
> E cum est destruit tut mun riche parenté!
>
> (ebd. 2081f).

Ebenso gilt in *Aliscans* seine Klage vor allem dem Verlust des *lignage* (838)[5]. Daß die Onkel-Neffe-Relation von Guillaume und Vivien in der *Chanson de Guillaume* deutlicher als in *Aliscans* mit einer Feudalrelation verknüpft ist, haben wir bereits gesehen. Es zeigt sich nun, daß diese Veränderung in der Auffassung der Neffenbeziehung mit einer allgemein größer werdenden Bedeutung der Verwandtschaft gegenüber der Feudalrelation einhergeht.

Die in beiden Werken vorkommende Laon-Szene, in der Guillaume von König Louis militärische Unterstützung erbittet, zeigt dieselbe Verschiebung. Zwar wird der Held in beiden Texten von seinen Verwandten unterstützt, doch während es in der *Chanson de Guillaume* der Fürsprache eines anderen bedeutenden Barons bedarf, um Louis zu bewegen, selbst Truppen zu stellen, ist es in Aliscans ausschließlich die Furcht vor dem *lignage*, die Louis beeinflußt:

> S'il ot paour ne l'estuet demander,
> Car son lignage voit entor lui ester
>
> (*Aliscans* 3096f).

Auch hier wird der Bezug auf eine Feudalbeziehung zugunsten des Einflusses der Verwandtschaft aufgegeben[6].

Bemerkenswert ist eine Stelle in *Garin le Loherain*, an der sämtliche Ritter eines Herrn als Verwandte bezeichnet werden:

> Dont s'est Fromons a une part tornez
> et .M. vassal qui sunt dou parenté
>
> (*Garin le Loherain* 1780f)[7].

Die Feudalrelation ist völlig durch die Verwandtschaft verdrängt worden.

Noch weiter gegangen ist die Verschiebung in der relativen Bedeutung der beiden Beziehungstypen an einer anderen Stelle derselben *chanson*. Als Garins Bruder Begon in Belin eingeschlossen ist und unbedingt einen Boten braucht, der Hilfe herbeiholt, schlägt man ihm einen heruntergekommenen Verwandten namens Manuel Galopin vor, der nicht wie ein Ritter lebt, son-

---

[5] Zwar ist zu Beginn von *Aliscans* auch von seinen *homes* die Rede, doch handelt es sich da um eine konkrete Kampfsituation, in der Guillaume beklagt, seine Ritter nicht schützen zu können, nicht um eine generelle Bewertung der Schlacht auf dem Archamp.

[6] Daß eine Verwandtschaftsbeziehung in *Aliscans* stärker hervorgehoben wird als in der *Chanson de Guillaume*, konnten wir auch im letzten Kapitel bei der Behandlung der Auseinandersetzung zwischen Guillaume und der Königin sehen.

[7] Man beachte in diesem Zusammenhang auch die in Teil I besprochene Verschiebung der Anwendungsmöglichkeiten des Wortes *ami*; S. o. S. 6f mit Anm. 1.

dern sich in Tavernen und schlechter Gesellschaft herumtreibt. Als Begon diesen in seinem Zustand sieht, will er ihn erst zum Ritter machen und ihm ein Lehen geben, doch Manuel Galopin lehnt dies ab (7779–7787). Trotzdem akzeptiert Begon ihn. Galopin seinerseits will zwar normalerweise von seinen vornehmen Verwandten nichts wissen und erwidert, als er aufgefordert wird, zu Begon zu kommen, zunächst: «Onques ne m'apartint. / Je n'ai que faire de si riche cousin» (7755f). Doch dann übernimmt er bereitwillig den Botengang, um seinem Verwandten zu helfen:

> «... Mais commandés et dites vo plesir,
> Ou je m'en vois arrieres au bon vin.»
> «No ferés, frere,» li Lohereins a dit,
> «Ne me devés a ce besoing faillir,
> De ma char estes et mes germains cousin.
> Ja veés vos com je sui entrepris?
> Mi home lige m'ont çа dedens assis.»
> Dist Galopins: «Traïtor sunt tos dis;
> Onqes n'amerent home de vostre lin.
> Dedens mon cuer les en aim mains et pris.
> Nes ameroie por tot l'or que Dex fist.»
> Et dist li dus: «Bien t'en croi, biaus amis.
> Alés moi, frere, en France au roi Pepin ...»
> (*Garin le Loherain* 7788–7800)[8].

Hier wird zum ersten Mal explizit festgestellt, daß die verwandtschaftliche Bindung in jedem Fall zuverlässiger ist als die Feudalrelation. Während die «home lige» rebellieren, findet sich ein entfernter Verwandter, der zudem keine Beziehungen zu seinen Verwandten mehr unterhält und seine Herkunft verleugnet, sofort zur Hilfe bereit. Bis dahin war die Vorstellung von der Sippe stets mit dem Gedanken verbunden, daß man es den Verwandten gleichtun müsse und ihnen keine Schande bereiten dürfe. Hier wird die Solidarität zwischen Verwandten selbst über solche Konventionen hinaus befürwortet[9].

Besonders auffällig ist die Veränderung, die im Laufe des 12. Jahrhunderts in der Darstellung des Verwandtschaftskollektivs, des *lignage*, erfolgt.

---

8 In einzelnen Handschriften (z. B. BN fr. 1582, BN fr. 4988) fehlt der Hinweis darauf, daß Begons *homes* speziell dem *lignage* der Lothringer feindlich gesonnen sind (7796).
9 Daß in *Garin le Loherain* der Zusammenhalt von Verwandten besonders propagiert wird, hat bereits Joël H. Grisward, *Individualisme et «esprit de famille» dans Garin le Loherain*, in: Georges Duby, Jacques Le Goff, Famille et parenté dans l'occident médiéval, Rome 1977, 385–396, gezeigt. Vgl. insbesondere seine Analyse der Eingangsepisode der *chanson*, ebd. 385–388. Grisward geht auch auf die von uns besprochene Passage ein (ebd. 391f), erkennt jedoch nicht, daß hier die Solidarität des Verwandten einem nicht funktionierenden Feudalverhältnis gegenübergestellt wird. Wenig überzeugend ist auch sein Erklärungsversuch, demzufolge *Garin le Loherain* die gesellschaftliche Situation des 11. Jahrhunderts widerspiegelt (ebd. 388f).

In den frühesten *chansons de geste* wird der *lignage* zwar häufig in seinen verschiedenen Ausformungen erwähnt, ist aber in keiner Form für die Handlung besonders wichtig. Bei gemeinsam kämpfenden Verwandten ist stets nur von mehreren Einzelpersonen die Rede. Typisch scheint uns der ältere Teil der *Chanson de Guillaume*, in dem die Handlung ausschließlich von Einzelfiguren getragen wird, obwohl die Vorstellung der Gesamtheit der Verwandtschaft eine große Rolle spielt[10]. Diese dient jedoch fast nur als Folie für den einzelnen Helden und wird in der Regel dann angesprochen, wenn es darum geht, daß ein Held dieselben Eigenschaften an den Tag legen soll wie die übrigen Angehörigen seiner Sippe oder daß er der Verwandtschaft keine Schande machen darf (z. B. 295f, 1322–1327). Auch in der *Chanson de Roland* oder in *Gormont et Isembart* wird das Verwandtschaftskollektiv immer nur mit Bezug auf das einzelne Individuum erwähnt, das ihm angehört[11].

Die Funktion einer Vergleichsgröße für den einzelnen kann der *lignage* selbstverständlich auch in allen späteren Texten haben; sie spielt jedoch nie eine große Rolle im Handlungsverlauf. Meist wird sie nur in kurzen formelhaften Ausdrücken erwähnt[12].

Die erste *chanson*, in der der *lignage* nicht nur als Bezugsgröße für das einzelne Mitglied erscheint, sondern auch als ein – für Außenstehende wichtiger – Faktor in der Handlung, ist das *Couronnement Louis*. Als König Louis von rebellischen Vasallen bedrängt wird, erwarten die königstreuen Menschen Hilfe von dem *lignage* Aymeris. So klagt ein Pilger, dem Guillaume und seine Begleiter auf dem Weg nach Tours begegnen:

> Ou sont alé li chevalier gentil
> Et le lignage au preu conte Aymeri?
> Icil soloient leur segnor maintenir...
> (*Couronnement Louis* 1455–1457)[13].

Weniger deutlich tritt der *lignage* im zweiten Teil der *Chanson de Guillaume* als geschlossene Einheit in Erscheinung. Die Verwandten, die Guillaume Truppen schicken und ihm helfen, auch von König Louis ein Hilfsheer zu bekommen, werden nicht als Kollektiv bezeichnet. Der Dichter spricht nur einmal generell von «ses parenz» (2641), sonst nennt er stets nur Einzelpersonen. Doch werden auch hier zum Beispiel die gemeinsam mit Guillaume gegen die Sarazenen kämpfenden Verwandten als Kollektiv angesehen (2101, 3167). In beiden *chansons* geht es um das richtige Verhalten, das der *lignage* an den Tag legt, nicht um die Macht oder das Recht des *lignage* als solchen. Im *Couronnement Louis* symbolisiert die Sippe Aymeris die Loyalität dem

---

[10] Sie wird an folgenden Stellen explizit angesprochen: 259, 295, 673, 1013, 1054, 1322, 1326, 1432, 1768.
[11] S. o. S. 18–21 (mit Anm. 31), wo wir die wichtigsten Beispiele zitiert haben.
[12] S. o. S. 13f.
[13] Vgl. auch ebd. 1525–1527.

rechtmäßigen Herrscher gegenüber, in der *Chanson de Guillaume* das richtige Verhalten einem in Not geratenen Vasallen gegenüber. Und in keinem der beiden Fälle ist es allein der *lignage*, der die notwendige Unterstützung gewährt; im *Couronnement* treten neben die Sippe Aymeris noch ein Pilger, ein Torwächter und ein Geistlicher, die dieselbe Loyalität dem König gegenüber zeigen, in der *Chanson de Guillaume* wird die Sippe von einem nicht zu ihr gehörigen Baron unterstützt. Der *lignage* ist hier nur eine Art Ergänzung und Korrektiv für ein Feudalsystem, das wegen der Schwäche des Herrschers nicht vollständig funktioniert, das aber existent ist und dessen Funktionsfähigkeit angestrebt wird.

Auch in der Synagon-Episode des *Moniage Guillaume II* spielt die Sippe Aymeris als ganze eine wichtige Rolle. Der greise Guillaume ist von König Synagon mit einem großen Truppenaufgebot in seiner Einsiedelei in der Provence aufgestöbert und nach Palermo verschleppt worden, wo er im Kerker gefangengehalten wird. Als einer seiner Verwandten, Landri, bei der Rückkehr von einer Pilgerfahrt dorthin gerät und von Synagons Leuten gefangen genommen wird, fordert Synagon ihn auf, den König von Frankreich mit einem großen Heer und seinen und Guillaumes mächtigen *lignage* nach Palermo zu holen, damit er sich mit ihnen messen könne; wenn er verliere, wolle er Guillaume freigeben und König Louis sein Reich überlassen. Hier wird der *lignage* als eine abstrakte Größe eingeführt, ohne daß einzelne Figuren erwähnt würden, die ihn repräsentieren. Ganz offensichtlich greift der Dichter des *Moniage Guillaume II* eine bekannte, in der epischen Tradition bereits etablierte Einheit auf. Dabei ist, im Gegensatz zu den ersten beiden Texten, keine besondere Idee mit dem *lignage* verknüpft; er dient weder als Substitut königlicher Macht noch als Garant der Feudalordnung. Es geht aber auch nicht um die Verteidigung eigener Ansprüche oder Rechte des *lignage*. Dieser tritt vielmehr als eine geschlossene Größe auf, die einem einzelnen bekannten tapferen Helden vergleichbar ist.

Diese unproblematische Art der Verwendung des *lignage* bleibt ein Einzelfall. Meist sind in der zweiten Jahrhunderthälfte *lignage*-Darstellungen mit einem Konflikt verbunden.

Eine wichtige Rolle spielen Verwandtschaftskollektive im älteren Teil von *Aiol*. Dort werden Verwandte Aiols vorgeführt, die für die Rechte seines Vaters gegen den König kämpfen (332ff). Aiol kämpft jedoch gegen sie, auf der Seite des Königs, weil er die Rehabilitation des Vaters durch den König anstrebt. In einem späteren Kampf zwischen dem Helden und dem Verräter Macaire steht diesem eine große Zahl von Verwandten bei, während sich Aiol selbst auf die Hilfe einer Gruppe von *bachelers* stützt, die er sich in ritterlicher Weise (durch Überlassen von Beute) verpflichtet hat:

> Plus furent de .L. d'un parenté
> Des neveus Guenelon et de Hardré
> Et des pare[n]s Makaire le desfaé.
> Aiol corurent sus par grant fierté:

> Mais il n'eurent nul[e] arme la aporté,
> Qu'il quidierent Aiol as puins combrer:
> Mais il tenoit encore le branc letré.
> Ens es parens Makaire s'est mellés,
> A destre et a senestre prist a capler:
> …
> Li saudoier Aiol l'ont esgardé
> Cui il avoit l'avoir abandoné,
> Et dist li uns a l'autre: «Car esgardés
> de cel franc chevalier de grant bonté,
> …
> Car li alons aidier, se vos volés …»
>   (*Aiol* 4438–4446, 4450–4453, 4460).

Der Autor propagiert offenbar das Festhalten an den als rechtmäßig geschilderten Feudalbeziehungen, selbst wenn diese einmal, wie im Falle Elies, versagt haben, und kritisiert die unbedingte Sippensolidarität. Er stellt sich damit in die Nachfolge des *Rolandsliedes*, wo beim Prozeß in Aachen die Verwandtschaft Ganelons ihren Einfluß geltend macht und einer der Verwandten gegen den jungen Ritter Thierri im Zweikampf antritt, der, ohne mit Roland verwandt zu sein, dessen Recht vertritt. Doch dort ging es primär um eine bestimmte Rechtsfrage, die Frage nämlich, ob Ganelon berechtigt war, an Roland Privatrache zu üben, während dieser im Dienste Karls kämpfte. Die Rolle der Sippe blieb Nebensache und diente wohl vor allem dazu, die Schwierigkeiten beim Prozeß und den Zweikampf überhaupt zu motivieren. In *Aiol* entfällt die Rechtsfrage, denn daß Elie durch die Intrigen Macaires zu Unrecht verbannt worden ist, steht außer Frage. Es geht nur noch um die Konfrontation zwischen dem Helden und dem von vornherein als Verräter identifizierten Macaire. Der Gegensatz in der Wahl ihrer Helfer gewinnt hierdurch besonderes Gewicht.

Auch die eindeutig kritische Einstellung zur Sippensolidarität, die der Dichter des älteren Teils von *Aiol* an den Tag legt, findet sich bei anderen Autoren nicht wieder. Nur ansatzweise greift der Dichter des vielleicht gleichzeitig entstandenen *Girart de Roussillon* dieses Thema auf. Girart kämpft zusammen mit seinen Verwandten gegen Karl, und er gilt deshalb als ein besonders gefährlicher Gegner, weil er «enparentaz» ist (z.B. 4956). Doch treten die Verwandten im Kampf gegen Karl kaum als geschlossener *lignage* in Erscheinung, sie werden meist nur als – unterschiedlich charakterisierte – Einzelpersonen vorgeführt[14].

Dennoch bildet der Zusammenhalt innerhalb des *lignage* ein wichtiges Thema in *Girart de Roussillon*. Als beispielsweise Girarts Vetter Boson Thierri, das Oberhaupt der mit ihnen verfeindeten Sippe, tötet, gerade nachdem Girart diesem endgültig verziehen hat, wird im Rat des Königs die Frage erörtert, ob Girart für die Taten seines Vetters verantwortlich ist. Die Barone

---

[14] S. o. S. 277f.

verneinen dies. Girart seinerseits weigert sich, sich selbst vor dem König zu rechtfertigen und sich so von seinen Verwandten zu trennen. Dies stellt der Dichter als falsch dar. Anderswo hingegen wird die Loyalität Verwandten gegenüber gelobt. So kann etwa Karl Girarts Vetter Folcon preisen, obwohl dieser für Girart kämpft: «Qui a son amic fail, il es ontaz» (5015). Nur bei der Gestalt der Alpais, die sich in ein Mitglied des feindlichen *lignage* verliebt, wird vom Dichter keine Solidarität mit den eigenen Verwandten erwartet[15].

Mit dem Kampf der rebellischen Sippe gegen den König, der das eigentliche Thema von *Girart de Roussillon* bildet, ist noch eine Sippenfehde verbunden. Zwischen dem *lignage* Girarts und dem des Thierri d'Ascagne besteht von alters her Feindschaft. Diese Feindschaft bewirkt, daß Friedensschlüsse zwischen Girart und dem König nicht von Dauer sind. Nur durch die maßvolle Haltung des alten Thierri, des Oberhauptes des feindlichen *lignage*, der trotz der alten Feindschaft zwischen den Sippen nicht zum Krieg gegen Girart rät (622ff, 1800ff), sondern um des Friedens willen bereitwillig ins Exil geht (3122ff), kommt überhaupt ein Frieden zustande. Diese Gestalt, die die Sippensolidarität zugunsten des Gemeinwesens ignoriert, wird vom Dichter sehr positiv bewertet.

Die Einstellung des Dichters von *Girart de Roussillon* zur Sippensolidarität ist somit nicht eindeutig, doch wird diese von ihm zumindest unter verschiedenen Aspekten thematisiert.

In zahlreichen Epen der zweiten Jahrhunderthälfte können Sippenverbände politische Parteiungen repräsentieren. Die Beispiele aus *Renaut de Montauban* und der *Chevalerie Ogier* haben wir bereits erwähnt. In anderen Texten bestimmen Sippenverbände die gesamte Handlung. So werden in *Aiol*, *Girart de Vienne*, *Ami et Amile*, *Aye d'Avignon*, *Gui de Nanteuil* oder *Macaire* die Verräter, die den oder die Helden beim König verleumden oder ihnen anderweitig zu schaden suchen, als Mitglieder einer großen, mächtigen Sippe eingeführt. In *Gui de Nanteuil* heißt es zum Beispiel:

> Onques la court Kallon ne fu sans felonnie!
> Il i a .i. lignage que Damedieu maudie,
> Le gloriex du chiel, le fix Sainte Marie
> *(Gui de Nanteuil* 172–174).

Eine besonders wichtige Rolle spielen Sippen in den sogenannten Sippenfehdeepen, die ebenfalls jetzt entstehen. Als Sippenfehdeepen werden diejenigen Lieder bezeichnet, in denen der Kampf zwischen zwei Sippen dadurch problematisiert wird, daß keine der Sippen eindeutig als verräterisch bezeichnet werden kann. Dies trifft außer auf *Girart de Roussillon* auf *Raoul de Cambrai*

---

[15] Wie in allen anderen entsprechenden Fällen wird die Ehebeziehung als enger angesehen als die Sippensolidarität. Hierzu s. o. S. 296–300.

und auf die Lothringer-Epen zu. In ihnen wird die Verschiebung zugunsten des *lignage* als des einzigen Bezugssystems besonders deutlich.

Der Kampf im ersten Teil von *Raoul de Cambrai* nimmt seinen Ausgang von Raouls Anspruch auf ein Lehen, das einen Ersatz für das väterliche Lehen bilden soll. Raoul erscheint dabei als Einzelfigur; ihm wird keine Sippe, sondern nur ein Onkel zur Unterstützung zugeordnet. Er kämpft gegen eine Gruppe von Brüdern, die Söhne Herberts, die durch den Besitz ihres vom Vater ererbten Lehens definiert sind, und nicht durch die Zugehörigkeit zu einem *lignage*. Es wird zwar von beiden Parteien gesagt, daß sie zahlreiche *amis* hätten (z. B. 719, 913, 1033), doch gerade diese fast ausschließliche Verwendung des unbestimmten Begriffs *ami* zeigt, daß es dem Dichter nicht primär darauf ankommt, ein Verwandtschaftskollektiv vorzuführen. Interessant ist in diesem Zusammenhang eine Stelle, an der Bernier die Macht seines Vaters und seiner Onkel beschreibt:

> Li fil H., ne sont mie failli.
> Bien sont .l. qi sont charnel ami,
> Qi trestuit ont et juré et plevi
> Ne se fauront tant con il soient vif
> (*Raoul de Cambrai* 1625–1628).

Hier scheint die Tatsache, daß den Söhnen Herberts fünfzig Verwandte zur Verfügung stehen, noch nicht auszureichen, ihre Verteidigungsbereitschaft genügend zu unterstreichen, und Bernier muß eigens darauf hinweisen, daß diese sich durch Eide und Garantien verpflichtet haben, sich gegenseitig zu helfen.

Nachdem Raoul im Kampf gefallen ist, wird der Kampf von seinem Neffen Gautier und seinem Onkel Guerri weitergeführt, und nun steht nicht mehr der Besitz des Lehens im Mittelpunkt, sondern einfach die Feindschaft der beiden Sippen. Dies wird an einer Stelle besonders deutlich. Gautier und Bernier haben einen Zweikampf vereinbart und bringen jeweils einen Begleiter zum Treffpunkt mit, Gautier seinen Onkel und Bernier einen Ritter namens Aliaume. Bernier schlägt vor, daß auch diese beiden miteinander kämpfen sollten, Aliaume stimmt zu, doch Guerri lehnt zunächst ab:

> De grant folie m'avez ore aati;
> Qe moi et toi ne sommes anemi,
> Ne mes lignaiges par toi sanc ne perdi.
> Laissons ester et si remaigne ensi
> (ebd. 4597–4600).

Es scheint uns nicht ausgeschlossen, daß diese Verlagerung des Konflikts auf eine Sippenfehde eine Umdeutung durch einen zweiten Dichter darstellt.

Von Anfang an um die Fehde zwischen zwei Sippen geht es in den Lothringer-Epen. Sowohl die beiden Lothringer Helden als auch ihre Gegner werden immer in Begleitung ihres «parenté» vorgeführt. Die Verbindung des handelnden Individuums mit dem Verwandtschaftskollektiv durch Wendungen wie «il et son parenté» ist besonders häufig[16]. Immer wieder sprechen die Personen von ihrem jeweiligen Feind als von einem ganzen *lignage*. So heißt es zum Beispiel über Isoré: «N'aimme pas tant ... le linaige au Loherenc Garin, / Que il pes faice» (*Garin le Loherain* 5444–5446).

Sowohl in *Raoul de Cambrai* als auch in *Garin le Loherain* und *Gerbert de Metz* ist der Zusammenhalt zwischen den Verwandten selbstverständlich und wird nicht problematisiert. In allen drei Fällen erweist sich der König als eine schwache Persönlichkeit. In *Garin le Loherain* neigt er abwechselnd der einen und der anderen Partei zu, ohne jedoch jemals seinen Willen durchsetzen zu können; die Mitglieder der beiden Sippen können sogar vor seinen Augen an seinem Hof handgreiflich werden. In *Raoul de Cambrai* ist er gezwungen, wider besseres Wissen Raoul ein Lehen zuzusprechen, das andere besitzen, ist aber nicht fähig, ihm den Besitz des Lehens auch zu garantieren, wie es eigentlich die Pflicht eines Feudalherrn wäre. Später entführt er nach einem Überfall Berniers Gattin und versucht, sie einem anderen Baron zu verheiraten. Dies wird durch den gemeinsamen militärischen Einsatz der Sippen Berniers und seiner Gattin verhindert. Die Sippen können nun also ihre Ziele auch ausdrücklich gegen den Willen des Königs durchsetzen. Als falsch wird dies nur einmal in *Garin le Loherain* bei dem den Lothringern feindlichen Fromont hingestellt, der ohne die Zustimmung des Königs die Schwester des Grafen von Flandern heiratet (2688, 2750), doch selbst in diesem Fall bleibt das eigenmächtige Handeln ohne weitere Auswirkungen.

Die Darstellung des *lignage* zeigt also eine deutliche Entwicklung von einer bloßen Ergänzung der königlichen Macht über eine mehr oder weniger problematische Alternative zur Feudalrelation zum wichtigsten Bezugssystem überhaupt. Zu Anfang war die Einführung des *lignage* als Handlungsfaktor noch durch besondere Vorstellungen motiviert, die sich mit ihm verbanden (Loyalität, Verteidigungsbereitschaft); in den späteren Texten geht es dann nur noch um die Macht oder das Ansehen des *lignage* selbst. Diese Entwicklung hängt sicher mit der zunehmenden Schwäche des Feudalsystems in Frankreich zusammen, die bewirkte, daß dessen Aufgaben – Schutz und Interessenvertretung – in immer höherem Maße von Verwandtschaftsgruppen übernommen wurden. Daß sich die Macht der *lignages* dabei in den gegen Ende des Jahrhunderts entstandenen Epen sogar gegen den König richten kann, dürfte eine Gegenreaktion gegen die zunehmende Stärkung des Königtums sein, die sich seit dem Regierungsantritt Philipp Augusts abzuzeichnen beginnt.

Die besprochenen Beispiele haben das Verwandtschaftskollektiv vor allem in seiner Ausprägung als ‹horizontale› Sippe gezeigt. Dies ergibt sich natürlich daraus, daß nur lebende Verwandten an der politisch-militärischen Handlung der *chansons de geste* beteiligt sein können. Dennoch ist bemerkenswert, daß die Sippe nicht nur als ein Handlungsfaktor unter anderen in

---

[16] S. o. S. 13 und vgl. z. B. *Garin le Loherain* 1646f, 2276, 6333.

Erscheinung tritt, sondern sich zu dem wichtigsten Bezugssystem überhaupt entwickelt. Bisher ist man in der Forschung meist davon ausgegangen, daß die Bedeutung der horizontalen Sippe in dieser Zeit zugunsten der Vorstellung eines vertikalen Geschlechts abnimmt[17].

Das vertikale, patrilineare Geschlecht kann nicht als Kollektiv in der Handlung einer *chanson de geste* auftreten, an der in der Regel nur ein bis zwei Generationen beteiligt sind. Dennoch wird es ebenfalls in zunehmendem Maße thematisiert. Zum ersten Mal ist dies in *Aiol* der Fall. In dieser *chanson* geht es darum, daß Elie sein Lehen, aus dem er durch den Einfluß des Verräters Macaire vertrieben worden ist, wieder bekommen soll. Aiol bricht mit dem Vorsatz von seinen Eltern auf, das Land zurückzugewinnen: «Si m'en irai en France querre vos marces» (120).

Die Weitergabe eines Lehens vom Vater an den Sohn ist im ersten Teil von *Raoul de Cambrai* oder in *Orson de Beauvais* zentrales Thema. Hier ergibt sich das Problem daraus, daß der König beim Tod oder Verschwinden des bisherigen Lehensinhabers, obwohl Kinder vorhanden sind, anderweitig über das Lehen verfügt. Dieses Problem ist in den *chansons de geste* schon lange bekannt; sowohl im *Couronnement Louis* als auch im *Charroi de Nîmes* wurde König Louis gewarnt, sich so zu verhalten, und auch in der *Chanson de Guillaume* wurde das Thema angesprochen[18]. In *Raoul de Cambrai* beruht jedoch zum ersten Mal die gesamte Handlung darauf.

Offenbar gewinnen in der zweiten Hälfte des 12. Jahrhunderts sowohl die horizontale Sippe als auch das vertikale Geschlecht an Bedeutung, zu Lasten der Feudalbeziehung.

Es wäre jedoch verfehlt, hierin einfach ein direktes Abbild realer Verhältnisse sehen zu wollen. Dies zeigt schon die Tatsache, daß zu derselben Zeit, in der die *chansons de geste* den *lignage* als einzigen Garanten für Recht, Sicherheit oder Macht darstellen, der entweder die königliche Macht ersetzt oder aber sie zunichte macht, und in der sie die Solidarität innerhalb des *lignage* als selbstverständlich und richtig hinstellen, im *Roman d'Alexandre* des Alexandre de Paris das Gegenteil propagiert wird. Dort schließt sich Sanson de Tyr, von seinem Onkel Daire seines Erbes beraubt, Alexander an. Als Alexander König Nicholas, einen Vasallen des Daire, bekämpft, versucht dieser, Sanson zur Rückkehr zu überreden. Dabei sagt er: «Qui honnist son lignage nel doit en avoir chier» (*Roman d'Alexandre* I 818). Doch besteht für Sanson und damit für den Dichter keinerlei Zweifel daran, daß seine Entscheidung gegen die Verwandtschaft für König Alexander richtig ist. In ähnlicher Weise steht in Hue de Rotelandes *Protesilaus* ein junger Ritter, Melander, dem Helden, mit dem er nicht verwandt ist, gegen seine Verwandten bei. Es kommt hier sogar zu einem Zweikampf mit einem Onkel, bei dem der junge Ritter

---

[17] S. o. S. 15f.
[18] *Chanson de Guillaume* 1574–1580, *Couronnement Louis* 67, 83, 153f, 178, *Charroi de Nîmes* 311–313, 322–327, 330–375.

betont, daß er sich für seinen Herrn über jede Verwandtschaftsbindung hinwegsetzen würde: «S'il aveit mort tut mon lignage, / Ne lui faldrai ja jor de vie» (8071f). Der Dichter bezeichnet diese Äußerung explizit als «sage» (8070).

Die verschiedenen Gattungen repräsentieren offensichtlich verschiedene politische Gruppierungen. Der in der königlichen Domäne entstandene *Alexanderroman* propagiert ebenso wie der im zentralisierten England verfaßte *Protesilaus* die königliche Macht; die *chansons de geste*, die wohl alle außerhalb der Krondomäne in verschiedenen Provinzen Nordfrankreichs entstanden sind, repräsentieren die Vorstellungen der Feudalaristokratie.

Der Unterschied zum normalen (nicht speziell auf englische Verhältnisse ausgerichteten) höfischen Roman liegt hingegen auf einer anderen Ebene. Während der Roman ein idealisierendes Bild von einer funktionierenden Feudalgesellschaft aus der Sicht des Feudaladels bietet, schildert die *chanson de geste* denselben Feudaladel in der Auseinandersetzung mit einem nicht mehr funktionierenden Feudalsystem. Der Roman blendet die politischen Fragen weitgehend aus, um sich Problemen des privaten Bereichs zuzuwenden, während es in der *chanson de geste* gerade um die politischen Probleme geht.

7. Die Kreuzzugsepen

Wir haben in diesem vierten Teil unserer Arbeit versucht, anhand von charakteristischen Beispielen die Veränderungen aufzuzeigen, die die traditionelle Darstellungsweise von Verwandtschaft in den *chansons de geste* im Laufe des 12. Jahrhunderts erfahren hat. Eine Gruppe von Texten haben wir dabei ganz beiseitegelassen, die Untergattung der Kreuzzugsepen. Dies geschah nicht ohne Grund. Das Ziel dieser Arbeit ist es, die spezifisch literarische Verwendung von Verwandtschaftsbeziehungen und ihr Verhältnis zur Realität darzustellen. Gerade in diesem Punkt unterscheiden sich aber die *chansons de croisade* von allen anderen bisher behandelten Texten. Während diese Ereignisse schilderten, die in ferner Vergangenheit angesetzt wurden und, soweit sie überhaupt der Realität entstammten, eine lange literarische Tradition durchlaufen hatten, handeln die *chansons de croisade* von tatsächlichen Ereignissen und Personen, die einer nur wenig zurückliegenden Zeit angehören.

Die Dichter, die die Ereignisse des ersten Kreuzzugs beschrieben, verfaßten ihre Lieder für Barone, die an ihm teilgenommen hatten, oder für deren Verwandte und Nachkommen. Sie konnten damit rechnen, daß zumindest ein Teil ihres Publikums entweder selbst im Heiligen Land gewesen war oder aber am Kreuzzug beteiligte Personen kannte. Die dargestellten Personen sind daher weitgehend mit wirklichen Teilnehmern am Kreuzzug identisch, und auch ihre Verwandtschaftsbeziehungen spiegeln, soweit sie angegeben werden, reale Beziehungen oder was die Dichter von diesen wußten[1]. Spezifisch literarische Verwandtschaftskonstellationen sind in den *chansons de croisade* kaum zu erwarten.

Das Gesagte gilt zunächst für die Lieder, die direkt nach den Ereignissen, also um die Wende vom 11. zum 12. Jahrhundert oder zu Beginn des 12. Jahrhunderts, entstanden, die Urfassungen der *Chanson d'Antioche*, der *Conquête de Jérusalem* und wohl auch der *Chétifs*. Diese Lieder sind uns nur in einer Bearbeitung aus der zweiten Hälfte des 12. Jahrhunderts erhalten. Suzanne Duparc-Quioc hat jedoch gezeigt, daß auch der Bearbeiter, Graindor, der um 1180 schrieb, bemüht ist, einen möglichst ‹authentischen› Bericht zu geben (er fügt z. B. Passagen ein, die er aus einer lateinischen Chronik übersetzt hat). Und auch zu seinem Publikum gehören Adlige, die an den geschilderten Ereignissen unmittelbar interessiert sind, weil ihre Vorfahren an ihnen beteiligt waren[2].

Die wenigen Episoden, die mit Sicherheit von Graindor hinzugefügt wurden, sind in bezug auf seine Verwandtschaftsauffassung wenig aufschlußreich. Er führt beispielsweise in die *Chanson d'Antioche* die Gestalt des Brohadas, eines Sohnes des Sultans von Persien, ein. Brohadas wird von seinem Vater einem der heidnischen Heerführer, Corbaran, anvertraut und soll mit diesem zusammen gegen die Christen kämpfen, fällt dann aber in der Schlacht. Suzanne Duparc-Quioc hat gezeigt, wie diese Episode von Graindor dazu verwendet wird, die drei Lieder, die er bearbeitet, zu einem Zyklus zusammenzufügen: Wegen Brohadas' Tod muß Corbaran dem Sultan beweisen, daß die Christen unbesiegbar sind, was in den *Chétifs* geschehen wird, wo ein Christ für Corbaran gegen zwei Heiden gleichzeitig antreten muß; um Brohadas zu rächen, unternimmt der Sultan den Feldzug, der zu der entscheidenden Schlacht gegen die Christen in der *Conquête de Jérusalem* führt[3]. Für uns ist hieran nur interessant, daß Graindor offensichtlich Rache für einen Verwandten als ein besonders plausibles Kampfmotiv ansah und daß für ihn die Vater-Sohn-Beziehung augenscheinlich die stärkste Verpflichtung zu Schutz oder Rache implizierte. Beides entspricht den Beobachtungen, die wir an anderen Texten gemacht haben[4].

Erwähnen möchten wir noch, wie die Neffengestalt, die für die traditionellen *chansons de geste* charakteristisch ist, in den Kreuzzugsliedern erscheint. Sie spielt in der zentralen Handlung keine Rolle; sowohl bei den Christen als auch bei den Heiden sind die Hauptpersonen als Brüder, Väter oder Söhne charakterisiert. Doch kommt die Onkel-Neffe-Beziehung gelegentlich in Einzelepisoden vor. Meist erscheint sie dann als eine beliebige Verwandtschaftsrelation, die zur Motivierung von Handlungen der Haupt-

---

[1] Vgl. hierzu besonders Suzanne Duparc-Quioc, *La Chanson d'Antioche*, II, 226–234.
[2] Vgl. Duparc-Quioc, a.a.O., 254f.
[3] Vgl. Duparc-Quioc, a.a.O., 106.
[4] S. o. Teil I, S. 9–12, 43f.

personen herangezogen wird. Zwei Beispiele aus der *Chanson d'Antioche* seien angeführt. Als Soliman vom Sultan von Persien nach der Identität des Orgaie, der sich in seiner Begleitung befindet, gefragt wird, stellt er ihn als seinen Schwestersohn vor: «Fils est de ma serour» (1970)[5], ohne daß diese Beziehung im weiteren Handlungsverlauf noch einmal erwähnt würde. Als die Christen bei der Belagerung von Antiochia einen der heidnischen Heerführer gefangennehmen, wird dieser als Schwestersohn des Garsion, des Emirs der Stadt, bezeichnet:

> Cel jor prisent li nostre l'amiral des Esclés,
> Al tref Huon le Maine en fu enprisonés,
> Niés estoit Garsion et de sa seror nés
> (*Chanson d'Antioche* 3895–3897).

Kurz darauf macht Garsion zum Schein den Christen das Angebot, er werde ihnen die Stadt überlassen, wenn sie ihm seinen Neffen im Austausch gegen einen der christlichen Barone zurückgäben (4234–4241). Dieses Angebot erscheint durch die Neffenbeziehung in plausibler Weise motiviert.

Die Einführung der Neffen erfolgt mit Hilfe derselben Schwestersohnformeln, die wir aus anderen Epen kennen. Auch die traditionelle Charakterisierung von Neffen als Begleiter ihres Onkels ist in dem einen Fall noch erkennbar. Sie spielt jedoch in der Handlung keine Rolle mehr.

Umgekehrt können Funktionen, die in der traditionellen *chanson de geste* mit der Neffengestalt verknüpft sind, hier ohne weiteres auf andere Personen übertragen werden. Beispielsweise kann ein Bruder oder ein Sohn als Vertrauter in Erscheinung treten. So ist es in der *Conquête de Jérusalem* Cornumaran, der seinen Vater Corbadas, den König des von den Christen belagerten Jerusalem, tadelt, als dieser wegen der erlittenen Verluste weint:

> Es vos Cornumarant qui l'a mis à raison:
> «Sire, por coi plorés? Avés vos se bien non?
> – Biax fiex, ce dist le rois, ne sai que l'celisson:
> Jo vos di vraiement, Jerusalem perdrom!
> Moult nos ont mesbailli cil crestien felon …»
> (*Conqête de Jérusalem* 2396–2400)[6].

An anderer Stelle vertraut derselbe König seinem Bruder seine Gedanken an, als er die Christen beim Abendmahl beobachtet:

> Li rois ert as fenestres de marbre et de porfie
> Et dist à Lucabel: «Jo ne sai que jo die,
> L'aval voi une eschiele tot ensamble bastie;
> Qui as autres es boches a ne sai coi muchie?
> – Frere, dist l'amiral, c'est lor avoerie …»
> (ebd. 2992–2996)[7].

---

5 Zumindest in den Handschriften A und B.
6 Vgl. auch 2717ff.
7 Vgl. auch z. B. 3038ff.

Ganz entsprechende Szenen kennen wir von Guillaume und Bertrand[8].

Insgesamt kann man sagen, daß die *chansons de croisade* nur solche Elemente der Verwandtschaftsdarstellung aus den traditionellen Epen übernehmen, die rein technischer Art sind, wie etwa die Schwestersohnformel oder die Struktur bestimmter typischer Szenen. Weder die Konstellation der Figuren noch die mit den einzelnen Verwandtschaftsbeziehungen verknüpften Funktionen und Motive werden der literarischen Tradition angepaßt.

Zusammenfassung

Wie in den Romanen bekommt auch in den *chansons de geste* der zweiten Hälfte des 12. Jahrhunderts die Eltern-Sohn-Beziehung größere Bedeutung. Vielfach findet dabei das vom Elternhaus des Helden ausgehende Handlungsschema Anwendung, das aus der biographischen Tradition der Heiligenlegende und des *Alexanderromans* stammt und das wir auch in den nichtkeltischen Romanen vorfanden. Eine Beeinflussung durch diese Romane ist jedoch aufgrund der relativen Chronologie unwahrscheinlich. Vielmehr dürfte sich die Übernahme des Schemas aus der generellen Veränderung von Interessen und Idealvorstellungen in der Gesellschaft erklären, die wir bei der Behandlung des Romans festgestellt haben. Wir beobachten hier dieselbe Vorliebe für jugendliche Helden und dasselbe Interesse an der Privatsphäre des einzelnen, die auch die Romane kennzeichnen. Hinzu kommt ein systematisches Interesse an vollständigen Lebensbeschreibungen, das die *chansons de geste* von den Romanen unterscheidet.

Aufgrund des neuen Handlungsschemas, bei dem der Held als Sohn eingeführt wird, steht nun bei der Eltern-Sohn-Beziehung im Gegensatz zu den frühen *chansons de geste* meist die jüngere Generation im Mittelpunkt. Besonders deutlich zeigt sich die zunehmende Idealisierung der Jugend an dem typischen Motiv der Auseinandersetzung zwischen Vater und Sohn; die von den Jüngeren dabei erhobenen Ansprüche und die ihnen zugebilligten Rechte steigern sich im Laufe der zweiten Jahrhunderthälfte noch. Das Motiv ist auf die epische Gattung beschränkt, kann also ebenfalls nicht vom Roman übernommen sein. Andere Motive erfahren ähnliche Entwicklungen.

Im Gegensatz zum Roman wird in einigen *chansons de geste* nicht nur das Elternhaus des Helden, sondern auch seine eigene Familie, seine Frau und seine Kinder, dargestellt. Dies ist besonders auffällig, da es im Widerspruch zu den Gepflogenheiten des traditionellen Heldenliedes steht. Der Zusammenhang, in dem die Familie vorkommt, ist unterschiedlich. Auch dies zeigt, daß die Hinwendung zum privaten Bereich nicht ausschließlich auf einer bestimmten literarischen Tradition beruhen kann.

---

[8] S. o. Teil II, S. 80f, und Teil IV, S. 270.

Die für die frühen *chansons de geste* charakteristische Zuordnung von Neffenfiguren zu einem zentralen Helden als dessen untergeordnete Begleiter findet sich auch noch in den späteren Epen. Daß die Verwendung dieses Zuordnungsmusters sich sogar noch ausweitet und die Zahl der Personen, denen Neffen zugeordnet werden, immer größer wird, haben wir in Teil II erwähnt[1]. Nur bei der Anwendung der epischen Darstellungstechnik auf zeitgenössische Ereignisse, wie wir sie in den *chansons de croisade* beobachten, verliert es an Bedeutung.

Doch erfährt auch die Darstellung des Onkel-Neffe-Verhältnisses in vielen Fällen Veränderungen. Diese können ganz unterschiedlicher Art sein: Der Neffe kann selbst als der zentrale Held geschildert werden, dem ein Onkel zugeordnet wird (*Aiol, Raoul de Cambrai*). Anderswo ist der Neffe zwar in der Handlung Begleiter des Helden, ist aber sonst durchaus unabhängig und besitzt beispielsweise selbst ein Lehen (*Garin le Loherain*). In wieder anderen Fällen tritt er als eigenständiger Held im kriegerischen Geschehen auf und fällt Entscheidungen allein (*Garin le Loherain, Aspremont*). In manchen Texten kann er sich schließlich innerhalb eines sonst traditionell gestalteten Onkel-Neffe-Verhältnisses größere Freiheiten gegenüber dem Onkel herausnehmen, sei es daß er sich über diesen lustig macht (*Prise d'Orange*), sei es daß er sich seinen Lehren widersetzt (*Chevalerie Vivien*), oder daß er sich grundsätzlich gegen seinen Machtanspruch auflehnt (*Saisnes*).

Alle diese Veränderungen der traditionellen Form des Onkel-Neffe-Verhältnisses gehen in dieselbe Richtung: sie geben der Gestalt des Neffen größeres Gewicht. Dies entspricht der Entwicklung, die wir in den Romanen beobachten konnten. Die große Verschiedenheit der Formen des Onkel-Neffe-Verhältnisses zeigt jedoch, daß diese Verschiebung zugunsten der jüngeren Generation weder auf den Einfluß der anderen narrativen Gattung zurückzuführen ist noch ein in der *chanson de geste* selbst entwickeltes Schema darstellt, das stereotyp weiterverwendet würde. Wieder stellen wir fest, daß es die allgemeine Erwartungshaltung des Publikums sein muß, die sich verändert hat.

Abgesehen von den Kreuzzugsliedern, die reale historische Personenkonstellationen schildern, wird der prinzipielle Unterschied in der Darstellung von Söhnen und Neffen, den wir schon in den frühen Epen konstatieren konnten, nur in Einzelfällen aufgehoben. Während Neffen in der Regel nach wie vor einfach Figuren sind, die weniger durch typische Motive als vielmehr durch eine bestimmte Art der Zuordnung zur Zentralfigur gekennzeichnet sind, ist die Vater-Sohn-Beziehung stets mit bestimmten typischen Motiven verknüpft. Diese entstammen zum Teil älteren literarischen Traditionen, bilden sich zum Teil aber auch innerhalb der *chanson de geste* heraus. Das Motiv der Opferung des Sohnes ist mit gelehrten Spekulationen verbunden; andere Motive dienen dazu, konkrete Intentionen der Autoren zum Ausdruck

---

[1] S. o. S. 93.

316

zu bringen, oder illustrieren die Ablösung einer Generation durch die nächste. Der Wechsel der Generationen ist eines der Themen, die die epischen Dichter der zweiten Jahrhunderthälfte besonders interessiert zu haben scheinen.

Zusammenfassend läßt sich sagen, daß die späteren *chansons de geste* von denselben Strömungen — Idealisierung der Jugend und Hinwendung zum Privaten — beeinflußt werden wie der Roman, diese aber in anderer Weise verarbeiten. Sie bleiben weiterhin von den technischen und inhaltlichen Möglichkeiten der Gattung des Heldenliedes bestimmt, wenn sich die traditionelle Personenkonstellation auch auflockert. Ein Einfluß einer der beiden Gattungen auf die andere scheint als Erklärung für die beobachteten Veränderungen ausgeschlossen. Das wichtigste Element, das sich in gleicher Form in beiden Gattungen findet, die Darstellung des Elternhauses als Ausgangspunkt der Handlung, stammt aus einer anderen literarischen Tradition.

Auch Verwandtschaftsstrukturen, die im Roman überhaupt nicht dargestellt werden, sondern nur in der *chanson de geste* vorkommen, erfahren in der zweiten Hälfte des Jahrhunderts charakteristische Veränderungen. So nimmt die Bedeutung des Verwandtschaftskollektivs zu. In der Form der horizontal ausgerichteten, alle lebenden Verwandten umfassenden Sippe kann es in der zweiten Jahrhunderthälfte zu einem wichtigen Faktor in der Handlung der Epen werden. Daneben kann nun auch die Vorstellung vom linearen Geschlecht in der Handlung eine Rolle spielen. Besonders auffällig ist, wie die Verwandtschaft allmählich die Feudalrelation in ihrer Bedeutung zurückdrängt, indem sie zunächst bei Schwächen des Feudalsystems ergänzend und stützend in Erscheinung tritt, schließlich aber in einigen Texten als das einzige funktionierende Bezugssystem dargestellt wird.

Hervorzuheben ist schließlich eine Besonderheit der *chanson de geste* bei der Darstellung von Bruderbeziehungen. Ihnen kommt hier, ganz im Gegensatz zum Roman, große Bedeutung zu. Dabei begegnen zwei verschiedene typische Konstellationen: das Paar von zwei Brüdern und das Kollektiv von vier Brüdern. Auffallend ist, daß in Brüderkollektiven nicht der älteste Bruder, sondern einer der jüngeren der Haupteld ist. Die Dichter scheinen hiermit auf ein Publikum Rücksicht zu nehmen, das nicht nur aus besitzenden Feudalherren bestand, sondern auch die große Gruppe derjenigen Ritter umfaßte, die nicht auf ein Erbe rechnen konnten. Die *chansons de geste* bieten auch und gerade solchen ‹durchschnittlichen› Adligen Identifikationsfiguren.

Ergebnisse

Das vielleicht wichtigste, jedenfalls aber grundlegende Ergebnis dieser Untersuchung ist, daß die Darstellung von Verwandtschaftsbeziehungen in *chanson de geste* und Roman des 12. Jahrhunderts in hohem Maße vom literarischen Charakter dieser Texte bestimmt ist und in keinem Fall einfach als genaues Abbild zeitgenössischer oder auch älterer gesellschaftlicher Verhältnisse verstanden werden darf. Dabei sind es jedoch ganz unterschiedliche literarische Elemente, die sie beeinflussen.

Insbesondere konnten wir zeigen, daß die auffällige Vorliebe der *chansons de geste* für die Onkel-Neffe-Beziehung ihren Ursprung nicht, wie man bisher vermutet hat, in einer besonderen Gesellschaftsform hat, sondern aus den besonderen Bedingungen der Heldenepik zu erklären ist. Sie beruht auf der für diese Gattung typischen Technik, die mit festgeprägten, stereotypen Elementen arbeitet. Neffenfiguren erwiesen sich als besonders geeignet für die im Heldenlied zu besetzenden Rollen; sie wurden daher in stereotyper Weise immer weiter verwendet und schließlich als ein integraler Bestandteil der epischen Gattung angesehen. Auch die häufige formelhafte Bestimmung von Neffen als Söhnen von Schwestern ist dichtungstechnisch zu erklären: Sie ermöglichte es, einem Helden jederzeit eine beliebige Figur in plausibler Weise zuordnen zu können.

Aus der Thematik des Heldenliedes erklären sich andere Eigentümlichkeiten der Personenkonstellation der frühen *chansons de geste*, wie etwa die weitgehende Ausblendung von Frauen oder Kindern. In Liedern, die von Kampf und Krieg handeln, sind die handelnden Personen zwangsläufig waffenfähige Ritter und etwas jüngere, aber ebenfalls waffenfähige, Begleiter.

Nicht unbedingt an die Gattung der *chanson de geste* gebunden sind feste, typische Einzelmotive. Sie sind aber im Epos ebenfalls besonders häufig. Solche Motive sind insbesondere mit der Vater-Sohn-Beziehung verbunden. Bei einigen von ihnen, wie dem Kampf zwischen Vater und Sohn, der Belehrung des Sohnes durch den Vater oder der Opferung des Sohnes, ließ sich wahrscheinlich machen, daß die epischen Dichter sie aus anderen literarischen Traditionen übernommen haben. Doch können typische Motive auch aus Handlungselementen entstehen, die sich aus der Thematik der jeweiligen Gattung selbst ergeben und immer wieder verwendet werden, bis sie sich schließlich verfestigen. Dies ist etwa der Fall bei den epischen Motiven der

Flucht von zu Hause, der Ankunft am Königshof und der verbalen Auseinandersetzung zwischen Vater und Sohn.

Eine große Rolle spielt der Bezug auf bestimmte literarische Traditionen. Insbesondere die um die Jahrhundertmitte entstehende neue Gattung des Romans stützt sich auf ältere Traditionen, aber auch die gleichzeitigen *chansons de geste* übernehmen verstärkt Elemente aus anderen Gattungen. Besonders wichtig geworden ist dabei die in die Antike zurückreichende Tradition der Legende (der wir den *Alexanderroman* zuordnen). Aus dieser dürfte das ‹biographische› Handlungsschema stammen, das viele Texte beider Gattungen in der zweiten Jahrhunderhälfte aufweisen und das dadurch gekennzeichnet ist, daß zunächst die Eltern des Helden eingeführt werden und die eigentliche Handlung vom Elternhaus des Helden ihren Ausgang nimmt. Aus diesem Handlungsschema ergibt sich die neuartige Personenkonstellation dieser Texte. Auch einzelne Motive werden in Verbindung mit diesem Handlungsschema übernommen. Daneben werden in dieser Zeit auch Elemente aus anderen Traditionen aufgenommen, wenn dies im einzelnen auch weniger deutlich ist. Aus der keltischen Erzähltradition dürften typische Personenkonstellationen der ‹keltischen› Romane stammen, und durch Übertragungen antiker Texte werden Motive der klassischen lateinischen Epik in die volkssprachliche Literatur eingeführt.

Hinzu kommt die Tatsache, daß einzelne, berühmt gewordene literarische Vorbilder, wie zum Beispiel das *Rolandslied*, immer zur Nachahmung angeregt haben. Zu beachten ist schließlich, daß bestimmte Verwandtschaftsverhältnisse, einmal festgelegt, meist nicht mehr verändert werden. Auch ein Dichter, zu dessen Zeit Onkel-Neffe-Beziehungen keine Bedeutung haben, wird Karl und Roland oder Artus und Gauvain immer als Onkel und Neffe einführen.

Die Möglichkeiten literarischer Bedingtheit sind also äußerst vielfältig. Man kann nun natürlich fragen, warum ein Dichter ein bestimmtes Motiv oder eine bestimmte Personenkonstellation anderen vorgezogen hat, eine freie Gestaltung in Anlehnung an reale Verhältnisse ist jedoch, insbesondere bei den zentralen Gestalten eines Textes, kaum zu erwarten. Noch viel weniger darf man in *chansons de geste* oder in Romanen des 12. Jahrhunderts vollständige Abbilder der zeitgenössischen Gesellschaft sehen wollen.

Dennoch ermöglicht die Darstellung von Verwandtschaft in *chanson de geste* und Roman auch Erkenntnisse über reale Vorstellungen von Verwandtschaft. Aufschluß über diese haben wir auf zwei verschiedenen Wegen gewinnen können: der Untersuchung von beiläufigen Bemerkungen und für die Handlung nebensächlichen Details sowie der Analyse von Unterschieden und Veränderungen in den typischen Personenkonstellationen und Motiven. Bei der ersten Methode konnten wir uns weitgehend auf die *chansons de geste* beschränken, die hier reicheres Material bieten. Bei der zweiten erwies sich ein Vergleich des Romans mit der *chanson de geste* als aufschlußreich; innerhalb der Gattung der *chanson de geste* war es aufgrund der größeren Textmenge außerdem möglich, die Entwicklungsgeschichte einzelner Motive und Veränderungen in der Personenkonstellation nachzuzeichnen.

Die Untersuchung der beiläufig erwähnten Details hat vor allem gezeigt, daß immer verschiedene Vorstellungen von Verwandtschaft im Denken der Autoren und ihres Publikums gleichzeitig vorhanden sind, daß diese aber unterschiedlich gewichtet sein können. Insbesondere ist neben den verschiedenen Formen des Verwandtschaftskollektivs – der Gesamtheit der lebenden Verwandten, der Gesamtheit der Vorfahren und der Gesamtheit der Nachkommen – auch die Kleinfamilie während des gesamten Untersuchungszeitraums im Denken von Dichtern und Publikum präsent, auch wenn sie erst in der zweiten Jahrhunderthälfte größere Bedeutung in der Handlung bekommt. Wichtig ist ferner, daß patrilineare Elemente, die die Vorstellung von einer Vater-Sohn-Linie voraussetzen, immer vorhanden sind. Schon bei dieser Untersuchung ließ sich feststellen, daß im Laufe des 12. Jahrhunderts Veränderungen erfolgen: In der zweiten Jahrhunderthälfte legen die Dichter größeren Wert als vorher auf die vornehme Abstammung des Helden, verwenden dabei aber weniger präzise Vokabeln, so daß die Vorstellung von einer linearen Vorfahrenkette zugunsten diffuserer Vorstellungen zurücktritt.

Auch die Analyse der Personenkonstellationen und der typischen Szenen in den beiden Gattungen deutete auf ein zunehmendes Interesse an vornehmer Abstammung; sie machte jedoch noch andere auffällige Entwicklungen deutlich.

In der zweiten Hälfte des 12. Jahrhunderts wenden sich die Dichter beider Gattungen verstärkt dem privaten Lebensbereich des Menschen zu. In denjenigen Romanen, die keine keltischen Stoffe zum Inhalt haben, steht die Kleinfamilie, die in den frühen *chansons de geste* nur am Rande eine Rolle spielte, im Mittelpunkt der Handlung. Aber auch in der *chanson de geste* nimmt das Interesse an der Privatsphäre in dieser Zeit zu. Allerdings wird die Darstellung der Kleinfamilie hier, anders als im Roman, stets der militärisch-politischen Thematik untergeordnet.

Besonders auffällig ist eine andere Entwicklung. Während sich die frühen *chansons de geste* ganz auf den erwachsenen Helden konzentrierten und daneben nur etwas jüngere Begleiter, aber keine deutlich abgesetzte ältere oder jüngere Generation vorführten, wird in der zweiten Jahrhunderthälfte sowohl im Roman als auch im Epos genau zwischen zwei Generationen differenziert. Das Interesse konzentriert sich dabei fast ausnahmslos auf die jüngere Generation, die in aller Regel die Helden stellt und die Handlung bestimmt, unabhängig davon, ob es sich um Neffen oder um Söhne handelt. Die Jugend wird in allen Texten in hohem Maße idealisiert. In der *chanson de geste* wird zwar die Zuordnung des Helden zu einer jüngeren Generation nicht so streng durchgeführt wie in den Romanen, doch läßt sich in ihr die zunehmende Idealisierung dieser jüngeren Generation besonders deutlich an der Entstehung neuer typischer Motive und der Weiterentwicklung der alten verfolgen.

Daß die Idealisierung der Jugend und die Hinwendung zum Privaten, die beide Gattungen in der zweiten Jahrhunderthälfte kennzeichnen, nicht auf dem Einfluß der einen Gattung auf die andere beruhen, sondern tatsächlich eine veränderte Erwartungshaltung des gesamten Publikums, also eine gesellschaftliche Entwicklung, widerspiegeln, ergibt sich aus ihren im einzelnen sehr unterschiedlichen Auswirkungen.

Doch gibt es auch grundsätzliche Unterschiede zwischen den beiden Gattungen. Während in der *chanson de geste* der einzelne Held stets in die Verwandtschaft als Ganzes eingebettet ist, konzentriert sich der Roman völlig auf einzelne Individuen, die feudalpolitische Thematik bleibt weitgehend ausgeblendet. Die Beziehungen zwischen den einzelnen Menschen werden sehr viel stärker problematisiert, als dies im Epos der Fall ist. Dagegen stehen in der *chanson de geste*, bei aller Hinwendung zur Privatsphäre, immer feudalpolitische Themen im Vordergrund.

Nur in den *chansons de geste* läßt sich daher eine Entwicklung beobachten, die die relative Bedeutung von Verwandtschaftsbeziehungen und Feudalrelationen betrifft. Wir konnten zeigen, daß einzelne Verwandtschaftsbeziehungen und vor allem das Verwandtschaftskollektiv eine immer wichtigere Rolle in der Handlung spielen und in zunehmendem Maße Funktionen des Feudalsystems übernehmen. Auch hier haben wir es offensichtlich mit einem Reflex realer gesellschaftlicher und politischer Entwicklungen zu tun.

Der Vergleich von *chanson de geste* und Roman erlaubt aber nicht nur Aussagen über allgemein verbreitete gesellschaftliche Denkweisen. Er gewährt auch Aufschluß über die beiden Gattungen selbst und den gesellschaftlichen Kontext, in den sie gehören.

Der Roman, der durch ein besonderes Interesse an sensationellen Problemen gekennzeichnet ist, ist offensichtlich von seiner Entstehung her für eine andere Rezeptionssituation gedacht als die *chanson de geste*; er bietet Gesprächsstoff und Veranlassung zur Diskussion. Schon hieraus ergibt sich, daß auch sein Publikum nicht völlig mit dem der *chansons de geste* identisch gewesen sein kann, auch wenn beide Gattungen offensichtlich politische Vorstellungen der Feudalaristokratie widerspiegeln. Doch richtet sich der Roman zunächst an solche Menschen, die Zeit und Muße haben, über Probleme zu diskutieren, während die *chanson de geste* immer ein weiteres Publikum anspricht.

Auf einen Unterschied in der Zielgruppe deutet auch die Darstellung der Bruderbeziehung. Während die Romane das Problem der jüngeren Brüder völlig ausklammern und immer die Besitzenden (Inhaber und Erben von Lehen) in den Vordergrund stellen, favorisieren die *chansons de geste* gerade jüngere Brüder als Helden. Die epische Gattung spricht somit in besonderer Weise die große Gruppe derjenigen Ritter an, die kein eigenes Lehen besitzen, die *iuvenes*, die im Dienste anderer ihren Unterhalt verdienen müssen.

Wir hoffen, durch die Betrachtung eines speziellen Punktes, der Darstellung von Verwandtschaft in zwei literarischen Gattungen des 12. Jahrhunderts, sowohl zu einer genaueren Kenntnis dieser beiden Gattungen beigetragen als auch Elemente für die weitere Erforschung der realen Verwandtschaftsstrukturen der Zeit gegeben zu haben. Die Einordnung dieser Elemente in einen größeren literarischen bzw. historischen Zusammenhang muß anderen Arbeiten vorbehalten bleiben.

Literaturverzeichnis

1. Altfranzösische Texte

Wenn zu einem Text mehrere Ausgaben aufgeführt sind, ist die zuerst genannte diejenige, nach der, soweit nicht anders angegeben, zitiert wird.

a. *Chansons de geste*

Aiol. Chanson de geste, publiée d'après le manuscrit unique de Paris par Jacques Normand et Gaston Raynaud, Paris 1877, Reprint New York 1966 (Société des anciens textes français).

Aiquin ou la conquête de la Bretagne par le roi Charlemagne. Edition du manuscrit 2233 de la B. N. FR. avec introduction et notes par Francis Jacques, Aix-en-Provence 1979 (Senefiance 8).

Aliscans. Kritischer Text von Erich Wienbeck, Wilhelm Hartnacke, Paul Rasch, Halle 1903, Reprint Genève 1974.

Ami et Amile. Chanson de geste, publiée par Peter F. Dembowski, Paris 1987 (Classiques français du Moyen Age 97).

La Chanson d'Aspremont. Chanson de geste du XIIe siècle. Texte du manuscrit de Wollaton Hall, édité par Louis Brandin, Paris ²1970 (Classiques français du Moyen Age 19, 25).

Aye d'Avignon. Chanson de geste anonyme. Edition critique par S. J. Borg, Genève 1967 (Textes Littéraires Français 134).

Aymeri de Narbonne. Chanson de geste, publiée d'après les manuscrits de Londres et de Paris par Louis Demaison, I–II, Paris 1887, Reprint New York 1968 (Société des anciens textes français).

La Bataille Loquifer. By Monica Barnett, Oxford 1975 (Medium Ævum Monographs. New Series 6).

La Chanson d'Antioche. Publiée par Suzanne Duparc-Quioc, I–II,, Paris 1976–78 (Documents relatifs à l'histoire des croisades 11).

La Chanson de Guillaume, publiée par Duncan McMillan, 2 tomes, Paris 1949–50 (Société des anciens textes français).

Jeanne Wathelet-Willem, *Recherches sur la Chanson de Guillaume*. Etudes accompagnées d'une édition, t. II (=édition), Paris 1975 (Bibliothèque de la Faculté de Philosophie et Lettres de l'université de Liège 210).

La Chanson de Roland. Edizione critica a cura di Cesare Segre, Milano-Napoli 1971 (Documenti di Filologia 16).

Le Charroi de Nîmes. Chanson de geste du XIIe siècle. Editée d'après la rédaction AB avec introduction, notes et glossaire par Duncan McMillan, Paris ²1978 (Bibliothèque française et romane. Série B 12).

La Chevalerie d'Ogier de Danemarche. Canzone di gesta edita per cura di Mario Eusebi, Milano-Varese 1963 (Testi e documenti di letteratura moderna 6).

La Chevalerie Vivien. Chanson de geste, publiée par A.-L. Terracher, Paris 1909.

Les Chétifs. Edited by Geoffrey M. Myers, University of Alabama 1981 (The Old French Crusade Cycle 5).

La Conquête de Jérusalem, faisant suite à la Chanson d'Antioche composée par le Pèlerin Richard et renouvelée par Graindor de Douai au XIIIe siècle, publiée par C. Hippeau, Caen-Paris 1852–1877, Reprint Genève 1969 (Collection des poètes français du Moyen Age 7).

Les Rédactions en Vers du Couronnement de Louis, ed. Yvan G. Lepage, Genève-Paris 1978 (Textes Littéraires Français 261).

La Destructioun de Rome (d'après le ms. de Hanovre IV, 578), ed. Johann Heinrich Speich, Bern-Frankfurt-New York-Paris 1988 (Publications Universitaires Européennes. Série XIII 135).

La Destruction de Rome. Première branche de la chanson de geste de Fierabras, ed. G. Grœber, Romania 2, 1873, 1–48.

Les Enfances Guillaume. Chanson de geste du XIIIe siècle, ed. Patrice Henry, Paris 1935 (Société des anciens textes français).

Les Enfances Vivien. Chanson de geste, ed. Carl Wahlund, Hugo von Feilitzen, Upsala-Paris 1895, Reprint Genève 1970.

Fierabras. Chanson de geste, ed. A. Krœber, G. Servois, Paris 1860 (Les anciens poètes de la France).

Floovant. Chanson de geste du XIIe siècle, publiée avec introduction, notes et glossaire par Sven Andolf, Uppsala 1941.

Folque de Candie von Herbert Le Duc de Danmartin. Nach den festländischen Handschriften zum ersten Mal vollständig herausgegeben von O. Schultz-Gora, Bd.I-II, Dresden 1909–1915, Bd.III, Jena 1936 (Gesellschaft für romanische Literatur 21, 38, 49), Bd.IV, bearbeitet und herausgegeben von Ulrich Mölk, Tübingen 1966 (Beihefte zur Zeitschrift für Romanische Philologie 111).

Garin le Loheren. According to Manuscript A (Bibliothèque de l'Arsenal 2983), ed. Josephine Elvira Vallerie, Ann Arbor 1947.

Li Romans de Garin le Loherain, ed. Paulin Paris, t. 1–2, Paris 1832–1848, Reprint Genève 1969 (Romans des douze Pairs de France 2–3).

La Mort de Garin le Loherain. Poëme du XIIe siècle, ed. Edélestand du Méril, Paris-Leipzig 1862.

Gerbert de Mez. Chanson de geste du XIIe siècle, ed. Pauline Taylor, Namur-Louvain-Lille 1952 (Bibliothèque de la Faculté de Philosophie et Lettres de Namur 11).

Girart de Roussillon. Chanson de geste, ed. W. Mary Hackett, I–III, Paris 1953–1955 (Société des anciens textes français).

Girart de Vienne par Bertrand de Bar-sur-Aube, ed. Wolfgang van Emden, Paris 1977 (Société des anciens textes français).

Gormont et Isembart. Fragment de chanson de geste du XIIe siècle, ed. Alphonse Bayot, Paris ³1969 (Classiques français du Moyen Age 14).

Gui de Bourgogne. Chanson de geste, ed. F. Guessard, H. Michelant, Paris 1859 (Les anciens poètes de la France).

Gui de Nanteuil. Chanson de geste, ed. James R. McCormack, Genève-Paris 1970 (Textes Littéraires Français 161).

Guibert d'Andrenas. Chanson de geste, ed. J. Melander, Paris 1922.

Macaire. Chanson de geste, ed. F. Guessard, Paris 1866 (Les anciens poètes de la France).

Les deux rédactions en vers du Moniage Guillaume. Chansons de geste du XIIe siècle, ed. Wilhelm Cloetta, I−II, Paris 1906−1911, Reprint New York 1968 (Société des anciens textes français).

Le Moniage Rainouart I, ed. Gerald A. Bertin, Paris 1973 (Société des anciens textes français).

La Mort Aymeri de Narbonne. Chanson de geste, ed. J. Couraye du Parc, Paris 1884, Reprint New York 1966 (Société des anciens textes français).

Les Narbonnais. Chanson de geste, ed. Hermann Suchier, I−II, Paris 1898, Reprint New York 1965 (Société des anciens textes français).

Orson de Beauvais. Chanson de geste du XIIe siècle, ed. Gaston Paris, Paris 1899, Reprint New York 1968 (Société des anciens textes français).

La Prise de Cordres et de Sebille. Chanson de geste du XIIe siècle, ed. Ovide Densusianu, Paris 1896 (Société des anciens textes français).

La Prise d'Orange. Chanson de geste de la fin du XIIe siècle. Editée d'après la rédaction AB avec introduction, notes et glossaire par Claude Régnier, Paris ⁶1983 (Bibliothèque française et romane, série B 5).

Les rédactions en vers de la Prise d'Orange, ed. Claude Régnier, Paris 1966.

Raoul de Cambrai. Chanson de geste, ed. P. Meyer, A. Longnon, Paris 1882 (Société des anciens textes français).

[*Renaut de Montauban:*] *La Chanson des Quatre fils Aymon,* d'après le manuscrit La Vallière, ed. Ferdinand Castets, Montpellier 1909, Reprint Genève 1974.

Renaut de Montauban. Edition critique du manuscrit Douce par Jacques Thomas, Genève 1989 (Textes Littéraires Français 371).

Jacques Thomas, *L'épisode ardennais de «Renaut de Montauban».* Edition synoptique des versions rimées, I-III, Brugge 1962 (Rijksuniversiteit te Gent. Werken uitgegeven door de Faculteit van de letteren en wijsbegeerte 129−131).

Jehan Bodel, *La Chanson des Saisnes.* Edition critique par Annette Brasseur, I-II, Genève 1989 (Textes Littéraires Français 369).

Jean Bodels *Saxenlied,* Teil I-II, ed. F. Menzel, E. Stengel, Marburg 1906−1909 (Ausgaben und Abhandlungen aus dem Gebiete der Romanischen Philologie 99−100).

Le Siège de Barbastre. Chanson de geste du XIIe siècle, ed. J.-L. Perrier, Paris 1926 (Classiques français du Moyen Age 54).

Simon de Pouille, ed. Jeanne Baroin, tome I-III, Lille 1978.

Simon de Pouille. Chanson de geste, éditée d'après le manuscrit n° 4780 de la Bibliothèque Nationale par Jeanne Baroin, Genève-Paris 1968 (Textes Littéraires Français 149).

Le Voyage de Charlemagne à Jérusalem et à Constantinople, ed. Paul Aebischer, Genève-Paris 1965 (Textes Littéraires Français 115).

b. Romane

Aimon von Varennes, *Florimont*. Ein altfranzösischer Abenteuerroman, zum erstenmal mit Einleitung, Anmerkungen, Namenverzeichnis und Glossar unter Benutzung der von Alfred Risop gesammelten handschriftlichen Materialien herausgegeben von Alfons Hilka, Göttingen 1932 (Gesellschaft für romanische Literatur 48).

Li Romanz d'Athis et Prophilias, nach allen bekannten Handschriften zum ersten Male vollständig herausgegeben von Alfons Hilka, 2 Bde., Dresden 1912–1916 (Gesellschaft für romanische Literatur 29, 40).

Benoît de Sainte-More, *Le Roman de Troie*, ed. Léopold Constans, I–VI, Paris 1904– 1912 (Société des anciens textes français).

Béroul, *Le Roman de Tristan*. Poème du XIIᵉ siècle, édité par Ernest Muret, quatrième édition revue par L. M. Defourques, Paris 1982 (Classiques français du Moyen Age 12).

Erec et Enide, publié par Mario Roques, Les romans de Chrétien de Troyes, édités d'après la copie de Guiot, I, Paris 1981 (Classiques français du Moyen Age 80).

Cligés, publié par Alexandre Micha, Les romans de Chrétien de Troyes, édités d'après la copie de Guiot, II, Paris 1982 (Classiques français du Moyen Age 84).

Le chevalier de la charrete, publié par Mario Roques, Les romans de Chrétien de Troyes, édités d'après la copie de Guiot, III, Paris 1983 (Classiques français du Moyen Age 86).

Le Chevalier au lion (Yvain), publié par Mario Roques, Les romans de Chrétien de Troyes, édités d'après la copie de Guiot, IV, Paris 1982 (Classiques français du Moyen Age 89).

Chrétien de Troyes, *Le Roman de Perceval ou le Conte du Graal*, publié d'après le ms. fr. 12576 de la Bibliothèque Nationale par William Roach, seconde édition revue et augmentée, Genève-Paris 1959 (Textes Littéraires Français 71).

Eneas. Roman du XIIᵉ siècle, édité par J.-J. Salverda de Grave, 2 tomes, Paris 1983– 1985 (Classiques français du Moyen Age 44, 62).

Le conte de Floire et Blancheflor, édité par Jean-Luc Leclanche, Paris 1983 (Classiques français du Moyen Age 105).

Li romanz de Floire et Blancheflor, ed. Felicitas Krüger, Berlin 1938 (Romanische Studien 45).

Ille et Galeron par Gautier d'Arras, publié par Frederick A. G. Cowper, Paris 1956 (Société des anciens textes français).

Ipomedon, poème de Hue de Rotelande (fin du XIIᵉ siècle), édité avec introduction, notes et glossaire par A. J. Holden, Paris 1979 (Bibliothèque française et romane, Série B 17).

Hue de Rotelande, *Protheselaus*. Ein altfranzösischer Abenteuerroman, zum erstenmal mit Einleitung, Anmerkungen, Namenverzeichnis, Glossar und Index kritisch herausgegeben von Franz Kluckow, Göttingen 1924 (Gesellschaft für romanische Literatur 45).

La Mort le Roi Artu. Roman du XIIIe siècle, edité par Jean Frappier, Genève-Paris ³1964 (Textes Littéraires Français 58).

Partonopeu de Blois. A French Romance of the Twelfth Century, edited by Joseph Gildea, O. S. A., vol.I-II, Villanova 1967–1970.

Renaut de Beaujeu, Le Bel Inconnu. Roman d'aventures édité par G. Perrie Williams, Paris 1929 (Classiques français du Moyen Age 38).

The Medieval French Roman d'Alexandre, ed. Edward C. Armstrong, Alfred Foulet et al., 7 Bde., Princeton 1937–1976, Reprint New York 1965 (Elliott Monographs 36–42).

Le Roman de Thèbes, publié par Guy Raynaud de Lage, 2 tomes, Paris 1966–1971 (Classiques français du Moyen Age 94, 96).

Le Roman de Thèbes, publié d'après tous les manuscrits par Léopold Constans, I-II, Paris 1890 (Société des anciens textes français).

Thomas, Les fragments du Roman de Tristan. Poème du XIIe siècle, édités avec un commentaire par Bartina H. Wind, Genève-Paris 1960 (Textes Littéraires Français 92).

Wace, Le Roman de Brut, ed. Ivor Arnold, 2 vol., Paris 1938–1940 (Société des anciens textes français).

La partie arthurienne du Roman de Brut. Edition avec introduction, glossaire, notes et bibliographie par I. D. O. Arnold et M. M. Pelan, Paris 1962 (Bibliothèque française et romane. Série B 1).

c. Andere altfranzösische Texte

La Vie de saint Alexis, ed. Christopher Storey, Genève-Paris 1968 (Textes Littéraires Français 148).

The Anglo-Norman Voyage of St. Brendan by Benedeit. A Poem of the Early Twelfth Century, ed. Edwin George Ross Waters, Oxford 1928, Reprint Genève 1974.

Etienne de Fougères, Le Livre des Manières, ed. R. Anthony Lodge, Genève 1979 (Textes Littéraires Français 275).

La Vie de saint Gilles par Guillaume de Berneville. Poème du XIIe siècle, ed. Gaston Paris, Alphonse Bos, Paris 1881 (Société des anciens textes français).

Hendrik B. Sol, La vie du Pape saint Grégoire. Huit versions françaises médiévales de la légende du Bon Pécheur, Amsterdam 1977.

L'Histoire de Guillaume le Maréchal, comte de Striguil et de Pembroke. Poème français publié par Paul Meyer, t. I-II, Paris 1891–1894 (Société de l'Histoire de France).

2. Lateinische Texte

a. Antike Texte

S. Aureli Augustini Confessionum libri XIII, ed. M. Skutella, ²Stuttgart 1981.

Biblia Sacra iuxta vulgatam versionem, ed. Robertus Weber OSB, Editio minor, Stuttgart ³1984.

Daretis Phrygii *De excidio Troiae Historia*, ed. Ferdinandus Meister, Leipzig 1873.

Dictys Cretensis, *Ephemeridos belli Troiani* libri a Lucio Septimio ex Graeco in Latinum sermonem translati, ed. Werner Eisenhut, Leipzig ²1973.

Statius, *Thebais*, in: Statius, ed. J. H. Mozley, vol. I-II, Cambridge/Mass.-London 1928, Reprint 1982/1969 (The Loeb Classical Library 206–207).

Tacitus, *Germania*, in: Cornelii Taciti opera minora, ed. M. Winterbottom, R. M. Ogilvie, Oxford 1975 (Oxford Classical Texts).

Vergil, *Aeneis*, in: P. Vergili Maronis opera, ed. R. A. B. Mynors, Oxford 1969, Reprint 1977 (Oxford Classical Texts).

b. Mittelalterliche Texte

Chronica Adefonsi Imperatoris, ed. Luis Sánchez Belda, Madrid 1950.

Crónica del Obispo Don Pelayo, ed. B. Sánchez Alonso, Madrid 1924.

Dhuoda, *Manuel pour mon fils*, ed. Pierre Riché, Paris 1975 (Sources Chrétiennes 225).

[Gautier Map:] Walter Map, *De nugis curialium*. Courtiers' Trifles, ed. M. R. James, revised by C. N. L. Brooke, R. A. B. Mynors, Oxford 1983 (Oxford Medieval Texts).

Geoffrey of Monmouth, *Historia regum Britanniae*. A Variant Version Edited from Manuscripts by Jacob Hammer, Cambridge/Mass. 1951 (The Mediaeval Academy of America Publication 57).

Geoffrey of Monmouth, *Historia regum Britanniae*, in: Edmond Faral, La légende arthurienne. Etudes et documents. Première partie: Les plus anciens textes, III: Documents, Paris 1929, Reprint 1969, 63–303.

Le Guide du Pèlerin de Saint-Jacques de Compostelle. Texte latin du XIIe siècle, ed. Jeanne Vielliard, Mâcon 1938.

Henrici Archidiaconi Huntendunensis *Historia Anglorum*, ed. Thomas Arnold, London 1879.

Historia Hildeberti Cenomanensis episcopi *de Mahumete*, in: Migne, Patrologia latina Bd. 171, Sp. 1343–1366.

Historia Peregrinorum, in: Quellen zur Geschichte des Kreuzuges Kaiser Friedrichs I., ed. A. Chroust, Berlin 1928 (Monumenta Germaniae Historica, Scriptores rerum Germanicarum N. S. V), 116–172.

Lamberti Ardensis *Historia comitum Ghisnensium*, ed. Ioh. Heller, Monumenta Germaniae Historica, Scriptorum t. XXIV, 550–642.

Lamberti Waterlos *Annales Cameracenses*, Monumenta Germaniae Historica, Scriptorum t. XVI, 509–554.

The Ecclesiastical History of Orderic Vitalis, ed. Marjorie Chibnall, 6 Vol., Oxford 1968–1980, Vol. 2–3: Reprint 1983.

Ottonis episcopi Frisingensis et Rahewini *Gesta Frederici seu rectius Cronica*, ed. Franz-Josef Schmale, Darmstadt 1974 (Ausgewählte Quellen zur deutschen Geschichte des Mittelalters. Freiherr von Stein-Gedächtnisausgabe XVII).

Petri Venerabilis abbatis Cluniacensis noni *Adversus nefandam sectam Saracenorum* libri duo, in: Migne, Patrologia latina 189, 659–720.

C. Meredith-Jones, *Historia Karoli Magni et Rotholandi ou Chronique du Pseudo-Turpin*, Paris 1936, Reprint Genève 1972.

Ruodlieb, Faksimile-Ausgabe des Codex Latinus Monacensis 19486 der Bayerischen Staatsbibliothek München und der Fragmente von St. Florian, II,1: Kritischer Text von Benedikt Konrad Vollmann, Wiesbaden 1985.

[Walter von Châtillon:] Galteri de Castellione *Alexandreis*, ed. Marvin L. Colker, Padova 1978 (Thesaurus Mundi. Bibliotheca scriptorum Latinorum mediæ et recentioris ætatis 17).

Willelmi Malmesbiriensis Monachi *De gestis regum anglorum libri quinque, Historiae Novellae libri tres*, ed. William Stubbs, 2 Vol., London 1887–1889 (Rerum Britannicarum Medii Aevi Scriptores 90).

3. Texte in anderen Sprachen

Homer, *Ilias*, in: Homeri opera, I-II, ed. David B. Monro, Thomas W. Allen, Oxford ³1920, Reprint 1976.

Beowulf. With the Finnesburg Fragment, ed. C. L. Wrenn, London ³1973.

The Táin, transl. Thomas Kinsella, Oxford 1970, Reprint 1988.

The Mabinogion, transl. Jeffrey Gantz, Harmondsworth 1976.

Hartmann von Aue, *Der Arme Heinrich*, hrsg. von Hermann Paul, 15., neu bearbeitete Ausgabe bes. v. Gesa Bonath, Tübingen 1984 (Altdeutsche Textbibliothek 3).

4. Hilfsmittel

a. Bibliographien und Forschungsberichte

Bulletin Bibliographique de la Société Rencesvals, 1, 1958 – 20, 1988–89.

Cahiers de Civilisation Médiévale, Bibliographie, 1, 1958 – 31, 1988.

Bibliographical Bulletin of the International Arthurian Society, 1, 1949 -39, 1987.

Bossuat, Robert, *Manuel bibliographique de la littérature française du Moyen Age*, Melun 1951.

Bossuat, Robert, *Manuel bibliographique de la littérature française du Moyen Age, supplément* (1949–1953), Paris 1955.

Bossuat, Robert, *Manuel bibliographique de la littérature française du Moyen Age, second supplément* (1954–1960), Paris 1961.

Vielliard, Françoise, Monfrin, Jacques, *Manuel bibliographique de la littérature française du Moyen Age de Robert Bossuat, Troisième supplément* (1960–1980), I, Paris 1986.

Berkner, Lutz K., *Recent Research on the History of the Family in Western Europe*, Journal of Marriage and the Family 35, 1973, 395–405.

Bromwich, Rachel, *Medieval Celtic Literature. A Select Bibliography*, Toronto-Buffalo 1974 (Toronto Medieval Bibliographies 5).

Diaz y Diaz, M. C., *Index Scriptorum Latinorum Medii Aevi Hispanorum*, Salamanca 1958–1959 (Acta Salmanticensia. Filosofia y Letras XIII, núm. 1–2).

Milden, James Wallace, *The Family in Past Time. A Guide to the Literature*, New York-London 1977.

Sheehan, Michael M., *Family and Marriage in Medieval Europe. A Working Bibliography*, Vancouver 1976.

Soliday, Gerald L., *History of the Family and Kinship: A Select International Bibliography*, Millwood 1980.

b. Wörterbücher

Walther von Wartburg, *Französisches Etymologisches Wörterbuch. Eine darstellung des galloromanischen sprachschatzes*, Bd. 1, Bonn 1928, Bd. 2, Basel 1940–46, Bd. 3, Leipzig-Berlin 1934, Bd. 4–24, Basel 1950–83 [Zitiert als: FEW].

Adolf Tobler, Erhard Lommatzsch, *Altfranzösisches Wörterbuch*, Bd. 1–2, Berlin 1925–36, Bd. 3–10, Wiesbaden 1954–76 [Zitiert als: Tobler-Lommatzsch].

Frédéric Godefroy, *Dictionnaire de l'ancienne langue française et de tous ses dialectes du IXe au XVe siècle*, Bd. 1–10, Paris 1881–1902 [Zitiert als: Godefroy].

Glossarium mediae et infimae Latinitatis conditum a Carolo Dufresne Domino Du Cange, auctum a monachis ordinis S. Benedicti cum supplementis integris D. P. Carpenterii et additamentis Adelungii et aliorum digessit G. A. L. Henschel, I-VII, Paris 1840–50 [Zitiert als: DuCange].

Mittellateinisches Wörterbuch. Bis zum ausgehenden 13. Jahrhundert, München 1967ff.

Novum Glossarium Mediae Latinitatis ab anno DCCC usque ad annum MCC, Kopenhagen 1957ff [Zitiert als: *Novum Glossarium*].

c. Konkordanzen

Joseph J. Duggan, *A Concordance of the Chanson de Roland*, Ohio State Univ. Press 1969.

F. P. Dutripon, *Vulgatae editionis Bibliorum Sacrorum concordantiae*, Paris ⁸1880, Reprint Hildesheim-New York 1976.

d. Verzeichnis der Eigennamen

Moisan, André, *Répertoire des noms propres de personnes et de lieux cités dans les chansons de geste françaises et les œuvres étrangères dérivées*, Vol.1–5, Genève 1986 (Publications romanes et françaises 173).

5. Literaturwissenschaftliche Sekundärliteratur

Adler, Alfred, *Epische Spekulanten. Versuch einer synchronen Geschichte des altfranzösischen Epos*, München 1975 (Theorie und Geschichte der Literatur und der schönen Künste 33).

Aebischer, Paul, *La Chanson de Roland dans le «désert littéraire» du XI* siècle, in: ders., Rolandiana et Oliveriana, Genève 1967, 56–80 (Publications romanes et françaises 92).

Allen, John R., *Kinship in the Chanson de Roland*, in: Henri Niedzielski, Hans Runte (Hrsg.), Jean Misrahi Memorial Volume, Columbia 1977, 34–45.

Alonso, Dámaso, *La primitiva épica francesa a la luz de una «Nota Emilianense»*, Revista de Filología española 37, 1953, 1–94; auch separat: Madrid 1954.

Battaglia, Salvatore, *Il «compagnonaggio» di Orlando e Olivieri*, Filologia Romanza 5, 1958, 113–142.

Bédier, Joseph, *Les légendes épiques*, I-II, Paris ³1926, III-IV, Paris ³1929.

Bell, Clair Hayden, *The Sister's Son in the Medieval German Epic. A Study in the Survival of Matriliny*, University of California Publications in Modern Philology 10, 1922, 67–182.

Bender, Karl-Heinz, *König und Vasall. Untersuchungen zur Chanson de geste des XII. Jahrhunderts*, Heidelberg 1967 (Studia Romanica 13).

Berkvam, Doris Desclais, *Enfance et maternité dans la littérature française des XII* et XIII* siècles*, Paris 1981.

Bezzola, Reto R., *Les neveux*, in: Mélanges de langue et de littérature du Moyen Age et de la Renaissance offerts à Jean Frappier, t. I, Genève 1970 (Publications romanes et françaises 112), 89–114.

Bezzola, Reto R., *Les origines et la formation de la littérature courtoise en occident*, II-III, Paris 1960–1967 (Bibliothèque de l'Ecole des Hautes Etudes. IVe section. Sciences historiques et philologiques 313, 319, 320).

Blaess, Madeleine, *Arthur's Sisters*, Bulletin Bibliographique de la Société Internationale Arthurienne 8, 1956, 69–77.

Blaess, Madeleine, *Perceval et les «Illes de mer»*, in: Mélanges Jeanne Lods, I, Paris 1978 (Collection de l'École Normale Supérieure de Jeunes Filles 10), 69–77.

Bloch, R. Howard, *Roland and Oedipus: A study of Paternity in La Chanson de Roland*, The French Review 46, Special Issue, No. 5, 1973, 3–18.

Brasseur, Annette, *Etude linguistique et littéraire de la Chanson des Saisnes de Jehan Bodel*, Genève 1990 (Publications romanes et françaises 190).

Brault, Gerard J., *The Song of Roland. An Analytical Edition*, I: Introduction and Commentary, University Park-London 1978.

Bremmer jr., Rolf H., *The Importance of Kinship: Uncle and Nephew in ‹Beowulf›*, Amsterdamer Beiträge zur älteren Germanistik 15, 1980, 21–38.

Busby, Keith, *Gauvain in Old French Literature*, Amsterdam 1980.

Buschinger, Danielle, *Das Inzest-Motiv in der mittelalterlichen Literatur*, in: Kühnel, Mück, Müller, Müller (Hrsg.), Psychologie in der Mediävistik. Gesammelte Beiträge des Steinheimer Symposions, Göppingen 1985 (Göppinger Arbeiten zur Germanistik 431), 107–140.

Calin, William, *The Exaltation and Undermining of Romance: Ipomedon*, in: N. J. Lacy, D. Kelly, K. Busby (Hrsg.), The Legacy of Chrétien de Troyes, II, Amsterdam 1988, 111–124.

Colliot, Régine, *Perspective sur la condition familiale de l'enfant dans la littérature mé-*

diévale, in: Morale pratique et vie quotidienne dans la littérature française du Moyen-Age, Senefiance 1, Aix-en-Provence 1976, 17–33.

Colliot, Régine, *Enfants et enfance dans Raoul de Cambrai*, in: L'Enfant au Moyen-Age, Senefiance 9, Aix-en-Province 1980, 233–252.

Curtius, Ernst Robert, *Über die altfranzösische Epik I*, Zeitschrift für Romanische Philologie 64, 1944, 233–320, wieder abgedruckt in: ders., Gesammelte Aufsätze zur romanischen Philologie, Bern-München 1960, 106–183.

Farnsworth, William Oliver, *Uncle and Nephew in the Old French Chansons de geste. A Study in the Survival of Matriarchy*, New York 1913.

Flach, Jacques, *Le compagnonnage dans les chansons de geste*, in: Etudes romanes dédiées à Gaston Paris, Paris 1891, Reprint Genève 1976, 141–180.

Frappier, Jean, *Les chansons de geste du cycle de Guillaume d'Orange*, I–II, Paris 1955–1965.

Gaiffier, Baudouin de, *La Légende de Charlemagne. Le péché de l'empereur et son pardon*, in: Recueil de travaux offert à M. Clovis Brunel, Paris 1955, I, 490–503.

Gallais, Pierre, *Perceval et l'initiation*, Paris 1972.

Garnier-Hausfater, Marie-Gabrielle, *Les conflits de générations dans les chansons de geste du cycle de Guillaume d'Orange*, thèse pour le doctorat du 3ᵉ cycle, Université de la Sorbonne Nouvelle (Paris III), 1984 (maschinenschr.).

Garnier-Hausfater, Marie-Gabrielle, *Mentalités épiques et conflits de générations dans le cycle de Guillaume d'Orange*, Le Moyen Age 93, 1987, 17–40.

Gerard, A., *L'axe Roland-Ganelon: valeurs en conflit dans la Chanson de Roland*, Le Moyen Age 75, 1969, 445–465.

Gouttebroze, Jean Guy, *Famille et structures de la parenté dans l'œuvre de Chrétien de Troyes*, Europe 60, Nr. 642, 1982, 77–95.

Gouttebroze, Jean Guy, *L'arrière-plan psychique et mythique de l'itinéraire de Perceval dans le Conte du Graal de Chrétien de Troyes*, in: Voyage, quête, pèlerinage dans la littérature et la civilisation médiévales, Senefiance 2, Aix-en-Provence 1976, 339–352.

Grisward, Joël H., *Individualisme et «esprit de famille» dans Garin le Loherain*, in: Georges Duby, Jacques Le Goff (Hrsg.), Famille et parenté dans l'occident médiéval, Rome 1977 (Collection de l'Ecole française de Rome 30), 385–396.

Gummere, Francis B., *The Sister's Son*, in: An English Miscellany presented to Dr. Furnivall in Honour of his Seventy-fifth Birthday, Oxford 1901, 133–149.

Hackett, Winifred Mary, *Knights and Knighthood in Girart de Roussillon*, in: C. Harper-Bill, R. Harvey (Hrsg.), The Ideals and Practice of Medieval Knighthood II. Papers from the third Strawberry Hill conference 1986, Woodbridge-Wolfeboro 1988, 40–45.

Hanning, Robert W., *The Individual in Twelfth-Century Romance*, New Haven-London 1977.

Harf-Lancner, Laurence, *Les fées au Moyen Age. Morgane et Mélusine. La naissance des fées*, Paris 1984 (Nouvelle Bibliothèque du Moyen Age 8).

Heintze, Michael, *König, Held und Sippe. Untersuchungen zur Chanson de geste des 13. und 14. Jahrhunderts und ihrer Zyklenbildung*, Heidelberg 1991 (Studia Romanica 76).

334

Hoepffner, E., *Les rapports littéraires entre les premières chansons de geste*, Studi Medievali n.s. 4, 1931, 233–258, und n.s. 6, 1933, 45–81.

Jenkins, T. Atkinson, *Why did Ganelon hate Roland?*, Publications of the Modern Language Association 36, 1921, 119–133.

Jones, George Fenwick, *The Ethos of the Song of Roland*, Baltimore 1963.

Jones, William Jervis, *German Kinship Terms (750- 1500)*, Berlin 1990 (Studia Linguistica Germanica 27).

Köhler, Erich, *Bedeutung und Funktion des Begriffs «Jugend» (joven) in der Dichtung der Trobadors*, in: ders., Vermittlungen. Romanistische Beiträge zu einer historisch-soziologischen Literaturwissenschaft, München 1976, 45–62.

Köhler, Erich, *Ideal und Wirklichkeit in der höfischen Epik*, Tübingen ²1970.

Köhler, Erich, *Mittelalter I*, Stuttgart 1985.

Köhler, Erich, *Quelques observations d'ordre historico-sociologique sur les rapports entre la chanson de geste et le roman courtois*, in: Chanson de geste und höfischer Roman. Heidelberger Kolloquium 30. Januar 1961, Heidelberg 1963 (Studia Romanica 4), 21–30.

Köhler, Erich, *Zur Selbstauffassung des höfischen Dichters*, in: ders., Trobadorlyrik und höfischer Roman, Berlin 1962, 9–20.

Lachet, Claude, *La Prise d'Orange ou la parodie courtoise d'une épopée*, Paris 1986 (Nouvelle Bibliothèque du Moyen Age 10).

Legros, Huguette, *Le vocabulaire de l'amitié, son évolution sémantique au cours du XIIᵉ siècle*, Cahiers de civilisation médiévale 23, 1980, 131–139.

Lejeune, Rita, *Le péché de Charlemagne et la Chanson de Roland*, in: Studia Philologica. Homenaje ofrecido a Dámaso Alonso, II, Madrid 1961, 339–371.

Lods, Jeanne, *Le thème de l'enfance dans l'épopée française*, Cahiers de Civilisation Médiévale 3, 1960, 58–62.

Maddox, Donald, *«E Baldewin mun filz»: La parenté dans la Chanson de Roland*, in: Carlos Alvar, Victoria Cirlot (Hrsg.), VIII° Congreso de la Société Rencesvals, Pamplona 1981, 299–304.

Mancini, Mario, *Aiol et l'ombre du père*, in: Carlos Alvar, Victoria Cirlot (Hrsg.), VIII° Congreso de la Société Rencesvals, Pamplona 1981, 305–311.

Mancini, Mario, *Aiol, dal clan al lignaggio*, in: Carlo Bordoni (Hrsg.), La pratica sociale del testo. Scritti di sociologia della letteratura in onore di Erich Köhler, Bologna 1982 (I Studi di Arti e Scienze umane 2), 173–187.

Marx, Jean, *La légende arthurienne et le Graal*, Paris 1952, Reprint Genève 1981.

Micha, Alexandre, *Couleur épique dans le «Roman de Thèbes»*, Romania 91, 1970, 145–160, auch in: ders., De la chanson de geste au roman, Genève 1976 (Publications romanes et françaises 139), 23–38.

Mölk, Ulrich, *Rolands Schuld*, in: S. Knaller, E. Mara (Hrsg.), Das Epos in der Romania. Festschrift für Dieter Kremers, Tübingen 1986, 299–308.

Mölk, Ulrich, *Zur Vorgeschichte der Gregoriuslegende: Vita und Kult des hl. Metro von Verona*, Nachrichten der Akademie der Wissenschaften in Göttigen, I. Philologisch-historische Klasse, 1987, Nr. 4, 33–54.

Muir, Lynette, *Est-ce qu'on peut considérer Vivien comme un «anti-Roland»?*, in: Société Rencesvals. IVe Congrès International (Heidelberg, 28 août – 2 septembre 1967), Heidelberg 1969 (Studia Romanica 14), 238–244.

Nitze, William A., *The Sister's Son and the Conte del Graal*, Modern Philology 9, 1912, 291–322.

Ó Cathasaigh, Tomás, *The Sister's Son in Early Irish Literature*, Peritia 5, 1986, 128–160.

Obergfell, Sandra Cheshire, *Aspects of the Father-Son Relationship in the Old French Chanson de geste and Romance*, Diss. Indiana Univ. 1974.

Obergfell, Sandra Cheshire, *The Father-Son Combat Motif as Didactic Theme in Old French Literature*, Kentucky Romance Quarterly 36, 1979, 333–348.

Petit, Aimé, *L'anachronisme dans les romans antiques du XIIe siècle*, Lille 1985.

Petit, Aimé, *Naissances du roman. Les techniques littéraires dans les romans antiques du XIIe siècle*, I–II, Lille-Paris-Genève 1985.

Pigman, Edward William, *The Theme of Eteocles and Polynices: An Aspect of the Theban Legend*, Dissertation Abstracts International A 37, 1976/77, 6466–6467.

Planche, Alice, *Roland fils de personne. Les structures de la parenté du héros dans le manuscrit d'Oxford*, in: Charlemagne et l'épopée romane. Actes du VIIe Congrès International de la Société Rencesvals, II, Paris 1978, 595–604.

Poirion, Daniel, *L'ombre mythique de Perceval dans le Conte du Graal*, Cahiers de Civilisation Médiévale 16, 1973, 191–198.

Roncaglia, Aurelio, *Roland e il peccato di Carlomagno*, in: Symposium in honorem prof. M. de Riquer, Barcelona 1984, 315–347.

Rychner, Jean, *La chanson de geste. Essai sur l'art épique des jongleurs*, Genève-Lille 1955 (Société de publications romanes et françaises 53).

Salverda de Grave, J. J., *Recherches sur les sources du Roman de Thèbes*, in: Mélanges de philologie romane et d'histoire littéraire offerts à Maurice Wilmotte, Paris 1910, Reprint Genève 1972, 595–618.

Saly, Antoinette, *L'itinéraire intérieur dans le Perceval de Chrétien de Troyes et la structure de la quête de Gauvain*, in: Voyage, quête, pèlerinage dans la littérature et la civilisation médiévales, Senefiance 2, Aix-en-Provence 1976, 353–360.

Samaran, Charles, *Sur la date du Fragment de la Haye. Notes paléographiques*, Romania 58, 1932, 190–205.

Schlyter, Kerstin, *Les énumérations des personnages dans la Chanson de Roland. Etude comparative*, Lund 1974 (Etudes romanes de Lund 22).

Schmid, Elisabeth, *Familiengeschichten und Heilsmythologie. Die Verwandtschaftsstrukturen in den französischen und deutschen Gralromanen des 12. und 13. Jahrhunderts*, Tübingen 1986 (Beihefte zur Zeitschrift für Romanische Philologie 211).

Schöning, Udo, *Thebenroman – Eneasroman – Trojaroman. Studien zur Rezeption der Antike in der französischen Literatur des 12. Jahrhunderts*, Tübingen 1991 (Beihefte zur Zeitschrift für Romanische Philologie 235).

Stowell, William A., *Old-French Titles of Respect*, Baltimore 1908.

Stowell, William A., *Personal Relationships in Medieval France*, Publications of the Modern Language Association 28, 1913, 389–399.

Subrenat, Jean, *La place de quelques petits enfants dans la littérature médiévale*, in: Mélanges Jeanne Lods, Paris 1978 (Collection de l'Ecole Normale Supérieure de Jeunes Filles 10), I, 547–557.

Tyssens, Madeleine, *La geste de Guillaume d'Orange dans les manuscrits cycliques*, Paris 1967 (Bibliothèque de la Faculté de Philosophie et Lettres de l'Université de Liège 178).

Waard, R. van, *Le Couronnement de Louis et le principe de l'hérédité de la couronne*, Neophilologus 30, 1946, 52–58.

Waltz, Matthias, *Rolandslied – Wilhelmslied - Alexiuslied. Zur Struktur und geschichtlichen Bedeutung*, Heidelberg 1965 (Studia Romanica 9).

Wathelet-Willem, Jeanne, *Recherches sur la Chanson de Guillaume. Etudes accompagnées d'une édition*, 2 tomes, Paris 1975 (Bibliothèque de la Faculté de Philosophie et Lettres de l'Université de Liège 210).

Wathelet-Willem, Jeanne, *Le roi et la reine dans la Chanson de Guillaume et dans Aliscans: Analyse de la «scène de Laon»*, in: Mélanges Jeanne Lods, Paris 1978 (Collection de l'Ecole Normale Supérieure de Jeunes Filles 10), I, 558–570.

Wels, L. E., *Theologische Streifzüge durch die Altfranzösische Literatur. Für Philologen und Theologen*. Erste Reihe, Vechta 1937.

West, G. D., *Grail Problems, II: The Grail Family in the Old French Verse Romances*, Romance Philology 25, 1971/72, 53–73.

Wolfgang, Lenora D., *Perceval's Father: Problems in Medieval Narrative Art*, Romance Philology 34, 1980, 28–47.

Wolfzettel, Friedrich, *Zur Stellung und Bedeutung der Enfances in der altfranzösischen Epik*, Zeitschrift für französische Sprache und Literatur 83, 1973, 317–348 und 84, 1974, 1–32.

Zumthor, Paul, *Etude typologique des planctus contenus dans la Chanson de Roland*, in: La technique littéraire des chansons de geste. Actes du Colloque de Liège (septembre 1957), Paris 1959 (Bibliothèque de la Faculté de Philosophie et Lettres de l'Université de Liège 150), 219–235.

Zumthor, Paul, *Les planctus épiques*, Romania 84, 1963, 61–69.

6. Geschichte

d'Alverny, Marie-Thérèse, *La connaissance de l'Islam en Occident du IXe au milieu du XIIe siècle*, in: L'Occidente e l'Islam nell'alto medioevo, Spoleto 1965 (Settimane di studio del centro italiano di studi sull'alto medioevo 12), II, 577–602.

Bloch, Marc, *La société féodale. La formation des liens de dépendance*, Paris 1939.

Bouchard, Constance B., *Consanguinity and Noble Marriages in the Tenth and Eleventh Centuries*, Speculum 56, 1981, 268–287.

Bur, Michel, *L'image de la parenté chez les comtes de Champagne*, Annales. Economies, Sociétés, Civilisations, 38, 1983, 1016–1039.

Carron, Roland, *Enfant et parenté dans la France médiévale. Xe-XIIIe siècles*, Genève 1989 (Travaux d'histoire éthico-politique 49).

Champeaux, E., *Jus Sanguinis. Trois façons de calculer la parenté au Moyen âge*, Revue historique de droit français et étranger 57, 1933, 241–290.

Chejne, Anwar G., *Muslim Spain. Its History and Culture*, Minneapolis 1974.

Dozy, Reinhart, *Histoire des Musulmans d'Espagne jusqu'à la conquête de l'Andalousie par les Almoravides (711–1110)*. Nouvelle édition revue et mise à jour par E. Lévi-Provençal, III, Leiden 1932.

Duby, Georges, *La noblesse dans la France médiévale. Une enquête à poursuivre*, in: ders., Hommes et structures du moyen âge, Paris-La Haye 1973, 145–166.

Duby, Georges, *La société aux XI⁰ et XII⁰ siècles dans la région mâconnaise*, Paris 1953.

Duby, Georges, *Lignage, noblesse et chevalerie dans la région mâconnaise. Une révision*, in: ders., Hommes et structures du moyen âge, Paris-La Haye 1973, 395–422.

Duby, Georges, *Remarques sur la littérature généalogique en France aux XI⁰ et XII⁰ siècles*, in: ders, Hommes et structures du moyen âge, Paris-La Haye 1973, 287–298.

Duby, Georges, *Structures de parenté et noblesse. France du nord. XI⁰-XII⁰ siècles*, in: Miscellanea Medievalia in memoriam Jan Frederik Niermeyer, Groningen 1967, 149–165.

Duby, Georges, *Dans la France du Nord-Ouest. Au XII⁰ siècle: les «jeunes» dans la société aristocratique*, Annales E. S. C. 19, 1964, 835–846, wieder abgedruckt in: ders., Hommes et structures du moyen âge, Paris-Den Haag 1973, 213–225.

Duby, Georges, Le Goff, Jacques (Hrsg.), *Famille et parenté dans l'occident médiéval*. Actes du Colloque de Paris (6–8 juin 1974), Rome 1977 (Collection de l'Ecole française de Rome 30).

Falletti, Louis, *Le Retrait lignager en droit coutumier français*, Paris 1923.

Folz, Robert, *Le Souvenir et la Légende de Charlemagne dans l'Empire germanique médiéval*, Paris 1950 (Publications de l'Université de Dijon 7).

Fossier, Robert, *Histoire sociale de l'occident médiéval*, Paris 1970.

Fossier, Robert, *La terre et les hommes en Picardie jusqu'à la fin du XIII⁰ siècle*, Paris-Louvain 1968.

Guichard, Pierre, *De l'Antiquité au Moyen Age: Famille large et famille étroite*, Cahiers d'histoire (Lyon) 24, 1979, 45–60.

Guichard, Pierre, *Structures sociales «orientales» et «occidentales» dans l'Espagne musulmane*, Paris-Den Haag 1977.

Herlihy, David, *Medieval Households*, Cambridge/Mass.-London 1985.

Herlihy, David, *The Making of the Medieval Family: Symmetry, Structure, and Sentiment*, Journal of Family History 8, 1983, 116–130.

Herlihy, David, *Medieval Children*, in: Essays on Medieval Civilization, Austin-London 1978 (The Walter Prescott Webb Memorial Lectures 12), 109–141.

Laslett, Peter (Hrsg.), *Household and Family in Past Time*, Cambridge 1972.

Menéndez Pidal, Ramón, *Das Spanien des Cid*, I, München 1936.

Murray, Alexander Callander, *Germanic Kinship Structure. Studies in Law and Society in Antiquity and the Early Middle Ages*, Toronto 1983 (Pontifical Institute of Mediaeval Studies. Studies and Texts 65).

Parisse, Michel, *La noblesse lorraine. XI⁰-XIII⁰ s.*, Lille 1976.

Schmid, Karl, «*De regia stirpe Waiblingensium*». *Remarques sur la conscience de soi des Staufen*, in: Georges Duby, Jacques Le Goff (Hrsg.), Famille et parenté dans l'occident médiéval. Actes du Colloque de Paris, Rome 1977 (Collection de l'Ecole française de Rome 30), 49−56.

Schmid, Karl, *Gebetsgedenken und adliges Selbstverständnis im Mittelalter. Ausgewählte Beiträge*, Sigmaringen 1983.

Schmid, Karl, *Heirat, Familienfolge, Geschlechterbewußtsein*, in: Il matrimonio nella società altomedievale, Spoleto 1977 (Settimane di studio del Centro italiano di studi sull'alto medioevo 24), I, 103−137.

Schmid, Karl, *Über das Verhältnis von Person und Gemeinschaft im früheren Mittelalter*, in: ders, Gebetsgedenken und adliges Selbstverständnis im Mittelalter. Ausgewählte Beiträge, Sigmaringen 1983, 363−387.

Schmid, Karl, *Zur Problematik von Familie, Sippe und Geschlecht, Haus und Dynastie beim mittelalterlichen Adel. Vorfragen zum Thema «Adel und Herrschaft im Mittelalter»*, Zeitschrift für die Geschichte des Oberrheins 105, 1957, 1−62.

Schmid, Karl, *The structure of the nobility in the earlier middle ages*, in: Timothy Reuter (Hrsg.), The medieval nobility, Amsterdam-New York-Oxford 1978, 37−59.

Shorter, Edward, *The Making of the Modern Family*, New York 1975.

Vercauteren, Fernand, *A kindred in northern France in the eleventh and twelfth centuries*, in: T. Reuter (Hrsg.), The medieval nobility, Amsterdam-New York-Oxford 1978, 87−103.

Werner, Karl Ferdinand, *Important noble families in the kingdom of Charlemagne − a prosopographical study of the relationship between king and nobility in the early middle ages*, in: T. Reuter (Hrsg.), The medieval nobility, Amsterdam-New York-London 1978, 137−202.

Werner, Karl Ferdinand, *Liens de parenté et noms de personne* [Seconde partie], in: Georges Duby, Jacques Le Goff (Hrsg.), Famille et parenté dans l'occident médiéval, Rome 1977 (Collection de l'Ecole française de Rome 30), 25−34.

7. Anthropologie

Bachofen, Johann Jakob, *Antiquarische Briefe*, hrsg. von Johannes Dörmann und Walter Strasser, Basel-Stuttgart 1966 (Gesammelte Werke 8).

Bachofen, Johann Jakob, *Das Mutterrecht*, hrsg. von Karl Meuli, Basel 1948 (Gesammelte Werke 2−3).

Giraud-Teulon, Alexis, *Les Origines de la famille. Questions sur les antécédents des sociétés patriarcales*, Genève-Paris 1874.

Héritier, Françoise, *L'exercice de la parenté*, Paris 1981.

Lévi-Strauss, Claude, *Anthropologie structurale deux*, Paris 1973.

Lévi-Strauss, Claude, *Les structures élémentaires de la parenté*, Paris-Den Haag ²1967.

Lubbock, Sir John, *The Origin of Civilisation and the Primitive Condition of Man*, London 1870.

McLennan, John Ferguson, *Primitive Marriage* ([1]1865), in: ders., Studies in Ancient History, London 1876.

Morgan, Lewis S., *Ancient Society or Researches in the Lines of Human Progress from Savagery through Barbarism to Civilization*, New York 1878.

Morgan, Lewis S., *Systems of Consanguinity and Affinity of the Human Family*, Washington 1871 (Smithsonian Contributions to Knowledge 17).

Westermarck, Edward, *The History of Human Marriage*, London [5]1921, Reprint 1925.

Register

Kursive Zahlen verweisen auf die Anmerkungen der betreffenden Seite. Wird ein Begriff auf einer Seite sowohl im Haupttext als auch in den Anmerkungen behandelt, ist dies nicht besonders gekennzeichnet.

1. Werk- und Stellenregister

Aus Gründen der Platzersparnis werden im folgenden Register benachbarte oder sich überschneidende Textpassagen sowie Einzelverse unter einer pauschalen Stellenangabe, z. B. *Chanson de Roland* 2885 – 2943, subsumiert.

Aimon de Varennes, *Florimont*		57–68	216
	116, 147, 151, 167, 169, 173	118–122	217, 311
		132–146	224
103–1672	144	162–248	223, 244, 263
1674–1892	144, 148	259–277	217
1895–1960	147, *149*	332ff	306
2029	*147*	486–539	*11*, 262
2031–2426	147	953	*24*
2427–2596	147, 151, 170	1523	251
2714–2970	150, 151, 183	2215–2221	251
2990ff	157	2224–2229	251
3295ff	*151f*	2757–2764	*251*
3683–3700	151	2790–2797	251
4149ff	151	2828–2838	*251*
5625–5693	169	3365–3430	*227f*
6051–6292	169f	3833	262
11530–11544	153f	4430–4465	21, 306f
13459ff	158	4647ff	301
13519–13556	154	5174	*25*
13580ff	158	5388	*32*
Aiol	28, 142f, *145*, *149*, 152, *153*, 158, *185*, 210, 216f, 219, 221, 222, 250–252, 260, 262f, 306f, 308, 311, 316	6441ff	*33*, 301
		9365	*32*
		9883	*20*
		Aiquin	215
		80	*12*
		1556	*12*

343

344

345

356

2. Sachregister

Zweikampf 21, 22, 33, 41, 74, 77, 78, *98*, 132, 134, 136, 166, 238, 242, 250, 271, 307, 309; (zwischen Vater und Sohn:) 95, 103–105, 225–229, 231f, 249, 250; (zwischen Brüdern:) 117f, 121–123, 161–166, 198, 206, *227*; (zwischen anderen Verwandten:) 105, *227f*, 275f, 311

3. Register der literarischen Personen